George Niemann, E. Petersen, Karl Grafen Lanckoronski

Städte Pamphyliens und Pisidiens

I. Band Pamphylien

George Niemann, E. Petersen, Karl Grafen Lanckoronski

Städte Pamphyliens und Pisidiens
I. Band Pamphylien

ISBN/EAN: 9783743457720

Hergestellt in Europa, USA, Kanada, Australien, Japan

Cover: Foto ©ninafisch / pixelio.de

George Niemann, E. Petersen, Karl Grafen Lanckoronski

Städte Pamphyliens und Pisidiens

STÄDTE

PAMPHYLIENS

UND

PISIDIENS

I. BAND

ÜBERSICHTSKARTE DES SÜDWESTLICHEN KLEINASIEN.

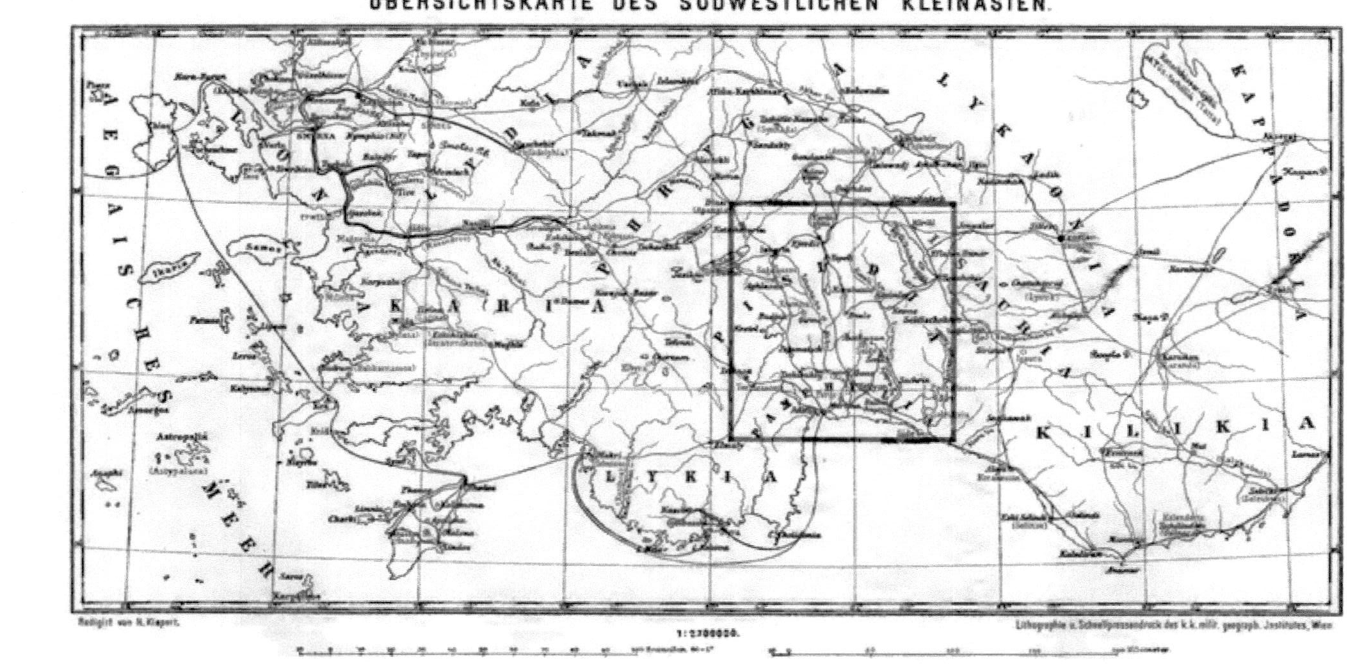

STÄDTE

PAMPHYLIENS

UND

PISIDIENS

UNTER MITWIRKUNG VON

G. NIEMANN UND E. PETERSEN

HERAUSGEGEBEN VON

KARL GRAFEN LANCKORONSKI

I. BAND

PAMPHYLIEN

MIT 2 KARTEN UND 2 PLÄNEN IN FARBENDRUCK, 31 KUPFERTAFELN UND 114 ABBILDUNGEN IM TEXTE

PRAG
F. TEMPSKY

WIEN
F. TEMPSKY

LEIPZIG
G. FREYTAG

1890

DEM ANDENKEN

DES UNVERGESSLICHEN FREUNDES UND

BEGEISTERTEN BEWUNDERERS DER ANTIKE

DES FREIHERRN ALEXANDER VON WARSBERG

IN TREUER ERINNERUNG

DER HERAUSGEBER.

Adalia: Seeansicht.

Einleitung.

I.

Das Werk, welches wir hiemit dem Publicum darbieten, ist das Resultat mehrerer wissenschaftlicher Reisen nach Pamphylien und Pisidien. Angeregt durch die Expedition nach Lykien im Jahre 1882 unter Benndorf's Führung, für deren Zustandekommen ich mitgewirkt hatte, gieng ich im Herbste jenes Jahres zum ersten Male nach dem südwestlichen Kleinasien. In Gesellschaft einiger Gelehrten und Künstler, darunter des Med. Dr. von Luschan und des Malers Bara, verlebte ich zunächst einige Wochen auf der Insel Rhodos, die mit allerlei Kreuz- und Querzügen und kleineren wissenschaftlichen Arbeiten ausgefüllt wurden. Ende October schifften wir uns auf einem der englischen Dampfer, die den Verkehr mit der Südküste Kleinasiens vermitteln, ein und landeten in Adalia. Die Fahrt und das Stadtbild bei der Ankunft übertrafen meine Erwartungen, und ein längerer Aufenthalt in Adalia verstärkte nur diesen Eindruck. Eine Reihe Excursionen nach den verschiedenen nur wenige Stunden entfernten Ruinenstätten der pamphylischen Ebene liessen mich mit Staunen erkennen, welche Fülle wichtiger antiker Bauwerke, meist der späteren Kaiserzeit angehörig, die noch gar nicht oder nicht gehörig beschrieben waren, hier im Umkreise weniger Meilen sich vorfinden. Fast noch mehr aber hatte es die herrliche Landschaft mir angethan, die von keiner mir bekannten Gegend übertroffen, nur von der römischen Campagna annähernd erreicht wird. Dies Alles brachte meinen Entschluss zur Reife, mich mit den hier vorhandenen Denkmälern eingehender zu beschäftigen. Ich erwirkte sogleich vom Gouverneur von Adalia die vorläufige Erlaubniss zu Messungen und Aufnahmen, und wir giengen zunächst in Perge an die Anfertigung des Stadtplanes. Einen Theil des Winters 1882 auf 1883 benützte ich dazu, um in Constantinopel durch unsere Botschaft mit den türkischen Centralbehörden betreffs künftiger Unternehmungen in Fühlung zu kommen. Im darauffolgenden Frühjahre aber durchritt ich, von einer Reise in Nordsyrien und längs der Südküste Kleinasiens kommend, wieder die pamphylische Ebene und verweilte einige Tage in Adalia. Von diesem zweiten Aufenthalt nahm ich den Vorsatz nach Hause, sobald als möglich an der Spitze einer wissenschaftlichen Expedition wiederzukehren, welche die Aufnahme und Beschreibung der classischen pamphylischen Ruinenstätten und der in den sie umgrenzenden pisidischen Bergen befindlichen zum Zwecke haben sollte.

Diesen Plan führte ich aus, indem ich im September des folgenden Jahres 1884 wieder nach Pamphylien gieng, diesmal mit meinen jetzigen Mitarbeitern, den Herren Petersen und Niemann. Dr. von Luschan schloss sich uns auch diesmal als Arzt an, und ausserdem nahmen meine Freunde Hofrath von Hartel, Professor der Universität Wien, von Sokolowski, Professor der Krakauer Universität, Maler von Malczewski, ein Oberlieutenant vom Geniecorps als Kartenzeichner, Herr Architekt Moriz Hartel, Schüler der Akademie in Wien, und ein Photograph an der Expedition Theil. Ich selbst gieng über Bulgarien nach Constantinopel, wo mir durch freundliche Vermittlung der k. und k. Botschaft ein Befehl an den Wali von Konia, dem der Gouverneur von Adalia untersteht, und an diesen selbst erwirkt wurde, uns bei unseren Arbeiten, bei welchen ausdrücklich auf Erwerbung und Wegführung von antiken Gegenständen verzichtet wurde, jede mögliche Unterstützung zu gewähren. Kaum vierzehn Tage nach meiner Abreise von Wien traf ich in Syllion, einer der wichtigsten Ruinenstätten Pamphyliens, ein und fand meine Gefährten schon rüstig an der Arbeit. Ausser Syllion wurden in diesem Jahre vom September bis Anfang November noch die wichtigsten Bauten von Aspendos und Adalia und ein Theil der Ruinen von Sagalassos in Pisidien aufgenommen, nach Termessos, Side, Perge, Selge, Pednelissos aber von zwei oder mehr Theilnehmern, während das Hauptquartier in einem der oben genannten Orte aufgeschlagen war, Excursionen gemacht. Anfangs November traten die Professoren Hartel, Petersen und Niemann von Sagalassos über Buldur durch das Mäanderthal die Heimreise an und schifften sich in Smyrna nach Triest ein, während ich mit Sokolowski, Malczewski und Luschan eine Reise nach Koniah in's Herz Kleinasiens unternahm. Hier sicherte ich mir die Unterstützung des aufgeklärten und dem Unternehmen wohlwollenden Wali Said Pascha gegen die häufigen Chicanen der Unterbehörden, die in unseren Vermessungen und Reisen trotz der Empfehlung aus Constantinopel kriegerische Spionage wittern oder zu wittern vorgaben. In den letzten Novembertagen langten wir wieder in Adalia an, wo indessen von den noch übrigen Gefährten tüchtig fortgearbeitet worden war, und kehrten bald darauf über Rhodos nach Europa zurück.

Ende Juli 1885 gieng dann von mir ausgerüstet eine abermalige Expedition nach Pamphylien. An der Spitze standen die Herren Niemann und Petersen, von denen ersterer sich ausser dem bewährten Moriz Hartel noch einen andern jüngeren Architekten, Herrn Rausch aus Krakau, zugesellt hatte. Dr. Heyder trat an die Stelle des inzwischen an das ethnographische Museum in Berlin berufenen Dr. von Luschan und als Karten- und Plänezeichner war diesmal Oberlieutenant Hausner gewonnen. Die Expedition begann ihre Arbeiten mit einem längeren Aufenthalt unter den Ruinen des hochgelegenen Termessos an der Grenze von Pisidien, Pamphylien und Lykien. Ferner wurden Cretopolis und Cremna besucht, in Sagalassos die Arbeiten vom vergangenen Jahre fortgesetzt und in Aspendos dieselben zum Abschluss gebracht. Auch von Perge und Side wurde das Wichtigste erledigt und so trotz einiger Erkrankungen, insbesondere mehrerer hartnäckiger Fieberanfälle, von denen Professor Niemann heimgesucht wurde, bis zur Heimkehr der Herren im November ein grosses Stück Arbeit vollendet. Eine weitere Expedition, die aus vielfachen Gründen wünschenswerth gewesen wäre, musste wegen anderweitiger Beschäftigung der Haupttheilnehmer und aus anderen Ursachen unterbleiben; dennoch glauben wir in dem vorliegenden Werke, das freilich wie alle Menschenarbeit nur Stückwerk ist und nicht entfernt das künstlerische und archäologische Arbeitsmaterial, welches jene Länder darbieten, erschöpft, des wissenschaftlich Interessanten und Beachtenswerthen genug zu bieten.

Die sämmtlichen architektonischen und landschaftlichen Abbildungen, welche das Werk enthält, sind durch mechanische Vervielfältigung von Tusch- und Federzeichnungen hergestellt, und zwar der grössere Theil derselben, die Textillustrationen, durch Zinkätzung ausgeführt von Angerer und Göschl in Wien. Die Herstellung der selbstständigen Tafeln ausser Text geschah auf dem Wege der Heliographie durch das k. und k. militär-geographische Institut und zum geringeren Theile im Atelier J. Blechinger in Wien. Die Originale der Tafeln und Textfiguren sind mit wenigen Ausnahmen von G. Niemann gezeichnet worden, theils direct nach der Natur, theils auf Grund seiner unter Beihilfe von Moriz Hartel und Rausch ausgeführten Aufnahmen und unter Benützung eines reichen, zu diesem Zwecke angefertigten Materiales von circa 1000 Photographien. In Bezug auf die architektonischen Zeichnungen ist zu bemerken, dass, soweit dieses die Grössenverschiedenheit der einzelnen Objecte irgend erlaubte, Uebereinstimmung der Massstäbe angestrebt worden ist.

Von dem Oberlieutenant Hausner des k. und k. militär-geographischen Institutes wurden die Pläne der Ruinenplätze aufgenommen und vom k. und k. militär-geographischen Institute ausgeführt; daselbst sind auch die beiden Karten angefertigt, deren Originale von Heinrich Kiepert entworfen wurden. Dem Entwurfe der Detailkarte des pamphylisch-pisidischen Gebietes liegen alle Daten zu Grunde, welche durch uns oder andere Reisende bisher bekannt geworden sind.

In den Text des ersten Bandes theilten sich meine Mitarbeiter in der Weise, dass Petersen ausser der Bearbeitung des inschriftlichen Materiales den geschichtlichen und topographischen Theil (Seite 1—19, 33—50, 65—75, 85—95, 125—146), Niemann die Beschreibung der Bauwerke (Seite 20—32, 51—64, 76—84, 96—124, 147—152) übernahm.

Mein ganz besonderer Dank gehört an dieser Stelle meinem Freunde Hofrath von Hartel, dessen Erfahrung, Rathschläge und energisches Eingreifen die Herausgabe des ersten Bandes im Jahre 1890 ermöglichte.

Gleichzeitig mit der deutschen erscheinen eine französische und eine polnische Ausgabe. Herr Georges Perrot, der berühmte Herausgeber des Werkes: *Histoire de l'art dans l'antiquité,* hat mir freundlichst dafür einen seiner Schüler, Herrn Colardeau empfohlen und trotz seiner so sehr in Anspruch genommenen Zeit die Aufsicht über die Uebersetzung ins Französische selbst übernommen, wofür ich ihm hiemit meinen ergebensten Dank sage, der ebenso meinem Reisegefährten von Sokolowski für die hingebende Art, mit der er sich der von einigen seiner Schüler veranstalteten polnischen Uebersetzung annahm, gebührt.

II.

Zwischen je zweien der drei Welttheile, die das Mittelmeer einschliessen, finden wir jedesmal eine Halbinsel, die von einem zum andern hinüberleitend, trotz der Meerenge, die sie vom Nachbarerdtheil trennt, eine verbindende Brücke bildet. Nicht ohne einige Berechtigung zählten manche alte Geographen Arabien zu Afrika, denn geographisch wie historisch standen und stehen die beiden Uferländer des Rothen Meeres in engem Zusammenhange. Wer die Pyrenäen überschritten hat, ist mehr als einmal geneigt, sich zu fragen, ob nicht vielmehr diese statt der Meerenge von Gibraltar die Grenze zwischen Europa und Afrika bilden, und ebenso kann man Kleinasien bald als Fortsetzung Asiens, bald als solche Europas mit beinahe gleicher Berechtigung ansehen.

Westlich vom armenischen Hochland, dem Quellengebiete des Euphrat und Tigris, dehnt sich, den Kern der Halbinsel bildend, ein weites Hochplateau aus, eine baumlose Steppe mit einer Einsenkung in der Mitte ohne Abfluss nach Aussen und mit Salzseen, die Zeugniss davon ablegen, dass sie vor Urzeiten vom Meere bedeckt war. Dieses Hochplateau, den centralasiatischen Hochebenen ähnlich, deren rauhes Klima es theilt, während die Küstenländer sich des Klimas und der Vegetation der übrigen Mittelmeerländer erfreuen, fällt nach Westen zu allmälig ab, die Ströme, die ins Aegäische Meer sich ergiessen, sind ziemlich weit ins Land hinein schiffbar, und uralte bequeme Verkehrswege führen vom Bosporos und den gesegneten Gestaden Ioniens nach der lykaonischen Hochebene und von da weiter durch die Euphratländer nach Iran und dem persischen Meerbusen. Nach Süden und Norden hingegen thürmen sich mächtige, schwer übersteigliche Randgebirge auf, parallel zum Meere sich hinziehend und das Centralgebiet von den Küstenländern abschliessend, und die Ströme, die nach dem Schwarzen und Mittelländischen Meere fliessen, den grössten derselben, den Halys, nicht ausgenommen, sind nur auf ganz kurze Strecken von der Mündung aufwärts zu befahren.

Das Land ist also schon von der Natur vorherbestimmt als Durchzugsland zwischen der Balkanhalbinsel und dem inneren Asien, und dazu kommt noch als Hauptfactor die für

Handel und Schiffahrt so überaus günstige Westküste im Gegensatz zur Nord- und Südküste. Auf unserem ganzen Planeten gibt es kein zweites Länder- und Meergebiet, wo sich Land und Wasser ähnlich durchdringen, wie jenes ein Ganzes für sich bildende des Aegäischen Meeres mit der Ostseite Griechenlands und der Westseite Kleinasiens zwischen den Dardanellen und Cap Cnidos. Ganz uneigentlich finden wir den Namen Griechenland auf den südlichen Theil der Balkanhalbinsel beschränkt. Eigentlich müsste man die Gesammtheit von Halbinseln, Inseln, Meerengen, Ebenen und Gebirgen so bezeichnen, die vom Marmarameere bis Kreta reicht und das europäische Griechenland ebenso umfasst als die kleinasiatische Westküste, die Heimat Homer's und der ältesten griechischen Cultur. Die Nord- und Südküste Kleinasiens dagegen liegen jenseits der eigentlichen griechischen Welt und können sich, was Küstengliederung und brauchbare Häfen betrifft, nicht entfernt mit der Westküste messen. Auf den uralten Heerstrassen zwischen den westlichen Meeren und dem Euphrat sind über Kleinasien noch ungleich häufigere Völker- und Culturströmungen dahingezogen als über die pyrenäische und arabische Halbinsel. Von Osten kamen die Assyrer und Perser, das Christenthum, die Araber und Türken, von Westen kam die griechische Civilisation, kamen die Heere der Gallier und Alexanders, die der Römer und Kreuzfahrer und bricht sich auf Telegraphendrähten und Schienenwegen unsere moderne Cultur langsam Bahn durch den faulen Sumpf ottomanischen Verfalles. Immer Stoss und Gegenstoss einander feindlicher Strömungen aus erster Hand empfangend, hat es dies Land nicht wie etwa Iran oder Mesopotamien zu einer einheitlichen Cultur bringen können, und für kein anderes der alten Welt hat die Pax Romana unter den römischen Kaisern mit ihren doch im Grunde hauptsächlich negativen Wohlthaten so sehr eine unerhört glückliche Periode des Ausruhens und Aufblühens bedeutet, der dann wieder dunkle Jahrhunderte voll Greuel und Verwüstung folgten. Eine natürliche Folge der Küsten- und Bodenbeschaffenheit aber war es, dass die westlichen und mittleren Landschaften der Halbinsel ungleich mehr in den Strudel der Weltereignisse hineingerissen wurden als die nördlichen und südlichen Uferländer.

Fassen wir nun die Südküste der grossen Halbinsel näher ins Auge und lassen vorher noch den Blick auf der Karte über den griechischen Archipel schweifen, so fällt uns die Insel Rhodos auf, die vor diese Inselwelt und damit auch vor das eigentlich griechische Gebiet als Riegel nach Osten sich vorschiebt wie Kreta nach Süden. Nicht allzuweit östlich von Rhodos springt die lykische Halbinsel ins Meer vor, hierauf weicht die Küste stark nach Norden zurück, um dann bis zu den Grenzgebirgen Syriens noch einmal vorzutreten und wieder zurückzuweichen. Die vortretenden Länder sind zwei Gebirgslandschaften, von den Ausläufern des Taurus gebildet, die bis an das Ufer reichen: Lykien und das rauhe Kilikien; da, wo das Meer ins Land hineinschneidet, lassen die Berge, noch weiter nach Norden zurücktretend, für zwei nicht übermässig ausgedehnte Flachländer Raum: Pamphylien und das ebene Kilikien. Der Gegensatz in der Bodenerhebung hatte naturgemäss auch einen Gegensatz in der Rolle zur Folge, welche diese Landschaften in der Geschichte gespielt haben, und selbstverständlich mussten die Gebirgsländer gegen die Ebenen zurückstehen.

Während jedoch die kilikische Ebene, als Vorland Syriens die wechselnden Schicksale des letzteren vielfach theilend, von welthistorischer Bedeutung geworden ist, blieb die pamphylische zwischen Lykien und dem rauhen Kilikien eingekeilt, zu Lande fast ausschliesslich auf den Verkehr von Norden her über die pisidischen Pässe beschränkt. Dieselbe ist vom Strome der grossen Ereignisse weit weniger berührt worden und zeigt von jeher einen mehr provinziellen Charakter. Der Colonisationstrieb von Phönikern und Griechen und die glückliche Zeit der römischen Kaiserherrschaft hat aber auch auf diesem von der Natur reich bedachten Boden üppige Blüthen getrieben und am Meeresufer und weiter landeinwärts Gemeinwesen entstehen lassen, die durch Volkszahl, Handel, Cultur hervorragten und deren reiche Ueberreste den Wanderer noch heute in Bewunderung versetzen.

Steigen wir, die Flüsse stromaufwärts verfolgend, die Bergstrassen hinauf, die nach Norden führen, so befinden wir uns, sobald wir die Ebene verlassen haben, im alten Gebirgslande Pisidien, dessen Grenzen gegen das Flachland hin niemals fest bestimmte waren, so dass Theile davon von den Römern in ihre Provinz Pamphylien einbezogen wurden. Ueber diese Pässe gelangt man in drei bis vier Tagmärschen von der Meeresküste aus zu drei grossen Seen, die im Gebirge in einem weiten Halbkreise parallel zum Golf von Adalia liegen. Es sind dies im Nordosten und Nordwesten die salzhaltigen Seen von Buldur und Beisher, und zwischen ihnen der grössere Süsswassersee von Ejerdir. Was mannigfaltige Schönheit ihrer Ufer betrifft, dürften sie von wenigen anderen Binnenseen übertroffen werden, am ehesten aber möchte ich sie mit dem trasimenischen, dem von Bolsena oder dem See Genezareth vergleichen. Auf den Randgebirgen, die Ebene beherrschend, oder mitten in den Bergen, südlich von jenen drei Seen, stossen wir auf Ueberreste altberühmter Felsenstädte, und wer sich vornimmt, die Ruinenplätze der Ebene zu beschreiben, wird von selbst darauf gewiesen, am Fusse der Berge nicht Halt zu machen, sondern auch die antiken Reste im südlichen Pisidien in seine Beschreibung aufzunehmen, deren in Anbetracht ihrer topographischen Lage staunenswerthe Bauten mit den Ruinen der Ebene viel Gemeinsames bei doch wieder charakteristischen Unterschieden aufweisen.

Haben wir so die Ebene und das sie umklammernde Hochland umschrieben, innerhalb deren die Plätze liegen, welche in unserem Buche behandelt werden sollen, werfen wir, ehe wir unser eigentliches Gebiet näher betrachten, einen Blick auf die umliegenden Landschaften. Da finden wir zunächst, dass nicht gar weit nördlich vom Buldursee der Mäander entspringt, der grösste Strom des westlichen Kleinasien, und durch das Mäanderthal führt auch eine uralte, verhältnissmässig bequeme Strasse, deren angebliche Fahrbarkeit man aber heute besser thut, nicht auf die Probe zu stellen, in vier Tagreisen nach Aidin, dem alten Tralles, und weiter nach Milet, Ephesus und Smyrna. Berge trennen, Flüsse aber verbinden, und dank dem Mäander kann man sich schon in Buldur, was Wohlstand, Verkehr, Bauart der Häuser und Tracht der Bewohner anlangt, in den westlichen Küstenländern Kleinasiens glauben. Eine halbe Tagreise östlich von Buldur liegt die wohlgebaute Stadt Isbarta, das alte Baris, wie Buldur reich an türkischen Bauwerken, von welcher aus man in wenigen Stunden den See von Ejerdir erreicht. Wer, wie ich, an einem hellen Herbsttage auf einer Anhöhe anlangend, zuerst das Bild der türkisenfarbigen grossen Wasserfläche in sich aufgenommen hat, mit den ernsten Bergen, die, kahl und sanft ansteigend, sie umrahmen, den beiden lieblichen Inseln, die an die Borromäischen mahnen, aus deren einer ein zierliches Minaret hervorragt, und den schönen

Cedern, Platanen und Pappeln im Vordergrunde, die die Stadt Ejerdir dem Blicke noch verbergen, dem wird es für immer in der Seele haften.

Nach Koniah und der centralen Hochebene Kleinasiens führen vom Ejerdirsee aus zwei Wege, ein südlicher kürzerer, beschwerlicherer, am See von Beisher vorbei, und ein nördlicher, längerer, bequemerer. Dieser geht zunächst nach Jalowatsch, dem alten Antiochia Pisidiae, mit den schönen Resten einer antiken Wasserleitung und denen der berühmten Basilica, in welcher der heilige Paulus gepredigt hat, dann über den hohen Gebirgspass des Paropamisos oder Sultan Dagh nach Akshehr, der malerisch gelegenen Stadt mit den zahlreichen Grabstätten mohammedanischer Heiliger und schönen Moscheen, und von da an einigen architektonisch merkwürdigen Chanen vorüber, über einen weiteren Passübergang nach dem weiten lykaonischen Hochplateau. Dieses, das Kernland Kleinasiens, hat streng asiatischen Charakter. Gehört die Westküste noch ganz, die Nord- und Südküste mindestens zum Theile Europa, so sind wir hier in einem fremden Welttheil, und Koniah, die uralte, echte Türkenstadt, verhält sich zu Smyrna und Constantinopel wie etwa Moskau zu Petersburg sich verhält. Die von Gebirgen umgebene grosse vegetationslose Hochebene hier und das pamphylische Tiefland am Meere stehen in ausgesprochenem Gegensatz, der sich mir deutlich zu fühlen gab, als ich Ende November 1884 Koniah verliess, wo wir Mühe hatten, uns gegen die Kälte zu verwahren, während wir nach wenigen Tagreisen bei Adalia, von üppiger Mittelmeerflora umgeben, unter der herbstlichen Sonne stark zu leiden hatten.

Mit diesen nordwestlichen und nordöstlichen Landschaften waren Pisidien und Pamphylien von jeher in verhältnissmässig regem Verkehr, und von ihnen waren sie in alten Zeiten politisch abhängig und sind es auch heute noch. Es lässt sich auch sowohl in den heutigen Menschenniederlassungen als in den Ueberresten der antiken und mittleren Zeit ein allmäliger Uebergang aus dem Charakter des einen Landes in den des andern nachweisen. Mit den gebirgigen Uferländern im Westen und Osten der pamphylischen Ebene hingegen konnte nie ein lebhafterer Verkehr sich entwickeln und sie haben ihre Geschicke weder wesentlich beeinflusst, noch sind die ihrigen von ihr beeinflusst worden.

Gegen Westen führen nicht allzu beschwerliche Wege nach der lykischen Halbinsel mit ihren Felseneinöden und Flussthälern, die, mit Platanen und Pinien besetzt, wie grüne Bänder durch die Gebirgsmassen sich schlängeln, ihren Ueberresten uralter Cultur, meist Wohnungen der Todten, oft mit prunkenden, kunstreichen Bildwerken geschmückt oder in schlichterer Weise, aber doch als dauernde Herbergen in Stein den vergänglichen Holzhäusern der Lebenden nachgebildet, meist mit Inschriften versehen in alter, schwer zu entziffernder Schrift, die oft Flüche enthalten gegen den Frevler, der es wagen sollte, die stille Behausung zu erbrechen. was aber doch machtlos blieb gegenüber der Gold- und Wissbegier später lebender Menschen, mit ihren scheuen, aber treuherzigen Bewohnern, die mühsam ihre kümmerlichen Aecker bestellen oder ihre Heerden weiden und weltentrückt durch allen Wechsel der fremden Eroberer und der Religionen, den die Zeiten gebracht haben, den Typus der Urbevölkerung bewahren.

Lykien, das kleinasiatische Tirol, legt sich wie eine Berginsel zwischen unser Ländergebiet und die Uferländer des Aegäischen Meeres, aber mit der Verbindung nach Osten zu durch das rauhe Kilikien steht es wenig anders. Der Wanderer kann, vom Ostende der pamphylischen Ebene aus auf wenig begangenem Wege der Küste entlang an manchen antiken Trümmerstätten vorbeikommend, in zwei Tagmärschen das weit vorspringende Cap Coracesium erreichen, mit der merkwürdig an den senkrechten Felsen hinaufgebauten und an türkisch-arabischen Bauwerken so reichen Stadt Alaja, die an phantastischem Zauber Adalia womöglich noch übertrifft. Von hier gelangt man in sechs beschwerlichen Reisetagen über den südlichsten Punkt Kleinasiens, das unvergleichlich gelegene Cap Anamur hinaus, die Insel Kypern tagelang im Auge behaltend, bis Mersina. Die an natürlichen kleinen Häfen reiche Küste und die noch jetzt üppigen Wälder, welche die Berge bis an das meist steil abfallende Ufer bedecken, lassen uns dieses Land als das Eldorado der antiken Seeräuber erklärlich erscheinen, deren Gefangener einst Cäsar wurde, und deren Besiegung Pompejus so viel Anstrengung kostete. Bis auf wenige Hafenplätze von heute nur geringer Bedeutung und einige grössere Städte im Innern im Flussthale des Kalykadnus ist dies wohl eines der wildesten und am wenigsten cultivierten Länder Vorderasiens von jeher gewesen. Wie in Pamphylien geht aber auch hier der Hauptverkehr von Norden nach Süden über die Berge nach der lykaonischen Hochebene und über den schmalen Meerarm nach Kypern. Kaum hat man den Melas, den östlichsten Fluss Pamphyliens, überschritten, glaubt man sich in einer andern Welt, und schon fühlen wir die Nähe Syriens und des eigentlichen biblischen Orients in Typus und Tracht der Bewohner.

III.

Wer bei klarem Wetter, von Rhodos kommend, auf einem der kleinen, wenig einladenden englischen oder griechischen Dampfer, den einzigen, welche dem Reisenden in diesen Gewässern zur Verfügung stehen, der Küste Pamphyliens sich nähert, zur Rechten das offene Meer, zur Linken die lykische Halbinsel, dem zeigt sich eine ununterbrochene Reihe erhabener und fesselnder Landschaftsbilder. Gewaltige Bergriesen strecken ihre schneebedeckten Häupter in den durchsichtigen Aether und felsige, steil abfallende Ufer wechseln mit kleinen Küstenebenen an den Mündungen der Flüsse, Felseninseln von seltsamen Formen steigen aus den Fluthen empor, bald das Schiff nöthigend, durch eine Meerenge zwischen ihnen und dem Festlande durchzufahren, bald in breiterer Ausdehnung dem Reisenden nur einen flüchtigen Blick in phantastisch ausgezackte Buchten gestattend. Fast nur ärmliche Menschenniederlassungen von Fischern und Schiffern zeigen sich am Ufer und droben auf Halden und Wiesen zwischen den Felsgebirgen unseren Almhütten ähnliche Holzhäuser.

Da biegen wir, die wir bisher gegen Osten fuhren, um das Cap Chelidonia herum mit den zwei davorliegenden Inseln, von denen die grössere, wie eine Sphinx im feuchten Element hingelagert, weit und breit nach allen Himmelsrichtungen dem Wanderer als Wahrzeichen dient, wie Capri in den neapolitanischen Gewässern. Wir steuern gerade gegen Norden, an der Chimära vorbei, dem „unsterblichen Erdfeuer", das seit Jahrtausenden dem Schiffer bei

Nacht den Weg zeigt und zu mannigfachen Sagen Anlass bot, und nun taucht gerade vor uns erst undeutlich, dann immer bestimmter ein Streifen Landes auf von ganz entgegengesetztem Charakter. Wie das Ufer von Helgoland erhebt sich die Küste von rothbraunen Kalkfelsen etwa 30 Meter hoch senkrecht aus dem Meere, in das sich Flüsse und Bäche als Wasserfälle stürzen, und auf dieser natürlichen Mauer stehen um eine Hafenbucht andere schön gezackte von Menschenhand, eine ausgedehnte Stadt umschliessend und durchziehend, von Palmen und Minareten überragt. In der Ferne begrenzen die zackigen und doch edlen Formen einer südöstlich streichenden Kette des Taurus das märchenhafte Bild und lassen so die Ebene ahnen, die sich zwischen ihnen, dem Meere und den nach Norden weiter ziehenden Solymer Bergen ausdehnt. Wir haben Adalia vor uns, die alte Hauptstadt von Pamphylien, heutzutage der einzige grössere Hafenplatz an der ganzen langen Südküste von Kleinasien, das schon halbsyrische Mersina ausgenommen.

Sind wir unter dem in diesen Ländern üblichen Tumult von schreienden und fluchenden weissen, braunen und schwarzen Schiffern und Packträgern gelandet und steigen vom Hafen die schlecht gepflasterten beschwerlichen Gassen zur oberen Stadt hinauf, so zeigt sich uns eine Fülle bunter und fremdartiger Bilder. Endlose Karawanen mit Säcken und Kisten schwerbepackter Kameele, die Thiere mit Stricken aneinander gehängt, versperren uns auf Schritt und Tritt den Weg, doch wir klagen nicht über den Aufenthalt; denn rechts und links, vorne und rückwärts gibt es vollauf zu schauen, seltsam und unerwartet Neues und doch wieder an Wohlbekanntes Anklingendes, so auch in dieser fremden Welt vom örtlichen und zeitlichen Zusammenhang aller irdischen Dinge Zeugniss ablegend. Hier ein Haus, geräumig, ganz von Holz, mit sonderbarem Geländer um den Hof herum, nach der Strassenseite kunstvolle Holzgitter, welche die Fenster vor Sonnenstrahlen und Blicken der Neugierigen schützen. Unter den Hausthüren aber oder paarweise die Strassen durchwandelnd erblicken wir Griechinnen bunt gekleidet und mit Schmuck behängt, Haare und Augenbrauen mit „Henne" roth gefärbt, was hier heute ebenso Modefarbe ist wie in Rom vor 1800 oder in Venedig vor 400 Jahren. Ein griechischer Sarkophag mit Reliefs, die Feuchtigkeit und Verstümmlung von Menschenhand beinahe unkenntlich gemacht haben, dient als Brunnen, und in die Front eines türkischen Schulgebäudes sind römische Säulen eingemauert, von irgend einem Tempel oder Triumphbogen herrührend. Hier erzählt eine Inschrift in Marmor mit wunderbar gearbeiteten arabischen Lettern und dort ein kleiner steinerner Löwe im Relief, an persische und assyrische Kunst mahnend, von der entschwundenen Herrlichkeit des Seltschukenreiches, oberhalb jenem Thore aber gewahren wir einen andern Löwen über einem Schachbrett, das Wappenschild irgend eines Kreuzfahrers. Hier eine byzantinische Kirche, die jetzt als Moschee dient, mit auffallend feinen Fenstereinfassungen, und dort ein arabisches Thor, dessen Ornamente mit ähnlichen in Cairo wetteifern können, ein römischer Rundthurm in der Art des Grabmals der Cäcilia Metella und schlanke Minarete wie in Koniah. Das Bedeutendste aber ist ein grossartiges römisches Thor aus der Zeit Hadrians, erst jüngst wieder aufgefunden.

Fast alle breiteren Strassen werden von frischen Wasserbächen zumeist in steinernen Rinnsalen durchsprudelt, und eines der Hauptmerkmale Adalias sind die zum Theil antiken, zum

Theil mittelalterlichen Mauern, die mit je fünfzig Schritt von einander entfernten viereckigen Thürmen die Stadt von den Vorstädten trennen, aber auch innerhalb des Stadtkernes das türkische, griechische und jüdische Viertel untereinander absondern. Schier zahllos aber sind die überraschendsten Aussichtspunkte auf die lykischen Berge über das Meer oder nach den pisidischen über die Ebene weg, auf die üppig grünen Gärten der Umgebung und auf das Treiben am Hafen.

Nach einer beiläufigen Schätzung soll Adalia heute 25.000—26.000 Einwohner in ungefähr 4500 Häusern zählen. 7000 davon sind Griechen, 50 Armenier, 250 Juden, der Rest Mohammedaner, hauptsächlich Türken, aber auch Araber und Angehörige anderer Stämme. Es gibt hier 10 Moscheen, 8 griechische, 1 armenische Kirche, 1414 Kaufläden, 13 Chans oder Gasthäuser, 13 türkische Bäder. Jede Moschee ist zugleich türkische Volksschule und werden in allen zusammen bei 1500 Knaben unterrichtet, ausserdem besteht hier noch eine besondere Volksschule oder Rusdieschule mit 120 Schülern und 6 höhere oder Softaschulen mit circa 300 Schülern. Die Griechen haben eine höhere, 2 Volksschulen für Knaben, 1 für Mädchen und 1 für kleine Kinder, wo im Ganzen bei 450 Knaben und bei 300 Mädchen unterrichtet werden. Weit schlechter als mit dem Unterrichte war es 1885 mit der Krankenpflege bestellt; denn es gab damals allerdings ein türkisches und ein griechisches Spital, aber das erstere war nur für die Garnison vorhanden und letzteres, das Geschenk eines Bürgers, konnte nicht benützt werden, weil keine Mittel zu dessen Instandhaltung da waren.

Der Bazar und der Konak, der Palast des Gouverneurs, liegen ausserhalb der Stadtmauern. Ersterer bietet nichts Besonderes dar, was ihn von ähnlichen Bazaren in anderen mittelgrossen türkischen Städten unterschiede. Auffallend sind nur die Menge Pelzwaaren in einem so warmen Lande und die herrlichen Früchte, ein Product der umliegenden Gärten. Der Konak ist ein grosses Holzhaus, baufällig, wie fast alle türkischen Regierungsgebäude in der Provinz. Während meiner Anwesenheit in Adalia kam der Mutessarif oder Untergouverneur nur dahin, seine Geschäfte zu besorgen, wohnte aber in einem besonderen Hause, westlich vor der Stadt, mit dem Blick auf die Solymer Berge. Hier ragen aus braunem zackigen Travertingestein nur einzelne Häuser hervor. Im Norden und Osten vor der Stadtmauer hingegen finden wir Gärten und Vororte, die schier kein Ende zu nehmen scheinen, wie wir ihnen bei allen orientalischen Städten begegnen. Zahllose Wasserbäche treiben hier eine grosse Menge von Mühlen und geben dem Stadtgebiet etwas von einer Oase, wo im Spätherbst nach der verzehrenden Gluth des Sommers Alles noch im frischesten Grün prangt. Dank der gegen Norden geschützten Lage gedeiht sogar die Dattelpalme, der Reichthum an Orangen, Citronen, Feigenbäumen, Johannisbrotbäumen ist überwältigend und Zuckerrohr wird in grossen Mengen gepflanzt. Von Blumen findet sich die Cistusrose, viele Iris-, Orchideen- und Lilienarten und Weinreben schlingen sich allerwärts um die Bäume. Inmitten dieser Gärten trafen wir gegen Nordosten auf die malerisch durcheinander stehenden und liegenden Grabsteine des türkischen Friedhofs, von prachtvollen hochstämmigen Nadelbäumen beschattet.

Wer die ganze Schönheit dieses Erdwinkels auf sich wirken lassen will, der wird vor der Stadt ostwärts sich wenden und durch die Gärten und an zahlreichen Mühlen vorüber, dann die steile Felsenkante entlang gehen, bis er zu einem Leuchtthurm kommt. Bis Cap Chelidonia übersicht man von hier den ganzen königlichen Golf mit den lykischen Schneebergen, sich umwendend die schöngeformten pisidischen Berge im Norden. Wenige Aussichten der bewohnten Erde können es mit dieser aufnehmen.

Die Küste zwischen dem Orte westlich von Adalia, wo Einige die alte Stadt Olbia vermuthen, und der Mündung des Melas an der Grenze Kilikiens ist ungefähr 70—80 Kilometer lang. An den Mündungen der Flüsse sandig und sumpfig, zeigt sie meist den röthlichen Klippenstrand, welcher derselben charakteristisches Gepräge verleiht. Schön ist es ihr entlang zu fahren, an Grotten vorbei, in die das Meer sich hineinzieht, und die mannigfachen Contouren der Klippenfelsen zu beobachten, noch schöner oben auf der Kante zu gehen, das wechselnde Panorama von Meer, Ebene und Bergen an sich vorüberziehen lassend. Nur zwei natürliche Hafenbuchten finden wir am ganzen Gestade und beinahe an den äussersten Enden desselben: an der einen westlichen liegt Adalia, an der andern im Osten, zwei Tagereisen davon entfernt, lag das einst durch seinen Sclavenhandel blühende und mächtige Side, dessen Trümmer heute von den Türken als das alte Adalia, Eski Adalia, bezeichnet werden. Auf einer weit von Nordost nach Südwest vorspringenden Halbinsel schimmern aus üppigem dunklen Strauchwerk die mächtigen Ruinen der Stadtmauern, des Theaters und einer Brunnenanlage hervor. Reste eines Molos begrenzen den nun versandeten Hafen, und auf seinem Wege durch das schier undurchdringliche Gestrüpp stösst der Wanderer auf zahlreiche, prächtig gemeisselte Capitelle und Säulentrommeln, die von Tempeln und Hallenbauten herrühren.

Fassen wir nun die Ebene ins Auge, die zwischen dem Meere, der Kette der Solymer Berge und den pisidischen Bergen sich ausdehnt. Sie ist etwa 5700 Quadratkilometer gross und wird durch den mächtigen Kestrosfluss ungefähr in zwei Hälften getheilt, östlich vom Kestros stossen wir auf zwei weitere Flüsse, den Eurymedon und den Melas, welch' letzterer als Grenzfluss der Ebene angesehen werden kann. Die westliche Hälfte wird durch den nur ab und zu oberirdisch fliessenden Duden bewässert, der früher im Westen von Adalia, jetzt aber eine kleine Distanz östlich davon sich als Wasserfall ins Meer stürzt, daher von den Alten Katarraktes genannt.

Reiten wir von Adalia in nordöstlicher Richtung durch die Vorstädte und Gärten an den Wassermühlen und Kaufbuden vorüber, so gelangen wir nach etwa einer Stunde in die freie Ebene. Was uns zuerst an ihr auffällt, ist die beinahe täuschende Aehnlichkeit mit der römischen Campagna. Dieselbe grossartige Weite, ein ähnlicher, wenn auch schönerer Himmel, ähnliche edle Bergformen in blauer Ferne wie die des Sabinergebirges, nur Alles mehr ins Grosse übersetzt. Selbst der Soracte fehlt nicht, durch eine einzeln stehende Berggruppe im Nordwesten uns vor das Auge gestellt. Schön ist diese Ebene an wolkenlosen Tagen, schön auch wenn Gewitter über sie herbrausen und von Norden und Westen heran ziehend über ihr sich mit tropischer Gewalt entladen, am herrlichsten aber erschien sie mir in einer Octobernacht, als ich stundenlang unter dem vollen Monde dahinritt und der zarte grünliche Ton des Himmels mit dem Violett der Berge noch nie gesehene Farbenstimmungen erzeugte.

Die Ebene ist, soweit sie bebaut ist, von grosser Fruchtbarkeit, aber nur selten trifft man auf einen Meierhof (Tschiflik) oder ein von besser bestellten Feldern umgebenes Dorf.

Nur ungefähr 6000 Einwohner leben auf der grossen Fläche zerstreut, während die westlichen Bergdistricte Pisidiens siebenmal dichter bevölkert sind, und im Sommer ist sie gerade so wie die kilikische Ebene beinahe menschenleer; denn Alles flüchtet vor der Gluthhitze und den Fieberdünsten auf die Jailas, die Alpendörfer in den pisidischen Bergen. Die Heimkehr von der Jaila im Herbst findet in feierlicher Weise statt: die Kameele bunt mit Bändern geschmückt, die Weiber in ihren besten Anzügen, ohrenzerreissende Musik.

Auf vielbegangenem, mit unförmlichen Steinblöcken gepflastertem Wege nähern wir uns, von Adalia immer nordostwärts reitend, nach einer Stunde vom Ende der Vorstadt aus den Sümpfen, die der Duden bildet, und die von allerlei Geflügel belebt sind. Eine steinerne Brücke führt über das Wasser und nach weiteren 2—3 Stunden, während deren wir einige kleine Nadelholzwälder durchreiten, befinden wir uns den Ruinen von Perge gegenüber. Weit ausgebreitet liegen sie vor uns da, Reste von mehreren Städten, die im Laufe der Jahrhunderte hier nebeneinander entstanden. Im Norden der Burgberg, steil nach allen Seiten abfallend, oben eine schiefe, ziemlich umfangreiche Fläche, welche die älteste Stadtanlage trug. Wenige Mauerreste droben, Cisternen in Menge. Am Fusse des Burgberges zahlreiche Sarkophage und die wohlerhaltenen Mauern mit mächtigen Thürmen, welche die untere, die Neustadt, umgeben. Südwestlich von derselben das Stadium und das grosse Theater. Noch weiter gegen Adalia zu in einiger Entfernung aber ein Hügel mit Ruinen einer viel späteren Zeit.

Ruhen wir oben auf der Akropolis von Perge und lassen den Blick nach den pisidischen Bergen und über die Ebene hinschweifen, so sehen wir im Osten den Kestros fliessen, den mächtigsten Fluss dieses Landes, jenseits aber des Kestros einen Hügel, auch steil abfallend und oben abgeplattet, wie der, auf dem wir stehen, aber bedeutend höher, an die Akropolis von Athen mahnend, oder an die Felsen, die die mittelitalienischen Bergstädte, z. B. Orvieto tragen. Es ist der Burgberg von Syllion, nahezu in der Mitte unserer Ebene in der Richtung von Ost nach West gelegen, während von Norden her bis an seinem Fusse die Ausläufer des Bozburun sich hinziehen, des mächtigsten Berges dieser Gegenden. Die Akropolis von Syllion ist das Wahrzeichen Pamphyliens, und dem Wanderer, der nur zu leicht auf der weiten, karg bewohnten Fläche seine Richtung verlieren kann, hilft sie zur Orientirung und weist ihm seinen Weg. In weniger als drei Stunden kann man, den Kestros durchreitend, von Perge nach Syllion gelangen und befindet sich einer der eigenthümlichsten Stadtanlagen gegenüber. Unten liegt das Stadium, den Berg hinauf aber und oben auf der Hochfläche die verschiedensten Bauten, theilweise aus alter voralexandrinischer Zeit, oben Cisternen, wie in Perge, und byzantinische Kirchen. Der Blick von der Akropolis besonders gegen Südosten mit dem Meere als Abschluss mahnt stärker noch als andere Aussichtspunkte dieser Gegend an solche in der Umgebung von Rom.

Wie von Perge aus Syllion, so kann man von hier aus im Südosten eine andere Akropolis sehen, die von Aspendos. Der Weg dahin führt grösstentheils durch Sandboden und niederes lästiges Gestrüpp, das fast das ganze Ostende Pamphyliens bedeckt und für die Küste bis gegen Alaja hin charakteristisch ist. Zwei Dörfer und einen freundlichen Fichtenhain haben wir durchritten und befinden uns vor einem natürlichen Damme, der die Aussicht hemmt. Endlich drei Stunden nach dem Abritt von Syllion hat man den Damm erstiegen und sieht vor sich den Burgberg von Aspendos und im Norden die lange Bogenreihe einer römischen Wasserleitung, dahinter aber im Halbkreise phantastisch geformte Felsen als Ausläufer des Gebirges. Jenseits des Dammes liegt ein ehemaliger See, theilweise noch nicht ausgetrocknet und üble Sumpfluft ausdünstend. Man muss ihn nach Norden ausbiegend umreiten, erreicht nach weiteren zwei Stunden die Wasserleitung und bald südwärts sich wendend das Dorf Balkis am Fusse des Burgberges. Nicht weit östlich davon fliesst der Eurymedon, über welchen eine halbe Stunde unterhalb Aspendos eine mittelalterliche Brücke in kühnem Bogen führt. Daneben steht ein antiker Pfeiler als Ueberrest einer römischen älteren Brücke und am linken Flussufer liegt ein türkischer Friedhof mit schönen mächtigen Bäumen. All' diess zusammen gibt ein höchst malerisches Bild, in welchem, wie kaum in einem zweiten, der historische Charakter dieser Landschaft sich ausgeprägt findet. Eine Brücke ist hierzulande ein so seltener Bau, dass nach ihr der Fluss seinen türkischen Namen erhielt. Er heisst Köprüsu oder Brückenfluss. Man kann von hier direct westwärts reitend in sechs Stunden nach Adalia, südöstlich sich wendend in drei bis vier Stunden nach Side, in zwei Tagereisen aber nach Alaja im rauhen Kilikien gelangen. Fassen wir die fünf Städte Pamphyliens, die für uns in Betracht kommen, auf der Karte ins Auge, so finden wir, dass sie fast symmetrisch vom Meere gegen das Gebirge zu liegen. Syllion, Side, Adalia bilden ein stumpfes Dreieck mit Syllion als Spitze und, auf den Linien, die von hier nach Adalia und Side gezogen werden können, liegen halbwegs einerseits Perge, anderseits Aspendos.

Den besten Ueberblick über die Ruinen von Aspendos gewinnt man von einer Anhöhe am linken Ufer des Eurymedon etwa dreiviertel Stunden oberhalb der Brücke. Da zeigt sich der wie die anderen oben abgeplattete Burgberg mit den Ueberresten von Markthallen und einer Basilika darauf, zur Linken in der Ebene, also südlich, späte byzantinische Baureste, im Norden die Wasserleitung, die einen rechten Winkel beschreibt, gerade dem Beschauer gegenüber, aber in den Burgberg hineingebaut, die riesige Masse des wichtigsten Gebäudes von Pamphylien, des berühmten Theaters. Als ich mit meinen Gefährten im Herbst 1882 von Adalia aus zuerst Aspendos besuchte, war es Nacht, als wir im Dorfe Balkis anlangten. Die aus dem Schlafe aufgescheuchten Bewohner leuchteten uns mit Fackeln durch einen langen Tunnel. Auf einmal befanden wir uns innerhalb eines Halbkreises wohlerhaltener, mit Bäumen reichlich überwachsener Sitzreihen, ihnen gegenüber aber sahen wir eine grossartige Palastfacade mit prachtvoll umrahmten Nischen und einem reich ornamentirten Giebelrelief, die bei der unvollkommenen Beleuchtung fast gar nicht beschädigt aussah. Wir waren ins Theater eingeritten und hatten die Skenenwand vor uns, die einzige heute noch zum Theil im alten Schmuck prangende eines antiken Theaters. Der Eindruck war ein überwältigender und wurde durch eine eingehende Untersuchung des Gebäudes während der darauffolgenden Tage und späteren wiederholten Aufenthalt in Aspendos verstärkt. Aussen kahl und schmucklos erscheinend, gehört dieses Theater durch sein verhältnissmässig wohl erhaltenes Innere zum Bedeutendsten und Wichtigsten, was aus der römischen Kaiserzeit noch aufrecht steht.

IV.

Aus der Ebene in die pisidischen Berge führen die meist begangenen Wege von Adalia aus nach Westen und Nordwesten.

Schlagen wir zunächst den gegen Westen, nach Istenas ein, dem Sommeraufenthalt der Adalioten. Stadt und Hafen, Küste, Ebene und Berge werden in ihrem richtigen Verhältniss zu einander geschaut, wenn wir die erste Höhenabstufung erreicht haben, und von ferne grüssen die Akropolen von Perge und Syllion herüber. Drei Stunden von Adalia gelangen wir zu den Ruinen eines grossen arabischen Gebäudes, des Ewdir Chans, des einzigen in Pamphylien aus der Seltschukenzeit, weniger gut erhalten wie die der Chane in Pisidien, aber doch wie jene voll anmuthiger architektonischer Details. Die Gastfreundschaft moslemischer Herrscher errichtete an viel begangenen Heerstrassen solche Herbergen, Menschen und Thieren Schutz und Rast auf der Wanderung zu gewähren, und dem Reisenden von heute ist, was davon übrig ist, in diesen Landschaften willkommen als Zeugniss einer wichtigen Epoche und durch den Gegensatz zu den Theatern und Basiliken der griechisch-römischen Ruinenstätten.

Bald kommen wir zu einer alleinstehenden antiken Festungsmauer mit Thürmen und nicht lange darauf zu einem Kaffeehaus, wo wir Halt machen. Weiter nach Westen führt der Weg nach Istenas, ein schöner Gebirgsweg, viel begangen im Frühling und Herbst von Karawanen fortziehender und heimkehrender Sommergäste.

Wir sind im Grenzgebiet von Pamphylien, Lykien und Pisidien. Kein Ausblick mehr auf die Ebene, ein ziemlich enges Thal, steile, theilweise üppig mit Laubwald besetzte Berglehnen. Nichts lässt uns vermuthen, dass hoch über uns vor zwei Jahrtausenden sich eine prachtvolle reiche Stadt ausbreitete, schon zu Alexanders des Grossen Zeit mächtig genug, ihn zu zwingen, ihretwegen auf seinem Marsche von Lykien herüber nach dem Meere zu abzuschwenken, um sie von der einzigen Seite zu erstürmen, von welcher aus dies möglich war; denn erst nach ihrer Eroberung konnte er gesichert seinen Weg nach Pamphylien fortsetzen. Es war Termessos, das grosse genannt, zum Unterschied vom kleinen Termessos oder Kretopolis, das unweit Cremna, halbwegs zwischen Adalia und Sagalassos lag. Auf steilem Wege durch herrlichen Laubwald steigt man südlich vom Kaffeehaus zwei Stunden bergan, bis man den ersten antiken Grabbau erreicht, bald sieht man einen zweiten und dritten und nun steht man auf einer Hochebene, aus der ein steiler Felskegel wie ein Riesenthurm sich erhebt, zu seinen Füssen, von Bäumen und Strauchwerk umgeben, Trümmer eines nicht allzugrossen Theaters und von zierlichen Tempeln und Gräbern in schier unendlich scheinender Zahl. Von den Höhen im Westen und Südwesten schweift das Auge über die stillen Alpenthäler Lykiens hin. Nach Südosten fällt das Hochplateau senkrecht ab, so einen Ausblick auf das Meer, die Küste und einen Theil der Ebene gewährend. Nur direct nach Süden führt ein steiler Weg hin zum Meere hinab, und auf diesem Wege wohl sind die makedonischen Eroberer in die Festung gedrungen.

Aehnlich liegen fast alle pisidischen Bergstädte meist auf anscheinend unersteiglicher Felsenhöhe, wie Raubburgen des Mittelalters oder die kleinen, ehemals als Räubernester berüchtigten Orte in den Bergen zwischen Rom und Neapel. Und Räuberkriege Aller gegen Alle mögen es auch gewesen sein, die diese Gemeinwesen manche Jahrhunderte hindurch miteinander führten. Was aber an ihnen in Erstaunen setzt, ist ihre grosse Ausdehnung und auf unwirthlicher Höhe die Fülle der Denkmäler, durch die sie die Städte der Ebene fast noch übertrafen. Wenn wir auch annehmen, dass im Alterthum die Umgebung der Städte besser bebaut sein musste, dass die Wege bequemer waren als jetzt, so hat es doch immer noch etwas Wunderbares, in solcher Lage die Ueberreste von grossen Menschenniederlassungen mit Theatern, die 3000—4000 Zuschauer fassten, mit Odeen und Prunktempeln, zu finden.

Drei solche Städte lagen unweit der grossen Heerstrasse, die von Adalia nordwestwärts durch das Dudenthal nach Phrygien und Lykaonien führt: Kretopolis oder Klein-Termessos, Cremna und Sagalassos. Die wichtigste davon war Sagalassos, drei Tagereisen von Adalia, nur durch einen hohen Bergblock, den rauhen, in senkrechter Wand abfallenden Aghlassan Dagh, von Isbarta geschieden, wenige Reitstunden von Buldur entfernt, nehmen ihre Ruinen einen weiten Flächenraum ein, von steilen Felsen umstarrt, mit weiten Blicken nach Osten zu in ein wildes Gebirgsland, das ich am ehesten mit einigen Abruzzengegenden, z. B. der um Aquila, vergleichen möchte. Nicht so zahlreich und fein im Detail, aber gewaltiger, imposanter, über einen weiteren Raum zerstreut als die Ruinen von Termessos, spiegeln diese Trümmer in ihrem ernsteren Charakter die rauhe Grösse der sie umgebenden Landschaft ab. Mehr aber als irgendwo in Pamphylien fanden wir hier plastischen Schmuck, theils noch an Bauten und Grabstätten, theils am Boden herumliegend. Kein Baum, wenig Strauchwerk, die düstere Einöde zu beleben. Nur einige mächtige Cedern beschatten einen Sarkophag und aus den Sitzreihen des Theaters hat sich ein Wallnussbaum zum Licht emporgearbeitet. Tief unten aber in grünem mit Pappeln und Cedern besetzten Thale, von welchem ein steiler Weg in zwei Stunden zu den Ruinen hinaufführt, liegen die freundlichen Holzhäuser eines türkischen Ortes, der in seinem Namen, Aghlassan, etwas verändert die Benennung der antiken Stadt sich zugeeignet hat. Wie Termessos ist auch Sagalassos von Alexander eingenommen worden, der, nicht ohne ausdauernden Widerstand zu begegnen, die Stadt unterwarf, als er von Pamphylien her seinen Weg nordwärts nach Phrygien einschlug.

Weniger begangen als die vorhin erwähnten sind die übrigen Wege, auf denen man aus der pamphylischen Ebene heraus nach den Landschaften im Innern Kleinasiens gelangt. Die beiden wichtigsten führen durch die Flussthäler des Kestros und des Eurymedon nach dem Ejerdir und Beishersee. Der Wanderer begegnet auf ihnen nur Karawanen von Iurucken in malerischem Aufzug, die die selbstgewebten Teppiche ihm zum Verkaufe anbieten, und hie und da einem Transport von Naphtha oder anderen unentbehrlichen Waaren. Die Schönheit der Berglandschaft, die würzige Luft entschädigen reichlich für die Anstrengungen der Reise, aber wir stossen nur auf wenige Ueberreste antiker Städte in jenen Theilen Pisidiens. Die wichtigsten sind die des alten Selge, nördlich von Aspendos gelegen, am Fusse des Bozburun, des höchsten Berges, der von der Ebene aus sichtbar ist und sie, hinter Syllion hervorragend, beherrscht. Ueber seine Abhänge führt ein beschwerlicher Pfad von Syllion direct nach Syrk, wie Selge heute genannt wird. Ich schlug an einem schönen Septembertage 1884 mit mehreren Gefährten den bequemeren Weg über Aspendos ein.

Wir waren Morgens von Syllion aufgebrochen und erreichten um 2 Uhr Nachmittags die früher erwähnte Brücke über den Eurymedon. Am linken Flussufer angelangt, wendeten wir uns nordwärts und arbeiteten uns durch Gestrüpp und Brombeersträucher hindurch, wo Lichtungen des Strauchwerks dies gestatten, an dem schönen Panorama der Ruinen von Aspendos mit dem Flusse im Vordergrunde uns erfreuend. Als wir der Wasserleitung gegenüber uns befanden, wurde der Weg bequemer und begann beträchtlich zu steigen. Wir waren in gesünderer Luft und in einer total verschiedenen Landschaft, als wären wir aus der Campagna von Rom in die Umgebung von Olympia versetzt. Die Vegetation in ihrer Fülle und Frische erquickte das Auge und wie ein steirischer Bergstrom blinkte der grüne Eurymedon bald da, bald dort zwischen den Nadelbäumen des Bergabhanges hervor. Gegen Sonnenuntergang fanden wir uns auf einer ansehnlichen üppig grünen Ebene, welche im Süden durch die Felsen, die Aspendos bewachen und von hier noch mehr einer riesigen Mauerzinne gleichen als von der Südseite, im Westen aber durch die steilen, zerklüfteten Abhänge des Bozburun geschlossen ist. Neben einem elenden Dorfe, Sachrin geheissen, schlugen wir unsere Zelte auf und setzten den andern Morgen, vom Ortsvorstand von Sachrin, der auf einem Esel uns voranritt, geführt, unseren Weg fort, immer am linken Ufer des Flusses, den häufig Felsen und föhrenbesetzte Anhöhen von uns trennten. Gegen Mittag führte der Weg zum Flussufer herab, eine Zeit lang knapp an demselben fort, dann aber den Fluss weit links lassend über sandige Föhrenhügel, bis wir einen von hohen, dunklen Nadelbäumen beschatteten türkischen Friedhof gewahrten und am rechten Ufer des Eurymedon die Reste eines mittelalterlichen Castells, in der Ferne aber in derselben Richtung eine Felsenmauer, einer Festungsmauer gleich emporragend. Dort liege Syrk, sagten die Leute. Wieder dem Fluss uns nähernd, der hier eine U-förmige Krümmung macht, mussten wir bald bergauf reiten und eine Brücke, offenbar römisch, zeigte sich uns in beträchtlicher Höhe. Auf steinigem Wege stiegen wir zu ihr empor und fanden uns über einer engen Felsenschlucht, der Via Mala nicht unähnlich, in ungeheurer Tiefe unter uns der Eurymedon. Von der Brücke aufwärts kletterten wir durch lästiges Gestrüpp über den Felsenabhang mühsam empor und gelangten auf eine Hochebene mit grossartigem Blick in das Flussthal, nach den üppig bewaldeten Bergabhängen im Südwesten und dem weiten Gebirgspanorama. Hier waren wir genöthigt, die Nacht zu bleiben, da doch keine Aussicht war, noch heute Selge zu erreichen.

Am dritten Tage stiegen wir auf schier unwegsamen Pfaden aufwärts. Nach erklommener steiler Höhe gewahrten wir für einen Augenblick das Meer über die südöstlichen Höhen hinweg, bogen am Bergabhang nach Westen und zogen unter echten Kastanien- und Nussbäumen auf bequemem Wege weiter. Dann führte uns der Pfad wieder nordwärts zu einer Wiese, von Kastanienbäumen und oben abgeplatteten thurmartigen Felsen umgeben. Wir waren vom letzten Nachtquartier aus zwei Stunden marschiert und die Führer kündigten uns Syrk als ganz nahe an. Von Neugierde getrieben, eilten wir vorwärts und waren nach weiteren anderthalb Stunden bei einem Friedhofe mit theilweise antiken Säulen und Denksteinen und sahen das Theater vor uns, kleiner als die in Pamphylien, doch imposant genug. Gerade darüber ragt der Gipfel des Bozburun empor, daneben aber liegt, wie in Perge, das Stadium, wo wir unter schönen Nussbäumen unsere Zelte aufschlugen. Um einen breiten Kessel erhebt sich rings das Terrain, auf den Höhen mehrere Tempelruinen tragend, beinahe durchwegs aber von fruchtbaren Feldern bedeckt, während um das Theater und die anderen in der Mulde gelegenen Baureste die Hütten der heutigen Bewohner, wo sie mit ihren Ziegen und Rindern hausen, zerstreut liegen. Dies gibt den Ruinen von Selge ihren eigenthümlichen, freundlich intimen Charakter, zum Unterschied von denen von Termessos und Sagalassos, die in abgeschiedener Einsamkeit daliegen. Der grosse Reiz der Gegend aber liegt in den verschiedenen Blicken von den erhöhten Punkten auf das ferne Meer, das tiefblau zwischen Berggipfeln hervorlugt. Nur im Peloponnes auf dem Wege von Tripolitza nach Argos habe ich Aehnliches gesehen.

Am zweiten Tage nach unserem Eintreffen in Syrk ritt ich am Theater vorüber, westwärts auf den Bozburun zu. Der Weg führte eine Zeit lang zwischen terrassenförmigen bebauten Mulden hin, die wie natürliche Theater sich ausnahmen. Nach einer Stunde etwa änderte sich das Bild und ich ritt am Abhange einer Schlucht entlang, die mit Nadelbäumen bewachsen, nordischen Charakter zeigt; in der Tiefe ein ausgetrockneter Bergstrom. Die Ruine einer antiken Brücke bezeichnete das Ende der Schlucht, und bald darauf war ich bei den ärmlichen Almhütten angelangt, die die Selgier in der Sommerhitze beziehen. Hier musste ich mein Pferd zurücklassen und zu Fusse den mühsamen Weg aufwärts fortsetzen. Theilweise auf der Nase des Berges, an einzelnen Cedern vorüber, kletterte ich bergan, von rüstigen Jägern aus Syrk begleitet, die heraufgekommen waren Steinböcke zu schiessen, welche diese Bergabhänge beleben. Von Zeit zu Zeit rastend, sah ich deutlich südostwärts die Hochebene von Sachrin und den Eurymedon zwischen grünen Anhöhen sich hindurchschlängeln, jenseits der Bergreihe im Süden aber das Meer, die hell schimmernden Ruinen von Side und das Westende der pamphylischen Ebene, blaugrau vom Gestrüpp, das es bedeckt. Immer kleiner, zwergartiger wurden die Bäume, je höher ich stieg, endlich hörten sie ganz auf und ich stand auf einer Koppe, von welcher ich weit nach Norden in die zerklüftete Felseneinöde blicken konnte. Im Westen aber erhob sich drohend und steil abfallend die höchste Spitze des Berges.

Nicht so berühmt wie der Vesuv oder der Aetna, der Olymp oder der Casius in Nordsyrien, der grosse Hermon oder der Berg Tabor, ist der Bozburun doch ein historischer Berg in demselben Sinne wie seine bekannteren Brüder. Wie jene ist er der Beherrscher einer weiten, grossartigen Landschaft. Ueber die pamphylische Ebene hinweg grüsst er die lykischen Berge und das blaue Mittelmeer. Zu ihm haben Alexander und Paulus emporgeblickt.

Karl Graf Lanckoroński.

Portal des Indjir-Chan.

Fig. 1. Ausblick von Perge gegen Sillyon.

Die pamphylische Ebene.

Der mächtige Gebirgswall, welcher Lykien im Osten abschliesst, von den Alten, welche Solyma (Olympos) den erhabensten Gipfel nennen, als Theil des Tauros angesehen, stürzt gleich dem westlichen Grenzwall, dem Kragos, schroff ins Meer ab. Erst 70 bis 80 Kilometer nördlich von dem heiligen Vorgebirge, welchem die Schwalbeninseln, die Chelidoniai vorgelagert sind, verändert die Küste ihre Richtung und zugleich ihren Charakter. Nach Norden ziehen die Berge weiter, nach Osten dehnt sich flaches Gestade, allerdings von Bergen nördlich so überragt, dass, wer von den Schwalbeninseln her zur See naht, weit eher die Berge gewahrt als die niedrige Küstenebene davor. Nicht in dem Sinne ist diese Ebene von Bergen umrahmt, dass die Hauptzüge derselben der Küste parallel nach Osten gingen. Im Gegentheil laufen sie vorerst noch der Kette am Ostrande Lykiens parallel von Süden nach Norden; erst weiterhin, wo sie näher zum Meere treten, gehen sie in östliche Richtung über. Nordsüdlich ist daher auch die Richtung der Flussthäler, welche die Bergzüge, für die uns alte Namen fehlen ausser Sardemisos (oder Sardessos) bei Plinius 5, 96, begleiten und scheiden. Unter diesen auch im Sommer wasserreichen Flüssen ist von Westen her der erste heute türkisch Duden genannt, weil er plötzlich am Rande der Ebene aus einer Felshöhle hervorbricht, als Abfluss einer eingeschlossenen Hochebene im Innern. Bei den alten Griechen hiess er Kataraktes, weil er über die schroffen Kanten der zum Theile von ihm selbst geschaffenen Travertinplatte in Wasserfällen niederrauscht, heute wie im Alterthum, nur heute vielleicht mehr zertheilt und weiter östlich geleitet. Sein alteinheimischer Name scheint Muabis gewesen zu sein nach Antigonos.[1] Der zweite, heute Aksu, hiess im Alterthum Kestros, vielleicht auch Tauros, in Pisidien bei Sagalassos entspringend, vielleicht auch er der Abfluss

[1] Hist. mirab. CXXXV (150): Πολύκριτον δὲ καταγεγραφέναι . . . τὸν δὲ ἐν Παμφυλίᾳ Μούαβιν ἀπολιθοῦν, ἐάν τις ἐμβάλῃ στοιβὴν ἢ λίθον (λύγον?). Vgl. Ritter, Kleinasien, XIX, S. 657.

weiter nördlich liegender Kesselthäler. Der dritte ist der Eurymedon, der Zeuge athenischen Ruhmes. Ein vierter, von Strabo allein erwähnt, doch namenlos gelassen, ist an der Küste von Beaufort Karamania, S. 145, gesehen, wenig inlands kaum zu bemerken. Der letzte ist der Melas, wegen seines kalten Wassers im Alterthum bekannt. Das Mündungsland, gewissermassen das Werk dieser Flüsse, ist die Ebene, deren Ausdehnung nicht 100 Kilometer beträgt und über den Melas kaum hinausreicht, schon am Eurymedon nur noch etwa 10 Kilometer breit zwischen Meer und Bergen, während westlich um den Kestros dagegen der Uferrand zwei- und dreimal so weit von den Bergen abliegt.

Aber diese Ebene ist keine einheitliche und gleichmässig flache, sie kann nicht das Werk ununterbrochen fortwirkender Ursachen sein. Vielmehr steigt sie stufenförmig in Terrassen an. Was ich darüber nur aus gelegentlicher Beobachtung sagen kann, ist doch vielleicht richtiger als das von Anderen[1] Bemerkte. Von dem Dünenrande abgesehen, dehnt sich vom rechten Ufer des Kestros bis über den Melas hin flacher, ebener, steinloser Boden (I), an manchen Stellen, so namentlich um den Eurymedon, sumpfig und Winters, wie versichert wurde, zum grossen Theil überschwemmt. Diese Ebene, deren Niveau bei Perge über den Kestrosspiegel zur Sommerszeit wenigstens 5—10 Meter sich erhebt, macht durchaus den Eindruck von Alluvialboden.[2] Ueber sie erhebt sich westlich vom Kestros, vom Meere bis jedenfalls beträchtlich über Perge hinaus reichend, eine steinige Platte (II) um etwa 30 Meter, namentlich um Adalia schroff abgebrochen gegen das Meer, und hier besonders deutlich als Süsswasserbildung, Travertin, zu erkennen, von Beaufort und Anderen als ein Werk des kalkhaltigen Dudenwassers angesehen. Diese Platte, deren harter Boden von brauner Verwitterungserde schwach bedeckt ist, und die an manchen Stellen ein mehr brecciaartiges Aussehen gewinnt, ist keineswegs so eben wie die vorbeschriebene Alluvialebene, sondern von flachen Hebungen und Senkungen durchzogen, theils mehr muldenförmigen, so eine östlich am Wege von Adalia nach Perge, theils mehr einem Flussthal gleichenden, so eine von einem Wege von Adalia nach Perge geschnitten. Sonst führt z. B. dieser Weg nach Perge ganz auf der nämlichen (II) höheren Ebene, die ich die Travertinplatte nenne, hin, steigt erst in unmittelbarer Nähe von Perge von ihr nieder zu der Alluvialebene (I), weil jene höhere am Rande, wie bei Perge zu beschreiben, durch Einbuchtungen aufgelockert und zum Theil in isolirte Einzelhöhen aufgelöst ist.

Von Adalia nach Termessos dagegen erreicht die Kunststrasse nach einigen Kilometern eine abermals schroffrandige, um mehr als 50 Meter höhere dritte Stufe (III), die mit einer Ecke gegen Adalia südöstlich vortritt, von hier nach Westen erst südlich, dann westlich gegen den Winkel des Golfes verläuft; nach der andern Seite dagegen in nördlicher Richtung. So scheint es dem von Sillyon aus Blickenden, als ob jenseits des Kestros zunächst ein über der eigentlichen Niederung (I) aufragender Damm nach Norden zöge, ferner im Westen dann ein zweiter ihm paralleler. Jenes ist der Ostrand der II., dieses derjenige der III. Terrasse.

---

[1] Ich finde weder bei Ritter, noch bei Hirschfeld, Vorläufige Berichte in den Monatsberichten der Berliner Akademie, 1874, S. 720, 724, oder Davis Anatolica, S. 208, eine klare Vorstellung. Seiff, Reisen in der asiatischen Türkei, S. 478, 483, sah nur die beiden oberen Terrassen.

[2] Vgl. Beaufort, Karamania, S. 145.

Oestlich vom Kestros ist eine solche dreifache Abstufung nicht zu unterscheiden. Aber auch hier liegt vor den Bergen eine die Ebene I überragende Terrasse, die, am Rande gelockert und aufgelöst, ganz ähnliche Inselhöhen darbietet wie um Perge, so die Burgen von Aspendos und Sillyon und zwischen beiden eine Sillyon überaus ähnliche. Nur der Höhenunterschied der Burgen von Aspendos und Sillyon mahnt an denjenigen der II. und III. Stufe im Westen.

Dies stufenförmige Ansteigen vom Meere her setzt sich noch weiter nach Innen fort, denn auch die Flussthäler senken sich nicht in gleichmässigem Abfall vom inneren Hochland zur Küste, sondern zwischen den Bergen liegen auch hier steile hohe Ränder, und die Strasse geht wenigstens zum oberen Kestrosgebiet nicht im Flussthal aufwärts, sondern ersteigt weiter westlich die Terrassenränder auf treppenartigen Wegen.

Griechischen Ansiedlern bot die Küste selbst kaum einen Platz, wie ihn Griechen liebten und daheim überall fanden; umsomehr entsprachen ihren Neigungen jene isolirten Tafelhöhen unfern dem Meere, angesichts einer fruchtbaren Ebene, mit fahrbaren Flüssen daneben.

Homer erwähnt Pamphyler und Pamphylien nicht. Erst nach dem troischen Krieg glaubte man darum Griechen hierher gewandert. Von den auf dem Heimwege von Ilion Zerstreuten kamen, wie Herodot gewiss in Uebereinstimmung mit den sogenannten Logographen berichtet, unter Kalchas' und Amphilochos' der Seher Führung in diese Gegenden. Spätere, wie Strabo nach Artemidor, betonen mehr die Beimischung des ungriechischen, wahrscheinlich semitischen Elements der Ureinwohner[1] oder älteren Ansiedler.

Bestimmt hergeleitet werden die Sideten von dem äolischen Kyme, die Aspendier von Argos. Erstere hatten nach Arrian 1, 26 bald ihre Sprache verlernt; ihre Münzen tragen, wie es scheint, semitische Legenden, bis später das Gemeingriechische zur Herrschaft kommt. In Aspendos dagegen scheint derselbe oder ein ähnlicher Dialekt wie in Sillyon und desgleichen wohl in Perge gesprochen zu sein und bis in die letzten Jahrhunderte vor unserer Zeitrechnung sich auch in der Schrift erhalten zu haben.[2]

Klein und zur Selbständigkeit wenig geschaffen, theilt Pamphylien meist die Geschichte seiner westlichen, nördlichen, östlichen Nachbarn, der Lykier, Pisidier, Kilikier. Von Kroisos unterworfen, fällt es dann bald an die Perser, mit den hellenisirten Theilen Asiens dem ersten Steuerkreis angehörig. Es stellt griechisch gerüstetes Fussvolk zum Heer, Schiffe zur Flotte des Dareios; aber die karische Artemisia schildert die Pamphylier dem Xerxes als unzuverlässig. An dem grossen Abfalle von der Perserherrschaft unter Artaxerxes im Jahre 362 nehmen sie Theil, sind aber wieder unterworfen, zinspflichtig und mit Besatzungen belegt, als Alexander der Grosse seinen raschen Zug ins Land von Lykien her bis Side macht, um dann über Sillyon, Perge, nach Westen hin wieder abzuziehen. Es ist der erste und zugleich hellste Lichtstrahl, der Einzelnes beleuchtend in der alten Geschichte auf die Landschaft fällt, die bei

---

[1] Herodot 7, 91; Theopomp bei Photios, p. 120 B 8, fgm. 111 M.; Strabo 14, S. 668; Pausanias 7, 3, 4; noch mehr Appian, Bell. civ. 2, 71.

[2] Zu den früher bekannten Resten dieses Dialektes in Münzlegenden, Inschriften und Grammatikercitaten s. Bezzenberger in Collitz' Sammlung griechischer Dialektinschriften, S. 362 ff. Ueber die Münzlegenden von Side vgl. Head, Historia nummorum, S. 586.

dieser Gelegenheit nicht als ein Ganzes auftritt und handelt, sondern jede Stadt für sich, die einen mehr, die andern weniger geneigt, den makedonischen Herrn für den persischen einzutauschen. Nach Alexanders Tode fiel Pamphylien und Lykien dem Nearchos zu nach Trogus 13, 4, 14, nach Diodor 18, 3 dem Antigonos. So scheint auch Pamphylien, wie das benachbarte Pisidien (Diodor 18, 44 ff.), in den Streit der Prätendenten gezogen. Pamphylische Söldner, wie schon früher für Geld jedem feil, scheint es, stehen in Antigonos' und Demetrios' Diensten gegen Aegypten (Diodor 19, 69; 82). Aber auch die Ptolemäer suchten sich nach Polybius 5, 34 in den Küstenorten Pamphyliens geltend zu machen, und bei Aspendos wird eine Beziehung dieses Ortes zu Alexandria zu erwähnen sein. Zuletzt bleiben die Seleukiden die Herren, bis Antiochos nach kurzer Zwischenherrschaft des Achaios (Polybius 5, 72) den Römern weicht, trotzdem der Friedensvertrag über die Zugehörigkeit von Pamphylien hatte Streit entstehen lassen (Polybius 21, 48; 43). Die freigelassenen Städte scheinen sich nun dem Könige von Pergamon angeschlossen zu haben, der Attaleia gründet; dann, nach dem Ende des pergamenischen Reiches, bald in des Zeniketes Gewalt gekommen zu sein. Dass sie aus dem Seeräuberwesen Vortheil gezogen, ist ein mehrfach gegen die Pamphylier, mehr freilich noch gegen Kilikier und Isaurier erhobener Vorwurf, während den Lykiern entgegengesetztes Lob zu Theil wird (Strabo 14, 664). Der Kampf gegen die Seeräuber nöthigte die Römer endlich, die Regierung selbst in die Hand zu nehmen. Pamphylien wurde erst Kilikien angeschlossen,[1] dann ein Theil zu Galatien geschlagen und Amyntas überlassen, doch unter Augustus wieder zu Pamphylien gezogen. Unter Claudius, im Jahre 43 n. Chr., wurde es vorübergehend, dann, nach abermaliger kurzer Verbindung mit Galatien, unter Vespasian dauernd mit Lykien zur Provinz vereint und, anfangs unter kaiserliche Verwaltung genommen, von Hadrian im Jahre 135 ausgetauscht Senatsprovinz. Es war jetzt eine Zeit der Ruhe: zahlreiche Bauten dieser Zeit bezeugen uns den Wohlstand und Patriotismus einzelner Reichen allerdings mehr als der Gemeinden; auch die Inschriften ehren die Wohlthäter der Menge, die ihr billiges Brot, Oel zum Bade, Geldspenden gewährt und ihre Schaulust durch Spiele befriedigt haben.

Auch die eigentlichen Grenzen dieser bald so, bald so mit den Nachbarn verbundenen Landschaft sind in den geographischen Quellen[2] nicht immer dieselben. Im Grossen und Ganzen freilich umfasst sie jene dreigestufte Ebene von den Solymabergen, genauer vom Klimax, im Westen bis zum Melasfluss im Osten, zwischen dem Meere im Süden und dem vierten hohen Terrassenrande im Norden.[3]

---

[1] S. Marquardt, Römische Staatsverwaltung, I², S. 374 ff. Dass etwa unter Commodus Isauria zu Lycia Pamphylia geschlagen wurde, s. Bulletin de corr. hellén., XI, S. 349, 15.

[2] Der sogenannte Skylax 101, der Stadiasmus maris magni 214 ff., diese beiden in den Geographi graeci minores, ed. Müller, Bd. I; Strabo, XIV, S. 667; P. Mela, 1, 77; Plinius, Nat. hist., V, 96; Dionysios Perieg., V, 856; Ptolemaeus, V, 5; der Geographus Ravennas; Hierokles, Synecdemus und die Notitiae episcopatuum, beide herausgegeben von Parthey; Constantinus Porphyrogennetus de thematis, ed. Bekker, I, S. 14.

[3] S. Hirschfeld, I, S. 711. Ueber die genannten Grenzen hinaus dehnen die Landschaft im Westen Mela und Plinius, welche noch Phaselis hinzurechnen, und der Stadiasmus, wohl auch Dionysios, welche Pamphylien beim Heiligen Vorgebirge und den Chelidoniai beginnen lassen, während Skylax umgekehrt Lykien noch bis an den Kestros reichen lässt. Im Osten gehen Strabo und Mela etwas über den Melasfluss hinaus. Nach Norden greifen Hierokles und die Verzeichnisse der Bischofssitze mit ihren Listen pamphylischer Städte über. Vergl. Kuhn, Die städtische und bürgerliche Verfassung des römischen Reiches, II, S. 297 ff.

Die fast allgemein als pamphylisch anerkannten Städte sind von Westen nach Osten gereiht Olbia, Attaleia, Magydos, Perge, Sillyon, Aspendos und Side, gewiss nicht wenige auf so engem Raume. Von ihnen sind diejenigen, deren Lage und Ruinen schon seit längerer Zeit bekannt sind, im Druck hervorgehoben. Ausser den genannten führt der Stadiasmus zwischen Side und dem Eurymedon noch Seleukeia auf, zwischen Eurymedon und Kestros ferner Rhuskopus (?) und jenseits des Kestros Masura, wie es scheint am Kataraktes. Diese alle, sonst unbekannt, mögen Demen, d. h. Dörfer oder unselbstständige Ortschaften gewesen sein, soweit sie nicht etwa Vorgebirge waren, wie das von Plinius[1] genannte promunturium Leucolla.

Im westlichen Pamphylien werden ferner Tenedos, Lyrnas oder Lyrnateia, Lyrnanteia, Lyrnessos genannt, deren Existenz weniger als ihre Benennung etwas zweifelhaft ist.[2] Auch die Demen Uliambos und Kanavra — wenn die Namen nicht verschrieben — sind im Westen anzusetzen wegen der Reihenfolge, in welcher sie bei Hierokles erscheinen, etwa zu Olbia oder Attaleia, wenn nicht vielleicht zu Termessos gehörig,[3] wie wir jetzt einen δῆμος Μουλασσέων im Gebiete von Sillyon kennen (Inschrift N. 57 c.).

Die Nachforschungen neuerer Reisender[4] zur Kenntniss des Landes und seiner alten Ortschaften bis ungefähr zum Jahre 1850 sind schon im letzten Bande von Carl Ritter's grossem Werke, Theil XIX, zusammengestellt. Eine geschichtliche Uebersicht derselben gibt Vivien de St. Martin im zweiten Bande seiner Description historique et géographique de l'Asie mineure, über neuere Reisen Hirschfeld, Geogr. Jahrbuch, X, S. 427.

Die ersten, welche zu nennen sind, der Araber Ibn Batoutah und der Holländer Le Bruyn, haben nur das von allen alten Städten Pamphyliens zuletzt allein lebendig gebliebene Adalia besucht, ersterer nur die Gegenwart, letzterer auch das Antike ins Auge fassend. Auch die von Leake mitgetheilte Route des Generals Koehler geht vom Eurymedon über Perge auf Adalia, von da nordwärts hinaus. Der erste den Küstenorten Adalia, Laara (Magydos?) und Side mit eingehender Sorgfalt gewidmete Besuch ist derjenige des Captain Beaufort im Jahre 1812. Fellows, der Entdecker Lykiens, hat auch die meisten Orte Pamphyliens flüchtig besucht, fast alle noch mit unrechtem antikem Namen benennend. Einen bedeutenden

[1] Derselbe erwähnt allerdings an anderer Stelle, 5, 121, eine Insel Leucolla Pactyae mit der Stadt gleichen Namens, wie es scheint an der pamphylischen Küste.

[2] Wegen Namensgleichheit mit troischen Namen, bei der Herleitung der Pamphylier von Troja, und wegen der Art, wie Strabo von ihnen spricht: φασὶ δ' ἐν τῷ μεταξὺ Φασήλιδος καὶ Ἀτταλείας δείκνυσθαι Θήβην τε καὶ Λυρνησσὸν ἐκπεσόντων τοῦ Θήβης πεδίου τῶν Τρωικῶν Κιλίκων εἰς τὴν Παμφυλίαν ἐκ μέρους ὡς εἴρηκε Καλλισθένης.

[3] Hierokles nennt nach Perge, Sillyon, Magydos zwischen Attaleia 4, Τρεβενα 6 (in den Notitiae etc. Παρβένα), d. i. Τριβένα, die südliche Nachbarin von Termessos (s. Bd. II), Ἰσβία (Ὀλβία?) 8 und Termessos 9, also zwischen lauter im Westen Pamphyliens gelegenen Ortschaften als fünfte δήμου Οὐλίαμβος (Notitiae etc. Οὐαμανδῶν), als siebente δήμου Κανααυρα (Notitiae etc. Δαυσταναβρα). Vergl. S. 18, Anm. 3.

[4] Ibn Batoutah, übersetzt von Dufrémery und Sanguinetti, II, S. 255; Corneille Le Bruyn, Voyage au Levant, II, S. 520; Corancez, Itinéraire d'une partie peu connue de l'Asie mineure kenne ich nur im Auszuge bei Vivien de St. Martin, II, S. 160; Leake, A tour in Asia minor, S. 129; Beaufort, Caramania, S. 182; Ch. Fellows, A Journal written during an excursion in Asia minor 1838; Spratt and Forbes, Travels and researches in Lycia 1842; Texier, Description de l'Asie mineure, III, 1849; Trémaux, Exploration archéologique en Asie mineure; E. J. Davis, Anatolica, 1872; G. Hirschfeld, Vorläufige Berichte in den Monatsberichten der Berliner Akademie, 1874, I und 1875, II; J. Seiff, Reisen in der kleinasiatischen Türkei 1875.

Fortschritt bezeichnen die gleichzeitigen Nachforschungen von A. Schönborn, aus seinem Tagebuche mitgetheilt von Ritter, und diejenigen Daniell's, welcher sie kurz vor seinem Tode noch Spratt übergab. Schon vor diesen hatte Texier in den Jahren 1834 und 1836 die Landschaft bereist, aber erst 1849 wurden einige Beobachtungen in Perge und Umgegend, sowie seine Aufnahme des Theaters von Aspendos veröffentlicht. Unvollendet geblieben ist ein Werk von Trémaux, mit mangelhaften Photographien, aber nützlichen Plänen und Einzelaufnahmen, nicht nur aus pisidischen Orten wie Sagalassos und Kremna, sondern auch aus den pamphylischen Perge, Sillyon und Side. Nur eine flüchtige Durchreise von Norden her über Adalia nach Elmaly gibt E. J. Davis. Das bedeutendste Unternehmen in neuerer Zeit war die Reise Hirschfeld's, über welche jedoch leider nur vorläufige Berichte erschienen sind, während die verheissene ausführliche Darstellung mit Plänen und Aufnahmen seines Begleiters, des Architekten Eggert, niemals erfolgt ist, und die nicht in die vorläufigen Berichte aufgenommenen Inschriften sich verloren zu haben scheinen. J. Seiff hat im Jahre 1875 Pamphylien nur auf demselben Wege wie Davis gestreift. Was Mitglieder der österreichischen Expedition nach Lykien im Jahre 1882 an Beobachtungen und Inschriften lediglich in Adalia sammeln konnten, hat diesem Werke vorbehalten werden dürfen.

Zu erwähnen sind schliesslich Barth,[1] Falkener und Le Bas, welche Inschriften sammelten, während Waddington, der ausgezeichnete Bearbeiter der Le Bas'schen Inschriften, auch die Münzkunde Pamphyliens bereichert hat, endlich eine Anzahl jüngerer französischer Gelehrter, welche wie auch Ramsay in verschiedenen Bänden des Bulletin de correspondance hellénique in Pamphylien gesammelte Inschriften herausgegeben haben.

[1] Von Barth nur eine Inschrift von Adalia im Rheinischen Museum, VII, S. 250. Falkener's Inschriften sind herausgegeben von Henzen in den Annali dell' Instituto di corrisp. arch., 1852; diejenigen von Le Bas im III. Bande der Inschriften zu der Voyage archéologique: Asie mineure. Waddington, Voyage numismatique in der Revue numismatique, 1853.

Fig. 2. Sarkophag aus Olbia (?).

Fig. 3. Stadtmauer von Adalia.

Attaleia.

Nahezu im innersten Winkel des grossen, gegen Südosten offenen Meerbusens trifft hinter der nach Süden vorgeschobenen Travertinplatte die nördliche Uferlinie mit der östlichen im rechten Winkel zusammen, eine kleinere Bucht bildend, welche gegen Südwesten offen ist. Gerade im Scheitel des Winkels springt die Platte schroff ans Wasser vor, ein Stückchen flachen Strandes unter der östlichen Steile von einem eben solchen unter der nördlichen scheidend. Hier liegt Adalia, dessen bescheidene Schiffswerfte jene östliche Strandfläche einnimmt, während die nördliche von der Dogana, der Ottomanischen Bank, Agenturen, Magazinen, Cafés und einigen anderen Gebäuden besetzt ist. An jenem Felsvorsprung, der oben von Befestigungen und Häusern gekrönt ist, führen Treppen zur oberen eigentlichen Stadt hinauf. Hufeisenförmig breitet sich diese um den Winkel der Bucht, auf dem auch vom Plattenrande inlands noch beträchtlich ansteigenden Boden aus, innerhalb der Ringmauer eng zusammengebaut, mit schmalen Gassen, durch Theilungsmauern in Quartiere zerlegt, ausserhalb, vornehmlich gegen Osten und Nordosten, neuer, freier, gefälliger. Hier findet sich auch der schöne, reichbeschattete Friedhof und, von den weitgetheilten Canälen des Dudenwassers genährt, reiches Gartengrün, während man gegen West und Nordwest aus den Thoren fast unmittelbar auf den kahlen, erst weiter von der Stadt mehr und mehr von Gebüsch bedeckten braunen Travertinboden hinaustritt. Nahe der westlichen Mauer ist ein gegen die Mündung tiefer Wasserriss. Von einer neuen Holzbrücke überspannt, zeigt er, obgleich ausser der Regenzeit trocken, dass auch westlich der Stadt Wasser, vielleicht in breiterer Masse als einer der jetzigen östlichen Dudencanäle, zum Meere floss.

Ueberall in den Strassen von Adalia trifft das Auge auf Reste alter Architektur, seltener auch Sculptur, die als Schmuck der Aussenmauern, der Strassenecken, der Brunnen, in den Höfen der Häuser neue Verwendung gefunden. Das Einzige, was noch am ursprünglichen Platze steht, so weit wir gesehen,[1] sind die Mauern, auch sie freilich im Laufe der Jahrtausende vielfältig neu gebaut, gebessert und geflickt.

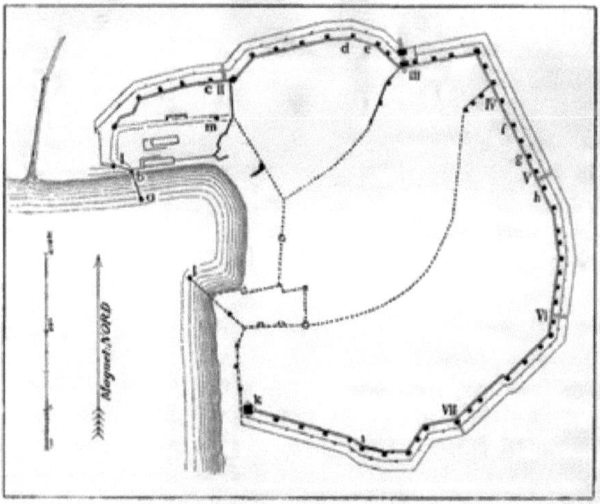

Es ist nur der kleinere Halbkreis der dem Hafen zugekehrten Mauer und der grössere der Landmauer mit den von den Verbindungsstellen beider auslaufenden Hafensperren, sammt ihren Thürmen und Vormauern und einer Andeutung der Scheidemauern zwischen den einzelnen Quartieren, was die beistehende Planskizze darstellt, nur so weit genau, als mit Bussole und Abschreiten auf der Mauer zu erreichen war. Denn während der türkischen Mobilisirung im Herbst 1885, wo Adalia voll war von Truppen, welche dort zusammengezogen wurden, um auf Fahrzeugen des Oesterreichisch-ungarischen Lloyd verschifft zu werden, war die Erlaubniss zu genauerer Aufnahme kaum zu gewärtigen, und sie vergebens zu erbitten insoferne gefährlich, als darnach selbst das zum Abschreiten und Winkelmessen nöthige Mass freier Beobachtung kaum gegeben blieb. Eine weitere Erschwerung der Arbeit und Entschuldigung kaum zu vermeidender Ungenauigkeiten bot dem Geometer der Umstand, dass weder durchweg auf der Mauer herumzugehen, noch überall innen oder aussen an dieselbe heranzukommen war.

Fig. 4. Plan der Befestigung von Adalia.

Anlass und Ausgang der Stadtgründung hier ist augenscheinlich der Hafen gewesen, an dieser Küste weithin der beste. Um diesen Hafen einigermassen in die Befestigung hereinzuziehen, mussten die Mauerlinien in ungefähr gleichem Abstande von jenem Felsblocke an

[1] Den Rest eines späten dorischen Baues in der Stadt, welchen Hirschfeld, I, S. 715 erwähnt, habe ich nicht gesehen. Was für ein Monument Le Bruyn, II, S. 523 beschreibt, ist mir nicht klar.

dem Ufer ansetzen. In der That stehen die beiden Wasserthürme (*a*, *l* im Plane), der südliche rechts, der nördliche links von dem etwas verengten Hafeneingange in fast gleicher Entfernung von jenem Fels im Winkel des Hafens. Von diesen Thürmen aus laufen die Mauern in entgegengesetzter Richtung auf das Land zu. Die südliche erreicht gradaus sogleich die Steilküste, während die nördliche, bei einem zweiten unten am Ufer gelegenen Thurme *(b)* umbiegend, erst beim dritten Thurme das hohe Ufer gewinnt, und erst beim vierten die engere Hafenmauer und die weitere Landmauer auseinandergehen. Auf der anderen Seite dagegen liegt zwischen dem Anfange der Hafenmauer und dem runden Thurme *(k)*, wo die Landmauer beginnt, ein beträchtliches, auf dem Rande des hohen Ufers hinlaufendes Mauerstück mit vier Thürmen: diese Verschiebung der sonst symmetrischen Anlage zeigt, dass bereits damals, als die Mauern diesen Zug erhielten, die Südostseite des Hafens für die Bewohnung ebenso bevorzugt wurde wie heutzutage.

Um die thurmbewehrte Landmauer läuft noch eine zweite niedrigere Mauer mit dreieckigen, thurmartigen Aussprüngen und einem Graben davor. Eine Mauer ähnlicher Beschaffenheit, doch ohne Thürme und Gräben schliesst auch, von dem ersten Landthurm *(b)* nach dem Felsen am Winkel des Hafens ziehend, den nördlichen unteren Stadttheil nach der Hafenseite ab. Jene zweite Mauer auf der Landseite muss es sein, welche die Inschrift N. 12 dem Kaiser Leo und seinem Sohne Konstantinos beigelegt. ‚Alle seine Unterthanen,' heisst es darin, ‚wie Kinder mit väterlicher Fürsorge umfassend und in dem Gedanken, Alles ihrem Wunsche gemäss zu machen, befestigte der allergnädigste (παγγάληνος, die Uebersetzung von ‚serenissimus') Kaiser Leo mit seinem Sohne Konstantinos, in Sorge für die allgemeine Sicherheit, diese christliebende Stadt schirmend, weise mit einer zweiten Mauer, sie sich selber an Sicherheit übertreffend und jeglicher Feindeskunst überlegen herstellend. Und dieses Werkes Schöpferin ist des Monarchen Hand, wie alles Schönen Spenderin und Walterin; Euphemios aber, des Reiches Geheimschreiber, der mit Eifer ausführende geschickte Leiter des Baues.'

Nicht Leo III. der Isaurier und Konstantin Kopronymos[1] im Anfang des achten Jahrhunderts, sondern zwei Jahrhunderte später Leo VI., der Philosoph, und Konstantin Porphyrogennetos[2] sind zu verstehen, denn Euphemios,[3] der Geheimschreiber, ist allem Anschein nach ‚der berühmte Gelehrte' (περιβόητος γραμματικός), von dem aus derselben Zeit ein vielbesprochenes Jambeion, doch wohl aus einem Gedichte, angeführt wird, gegen einen in der Geschichte des Romanos, des Schwiegervaters des Porphyrogennetos, mehrfach genannten Niketas gerichtet. Das bestätigt eine zweite Inschrift, wenn die Zusammensetzung von N. 13[a, b] richtig ist, die nunmehr leicht als auf dieselbe Vormauer sich beziehend erkannt wird, datirt zweimal aus dem Jahre 6424 = 916. Hier ist Konstantin nicht mehr mit seinem im Jahre 912

[1] Wie in einer ähnlich angebrachten Inschrift von Nicäa CIG. 8664.

[2] Konstantinos Porphyrogennetos ed. Bekker, II, S. 54: ὥστε Εὐφήμιον ἐκεῖνον τὸν περιβόητον γραμματικὸν ἀποσκῶψαι εἰς αὐτὸν τουτὶ τὸ ἰαμβεῖον

γαρασδοειδὴς (?) ὄψις ἐσθλαβωμένη.

[3] S. Finlay, History of Greece, ed. by Tozer, II, S. 289, 290, 304 ff. Ein anderer Euphemios in ähnlicher Stellung unter Kaiser Markianos, Prisci Historia, 155.

verstorbenen Vater zusammen genannt, sondern mit seiner Mutter Zoe. Also mindestens vier Jahre ist an der Mauer gebaut worden. Nicht Euphemios, der Geheimschreiber, sondern ein Kriegsmann war hier als Leiter und Vollender des Baues genannt, aber sein Name ist zu Anfang von Vers 3 verloren. Seine Verse sind minder gut, von mehr byzantinisch roher Technik und im Ausdruck stark an diejenigen des Euphemios angelehnt und so weit besser gelungen. Wie die Inschrift des Euphemios nahe dem Nordthor II angebracht ist, so war es die andere allem Anschein nach nahe beim Ostthor V.

Was in der zweiten Inschrift kaum entstellt zu lesen ist, dass die stärkere Befestigung der christliebenden[1] Stadt gegen die Araber, die Saracenen, sichern sollte, das versteht sich auch für die erstere von selbst. Ob auch zu Lande seit Leo dem Isaurier zurückgedrängt, machten sie doch gerade unter Leo VI. sich als Piraten in den griechischen Gewässern furchtbar. Als sie später die Herren geworden, da haben auch sie in weit prunkenderer Form und an viel anspruchsvollerer Stelle ihre Inschriften den Mauern von Adalia eingefügt. Aber die Byzantiner, von denen es noch zahlreiche Inschriften der Art gibt, haben in dieser Hinsicht nicht nur Nachfolger, sondern auch Vorgänger in den älteren Mauern Adalias gehabt, wie wir bald sehen werden.

Von der alten Hauptmauer der Stadt nun scheint, abgesehen von Thoren und Thürmen, auf der Landseite nur ein Stück nördlich vom Thor V in antikem Aufbau erhalten.[2] Das Material ist an vielen Stellen antik, aber nicht blos ursprünglich der Mauer gehörige Quadern, sondern auch Stücke von Grabmonumenten, Säulentrommeln sind darein verbaut. Von den fester gebauten Thürmen, welche durchschnittlich etwa 30 Meter Abstand haben, ist mehr erhalten, wie ich im Einzelnen anzugeben habe.

Vom nördlichen, auf einer über dem Wasserspiegel eben sichtbaren Klippe erbauten Wasserthurm (*a* im Plan) ist die Nordostecke, 16 Lagen unter und 2—3 über dem Gurtgesims hoch, von antiker Construction. Alte Theile hat auch der erste Thurm auf dem Lande (*b*) bewahrt, hinter dem ein kleines Thor (I) sich auf einen Weg öffnet, der aussen an der Mauer hinaufführt. Die Pfosten, Gesimse und cassettirten Gewölbsteine sind jedenfalls antik; ob der Aufbau nicht mittelalterlich wäre, blieb mir ungewiss; denn mir schienen die Gewölbsteine ursprünglich für einen grösseren Kreisbogen bestimmt gewesen zu sein.[3] Der nächste alte Thurm (*c*) westlich neben dem Nordthor II ist fast bis oben hinauf vorzüglich erhalten: über 21 jetzt sichtbaren Quaderschichten dasselbe Gurtgesims wie bei *a*. Darüber befinden sich, durch die zweite und dritte Schicht gehend, in der Nordfront zwei, an den anstossenden Thurmseiten je ein schmaler Schlitz mit oberer Abrundung, die in die vierte Schicht reicht; über der dreizehnten Schicht dann die Zinnen. Diese sind, wie natürlich auch die grosse seldschukische Inschrifttafel mit ihrem aus Marmorquadern ausgehauenen architektonischen

[1] φιλόχριστος sicher activisch, CIG. 8640 φιλόχριστον καὶ γνησίως δουλεύοντα αὐτῷ; 8758 Κύριε βοήθει τῷ εὐσεβεστάτῳ καὶ φιλοχρίστῳ βασιλεῖ.

[2] Die Angabe von Davis, dass die Mauern unten alt, höher hinauf römisch, zu oberst türkisch seien, beruht einfach auf Unkenntniss.

[3] Auch das jetzt halbabgebrochene Thor unfern von *m* im Plane halte ich nicht wie Hirschfeld, I, S. 715, für antik, sondern für mittelalterlich, vielleicht mit Stücken vom Hadriansthor gebaut.

Rahmen, spätere Zuthat: die neben und über der Tafel liegenden Quadern stechen von der übrigen Construction merklich ab (Fig. 5).

Auch vor dem nächsten Thor (III) stehen wieder zwei zum Theil alte Thürme *(d* und *e)*, namentlich der erstere, wieder mit zwei Schiessscharten an der Front, je einer auf jeder Nebenseite in der zweiundzwanzigsten bis vierundzwanzigsten Schicht, also *c* durchaus ähnlich, auch an Ort und Stelle mir so erschienen, aber ‚ohne Gurtgesims darunter' und noch acht Schichten darüber antik, in der dreissigsten gegen Westen zwei Ausflussrinnen. Auch in diesem Thurm prunkt oben ein seldschukischer Namensschild. Die ganze folgende Strecke bis zu dem kleinen Ausgang IV ist sowohl aussen wie innen durch Anbauten unzugänglich. Erst wieder der zweite Thurm *(f)* nach IV und zwischen den drei letzten Thürmen nördlich vom Hadriansthor V die Mauer *g* haben alte Quaderfügung mit im Ganzen regelmässigem Wechsel von Läufer- und Binderschichten bis zur eilften, als Sockel oder unprofilirtes Gurtgesims vorkragenden Schicht, das Weitere neu, während die Thürme hier theils neu, theils durch neue Ummantelung unkenntlich sind.

Fig. 5. Mauerthurm von Adalia.

Darauf folgt das weiter unten, Seite 20 beschriebene Prachtthor, das einzige sicher antike der Ringmauer, ziemlich in der Mitte der Landmauer gelegen, nach seiner Lage etwa als das pergäische zu bezeichnen, welches nach Beaufort's Angabe noch eine obere Säulenstellung und hier von Thurm zu Thurm durchgehenden Mauergang hatte. Erhalten ist der gewölbte Ausgang dahin aus dem Thurm südlich des Thores *h*, in welchem sich über der dreiundzwanzigsten Schicht ein glattes Gurtgesims wie bei *f* befindet und in der neunten Schicht nach aussen die Tafel mit der Inschrift N. 4*, welche besagt, dass Julia Sancta den Thurm aus eigenen Mitteln erbaute. Viele Säulentrommeln sind in die Mauer gelegt bei *i*.

Gewiss antik ist dann endlich der grosse runde Thurm *(k)* auf quadratem Unterbau am südlichen Anfang der Landmauer, über den gleichfalls weiter unten Genaueres zu lesen ist (Fig. 6). Auch die Thürme der von hier nördlich ziehenden Verbindungsmauer zwischen Land- und Hafenmauer enthalten viele alte Stücke. Hinter dem dritten glaubte ich vom Schiffe aus mit dem Glas — denn auch dies Stück ist innen wie aussen unzugänglich — ein Stück alter Mauer zu erkennen; weiterhin, auch unten am Meere in den Fels eingeschnittene Quaderbettungen.

In dem südlichen Wasserthurm *l* endlich ist nur an der Ostecke in der neunten und zehnten Schicht noch ein kleines Stück der antiken Construction zu erkennen.

In der Hafenmauer nun, welche die niederen Stadttheile ausschliessend auf dem Rand der Höhe sich entlang zieht, habe ich nur um *m* Stücke alter Mauer wahrzunehmen geglaubt, besonders nördlich unterhalb eines neuen Gebäudes um eine gerade gedeckte Fenster- oder Thüröffnung in feinem sauber gefügten Quaderbau ohne Rustica. Dieses Stück, welchem nahezukommen mir nicht gelingen wollte, habe ich an Ort und Stelle für das einzige aus attalischer Zeit herrührende gehalten. Ausser Stande, die weitgetrennten übrigen antiken Stücke vergleichend zu überblicken, habe ich Unterschiede übersehen, welche später an Photographien mir deutlich wurden. Abgesehen von dem einzig dastehenden Thurm *k* stehen sich die Gruppen *a (b) c (l)* und *(d e?) f g* gegenüber. Die erste hat das profilirte Gurtgesims (*b c* nicht genug erhalten, um es sehen zu lassen) in der Höhe der Mauer, den überragenden Theil der Thürme markirend. Die Quadern sind sehr genau gefugt, die Fugen mitunter etwas springend, kein Wechsel von Läufer- und Binderschichten, vielmehr die Steine aller Lagen mehr gleicher, nicht grosser Länge, einzelne ganz kurze unregelmässig dazwischen; die Schichten aber von ungleicher Höhe. Dagegen in der zweiten Gruppe gleichmässigere Schichthöhe, regelmässiger Wechsel von Läufer- und Binderschichten (s. die Probe vom Thurme der Julia Sancta, Fig. 13), Gurtgesims unprofilirt. Die zweite Gruppe, an der Nord- und Ostseite vertreten und besonders in nächster Nähe und in enger Verbindung mit dem Prachtthor, ist durch Inschriften zeitlich bestimmt. Das Thor trug (s. Inschr. N. 4 f.) zwei Inschriften, eine obere, vielleicht an dem Sockel der oberen Säulenstellung, aber nur über den mittleren Theil sich erstreckend, galt dem Kaiser Hadrian allein und bezog sich vielleicht auf ein Standbild oder eine Quadriga, die übliche Bekrönung von Triumphbögen, als geweiht vom Senat und Volk Attaleias. Die andere Inschrift am Epistyl der Hauptcolonnade weiht gewiss den Bau selbst, und zwar, soweit die Inschrift sicher überliefert ist, ebenfalls Hadrian. Habe ich aber einen andern Theil der Inschrift richtig errathen, so war der Thorbau selbst zugleich der Vaterstadt geweiht, ähnlich wie mancher andere Bau, also Attaleia von einem Attaleer. Solche Weihungen an Vaterstadt und eine Gottheit oder göttliche Person zugleich ist nichts Seltenes und so glänzende Bethätigung des privaten, sei es Patriotismus,

Fig. 6. Runder Festungsthurm.

sei es Ehrgeizes, gerade in diesen Zeiten und Gegenden eher das Gewöhnliche. Die meisten noch mit Weihinschrift versehenen Gebäude, von denen in diesem Werke aus Pamphylien und Pisidien zu berichten sein wird, sind von Privaten errichtet. Nicht anders ist es ja selbst mit kleineren Weihungen von Standbildern. Von grösseren Stiftungen der Art ist gleich nebenan der Thurm der Julia Sancta ein Beispiel (N. 4^c); in Perge die Palästra (?) des Julius Cornutus N. 32 und vielleicht der nördliche Anbau, zu dem N. 41 gehörte, die Stoa (?) der Artemis und das Rathhaus von T. Klaudios Apollonios N. 33, Z. 17 und 27; in Sillyon der Tempel der Tyche von Menodora N. 58, 18. In Aspendos will ich die Beiträge zu Thor und Thurm, auch die Wasserleitung, N. 64^a, 64, 64^b, deren Kosten von Mehreren getragen scheinen, nicht zählen, aber vom Theater weihten einen Theil A. Curtius Crispinus Arruntianus und A. Curtius Auspicatus Titinnianus aus dem Erbe des A. Curtius Crispinus, vielleicht auch der Architekt Zenon selbst (zu N. 64^b ff.) einen andern Bau; in Side Bryonianos Lollianos (das Nymphäum?) und die Leitung dazu (zu N. 107). Nicht minder zahlreich waren in den pisidischen Städten die Bauten privater Stifter (κτισταί): in Termessos mehrere Stoen, ein Tempel und Bild, wahrscheinlich noch ein anderer öffentlicher Bau; in Sagalassos der Tempel des klarischen Apollo und der Kaiser, ein dem Kaiser Claudius als neuem Helios geweihter Tempel (?), noch ein dem Kaisercult geweihter Bau und ein Macellum; in Kremna Forum mit Basilica und Exedra, desgleichen eine Stoa. Entschieden geringer ist die Zahl der als von den Gemeinden aufgeführt genannten Bauwerke, und was von den Besitzverhältnissen in jenen Zeiten uns durch Inschriften verrathen wird, macht dies durchaus begreiflich. Das Hadriansthor in Attaleia also einem Privaten zuzuschreiben, wäre durch Beispiele besser empfohlen, als es von der Gemeinde gebaut zu denken. Wie aber auch dieser Zweifel zu lösen, jedenfalls gehört das Thor der Zeit Hadrians und wahrscheinlich ist es zu seinem Einzug, den man ins Jahr 130 setzt,[1] erbaut worden. Mag nun auch, wie Niemann weiter unten ausspricht, das Thor nicht in Zusammenhang mit dem Thurm der Julia Sancta gebaut sein, sondern diesen voraussetzen: weit auseinanderliegen können beide Theile nicht, da dieselbe Julia Sancta auch ein Standbild der Pauleina, d. i., wie Waddington zu N. 4^b zuerst ausgesprochen, der bald nach 130 gestorbenen Schwester des Hadrian errichtet hat.

Gehörten diese an der Ostseite befindlichen Theile, sei es als Restauration, sei es als Erweiterung der Ringmauer, der Zeit des Hadrian, so scheint es naheliegend, die unstreitig besseren und sorgfältigen Reste der ersten Gruppe wegen des einheitlichen Charakters — das erwähnte Stück der Hafenmauer mochte, weil es doch eben so sehr Innen- wie Aussenmauer war, feiner gearbeitet sein — an ziemlich auseinander liegenden Theilen der Gründung des Attalos zuzuschreiben, obgleich sie von älterem pergamenischen Mauerbau, wie er sowohl aus Pergamon selbst, als aus der ‚pergamenischen Landstadt' (Athen. Mittheil., XI, S. 1 ff., 444, Taf. XI) bekannt ist, beträchtlich abweicht.

Als die Stadt des Attalos, wie Attaleia von byzantinischen Schriftstellern so oft genannt wird, gibt sich Adalia noch heute durch seinen Namen zu erkennen, was zwei der dort

---

[1] S. J. Dürr, Die Reisen des Kaisers Hadrian, S. 61. Wie Hadrian gleich beim Beginne seiner Regierung den Städten und Befestigungen der verschiedenen Provinzen seine Aufmerksamkeit zuwandte, berichtet Dio 69, 9.

gefundenen Inschriften N. 4[m] und 14 zum Ueberfluss bestätigen. Es war ein unglücklicher Einfall Beaufort's, nach dem Vorgange d'Anville's Adalia für Olbia und Side für Attaleia zu halten. Eine Kette pergamenischer Beziehungen reicht von Telmessos über Oinoanda (Klein-? und Gross-) Termessos nach Attaleia.[1] Allerdings sind die pergamenischen Fürsten vielleicht auch weiter in Pamphylien eine kurze Zeit wenigstens als Herrscher an die Stelle der Seleukiden getreten, ob aber über den Eurymedon bis Side hin, ist zu bezweifeln.[2]

Dass die Gründung des zweiten Attalos Philadelphos, welcher schon als Feldherr seines Bruders im Jahre 189 (Polybios 21, 43) diese Gegenden gesehen hatte, nicht die erste an diesem günstigen Platze gewesen, würde man gern mit Leake[3] aus Strabo herauslesen, wären dessen Worte klar und unzweideutig. Aber in seinem Satze: nach Olbia und dem Kataraktes folge weiter östlich Attaleia, benannt nach Philadelphos, der es gegründet und nach Korykos, einem benachbarten Städtchen, eine neue Colonie gesandt und die Ringmauer vergrössert habe, ist das ‚benachbarte' widersinnig und Korykos der Verwirrung mit drei anderen Localitäten gleiches Namens verdächtig. War wirklich eine vorattalische kleinere Ansiedlung hier, so wird man doch Reste von ihr nicht suchen, sondern sich begnügen zu sagen, dass dieselbe sich an den geschützteren südlichen Theil des Hafens angeschlossen haben muss und vielleicht nur die südöstliche Seite des Hafens umfasste.

Bei byzantinischen Schriftstellern noch oft die Stadt des Attalos genannt, ist dies Attaleia der andern pergamenischen Gründung in Lydien[4] (oder Mysien, Aeolien) gleichnamig, aber

[1] S. Reisen in Lykien und Karien, II, S. 177 ff.

[2] Mommsen, Römische Forschungen, II², S. 531 nimmt den Kestros, gleich dem im Friedenstractate genannten Fluss Tauros als die Grenze des Antiochos abgenommenen Gebietes.

[3] Leake, S. 175, 192, auch Hirschfeld, I, S. 713, Kuhn, Die städtische und bürgerliche Verfassung des römischen Reiches, II, S. 299, Kiepert und Andere. Strabo's Worte (14, S. 667) sind: εἶτα πόλις Ἀττάλεια, ἐπώνυμος τοῦ κτίσαντος Φιλαδέλφου καὶ οἰκίσαντος εἰς Κώρυκον, πολίχνιον ὅμορον, ἄλλην κατοικίαν καὶ μείζω περίβολον περιθέντος. Stephanos' Ἀττάλεια darf mit Ἀλλόειρα, früherer Name eines Attaleia in Lydien, nicht zur Aenderung von ὅμορον verleiten, da Lydien und die Nebenform Ἀγρόειρα im Wege ist. Und von ὅμορος abgesehen, bleibt Korykos ein Anstoss. Strabo selbst kennt hier sonst kein Korykos, sondern eines in Ionien, S. 644, eines in Lykien, S. 666, eines in Kilikien, S. 670 ff. Nur Suidas und Photius haben s. v. Κωρυκαῖος ein Κώρυκος (γὰρ) τῆς Παμφυλίας ἀκρωτήριον, παρ' ᾧ πόλις Ἀττάλεια zur Hand, um hierher die zur Auslegung eines Komikerverses beigebrachte Geschichte vom Verkehre der Seeräuber mit den Bewohnern einer benachbarten Stadt zu verlegen. Diese Geschichte wird aber bei Strabo, S. 644 (welcher dem Ephoros folgt, wie Photios erkennen lässt) nach dem ionischen Korykos gelegt, und ebenda ist auch wieder von einer Ansiedlung des Attalos die Rede, erst in Myonnesos, dann nach dem unfernen Lebedos verlegt, was einigermassen an das vom pamphylischen Attaleia bei ihm Gelesene anklingt. Die Verlegung von Attaleia bei Stephanos, der Demetrios anführt, nach Kilikien, beruht wohl einfach auf Verwechslung mit dem kilikischen Korykos und nicht etwa auf einer dritten Localisirung der Seeräubergeschichte, obgleich es daselbst an Seeräubern später nicht fehlte, und Strabo, S. 671, den Raubfürsten Zeniketes vom lykischen Korykos dorthin versetzt hat. Was Strabo an letzterer Stelle von Zeniketes berichtet: ἑλόντος δὲ τοῦ ὄρους (nämlich der Olympos) (ὑπὸ) τοῦ Ἰσαυρικοῦ ἐνέπρησεν ἑαυτὸν πανοίκιον. τούτου δ' ἦν καὶ (ausser dem Olympos) ὁ Κώρυκος καὶ ἡ Φασηλὶς καὶ πολλὰ τῶν Παμφύλων χωρία· πάντα δ' εἷλεν ὁ Ἰσαυρικὸς könnte, combinirt mit Cicero, De lege agraria 15 (vgl. 2, 50): iubent venire agros Attalensium atque Olympenorum, quos populo Romano P. Servilii, fortissimi viri, victoria adiunxit, eine ganz andere Auffassung jener zweifelhaften Strabostelle über die Gründung Attaleias nahelegen. Wie, wenn dort nur zu Anfang von Attaleia die Rede wäre, dann aber von einer gleichzeitigen Ansiedlung in dem bei Olympos gelegenen Korykos, die Attaleia etwa als κωμόπολις unterstellt sein mochte, so dass ihr Gebiet als agri Attalensium bezeichnet werden konnte? Doch jenes πολλὰ τῶν Παμφύλων χωρία lässt auch an das eigentliche Gebiet von Attalia denken.

[4] S. Radet im Bulletin de corr. hellén., XI, S. 168 ff.

die Bewohner unterschieden sich: diejenigen des pamphylischen Attaleia nannten sich Attaleis, die des andern dagegen Attaleatai.[1] Auf den Münzen beider Städte war dieser Unterschied schon früher nachgewiesen, in Inschriften aber bisher nur die pamphylischen Ἀτταλέων κολω(νεία) in N. 4[m] und, durch Verszwang etwas entstellt, Ἀτταλαιέων in N. 14 (vergl. N. 13 v. 4) gelesen, dazu sind aber jüngst[2] auch zwei der lydischen Ἀτταλεατῶν gekommen.

Ihre Culte scheinen die Ansiedler zum Theile aus Pergamon mit nach Pamphylien gebracht zu haben, wo sie freilich ziemlich dieselben Götter auch vorfanden: Zeus in Pergamon, als Σωτήρ (Sitzungsber. der Berliner Akademie, 1884, S. 12 f.) und Gigantensieger allbekannt, hatte nicht nur in Sillyon, wie es scheint, einen Cult, sondern thronte auch auf dem Solyma, dem majestätischen Hauptgipfel der die prachtvolle Aussicht von Adalia dominirenden Bergkette jenseits des Golfes. Münzen von Attaleia zeigen seinen Kopf, wie auch die ganze Figur des sitzenden Gottes mit der Siegesgöttin auf der Hand. Der Zeus Tropaiuchos, dessen lebenslänglichen Priester mit römischem Namen N. 6 nennt, könnte fremd sein, aber eben auch in Pergamon haben wir Zeus Tropaios kennen gelernt (Die Ergebnisse der Ausgrabungen von Pergamon, 1880, S. 78). Eine Hauptgöttin ist wie in Pergamon Athena; dass sie auch in Attaleia Polias benannt sei, ist nicht überliefert, aber fast daraus zu folgern, dass auf einer Homonoiamünze von Attaleia und Side jenes durch Athena vertreten wird, wie dieses durch Nemesis. Auf Münzen sieht man ihren Kopf oder die ganze Figur schreitend oder stehend, mit Nike auf der Hand, also Nikephoros wie in Pergamon (III. vorl. Bericht, S. 37, Taf. 76 f), in vier- oder sechssäuligem Tempel. Dionysos, in Pergamon als Kathegemon verehrt, ist in Attaleia mit Cult und Priester versehen (N. 4[f]) und auf Münzen abgebildet (s. Bohn, Der Tempel des Dionysos zu Pergamon, S. 10). Auch Apollon, als Archegetes in Attaleia verehrt (N. 4[ef]), fehlt natürlich in Pergamon nicht (Pythios, III. vorl. Ber., S. 58); Hermes ist in Attaleia wie auch in Perge, Sillyon und viel in jenen Gegenden, auch durch Personennamen, bezeugt, wie in Pergamon; desgleichen Asklepios, die Göttermutter, Ares (?) an beiden Orten. Andere Culte mochten aus der Nähe kommen: Hephaistos, der Waffenschmied, auch auf den Münzen von Perge, Aspendos, Side angetroffen, von Olympos, Nemesis von Side, Sarapis von Alexandreia, wie die Artemis den Typus der pergäischen bewahrt. Poseidon versteht sich in der Hafenstadt mit dem herrlichen Meeresanblick von selbst. Die Neike Sebaste gehört zu den in der Kaiserzeit blühenden Spielen und dem Kaisercult.

Von Tempeln, deren bauliche Reste ja zum Theil die in der Stadtmauer eingelegten Säulen u. s. w. sein mögen, und Bildern ist uns sonst nichts bezeugt, als dass zur Ausstattung von Constantinopel auch Attaleia Bilder geliefert hat. Denn schon an sich und zumal zwischen Kypros, Kreta, Rhodos, Chios und Smyrna, Seleukeia, Tyana, Ikonion, bei Codinus, De signis, I, S. 53, als von gleichem Kunstraub betroffenen Städten genannt, wird man gewiss eher an das pamphylische als an das lydische Attaleia zu denken haben. Geblieben wüsste ich hier nichts als die von Collignon im Bulletin de corr. hellén., III, S. 346 erwähnte Basis

[1] Nach Eckhel's (D. N., III, S. 9) Schwanken festgestellt durch Waddington, Revue numismatique, 1853 S. 24. Vgl. Head, Historia nummorum, S. 548.

[2] Bulletin de corr. hellén., XI, S. 173 und 400 E. Vgl. Athenische Mittheilungen, XIII, S. 13.

einer Heraklesstatue und ein paar rohe Reliefs des Reiterheros oder Gottes Sozon[1] auf einem ebenda erwähnten Relief genannt, namenlos auf einem oder zwei andern.

Auch von den anderen Bauten hören wir nichts. Ein Theater, sollte man meinen, kann nicht gefehlt haben, aber auch nicht einmal einen Platz dazu hat man bisher gefunden. Vielleicht ist der steinerne Lehnensitz, welcher etwas östlich vom Kasernenthor aussen in die Stadtmauer so eingemauert ist, dass man nur die Seitenfläche sieht, 1·15 M. hoch und gegen 0·70 M. breit, der einzige Rest bis jetzt von einem Schaulocal; er gleicht wenigstens ganz dem Ende einer Lehnensitzreihe, wie sie in Theatern und Stadien an den Gürtelgängen (Diazomata) üblich waren: der Delphin als Armlehne ist ein besonderes Ornament der Seestadt.[2]

Auch von Gräbern und Grabdenkmälern ist, so viel ich weiss, keines noch am ursprünglichen Platze erhalten oder auch nur zu spüren, gewiss weil die stete Bewohnung des Ortes sie allmählig hat schwinden lassen, und namentlich der Mauerbau und die Mauerausbesserung solches Material aufgesogen hat. In den Mauern stecken allerdings mit den meisten anderen Inschriften auch die Grabinschriften, einige allem Anscheine nach von Grabbauten, desgleichen andere Stücke, so z. B. ein zierlicher dorischer Fries von ganz kleinen Verhältnissen, etwa als Thürsturz verwandt. Auch Grabreliefs, so eines mit zwei einander gegenübersitzenden Figuren, ein anderes mit dem Bein einer sitzenden Frau, in deren Schooss sich ein kleines Mädchen schmiegt, sind vermauert.

Von Sarkophagstücken erwähne ich eines mit zwei Niken an den Ecken, je mit einer Palme in der einen Hand, die eine noch mit einem Kranz in der Rechten, ein in diesen Gegenden namentlich beliebter Schmuck für Sarkophagecken, wie sie an den Ecken der Kamara von Alexanders des Grossen Leichenwagen standen (Diodor, 18, 26). Auch ein vollständiger Sarkophag, als Brunnen[3] im nördlichen Theile der Stadt verwandt, hat diese Niken. An diesem Sarkophag ist mehr noch als bei einem in Perge zu erwähnenden die architektonische Einfassung hervorzuheben, durchaus im Einklang mit der Darlegung von Matz in der Archäologischen Zeitung, 1872, S. 12 f.: unten ein starker Sockel aus zwei gegeneinander gekehrten lesbischen Kymatien mit einem Perlstab dazwischen, oben ein Eierstab. In der sehr beschädigten Darstellung erkennt man einen Jäger hoch zu Ross über einem Hunde nach rechts, wo über felsigem Grunde oben ein Löwe entflieht, dem ein Mann mit einem Spiess begegnet, während ein anderer tiefer kniet. Dem genannten Reiter folgt ein zweiter, vor welchem ebenfalls ein Knieender erscheint.

Während dies eine der auf Sarkophagen auch in Italien — ein Beispiel aus Griechenland bei Matz a. a. O., S. 15 — sodann auf Grabreliefs des Nordens besonders beliebten nicht mythischen Jagdscenen ist, sind im Hofe eines Hauses ausser einem Stücke mit Guirlanden und Gorgoneion verziert, zwei andere (s. Fig. 7) mit mythischen Darstellungen geschmückt. Auf dem einen — es ist ein linkes Ende — schreitet ein Eros, die von der Chlamys bedeckte Linke mit einem Bogen vorstreckend, die Rechte zum Hinterkopf erhebend,

[1] Sozon, Herakles und Orophylax hält Ramsay, American Journal of Archaeology, III, S. 363 f. für Namen desselben localen Dämons, der von Sabazios und Men nicht verschieden sei.

[2] Theatersitze von Catana in Sicilien sind in gleicher Weise mit Delphinen geschmückt.

[3] Gesehen von Le Bruyn, II, S. 524.

als nähme sie einen Pfeil aus dem Köcher oder fahre von der losgelassenen Sehne zurück. Noch ein Stück des Reliefgrundes vor ihm ist ohne weitere Figur erhalten.

Das zweite Stück enthält die bekannte Gruppe des Priamos, der mit verhülltem Haupt vor dem sitzenden Achill kniet und ihm die Hand küsst, während jener das Haupt abwendet, und im Hintergrunde, einander auffallend nahe gegenüberstehend, Hermes mit dem Botenstab neben Priamos und eine verschleierte Frau neben Achill, beide eine Hand wie weinend zum Gesicht erhebend. Das Relief ist bei dem Eros höher als bei Achill, und äussere tektonische Kennzeichen eines Sarkophages fehlen beiden Reliefs, nur dass die Grösse etwa passt.

Fig. 7. Relief: Eros; Priamos und Achill.

So wenig trotz der vielen zerstreuten Reste von alten Denkmälern in Attaleia sich sagen lässt, so wenig ist auch von seiner Geschichte im Alterthum überliefert. Die Attalenherrschaft überdauerte die Gründung Attaleias ja nur kurz. Darnach offenbar sich selbst überlassen, gerieth die Stadt mit anderen in die Gewalt der Piraten, bis Servilius deren Macht brach, und dem Sieger auch das Gebiet Attaleias — vielleicht in der S. 14, 3 vermutheten Beschränkung zu verstehen — zufiel. Der Antrag des Servilius Rullus, diese Ländereien für Rechnung des römischen Staates zu verkaufen, hatte keine Folge. Vermuthlich gab man den Attaleern ihr Gebiet zurück. Haben die Pergamener dem Sohne des Isaurikers Servilius

(s. Die Ergebnisse der Ausgrabungen zu Pergamon, S. 76, Nr. 94) die Herstellung ihrer Verfassung und Demokratie gedankt, so ist wohl auch die Tochterstadt Attaleia damals noch unabhängig geblieben. Pompeius legte nach seiner Besiegung hier nicht nur an, sondern Attaleia war die erste Stadt, die er auch betrat, indem Schiffe, Mannschaften und Anhänger sich um ihn sammelten, die er aber bald wieder verliess.[1]

Als Colonie erscheint die Stadt erst in der späten Inschrift 4[m]. Bedeutende Erneuerung, vielleicht Erweiterung (s. S. 13) und Verschönerung durch Neubau eines Theiles der Ostmauer, des Prachtthors, durch Standbilder brachte ihr der in das Jahr 130 n. Chr. gesetzte Besuch Hadrians.[2] Die Neubefestigung hing vielleicht mit dem parthischen Kriege zusammen, der nicht lange nachher auch L. Verus an diese Küsten führte, und wenn derselbe in den hervorragenden Städten Asiens, Pamphyliens, Ciliciens zu seinem Vergnügen sich aufhielt, dürfte auch Attaleia wie Side seinen Besuch erhalten haben (J. Capitolinus, Verus, c. 6).

Häufigere Erwähnung geschieht Attaleias, wie gesagt, in byzantinischer Zeit, ja sie ist fast die einzige der pamphylischen Städte, die bei Späteren genannt und oft genannt wird.

Kann Adalia nur Attaleia sein, so muss Olbia weiter westlich liegen. Bei Hierokles — wenn wirklich 'Ισβία aus 'Ολβία verschrieben ist[3] — vor Termessos genannt, bei Strabo ein grosses Bollwerk (μέγα ἔρυμα) gegen Phaselis, 367 Stadien vom heiligen Vorgebirge, nach Aristoteles[4] und Theophrast so belegen, dass der Nordwind dahin von einer Insel oder Halbinsel Idyris oder Idyros mit Namen her wehte, kann Olbia weder da gelegen haben, wo Schönborn (bei Ritter, S. 636) meinte, noch da, wo Spratt (Daniell) I, S. 216[5] es gefunden zu haben glaubte, am nördlichen Ufer des Golfes, sondern muss noch am westlichen gesucht werden, etwa bei der natürlichen Grenze des Gebietes von Phaselis gegen Norden, d. i. bei den στενά, der Enge am Fusse des Berges Klimax. Dort scheint man allerdings Ruinen nicht gefunden zu haben, und wir sind in dieser Richtung nicht so weit gekommen.

Dagegen ist der von Schönborn für Olbia genommene Platz, vielleicht derselbe wo v. Luschan Ruinen und Sarkophage (s. Fig. 2), doch keine ausschlaggebenden Inschriften gefunden hat, vielleicht ein sei es zu Termessos, sei es zu Olbia gehöriger Demos. Ein anderer zu Olbia oder Attaleia gehöriger Demos mochte der von Spratt bezeichnete Ort sein. Die geringen Reste desselben, welche ich, nach Olbia suchend, wiedergefunden zu haben glaube,

---

[1] Die Durchreise der Apostel Paulus und Barnabas, Acta apost. 14, 24, ist bei Perge erwähnt.

[2] S. Dürr, Die Reisen des Kaisers Hadrian, S. 61.

[3] Ramsay im American Journal of Archaeology, 1888, S. 8 f., hält dagegen 'Ισβία für einen aus der Zeit des Diocletianus Jovius stammenden Beinamen von Termessos und glaubt vielmehr δήμου Οὐλιάμβου (s. S. 5, Anm. 3) verschrieben aus δήμου 'Ολβιανοῦ. Vgl. Athen. Mittheilungen X, S. 343.

[4] Fr. 238, ed. Rose: der Βορρᾶς, an verschiedenen Orten verschieden benannt, heisse in 'Ολβίᾳ τῇ κατὰ Μύγαλον (l. Μάγυδον) τῆς Παμφυλίας (Attaleia existirte ja noch nicht) 'Ιδυρεύς· πνεῖ γὰρ ἀπὸ νήσου ἣ καλεῖται 'Ιδυρίς. Dazu der Zusatz τοὺς δὲ αὐτὸν βορρᾶν οἴονται εἶναι ἐν οἷς καὶ Λυρνατεῖς οἱ κατὰ Φασηλίδα, als ob vorher nicht vom Borras die Rede gewesen wäre. Doch könnte es dann wohl nur eine Variante des Nordwindes, etwa NNO. gewesen sein. Theophrast de ventis V, 35 lässt den 'Ιδυρεύς, welcher ἀπὸ τοῦ ποταμοῦ 'Ιδύρου πνεῖ μέγας καὶ πολύς, im pamphylischen Golf mit Notos und Euros als Gegenwinden zusammentreffen. Skylax 100 nennt nach Phaselis Ἴδυρος πόλις, νῆσος Λυρνάτεια, 'Ολβία, Μάγυδος καὶ ποταμὸς Καταρράκτης. Bei Plinius V, 121 ist Idyris (so Meineke statt Illyris) eine Insel, dagegen bei Stephanus Ἴδυρος πόλις καὶ ποταμὸς Παμφυλίας.

[5] Gebilligt auch von Müller, Geogr. gr. min. I zum Stadiasmus 225, wo Olbia mit Tenedos identificirt wird.

und die unerhebliche Befestigung, wie sie Spratt beschrieben, nicht gegen Lykien, wie man bei Olbia erwarten müsste, sondern gegen Pamphylien gekehrt, würden kaum ein μέγα ἔρυμα genannt werden können. Ein dritter Ort in der Nachbarschaft von Attaleia, etwa halbwegs gegen Termessos, sind die mehrfach, zuletzt von Hirschfeld, I, S. 716 beschriebenen Reste beim Ewde-Han.[1] Weitverstreute, unübersichtliche Ruinen von wenig ausgesprochenem Charakter, ein Canal ähnlich dem von Perge (s. S. 41), Spuren einer Säulenhalle mit Verkaufslocalen dahinter und Ehrendenkmälern davor, eine Gräberstrasse mit stattlichen, von entarteter Kunst mit kranzhaltenden Siegesgöttinnen, mit Darstellungen des Todtenmahles, eines Ochsengespannes und dergl. mehr verzierten Sarkophagen, mögen ebenfalls Reste eines etwa zu Olbia oder Attaleia gehörigen Demos sein, Uliambos oder Kanavra oder wie immer zu benennen.

Nach der andern Seite, östlich von Attaleia, lag Magydos, durch Münzen mit Pallas Tyche, Hermes im Stempel bezeugt,[2] bei Ptolemaeus zwischen dem Kataraktes und Kestros genannt, während Skylax und der Stadiasmus es westlich von ersterem Flusse anzusetzen scheinen. Daher die von Beaufort, Karamania, S. 139 gemachte Identification der Ruinen von Laara zwischen Attaleia und der Kestrosmündung an der Küste Zweifeln unterliegt. Die antiken Reste daselbst habe ich Beaufort's Beschreibung entsprechend gefunden, vor Allem die nicht unbedeutenden Ueberbleibsel eines Uferquais, die grossen Quadern rechtwinkelig zur Quailinie gelegt, zwischen zwei nach Süden auslaufenden Molen, aus starken, nicht regelmässig geschichteten, durch eine Art Mörtel verbundenen Travertinquadern, vorne durch einen dritten Molo fast verbunden. Eine versinterte Wasserleitung — jetzt bricht überall am Ufer Süsswasser aus dem Felsen hervor — Gewölbe am Ostende, Reste einer alten Säulenhalle mit Thüren von Gemächern dahinter, dem Hafenquai parallel, doch in einigem Abstande, das ist Alles.

---

[1] Wohl schon von Corancez (nach dem Auszug bei Vivien de St.-Martin, II, S. 697 zu schliessen) besucht; Schönborn bei Ritter, S. 670 und 673. Spratt, I, S. 228, dessen falsche Identification mit Lagon Hirschfeld zurückwies. Auch andere Benennungen sind ungewiss oder falsch.

[2] Mionnet, Descr., III, S. 457; Su., VII, S. 41. Leake, N. H., S. 79, 149. Head, N. H., S. 584.

Fig. 8. Das Thor des Hadrian, theilweise wiederhergestellt.

Tafel V. Unter den alten Bauwerken Adalias ist vor Allem bemerkenswerth das an der Ostseite der Stadt befindliche dreibogige Thor. Eingeklemmt zwischen zwei Thürmen, deren einer als Thurm der Julia Sancta bezeichnet ist (siehe S. 11), bildete dasselbe ehemals wahrscheinlich einen der Haupteingänge der befestigten Stadt, während es heute, mehrere Fuss hoch im Schutte steckend, nur von Aussen sichtbar, im Innern aber verbaut ist. Seine verhältnissmässig gute Erhaltung verdankt dieses Denkmal dem Umstande, dass es lange Zeit hindurch auch aussen durch eine Mauer verdeckt war, in welche erst vor wenigen Jahren an dieser Stelle eine Bresche gelegt ward. Die Abbildung des Thores, welche wir auf Tafel V mittheilen, entspricht dem Zustande desselben unmittelbar nach der Freilegung; erst im Jahre 1884 wurden zur Unterstützung der vorspringenden mittleren beiden Architrave etwas unförmliche Pfeiler errichtet (siehe Fig. 11), während die Gebälkstücke nächst den Thürmen schon in früherer Zeit durch aufgeschichtete Werkstücke aller Art vor dem Herabstürzen geschützt waren.

Tafel VI. Das Thor hat drei gleich grosse Oeffnungen von 4·15 M. Weite und 6·18 M. Höhe, vom antiken Pflaster bis zum Scheitel der Bögen gemessen; sie sind überdeckt durch halbkreisförmige Tonnengewölbe von 3·325 M. Laibungsbreite; die Gesammthöhe des Bauwerkes bis zur Oberkante des Gebälkes beträgt 8·035 M. Beide Seiten des Thores, die äussere und die innere, sind ganz gleich gestaltet; vor jedem der vier Pfeiler steht aussen wie innen eine Säule, und zwar in ungewöhnlich weitem Abstande von demselben. Die vier Säulen einer jeden Seite stehen indessen nicht gleich weit von einander, sondern es ist die mittlere Säulenzwischenweite um 0·22 M. grösser als die beiden anderen, trotzdem die Bogenöffnungen gleich weit sind. Das Gebälk ist über jeder der acht Säulen verkröpft; hinter den Säulen stehen keine Pilaster, an Stelle derselben sind Kragsteine als Gebälkträger angebracht; die beiden mittleren Pfeiler sind schmal, so dass die Archivolten aneinander grenzen; bei den breiteren Eckpfeilern bilden Anten den Abschluss, deren Basen und Capitelle stumpf gegen die Thürme stossen.

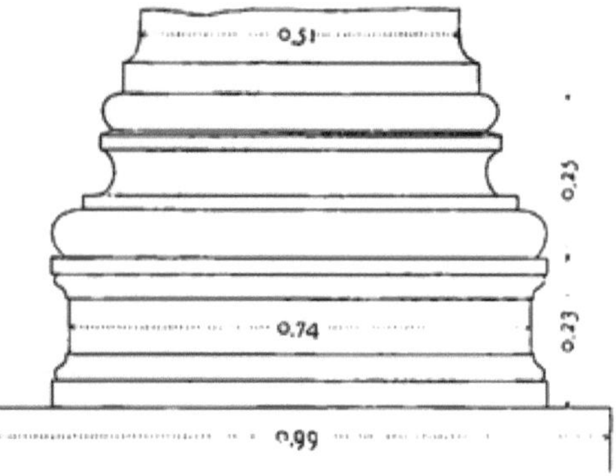

Fig. 9. Säulenbasis vom Thore des Hadrian.

Das Material ist weisser Marmor, nur die Säulenschäfte sind von Granit.

Die Säulen hatten Compositacapitelle und attische Basen mit hoher gekehlter Plinthe (Fig. 9).

Nur eine Säule steht noch aufrecht, zwischen Mauerwerk halb verborgen an der hinteren Seite des Thores; ihr hoher Sockel steckt in der Erde. Die Höhe der Säule mit Basis ohne Plinthe und mit dem Capitelle beträgt 4·94 M., der untere Durchmesser hat 0·51 M.; das Gebälk ist 1·28 M. hoch, es hat hohen Architrav, niederen Fries mit Rankenornament und Zahnschnittgesimse mit verzierten Rinnleisten. Die Zeichnung der Ornamente wechselt im Einzelnen, auch die Löwenköpfe haben verschiedenes Gepräge. Tafel VII gibt oben einen Theil des Frieses und Gesimses über dem mittleren Bogen; die untere Figur zeigt in kleinerem Massstabe eines der verkröpften Gebälkstücke nebst Kragstein und Säulencapitell; bei C sind Capitell, Architrav und Kragstein in Unteransicht gezeichnet. Auffallend ist der vorspringende Fries, sowie die Form der Kragsteine, deren bekrönende Gliederung sich an den Antencapitellen (Fig. 10) fortsetzt.

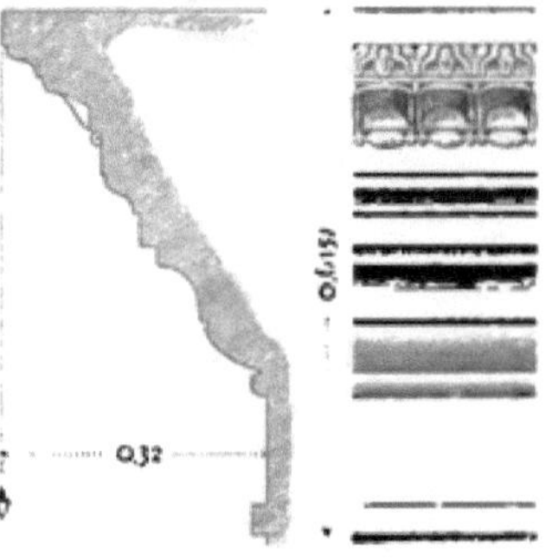

Fig. 10. Antencapitell.

Auf Tafel VIII ist das Kämpfergesimse abgebildet, sowie ein Theil der Wölbung, ferner das Profil der Archivolte bei *A* und das Fussgesimse der Pfeiler.

Die Cassetten in den Gewölben sind sehr schwach vertieft, die Rosetten und Blumen in jedem Felde von anderer Zeichnung.

Fig. 11. Bogen vom Thore des Hadrian.

Die Ornamente sind durchgehends scharf ausgearbeitet und unterschnitten, besonders die Eierstäbe und das Rankenwerk am Fries; das Letztere ist an vielen Stellen ganz unterhöhlt, der Grund je nach Bedürfniss mit Berücksichtigung der Schattenwirkung mehr oder weniger vertieft; die schmäleren Einschnitte, z. B. zwischen den einzelnen Blättern, sind durch Bohrlöcher hergestellt. Das Ganze ist reich und wirkungsvoll, doch im Einzelnen ohne feinere Empfindung gearbeitet.

Wie schon erwähnt, ist das Bauwerk einige Fuss hoch verschüttet; es wurde daher, um die Höhe der Pfeiler und die Form ihrer Basis kennen zu lernen, neben dem nördlichen Pfeiler ein Loch gegraben bis auf den hier noch vorhandenen Steinfussboden. Leider verhinderte uns die fragliche Standfestigkeit der oben erwähnten noch aufrechten Säule, durch weitere Nachgrabung zu untersuchen, ob auch, wie ich angenommen habe, am Säulenstuhle wirklich dasselbe Fussgesimse sich befindet wie an den Pfeilern.

Der Entdecker dieses schönen Thores, Fr. Beaufort,[1] beschreibt dasselbe folgendermassen: ‚In one part of the surrounding wall, we observed that there had formerly been an opening between two of the towers; it is now walled up, but appears to have been once a splendid gateway. There are still the remains of fourteen columns; the upper part of which are of the Corinthian order. Four of larger dimensions stand in a line with the outer face of the towers, ‘

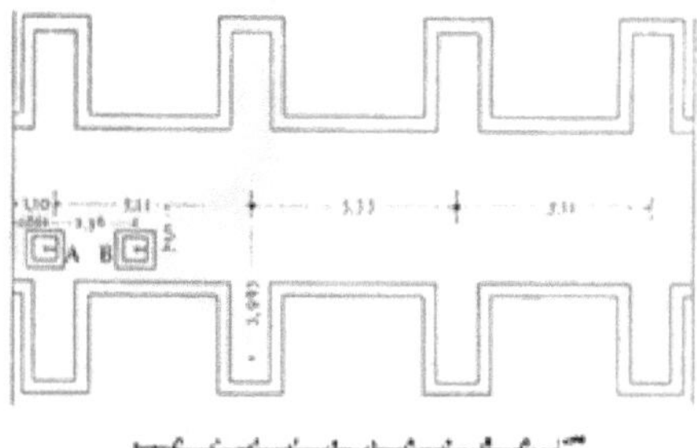

Fig. 12. Stylobat vom Obergeschosse des Hadriansthores.

Das obere Stockwerk, welches Beaufort sah, ist seitdem verschwunden, wahrscheinlich noch vor dem im Jahre 1833 erfolgten Besuche Texier's, so dass diesem der ganze in seinen unteren Theilen durch eine Mauer verdeckte Bau entgehen konnte.[2]

Auf dem Gesimse des noch aufrechtstehenden Untergeschosses liegt eine niedere profilirte Steinschichte, welche den Stylobat des Obergeschosses bildete; die Oberfläche ist grossentheils mit Schutt und Mauerwerk bedeckt. Auf diesem Stylobat, der gleich dem Gebälke verkröpft ist, stehen nahe dem südlichen Thurme zwei quadratische Pfeilerbasen; der eine dieser Steine ist vollkommen erhalten, der andere sehr zerstört, bei beiden ist die obere Fläche mit eingearbeitetem Zapfenloch und Gusscanal vorhanden: diese beiden Werkstücke liegen an ihrem ursprünglichen Platze 2·36 M. weit von einander, von Mitte zu Mitte gemessen, der erste 0·86 M. vom Thurme entfernt (Fig. 12).

---

[1] Karamania or a brief description of the south coast of Asia Minor by Fr. Beaufort, London 1817, S. 120.

[2] Description de l'Asie mineure, faite par ordre du gouvernement français etc. par Charles Texier, Paris 1849, Bd. III.

Da die nächst dem Thurme befindliche Basis A nicht in der Axe der ersten Säule steht, so geht daraus hervor, dass dieselbe Anordnung der freistehenden Säulen wie unten sich oben nicht wiederholte. Auch die zweite Basis B steht ausser Beziehung zur Axentheilung des Bauwerkes, so dass es bei dem Mangel sonstiger Anhaltspunkte unmöglich ist, eine Vorstellung von der Anordnung des Obergeschosses zu gewinnen. Der ganze Bau aber hatte, wie es scheint, einige Verwandtschaft mit dem freilich viel einfacheren Bogen des Hadrian zu Athen. Ueber die Inschrift, in welcher dem Hadrian das Thor von Adalia gewidmet wird, und welche in bronzenen Lettern am Architrave angebracht war, ist an anderer Stelle berichtet worden.

Fig. 13. Quadern vom Thurm der Julia Sancta.

Es erübrigt noch der das Thor einschliessenden Thürme zu gedenken. Der südliche ist ein Bau aus hadrianischer Zeit, obwohl kaum zugleich mit dem Thore gebaut, da jede Verbindung mit demselben fehlt; dieser Thurm ist 8·70 M. breit, 9·50 M. tief und vom antiken (verschütteten) Pflaster bis zum Gurtgesimse etwa 14·60 M. hoch; seine Mauern bestehen aus Quadern von 0·60 M. Höhe, in regelmässig wechselnden Läufer- und Binderschichten aufgebaut. Die Stirnflächen der Steine sind in rauhem buckeligem Zustande belassen und nur mit einem breiten Saumschlag versehen (Fig. 13). Der zweite, nördliche Thurm ist nur in seinen unteren Theilen antik.

Ein zweites, wohl erhaltenes altes Bauwerk ist der unten quadratische, oben runde Thurm, welcher an der Südostecke der Ringmauer, in der Planskizze Seite 8 mit k bezeichnet, nahe dem Meere liegt; der Thurm ist unten 17·18 M. lang und breit, seine Höhe beträgt 14 M. vom Erdboden bis zur Oberkante der Zinnen; ein Fussglied ist über dem Boden nicht sichtbar. Dieser Thurm ist von gewaltig fester Bauart; er birgt nur einen beschränkten Raum im Untergeschosse, der runde Oberbau aber enthält gar keinen Innenraum, im Gegentheil befindet sich in der Mitte ein massiver Mauerkörper (A Fig. 14) von quadratischer Grundform, 4·56 M. dick, welcher auf einem sehr starken, segmentförmigen Gewölbe ruht und mit diesem eine für sich bestehende, wenn auch mit den übrigen Mauertheilen zusammenhängende Construction bildet. Der Zugang zu der gewölbten Kammer im Unterbau liegt an der der Stadt zugewendeten Ostseite. Es befindet sich hier eine Thür von 1·70 M. Breite. An den drei anderen Seiten sind ganz unten Mauerschlitze angebracht, durch welche spärliches Tageslicht in das Innere fällt.

Fig. 14. Querschnitt durch den runden Festungsthurm.

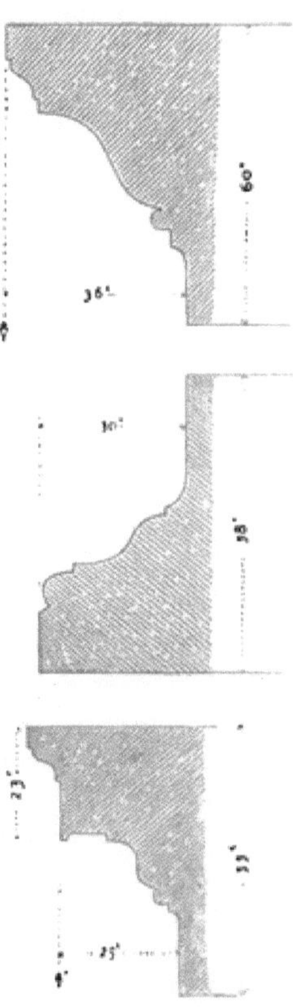

Fig. 15. Gesimsprofile zu Tafel IX.

An der Nordseite des Untergeschosses befindet sich aussen in gleicher Höhe mit dem Erdboden eine zweite sehr schmale Oeffnung, die Mündung einer in dem Mauerwerke ausgesparten Treppe von 0·90 M. Breite, welche an einer Ecke oben am Fusse des Rundbaues endet; auf dem Gesimse und der darauf liegenden Stufe weiterschreitend gelangt man zu einer über der Hauptthür liegenden Nische, von wo aus eine zweite, in die cylindrische Mauer eingeschnittene Treppe von 0·78 M. Breite auf die Plattform führt, deren Mitte die Oberfläche des erwähnten Mauerkörpers A bildet. Der Raum, welcher sich zwischen diesem Körper und der Umfassungsmauer befindet, ist mit Schutt ausgefüllt. Zur Entwässerung der Plattform, deren Pflaster fehlt, sind an drei Seiten senkrechte

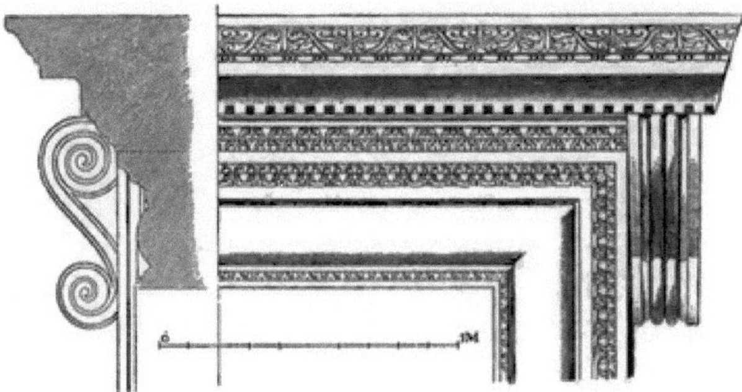

Fig. 16. Verdachung von der inneren Eingangsthür der Moschee Dschumanûn Dschâmisi.

Einkerbungen B angebracht, bestimmt, metallene oder thönerne Abfallrohre aufzunehmen, welche in die steinernen Ausgüsse C mündeten. Der ganze Bau ist in schönem, gut gefügtem und glatt bearbeitetem Quaderwerk ausgeführt; die Form der Gesimse zeigt die vorstehende Fig. 15. Am Hauptgesimse wiederholt sich die nicht gewöhnliche Form des Kämpfergesimses vom Hadriansbogen. Zu den Seiten der Hauptthür befindet sich ein auffallender Schmuck; ich halte diese leistenartigen Gebilde, sechs zu jeder Seite der Thür, für die schematische Darstellung von Fasces.

Fig. 17. Säulencapitell.

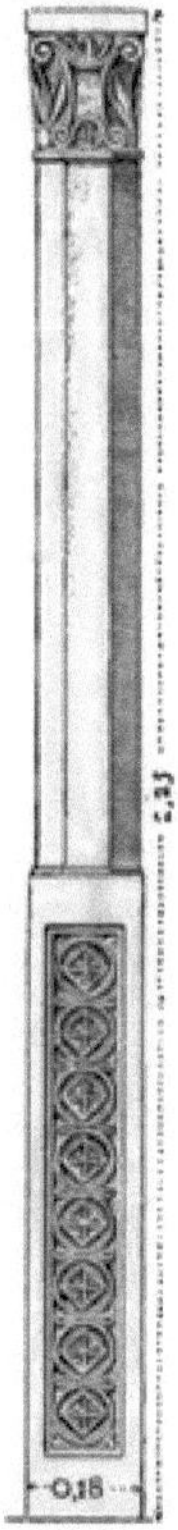

Fig. 18. Marmorpfeiler.

Der Bau stand wahrscheinlich ehemals ganz isolirt, ein schwer zu erstürmender Punkt, da der schmale Zugang zur Plattform leicht vertheidigt werden konnte; die Bestimmung des Bauwerkes ist fraglich; die Anordnung des festen Mauerkernes A auf massiger Unterwölbung kann nur den Zweck haben, eine schwere Last aufzunehmen, wahrscheinlich Wurfmaschinen, vielleicht auch einen Aufbau, welcher zum Tragen eines Leuchtfeuers diente.

Einen jüngeren Zeitabschnitt als die beschriebenen Bauwerke vergegenwärtigen uns die Reste einer christlichen Basilika, welche jetzt Bestandtheile einer in Verfall befindlichen

Moschee bilden. Von dem christlichen Bau ist die im Innern halbkreisförmige, aussen geradlinig abschliessende gewölbte Apsis erhalten, ferner im Innern eine Anzahl von Säulen, durch Bogen mit einander verbunden, theils freistehend, theils in späterem Pfeilerwerk halb versteckt; dahin gehören auch Reste von Wandmalereien und einige andere Einzelheiten. Länge, Breite und Höhe des Mittelschiffes dürften dem ursprünglichen Bau entsprechen; auch die Vorhalle, welcher ein Minaret hinzugefügt wurde, ist alt, ein grosser Theil der Mauern ist indessen türkisches Flickwerk. Unter den der Basilika angehörigen Einzelheiten finden sich Stücke, welche dem zweiten Jahrhundert nach Christo angehören dürften, neben solchen, deren Formen auf das siebente Jahrhundert frühestens hinweisen.

Zu den ersten gehört die Hauptthüre, welche aus der Vorhalle in das Mittelschiff führt (Fig. 16). Das bauchige Profil der Einfassung, ohne Verzierung, ist nichts Ungewöhnliches, wir werden es auch an anderen Bauten wiederfinden; die Anordnung mehrerer Kymatien über dem Sturze, welche stumpf gegen die das Gesimse tragenden Kragsteine stossen, ist griechische Ueberlieferung, die eigentlich römische Baukunst kennt an dieser Stelle nur einen Fries.

Fig. 19. Minaret.

Von noch reicherer und etwas feinerer Bildung ist die zum Theil verschüttete marmorne Thürumrahmung, welche aussen an der Westseite der Moschee angebracht ist. Beide Thüren sind zur Verwendung an der Basilika einem älteren Bauwerke entnommen. Dagegen gehören der späteren byzantinischen Kunst die eigenthümlich geformten Kragsteine und die Gesimsplatten an, welche das kleine Nischengewölbe schmücken (Tafel XI); aus derselben Zeit sind auch die Capitelle der in der Moschee befindlichen Säulen, deren eines Fig. 17 veranschaulicht.

Sehr bemerkenswerth als Beispiel spät antiker Formenmischung ist das im Innern der Kirche befindliche Pfeilercapitell (Tafel XI C), welches seine Herkunft vom griechischen Antencapitelle deutlich erkennen lässt. Wir erwähnen endlich noch zwei schlanke marmorne Pfeiler, welche in der Moschee als Stützen des Predigtstuhles Verwendung gefunden haben (Fig. 18).

Eine wiederum spätere Periode in der Geschichte Adalias wird gekennzeichnet durch etliche mohammedanische Bauwerke, unter denen wir das in Fig. 19 mitgetheilte, mit glasirten

Aufgenommen von R. Bartel. Massstab: 5 Cm. = 1 M.

Fig. 20. Portal einer Medresse. (Siehe Tafel XII.)

Ziegeln verkleidete Minaret, besonders aber die reiche Eingangspforte einer verfallenen Medresse hervorheben, welche auf Tafel XII abgebildet ist. In dem Felde über der Thür befindet sich eine Inschrift, welche von dem Bau Kunde gibt.[1]

[1] Eine Photographie, welche indessen nicht zu diesem Zwecke aufgenommen war, ermöglichte es Herrn Professor Karabacek, wesentliche Theile der Inschrift mitzutheilen. Derselbe schreibt Folgendes: »Die in kräftigem

Fig. 21. Querschnitt zu Fig. 20.

Aus weissem Marmor errichtet, vom Alter geschwärzt, mit Epheu umwachsen, steht dieser verfallende Zeuge glanzvoller Vergangenheit der mohammedanischen Herrschaft in bezeichnendem Gegensatze zu der Umgebung armseliger Hütten.

In Fig. 20 ist in Aufriss und Querschnitt die Anordnung der Pforte im Einzelnen verdeutlicht.

Wir bringen endlich einige neuere Wohnhausbauten aus Adalia zur Anschauung.

Zunächst in Fig. 22 den Aufriss und in Fig. 23 II den Grundriss vom Obergeschoss eines türkischen Hauses aus dem 18. Jahrhundert, in welchem das Glasfenster noch keine Rolle spielt. Das Haus enthält ein als Vorraum und Magazin dienendes Erdgeschoss und zwei Stockwerke mit einigen Zimmern gegen die Strasse und einem gegen den Garten geöffneten Vorplatz mit anschliessenden hölzernen Galerien und Treppen. Durch einen Erker und mehrere Fenster ist das oberste Geschoss ausgezeichnet, und zwar sind hier innerhalb desselben Raumes je zwei Fenster dicht übereinander angebracht; die oberen sind nur mit

---

Tulut-Ductus en relief gearbeitete arabische Bauinschrift erscheint auf der Photographie, durch den Thorbogen verdeckt, nur zur Hälfte; überdies fallen die ersten Zeilen der Schrifttafel *(lôh)* in den tiefen Bogenschatten und sind deshalb unlesbar. Es fehlen die Invocation *(Basmala)*, die Bauformel und der Anfang des grossen Herrscher-

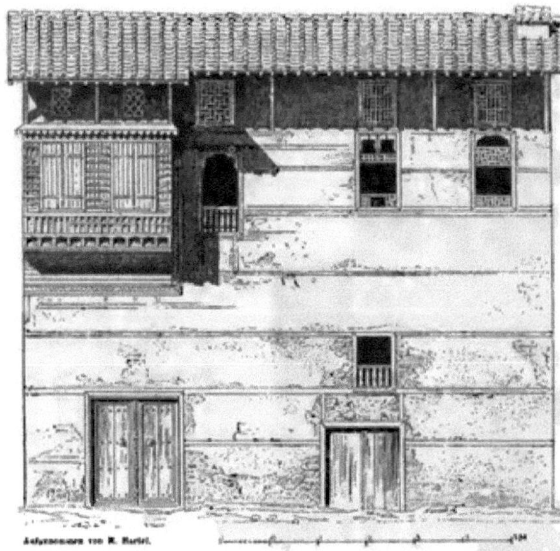

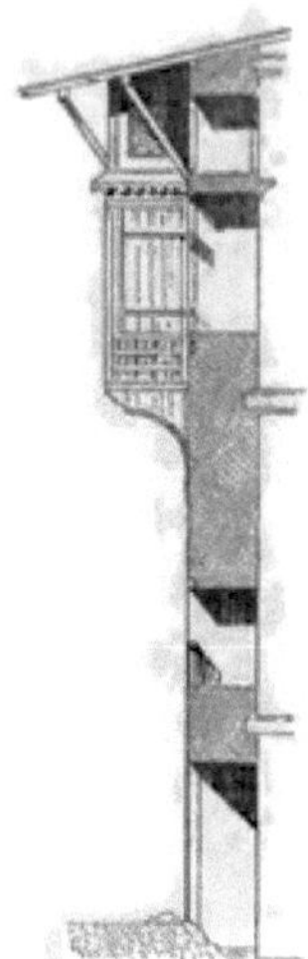

Fig. 22. Wohnhaus aus dem 18. Jahrhundert.

einem Holzgitter, die unteren ausserdem mit Verschlussläden versehen. Glas, und zwar in kleinen bunten Scheiben, ist nur in den zwei Fenstern über dem Erker verwendet; die starken Mauern sind aus Bruchsteinen mit zwischengelegten Langhölzern errichtet, eine Bauart, die überall im südlichen Kleinasien üblich ist. Mit einigem Holzschnitzwerk ist der Erker verziert.

---

titels. Der Text der sichtbaren Zeilenreste lautet:

. . . . السلطان الاعظم]
. . . . ظلّ] الله فى العالم مالك رقا
ب الامم سلطان ملو]ك وسلاطين العرب والعجم عز
الدنيا والدي]ن وغياث الاسلام والمسلمين و
. . . ابو الفتح كيكا]وس بن كيخسرو بن كيقباد
قسيم امير المو]منين فى شهور سنة ثمان واربعين وستمائة

. . . . der erhabenste Sultān]
. . . . Schatten] Gottes in der Welt, Machthaber über die Nacken
[der Nationen, Beherrscher der Köni]ge und Sultāne der Araber und Nichtaraber, Ruhm
[der Welt und der Religi]on, Hilfe des Islām und der Muslimen, und
. . . . Abû-l-fath Kaikâ]wûs Sohn des Kaichosrau Sohnes des Kaikobâd,
[der vertraute Freund des Fürsten der Gläu]bigen, in den Monaten des Jahres acht und
vierzig und sechshundert.

Das Bauwerk gehört demnach dem Sultān Kaikâwûs aus der kleinasiatischen Seldschûken-Dynastie an und wurde im Jahre 648 d. Hidschra, d. i. zwischen dem 5. April 1250 und dem 25. März 1251 n. Chr. vollendet.«

Die Pläne zweier moderner Häuser zeigen Fig. 23 I und Fig. 25; das erste ist ein sehr einfaches Gebäude, das zweite eine der palastartigen Wohnungen, wie sie die wohlhabenden griechischen Kaufleute in Adalia bewohnen. In Uebereinstimmung mit den Häusern des Alterthums bildet hier ein mit Bäumen bepflanzter und von Säulengängen umgebener Hof den Mittelpunkt der Anlage. In den Gängen münden die Wohn- und Empfangszimmer, sowie die offene Küche und die übrigen Räume für die Bedürfnisse der Wirthschaft.

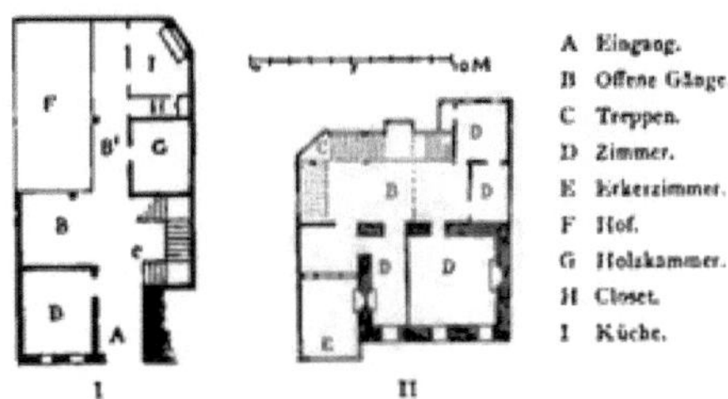

Fig. 23. Grundrisse zweier Wohnhäuser.

Unter den Bäumen des Hofes, sowie in den Abseiten (Alae) der Säulengänge, werden Throne aufgestellt, hölzerne Lagerstätten von etwa 1 M. Höhe, 3—4 M. Länge und Breite, an drei Seiten von niederem Gitter umgeben, längs denen Matten oder Ruhepolster gelegt sind.

Einen Blick in das Innere des grösseren Hauses gewährt die Abbildung Seite 32; sie stellt eine Ecke des Hofes dar, nächst dem Eingange mit der Haupttreppe und dem daselbst aufgestellten Throne.

Die Säulen sind stets von Holz, sie ruhen auf Steinsockeln, als welche sehr oft umgekehrte korinthische Capitelle verwendet werden. Meistens reichen die Holzstämme durch beide Stockwerke, und es ist, wie in nebenstehender Fig. 24, der Fussboden des Obergeschosses zwischen den Stützen aufgehängt. Von Holz ist das ganze obere Stockwerk, ein Fachwerkbau aus sehr dünnen Hölzern (5—6 Cm. stark), der aussen und innen mit gespaltenen Brettchen benagelt und verputzt wird; die Zwischenräume werden mit Baumrinde oder Hobelspänen ausgefüllt.

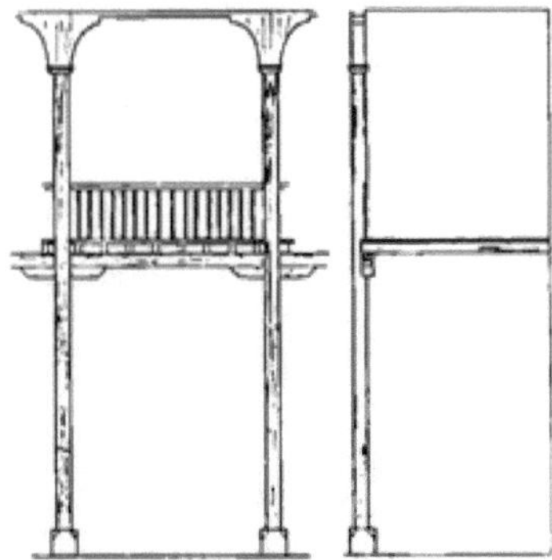
Fig. 24. Holzconstruction aus Adalia.

Im Erdgeschoss ist die Zahl der Wohnzimmer gering, und diese erhalten vorzugsweise ihr Licht vom Hofe aus; dagegen befindet sich im Obergeschosse, welches als Winterwohnung dient und auch eine zweite Küche enthält, eine grössere Zahl von Wohn- und Schlafzimmern mit verglasten Fenstern gegen die Strasse; hier tritt auch an die Stelle des offenen Ganges nicht selten ein geschlossener Corridor. Heizvorrichtungen sind in dem warmen Klima Adalias überflüssig, ein Rauchfang ist nur für die Küche vorhanden.

Zur Herstellung luftiger Ruheplätze sind oft die Gänge des Obergeschosses durch leicht gestützte, weit in den Hof hineinragende Gerüste erweitert, welche ein malerisches, mitunter kühnes und weitläufiges Gefüge von Gängen, Treppen und Lauben, den Hauptreiz der im Ganzen schmucklosen Wohnungen ausmachen.

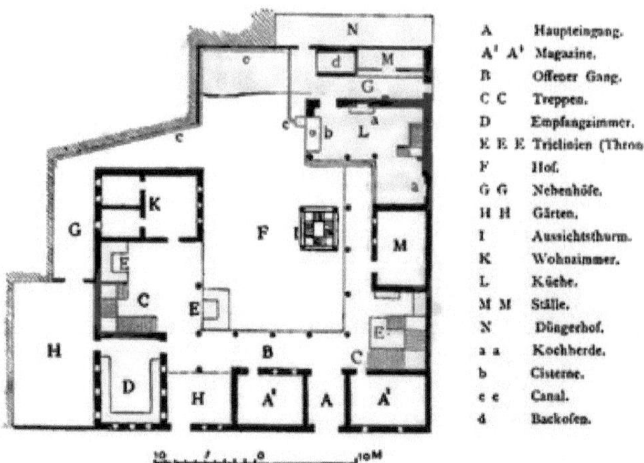

A	Haupteingang.
A¹ A¹	Magazine.
B	Offener Gang.
C C	Treppen.
D	Empfangzimmer.
E E E	Triclinien (Throne).
F	Hof.
G G	Nebenhöfe.
H H	Gärten.
I	Aussichtsthurm.
K	Wohnzimmer.
L	Küche.
M M	Ställe.
N	Düngerhof.
a a	Kochherde.
b	Cisterne.
c c	Canal.
d	Backofen.

Fig. 25. Wohnhaus eines griechischen Kaufmannes in Adalia.

Perge.

er scharf abgebrochene östliche Rand der oben beschriebenen Tafelfläche (II) verläuft dem Kestros parallel nicht geradlinig, sondern mit tief eindringenden Buchten, welchen inselgleich abgelöste Theile vorliegen. So wenigstens da, wo ein Bach mit dunklem Wasser in die niedere Ebene hinaus dem Kestros zufliesst, zuletzt noch eine solche isolirte Höhe zu seiner Linken lassend, eine andere zur Rechten. Letztere, A in umstehendem Plane,[1] ist von mässiger Ausdehnung, gegen die weite Kestrosebene östlich, wie gegen die schmalen Thäler nördlich und westlich in unersteiglicher Schroffheit abfallend, steil, doch nicht unüberwindlich auch nach Süden, wo ein breiteres Thal vorliegt zwischen der Tafelfläche (B) im Westen und einer letzten Inselhöhe (B_1) im Osten; dahinter eine jener weiter nach Westen einschneidenden Buchten, durch die ein anderer Bach (Sarisu) zum Aksu fliesst. Dann, den Blick südlich begrenzend, wieder östlich vortretend die Tafelplatte (II), hier am Rande und im Thalwinkel bewaldet, während die vorhin beschriebenen Höhen sämmtlich kahl sind. Auch an deren Rändern steht nur hie und da eine stolze Platane, die vorbrechenden Wasseradern anzeigend. Die Ebene südlich von jener schroffen Inselhöhe ist nahe ihrem Südfuss am tiefsten, hier mit mächtigem Röhricht bedeckt, weiter südlich mit Gestrüpp, das Uebersicht und Orientirung erschwert. In einfachen, klaren Linien dehnt sich nach Südosten diese verödete Campagnalandschaft mit dem nicht sichtbaren, aber zu ahnenden Meere im Süden, den Berglinien im Norden, die, je weiter östlich, desto länger ausgezogen sind und desto lichter schimmern. Dem Südfusse des in gewaltigem Rhythmus verlaufenden Bozburun vorgelagert, ragt dunkel aus dem lichten Dunst der Ebene eine scharf gezeichnete Akropole, augenblicklich die Burg Athens ins Gedächtniss rufend, und dahinter, näher dem Eurymedon, ziehen nicht hohe, doch lebhaft bewegte Ketten nach Süden, wo Aspendos Tafelhöhe unter anderen ähnlichen gelegen ist. (S. Fig. 1.)

[1] Auch bei Trémaux ein Plan, der die wesentlichsten Züge wiedergibt. Details auf zwei weiteren Blättern, s. unten S. 43, Anm. 1 und S. 46, Anm. 1.

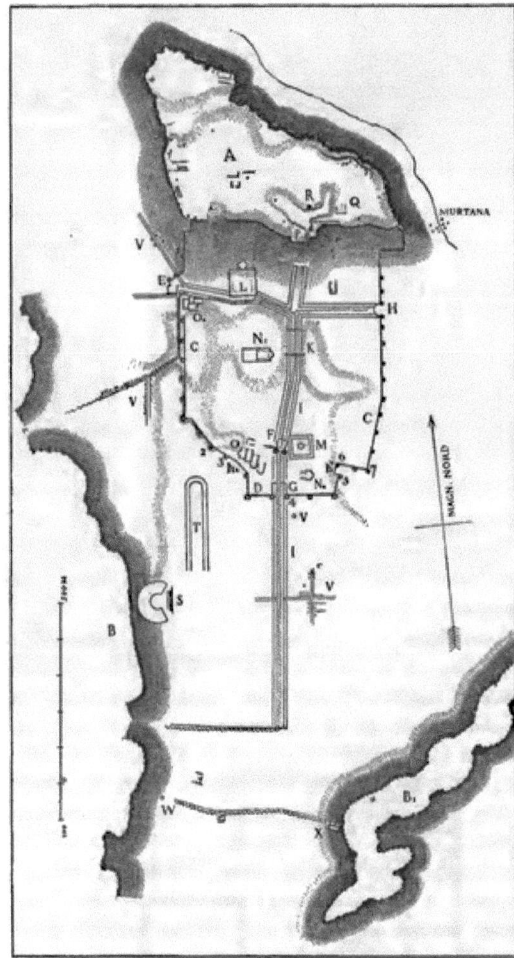

A	Akropolis.
B	Westhöhe.
B_1	Osthöhe.
C	Aeltere Stadtmauer.
D	Jüngere Stadtmauer.
E	Jüngerer Thorbau.
F	Aelteres Hauptthor.
G	Jüngeres Hauptthor.
H	Thor; h_I, h_{II} Pforten.
I	Hallenstrassen.
K	Uebergänge.
L	Palästra.
M	Macellum.
N_I N_{II}	Basiliken.
O O_I	Bäder?
P	Burgthor.
Q	Säulenbau.
R	Kirche.
S	Theater.
T	Stadion.
V	Grabbauten.
W	Quelle.
X	Gymnasium?

Fig. 26. Plan von Perge.

Dies ist die Lage von Perge, wie die Griechen später den Namen gestalteten. In pergäisch-griechischer Mundart scheint dem *p* ein vocalisches *r* gefolgt zu sein, wenigstens heisst die weit verehrte Stadtgöttin, welche später gemeingriechisch die Ἄρτεμις Περγαία genannt wird, auf älteren Münzen Vanassa Preija,[1] doch wohl, da ια im Vergleich mit ιος als feminine

[1] S. Bezzenberger in Collitz, Griechische Dialektinschriften, S. 366.

Adjectivendung sich darstellt, eher die Göttin nach der Stadt benannt als diese nach jener. Mit völliger Sicherheit ist Perge hier angesetzt. Ein Landungsplatz für diesen Ort am Aksu (Kestros) würde auch heute kaum mehr als 60 Stadien (reichlich 11 Kilometer) aufwärts von der Mündung liegen, das ist die Entfernung, welche Strabo angibt. Denn Perge selbst lag nicht an diesem Fluss, sondern nach Mela 1, 79 zwischen ihm und dem Kataraktes, wie unser Ruinenplatz, viel näher aber dem Kestros, und dieser wird der Flussgott sein, der gelegentlich auf Münzen von Perge dargestellt ist. An ihm vorüber führt noch heute die Hauptstrasse von Adalia nach dem östlichen Pamphylien, wie im Alterthum Alexander der Grosse im Jahre 334 von Lykien und Phaselis aus über Perge nach Aspendos und Side hin und von da über Sillyon, Perge zurück nach Phrygien zog; wie im J. 217 Garsyeris in Perge aus Pisidien und Pamphylien die Hilfstruppen zusammenzog gegen Selge; wie nicht viel später, im Jahre 188, der Consul Cn. Manlius von Phrygien gegen Perge marschirte, und zwei Jahrhunderte später Perge für Paulus und Barnabas sowohl auf dem Hinwege von Paphos nach Antiochia in Pisidien, als auch zurück von da nach Attaleia Station war.[1] Den unzweifelhaftesten Beweis, dass Perge eben hier lag, geben die hier gefundenen Inschriften, directen N. 30, 34, indirecten auch N. 29, 33, 36, 39. Ueber die Stadt selbst erfahren wir bei Gelegenheit der erwähnten Märsche nichts und auch sonst wenig. Es waren wohl Griechen desselben Stammes gewesen, die Perge gegründet, wie diejenigen, welche sich in Aspendos und Sillyon niedergelassen; jener älteste nachweisbare Name der Göttin von Perge scheint das zu bezeugen, wie die Gleichartigkeit des gewählten Platzes, von pisidischen Städten so abweichend. Die Gefügigkeit der Pergäer gegen Alexander — Pergäer waren ihm offenbar schon nach Phaselis entgegengekommen, und ihrer bediente er sich als Führer — erklärt sich vielleicht aus vertheidigungsunfähigem Zustande der damals gewiss schon beträchtlichen Unterstadt. Anders scheint es im Jahre 188 gewesen zu sein. Damals hielt eine Besatzung des Königs Antiochos die Stadt, nicht etwa die Burg, besetzt — quae una in iis locis regio tenebatur praesidio, heisst es bei Livius 38, 37 — und räumte sie dann den Römern. Die Mauer der Unterstadt, die, wie weiterhin ausgeführt wird, in ihren ursprünglichen Theilen aus einem Guss, nach einem Plane mit der Anlage der Unterstadt entstanden ist, ist nicht pergamenischen Styles, also nicht etwa attalisch wie Oinoanda (siehe Reisen in Lykien, II, S. 177); aber entschieden griechischen Charakters dürfte sie ein Denkmal der Seleukidenherrschaft sein, umsomehr, als eben der ganze Stadtplan an hellenistische Städte, insbesondere Antiochia am Orontes erinnert. Die aus Perge datirten Briefe des P. Lentulus an Cicero vom Jahre 43 (ep. XII, 14 f.) sagen nichts von Perge, aber aus Strabo's Worten wird hervorgehen, dass zu seiner Zeit schon die Stadt Perge wesentlich die Unterstadt war. Nochmalige Erweiterung

---

[1] ‚Skylax' 101: Πέργη πόλις καὶ ἱερὸν Ἀρτέμιδος. Strabo 14, 667 nach Attaleia: εἶθ' ὁ Κέστρος ποταμός, ὃν ἀναπλεύσαντι σταδίους ἑξήκοντα Πέργη πόλις καὶ τὸ τῆς Περγαίας Ἀρτέμιδος ἱερὸν u. s. w. Mela 1, 79: duo validissimi fluvii, Cestrus et Cataractes; Cestros navigari facilis, hic quia se praecipitat ita dictus; inter eos Perga est oppidum et Dianae, quam ab oppido Pergaeam vocant, templum. Plinius 5, 96 nennt von Osten her Aspendum, Plantanistum, Perge; ebenso Ptolemaeus 5, 5, nur mit Sillyon statt des sonst unbekannten Plamanistum. Alexanders Märsche, Arrian 1, 26; Garsyeris, Polybius 5, 72 f.; Paulus' Reisen, Acta 13, 13 und 14, 24; Cn. Manlius, Polybius 21, 44; Livius 38, 37.

der Stadt nach Süden werden uns die Reste erkennen lassen, die auch sonst von Neubau, Zerstörung und Ausbesserung mannigfach zeugen.

Das älteste Perge[1] muss jene schroffe Höhe eingenommen haben, die später nur die Akropolis der nach Süden in das Thal vorgeschobenen Stadt war. Doch hier oben ist fast kein Rest des Alterthums geblieben. Von einstiger Ummauerung, die in der That überflüssig gewesen wäre, haben wir keine Spur gefunden. Im Gegentheil sieht man Reste alter eingeschnittener Hausgründungen mit Cisternen, ähnlich, wie sie zahlreicher auf der Burg von Sillyon vorhanden sind, namentlich westlich hart an der Kante, die freilich auch hier durch Absturz ihnen näher gerückt sein mag.

Im südöstlichen Theile der Burgfläche stehen oder liegen noch auf ihrem Stylobat von circa 20 M. Frontlänge die Untertheile von sechs Granitsäulen. Das Fundament hat nach Norden noch eine Ausdehnung von etwa 10 M.; aber das Ganze ist ein zu rohes Flickwerk, als dass man dabei mit Hirschfeld und Früheren an den altberühmten Artemistempel denken könnte, es müsste denn ein spätester Umbau sein. Weiter westlich liegt ein anderer, mittelalterlicher Bau, vielleicht eine Kirche. Mit der Thürwand nach Süden gekehrt, liegt er schräg vor dem durch Zerstörung unkenntlich gewordenen, einst aber offenbar stattlichen einzigen Zugang der Burg. Ziemlich genau in der Mitte ihres Südrandes gelegen, gerade in der Richtung der die ganze Stadt von Süd nach Nord durchschneidenden Hauptstrasse, markieren sich auch im Plan die seitlichen einst aufgemauerten Einfassungen der Propyläen, wie wir sagen dürfen, ohne den architektonischen Charakter derselben noch bestimmen zu können. Der steile Aufgang dürfte nur in Serpentinen oder Treppen, wenn letztere bei dem einstigen Stadtaufgang denkbar wären, zu überwinden gewesen sein. Weiter oben führen in den Fels gehauene Stufen gerade auf den Kirchenbau zu. Ein Quadrat von 13 M. innerer Seitenlänge, wird er durch zwei Reihen von je drei Stützen in drei gleich breite Schiffe getheilt. In das westliche von diesen führt die Thür, während zwei Oeffnungen der Ostwand Fenster sein dürften. Diese Ungewissheit wird verursacht durch die dicke Schicht von Ziegenmist, die den Boden deckt. Jene Stützen nun sind lauter altes Material: Granitschäfte, einmal eine dorische Säule, die Capitelle darauf einmal ein scharf und fein geschnittenes dorisches hellenistischer Bildung, wie mir schien; zweimal ein korinthisches mit einer unteren Reihe von Akanthosblättern, oben mit Schilfblättern; einmal eine umgekehrte attische Basis; einmal ein rohes byzantinisches Capitell; einmal endlich eine Statuenbasis, deren Inschrift N. 39, die Priesterin der Schutzgöttin unserer Stadt, der unverletzlichen Artemis, und lebenslängliche Priesterin der Athena Cl. Paulina Artemisia nennt, deren Eltern die Oberpriesterschaft innegehabt, und deren Bild zwei Enkel, der eine Eparch der Reiterei, der andere Chiliarch des Fussvolkes, in nachtrajanischer Zeit errichtet hatten. Wo? Am natürlichsten doch im Heiligthum der Artemis, deren Priesterthum in der Inschrift billig voransteht, und deren Namen die Geehrte trug. Darf man dasselbe auch von der Statue des Artemispriesters Ti. Claudius Apollonios Elaibabes sagen, deren Basis (N. 33) ebenfalls am Südrande der Burg, allerdings in einiger Entfernung von den ‚Propyläen' liegt, wie laut Inschrift N. 39 in dem Haupttheiligthum auch die Statue

[1] Vgl. Hirschfeld, I, S. 722.

des Stasias Bokias aufgestellt, und in dem Tempel die Bilder des Varus, welche Philostratus im Leben der Sophisten 2, 6 erwähnt,[1] angebracht waren, so dürfen wir das berühmte Heiligthum auf der Burghöhe suchen. Strabo's Angabe 14, S. 667: Πέργη πόλις καὶ πλησίον ἐπὶ μετεώρου τόπου τὸ τῆς Περγαίας Ἀρτέμιδος ἱερόν, ἐν ᾧ πανήγυρις κατ' ἔτος συντελεῖται, dass das Heiligthum, wo jährlich ein grosses Fest gefeiert werde, auf einer Anhöhe nahe der Stadt liege, spricht nur scheinbar dagegen. Da es ringsum keine höhere Erhebung gibt als die verschiedenen gleich hohen, theils in, theils ausser der Stadt gelegenen Theile der Tafelfläche II, so kann der wirkliche oder ideelle Standpunkt des Sprechenden nur die Unterstadt sein, deren Gründung und Befestigung nothwendig die Entvölkerung der unbequemen Burg zur Folge haben musste. Dann konnte diese ohne viel Ungenauigkeit eine Anhöhe nahe der Stadt, das heisst nunmehr der Unterstadt genannt werden. Jedenfalls findet sich auf den Anhöhen südwestlich und südöstlich, die allein sonst in Betracht kommen, keine Spur des Tempels, wie sich solche auf der Burg an zwei, oder die Sechssäulenfront mitgerechnet, an drei Stellen fanden; von diesen dürfte die kleine Kirche (?) mit der Basis der Paulina Artemisia, fast gerade vor dem Burgaufgange gelegen, der Tempelstätte am nächsten sein. Vielleicht aber war in späterer Zeit die ganze Burgfläche der Artemis geheiligt, wie die athenische der Athena.

Es war jedenfalls das berühmteste an Perge, dies alte Heiligthum der Göttin, die früher als Herrin,[2] später allgemein als Artemis bezeichnet wird, von den Geographen, Kallimachos, Hymnus III, 187, Cicero in Verrem I, 54 und in den Münzaufschriften. Auch die Münzbilder zeigen uns die Göttin entweder in alterthümlicher Form eines nur ornamental verzierten Kegels oder in der vielfach variirten Gestalt der hellenischen Artemis: lang oder kurz bekleidet, stehend oder schreitend mit Pfeil und Bogen, jagend oder mit Fackeln, oder beide Symbole, Fackel und Bogen tragend, oder aber mit allgemeinen göttlichen Attributen wie Scepter und Patera am Altar, auch gekränzt von einer Nike, oder selbst mit dem Kranze (?) und Scepter. Oft hat sie die Mondsichel über der Stirne oder hinter dem Hals, vereinzelt einen Strahlenkranz um den Kopf. Verschiedene Versuche erkennt man auch, die vermenschlichte Gestalt der alten Pfeilerform[3] anzunähern, sei es, dass die Göttin verschleiert mit dem Modius auf dem Kopf in einem gesäulten Capellchen sitzt, sei es, dass ihr dieselben Figuren und Symbole beigegeben sind, welche dem Kegel zur Seite stehen: jederseits eine Sphinx, die auf den ältesten Münzen als alleiniges Bild erscheint, dazu auch Sonne und Mond. Statt zweier Sphinxe werden auch zwei Greifen auf Säulen angegeben, oder zwei Tauben, oder zwei Cypressen. Auch dem Adler, der mit ausgebreiteten Schwingen meist den Giebel der Bildcapelle füllt, wird man, trotzdem solche Verwendung auch sonst üblich ist, symbolische Bedeutung beilegen dürfen. Denn er findet sich in nächster Nähe der Göttin auch in dem

---

[1] Vgl. die Inschriften N. 35, 39, 49, in denen vielleicht Verwandte von ihm begegnen.

[2] ꟿΑΝΑΨΑ durch Vergleich von Sillyon Nr. 55 (vgl. 54, Z. 29), Aspendos 65, 78 ist die noch bei Bezzenberger (Collitz, Griechische Dialektinschriften Nr. 1265) zweifelhafte Lesung Ϝάνασσα sichergestellt. Die Münzen von Perge, s. Eckhel, D. N., II, S. 12; Mionnet, Descr., III, S. 459, Su., VII, S. 43; Waddington, Voyage numism., Perge, S. 1—14; Leake, Num. Hell., S. 94; Friedländer, Zeitschr. f. Num., IV, S. 300; Imhoof-Blumer, Monn. gr., S. 333 f.; Head, Hist. num., S. 584.

[3] Vgl. auch die Artemis von Myra, Reisen in Lykien und Karien, II, S. 38, Fig. 25.

Fig. 27 abgebildeten Architravrelief wieder, das am südlichen Eingang der Unterstadt nahe dem Thore mit anderen ähnlichen Architekturstücken lag. Ihr Kopf in breiter Vollansicht mit künstlich zum Knoten auf dem Scheitel aufgebundenem und in Locken neben dem Halse herabfallendem Haar füllt das runde Mittelfeld der Unterseite. Unter dem Halse krümmt sich die grosse Mondsichel empor, auf welcher unten drei unkenntliche Gegenstände (Tatzen? Astragalen?) aufsitzen. Oben ist jederseits ein Stern. In den vier kleinen Dreiecksfeldern schienen — ich sah das Original noch vollständiger, als es die Zeichnung gibt — Blumen und Fische. Im grösseren Felde sieht man Ganymed vom Adler getragen, den kleinen Hund ihm nachschauend unten rechts. Ein Stück mit entsprechendem Bild auf der Unterseite lag daneben. Man könnte in diesen der Göttin beigegebenen Symbolen: Erde (Blumen), Luft (Adler) und Meer (Fische), angedeutet sehen, in dem Kegel mit Sonne und Mond darüber die Erde erkennen, neben der Sphinxe und Greifen wie an lykischen Gräbern als Todessymbole gelten möchten. An Sonne und Mond erinnern noch die zwei Sterne des Reliefs, aber die grosse Mondsichel lässt wie anderswo erkennen, dass das eine jener Himmelslichter eine überwiegende Bedeutung erhalten hat, entsprechend einer später wenigstens verbreiteten Auffassung auch der griechischen Artemis. Im Namen der Göttin bettelten ihre wandernden Priester, vielleicht ihr Bildniss mitführend, wie die Metragyrten,[1] nicht zu verwechseln mit den Inhabern des städtischen Priesterthums, das, wie N. 33 zeigt, mit anderen hervorragenden Aemtern verbunden wurde.

Fig. 27. Architravrelief.

Sonst ist von ihrem Cultus nichts überliefert. Denn was Philostrat von der Pamphylierin Damophyle, Freundin der Sappho, sagt, welche Hymnen ihrer Freundin für den pergäischen Dienst zurecht gemacht, ist im Leben des Apollonios von Philostratos 1, 30 romanhafter Erfindung stark verdächtig.

Gewiss war die Stadt Perge schon lange von der steilen, engbegrenzten Höhe in die Ebene südlich hinabgestiegen, bevor die hier unten nöthige Befestigung gebaut wurde, deren Regelmässigkeit trotz späterer Entstellung in die Augen springt. An der Südwest- und an der Südostecke der Burg setzt die Mauer an; beide Schenkel laufen, der westliche nach einem geringen Knick mit einem Pförtchen, der östliche nach einer grösseren Ausbiegung im Anfang (letztere von mir nicht verfolgt) weiterhin gerade, fast genau nach Süden, der westliche bis

[1] Photios, Lex.: ἡ Περγαία Ἄρτεμις τάσσεται ἐπὶ τῶν ἀγυρτῶν καὶ πλανητῶν παρόσον καὶ ἡ θεὸς ἐν αὐτῇ, wo am Ende wohl ἀγείρει zu lesen ist.

dahin, wo der Rand der Bodenerhebung, welchem er folgt, aus südlicher in südöstliche Richtung übergeht. Wo dieser Rand zuletzt ganz östlich sich wendet, verlässt die Mauer ihn jetzt, hinter Thurm 2, um bald wieder die ursprüngliche Südrichtung einzuschlagen und vom nächsten Thurm in genau östlicher Linie die eigentliche Stadtfront mit Haupteingang zu bilden. Es ist aber völlig gewiss, dass die Mauer von 2 an bis 6 ein viel späteres Werk ist, das nicht nur an keinem einzigen Theile sowohl der Mauer, als auch der Thürme den gleichen Charakter trägt wie die ursprünglichen Stücke der West- oder Ostmauer, sondern an dem auch durch ganz regelmässigen Wechsel von Läufer- und Binderschichten, durch Benützung von Mörtel, durch nicht erst später zum Ausflicken, sondern gleich beim Aufbau zum Ausgleich der Schichten eingelegte Ziegel, endlich durch Einbau von älteren Architekturtheilen die spätere Zeit sich verräth. Namentlich der grosse östliche Thorthurm 4 verdankt sein verhältnissmässig gutes Aussehen den Spiegelquadern, Architraven, Thürstürzen, die, mit den Profilen nach innen gelegt, aussen als stattliche Quadern erscheinen. Ein Pförtchen bei h, ist überdeckt mit dem umgekehrt gelegten Thürsturz oder Architrav eines Grabbaues, welcher eine Inschrift (N. 49) des ersten bis zweiten Jahrhunderts trägt. Darüber ist ein Entlastungsbogen geschlagen. Ein anderes unbedeutendes Inschriftfragment ist dem ähnlich construirten Thorbau C eingefügt. Von den Thürmen zwischen 4 und 6 ist kaum etwas vorhanden, bei h'' ein Pförtchen ähnlich h, und C; Thurm 6 ist vielleicht, der nächste gewiss guter alter Bauart. Es leuchtet ein, dass der Mauerzug, von 7 über 6 hinaus nach Westen verlängert, gerade hinter dem östlichen Randthurm des imposanten Thorbaues anschliessen würde. Eine Spur des Anschlusses sucht man hier, wo der Thurm sehr zerstört ist (s. Fig. 46 f., das Thor auch bei Trémaux auf dem vierten Blatte), vergebens, aber auf der andern Seite ist ein Maueransatz mit einem Ausfallspförtchen noch vorhanden, das zu erreichen die Mauer von 2 aus nur wie bis dahin auf dem Rande der Bodenerhebung entlang zu laufen brauchte.

So wird der Grundriss der Stadt weit regelmässiger, die kleinen Abbiegungen der West- und Ostmauer sind zum Theil wenigstens augenscheinlich durch die Bodengestaltung vorgeschrieben. So kommt nun auch das gewaltige Thor zu seinem Rechte: ziemlich genau in der Mitte der südlichen Stadtfront gelegen, zugleich in der Axe der Hauptstrasse, ist es mit seinen starken Thürmen und deren waffengeschmücktem Oberstock, dem Ausfallspförtchen an der Seite — zum Nachtheil des anrückenden Feindes an der linken —, endlich dem grossen Thorhof ein offenbares Festungsthor, kein ‚Prunkthor'. Jetzt ist allerdings dieser Thorhof hinten offen, aber auch ohne dass an der Ruine der Beweis bautechnisch geführt ist, darf man aussprechen, dass der rückwärtige Abschluss des Thores dem dahinter gelegenen, nur in seinen unteren Theilen noch erhaltenen Triumphthor (D, Fig. 28) zu Liebe weggeschnitten ist. Es ist ja wohl einleuchtend, dass dieser Triumphbogen nicht dem grossen Thore gleichzeitig, und dass er noch weniger älter sein kann. Zwischen den Thürmen, wie das Hadriansthor in Attaleia, fand er nicht Platz, konnte er auch nur auf Kosten der Festigkeit stehen; so zog er sich hinter das Thor zurück, aber seine dreifach geöffnete, säulengeschmückte Front zu zeigen genügte der schmale innere Thorgang nicht, zu dem sich nach antiker Praxis die elliptischen Mauern hinter den Thürmen einst rückwärts zusammengeschlossen haben müssen. Der Thorhof, in Mykenae schon vorhanden, am athenischen Dipylon von grosser Tiefe, hat an dem bekannten

Thor von Messene kreisrunde Form; Thore von Sillyon und Side kommen mit dem nach innen gerundeten Theil der für Perge vorausgesetzten Form noch näher.[1] Aber auch die vermuthlich einst mit Statuen gefüllten Nischen der elliptischen Mauern sind schon in zweien des megalopolitanischen Thores von Messene vorgebildet.[2] Thore zwischen zwei Rundthürmen zeigen verschiedene Münzen trajanischer Zeit bei **Donaldson**, Architectura numismatica Nr. 81—87, meist mit einer Thür, die Thürme einmal spitz gedeckt wie in der Restauration (Fig. 48) und mit Fenstern in der Höhe, so diejenigen von Nikopolis an der Donau und Bizye in Thrakien. Dass Material und Technik und besonders auch die Glättung der höheren Quaderschichten und der (hier Rund-) tempelförmige obere Abschluss an den Thorthürmen von Perge demjenigen an den übrigen Thürmen gleicht, ist S. 61 hervorgehoben.

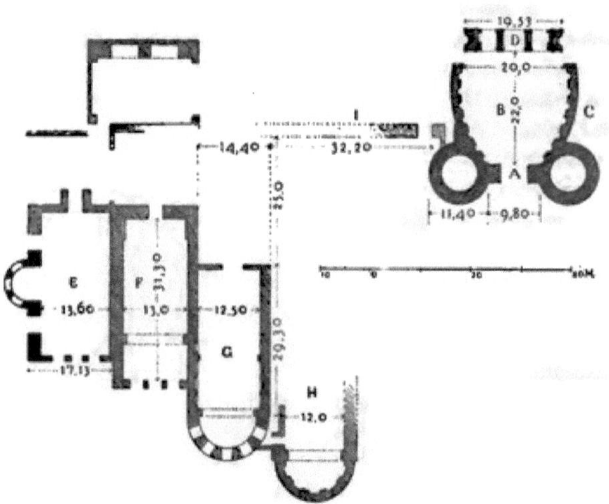

Fig. 28. Thor und Thermen (?) von Perge.

Geringfügigere Störung der Regelmässigkeit als die Südseite hat die Westseite der Stadtmauer erfahren. Die alte Mauer, in deren gerader nordsüdlicher Linie ich noch die Spuren zweier weggebrochener Thürme, des einen eben nördlich von der Nordwestecke der Ruine O_{II}, des andern weiter nördlich gesehen zu haben glaube, hatte natürlich ein Thor in der Axe der Ostweststrasse: erst ausserhalb desselben wird sich damals der nördliche Weg von dem westlichen abgezweigt haben. In der Axe des ersteren, welcher von überwiegender Bedeutung sein musste, ist dann in entschieden späterer Zeit ein säulengeschmücktes Prachtthor angelegt. Eine genauere Untersuchung habe ich nicht vornehmen können, habe aber nicht sowohl eine Mauer mit drei Thürmen, als einen die ganze Breite einnehmenden mauerumschlossenen Hof zu erkennen geglaubt, mit Ein- und Ausgang gerade in der Mitte.

Die Aenderungen des Nordwestthores und der Südfront sind frühestens im dritten und vierten Jahrhundert n. Chr. gemacht. Die ursprüngliche Mauer war nach dem Gesagten älter

[1] Der Plan zeigt bei H eine ähnliche Thoranlage, für die ich jedoch nicht eintreten kann.
[2] Blouet, Expédition de Morée, I, p. 42 ff.

als der Triumphbogen hinter dem Südthor. Vielleicht gehörte zu diesem der in der Nähe liegende Architrav mit Dedicationsinschrift N. 30: ‚Der Demos von Perge Tiberius Claudius, Caesar, Augustus, den Vater des Vaterlandes', den Kaiser nicht im Dativ, sondern im Accusativ nennend, also nicht von einem dem Kaiser geweihten Bau, sondern einem Bau, der ein Bild des Kaisers trug, was an einen Triumphbogen denken liesse. Aber auch Strabo schon, wie wir gesehen, schien Perge als Stadt in der Ebene zu kennen, und zuletzt bezeugen die Thürme durch die sorgfältige Arbeit und die schöne Form des oberen Abschlusses, am besten erhalten beim ersten und dritten nördlich von 7, ihren Ursprung in guter Zeit.

Die vier Thore, wenn wir die vorausgesetzten Propyläen der Burg mitzählen dürfen, sind die Aus- und Eingänge zweier fast im rechten Winkel sich kreuzender Hauptstrassen, welche nur durch einige Bodenerhebungen im Stadtgebiete von der Geraden abgedrängt sind, die nordsüdliche etwas näher der Ostmauer und dieser parallel, die ostwestliche näher der Burghöhe und parallel ihrem Südrande. Beide waren eingefasst jederseits von einschiffiger Säulenhalle mit dahinterliegenden geschlossenen Räumen (Verkaufsläden), welche die ganze Strasse entlang einen gedeckten Gang gewährte.[1] Die Breite der Strasse inclusive der Säulenhallen beträgt zwischen den Thürwänden, welche die Hallen von den Verkaufsbuden trennten, etwa

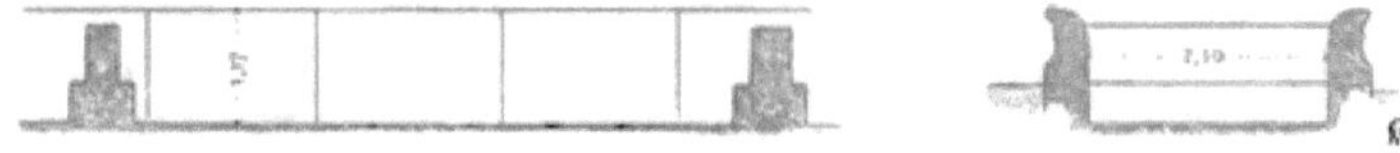

Fig. 29. Längen- und Querschnitt des Canals in Perge.

29 M., die Tiefe der Buden etwa 8 M. In Abständen von 5·75 M. waren sie durch Quermauern getrennt. Wir fanden der Halle angehörige Säulenschäfte von circa 0·50 M. Durchmesser. Inmitten der Strasse lief ein Canal, dessen Längen- und Querschnitt Fig. 29 zeigt. Aus grossen Steinplatten aufgesetzt, mit 2·50 M. innerer Breite und 1·17 M. Tiefe, ist er in Abständen von circa 8 M. durch fast bis oben hinaufreichende Querwände geschlossen, deren Zweck ist, durch Stauung die Geschwindigkeit der Strömung zu mässigen und die Ablagerung von Unreinigkeiten zu erleichtern. Wo die Hauptstrasse von Gassen durchschnitten wurde, da finden sich Uebergänge (K im Plane), deren einen ich auch etwa 70 M. nördlich vom Thor bemerkt zu haben meine, hier zugleich Pfeiler wie von einem die Strasse überspannenden Thor oder Bogen.

Von Bauten innerhalb der Ringmauer können nur sechs, je zwei von ähnlicher Anlage, genauer beschrieben werden.

Der älteste dürfte L sein, mit der Hauptfront an der Nordseite der Westhallenstrasse gelegen. Ob der grosse Grundriss sich der Strasse angepasst habe oder diese jenem, ist wohl nicht auszumachen. Die zweifache Biegung der Strasse scheint auch durch die Bodenbewegung erklärt. Der Bau liegt auf stark nach Norden zur Burg ansteigendem, grossentheils

[1] Solche Hallen hatte ja z. B. der innere Kerameikos von Athen, Antiochia, Alexandria (vgl. Wachsmuth im Rhein. Mus., 1887, S. 464); in Pamphylien und Pisidien werden sie in Side, Termessus, Kremna vorkommen.

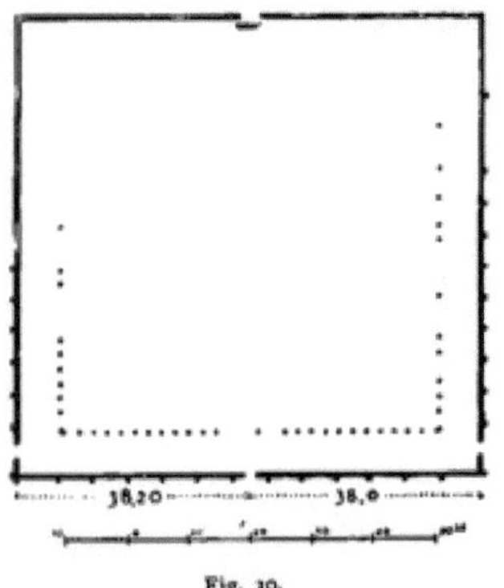

Fig. 30.
Grundriss der Palästra (?) des Cornutus in Perge.

dicht bewachsenem Terrain, die höheren nördlichen Theile sind grossentheils — über der Erde wenigstens — verschwunden. Der Grundriss zeigt nur zwei und eine halbe Seite eines grossen Mauervierecks, jede Seite 76 M. lang, aussen durch Strebepfeiler in gleichmässigen Abständen verstärkt. Die Südmauer allein, so weit noch zu sehen, ist von einer unteren und einer oberen Reihe von Oeffnungen durchbrochen, von der oberen allerdings nur die äussersten links und rechts theilweise erhalten. In der Mitte eine Thür, jederseits sechs Fenster. Die anstossenden Seiten haben nur am Südende je eine Thür. Die Mauer umschloss einen quadratischen Hofraum mit ringsum laufender Säulenhalle; zahlreiche achteckige Pfeiler, auch Eckpfeiler herzförmigen Querschnittes befinden sich am Ort. Ob diese Halle die Höhe der Aussenmauer hatte, ob sie ein- oder zweigeschossig war, das obere Geschoss dann möglicherweise mit geschlossenen Gemächern, kann ich nicht sagen. Erhielt somit die Südhalle gleich den drei anderen durch die Pfeilerstellung vom Hofe aus genügen-

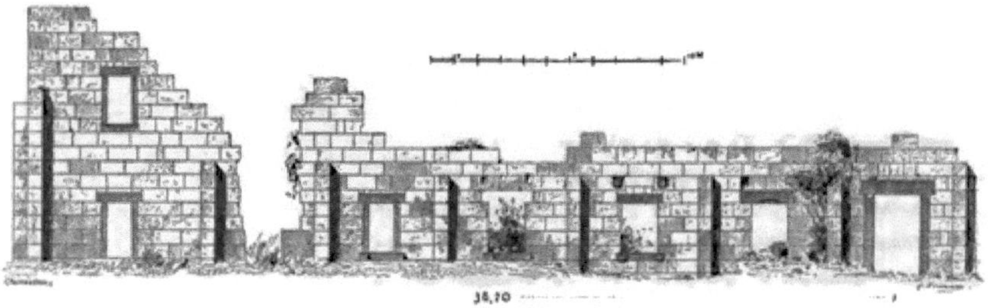

Fig. 31. Palästra des Cornutus in Perge.

des Licht, so können die vielen Fenster auf der einzigen Strassenseite nur zum Ausblick gedient haben. Ist im Plane richtig angenommen — was ich weder bestätigen, noch bestreiten kann — dass die Südwand in der Linie der Strassensäulen liegt, so würde — und die Seiteneingänge sprechen allerdings dafür — die Südhalle des Gebäudes die Fortsetzung der nördlichen Strassenhalle sein und die Fenstermauer ein Ersatz der Säulenstellung. Ehe nach der Bestimmung des Ganzen gefragt werden kann, ist noch des An- oder Einbaues in der Mitte der Nordseite zu gedenken, zu welchem Stufen aus dem Säulenhofe hinaufführen. Die jetzige Ruine dieses Anbaues gehört byzantinischer Zeit an, aus ganz verschiedenartigen

Baustücken, darunter Architrave mit Stücken einer grossen Weihinschrift, N. 41, zusammengeflickt, aber es wäre nicht unmöglich, dass er an der Stelle eines älteren Baues stände.

In der gesammten Anlage nun ein Forum oder einen Verkaufsmarkt zu sehen, ist wegen der fehlenden Ladenräume hinter den Hallen unwahrscheinlich. So möchte ich eher an ein Gymnasium oder eine Palästra[1] denken, wie die Palästra von Olympia oder die sogenannte Stoa des Hadrian in Athen, von Dörpfeld[2] fragweise gewiss mit Recht als Gymnasium angesehen. Mit beiden hat der Bau von Perge den grossen quadraten umsäulten Hof gemein; aber ihm fehlen die hinter der Säulenhalle liegenden Gemächer. Diese sind aber beim Gymnasium ein minder nothwendiger Bestandtheil: während das olympische und das möglichst reich ausgestattete Vitruvische auf allen vier Seiten hinter der Halle eine zweite Reihe von zusammenhängenden Räumen hat, fehlen diese beim athenischen auf der Vorderseite ganz, sind auf den Nebenseiten auf ein par winzige Exedren beschränkt, und nur an den Rückseiten vorhanden, wo wir sie selbst für Perge anzunehmen Freiheit hätten. Unverkennbar aber hat der im Hofe des athenischen Gymnasiums (?) stehende Mittelbau im Grundrisse nicht geringe Aehnlichkeit mit dem nördlichen Anbau des pergäischen. Dieses würde man nach seiner Technik kaum so hoch hinauf setzen, wie die Inschriften N. 32 verlangen. Ueber jeder Thür und jedem Fenster scheint die Dedicationsinschrift eingemeisselt gewesen zu sein, auf der Strassenseite in griechischer, über den Seiteneingängen in lateinischer Sprache. Aber nur die Stürze der Mittelthür (a) und des nächsten Fensters (b, c) jederseits sind am Platze geblieben, doch auch deren Inschriften grossentheils zerstört. Obgleich die Zerstörung hier je die zwei oder drei oberen Zeilen betroffen hat und namentlich den Namen des Kaisers, so kann doch nicht von damnata memoria die Rede sein. Denn der am Boden liegende halbe Thürsturz des westlichen Seiteneingangs hat den Namen des Claudius unversehrt, und die Krampenlöcher, welche auf a b c den ausgemeisselten Streifen begleiten, aber auch längs der Thürpfosten neben ähnlich gerichtem Streifen hergehen, ja ähnlich über die ganze Façade regelmässig sich verbreiten, wie zur Probe Fig. 32 zeigt, sind ein Beweis, dass die ganze Façade und

Fig. 32. Südostecke der Palästra des Cornutus.

[1] Dafür gibt ihn auch Trémaux im Plan, doch mit mehr Detail, als sicher sein dürfte.

[2] Athenische Mittheilungen, XI, S. 331. Πρακτικὰ τῆς ἐν Ἀθήναις ἀρχαιολογικῆς ἑταιρίας 1885, Taf. 1.

namentlich die Einfassungen von Thüren und Fenstern mit Marmorplatten und Profilen verkleidet worden. Bei der Ungleichmässigkeit des Materials der Fenstereinfassungen würde man diese Verkleidung für ursprünglich beabsichtigt halten, verböten es nicht die Inschriften. Vielleicht aber wurde die Verschönerung des Baues sehr bald von dem Stifter beschlossen und die Inschriften auf die Marmorverkleidung übertragen, und vielleicht ist das Stück N. 33 d vom Seiteneingang eines dieser Verkleidungsstücke. Ich habe Material und Dicke des Steines leider nicht angemerkt, aber sowohl das Profil oben, als auch die Zusammensetzung aus zwei Hälften, von denen die linke erhalten ist, unterscheiden diesen Stein durchaus von a b c. Ist das richtig, und gehört die lateinische Inschrift der jüngeren, die griechische der älteren Bauperiode, so wäre allerdings auch möglich, dass alle Inschriften früher griechisch, später lateinisch waren, und dann ja auch weiter möglich, dass der Bau zuerst dem Caligula geweiht gewesen. An Vollständigkeit etwas verschieden, besagen die Inschriften doch alle dasselbe: dass C. Julius Cornutus mit Frau und (Kindern) dem Kaiser Claudius den Bau gewidmet. Es ist das zweite Denkmal zu Ehren des Claudius in Perge. Die Errichtung beider hing vielleicht mit der durch diesen Kaiser vollzogenen Einrichtung der Provinz zusammen: C. Julius Cornutus ist sonst nicht weiter bekannt. Mit dem gleichzeitigen Gelehrten, dem Lehrer des Persius und Lucanus, hat er nur den Zunamen gemein. Ein Nachkomme dürfte der Agonothet des Varischen, also wohl nach dem Sophisten (s. S. 37, Anm. 1) genannten Agons in N. 35 sein.

Wiederum eine grosse quadrate Anlage mit Säulenhof ist der Bau M östlich neben dem grossen Südthor, dem Anschein nach erst nach Niederlegung der alten Südmauer gebaut, der Grundriss im Osten und Norden noch einigermassen zu erkennen, im Süden und Westen stärker zerstört, aber wegen der centralen Anlage gewiss auf allen vier Seiten gleichmässig zu ergänzen. Doch ist die Lage im Plan insofern vielleicht verfehlt, als er über die Linie der älteren Südmauer hinausgeht.

Hier kann an einen Kaufmarkt wohl gedacht werden. Von drei ineinander liegenden Fundamentquadraten hat das äusserste circa 65 M. Seitenlänge, von welchem das innere circa 5 M. entfernt ist, dieses nur Stylobat, neben dem noch Granitsäulen liegen. Die beiden äusseren Linien waren dagegen Wände, deren Zwischenraum durch Quermauern in kleinere Räume ungefähr quadraten Grundrisses abgetheilt ist, theils Gemächer, theils Durchgänge von aussen zum inneren Hof. Es stehen noch eine ganze Anzahl von Thürpfosten theils in der inneren, theils in der äusseren Linie, diese den Durchgängen gehörig, jene, sofern sie nicht diesen entsprechen, den Ladenthüren. Ein grösserer Durchgang liegt in der Mitte der Ostseite. Ihm gerade gegenüber hat der centrale Rundbau, ein mächtiger doppelter Travertinquaderring mit acht Nischen in der äusseren Mauer, eine etwas grössere Nische von 0·90 M. Breite, während die übrigen nur 0·80 M. haben. Ihre Höhe beträgt 1·63 M., ihr Abstand 4·25 M., was einen Umfang von reichlich 40 M., einen Durchmesser von circa 13 M. ergäbe. Die Zahl der Säulen dürfte 16 gewesen sein; die Nischen würden für weibliche Statuen fast in Lebensgrösse ausreichen, die bevorzugte Nische auf der Ostseite wird man nicht für religiöse Bedeutung der Anlage verwerthen dürfen. Bedenkt man die wenn auch nicht völlige Geschlossenheit der grossen Hallenstrasse rückwärts, so erscheint die Ostseite ungefähr so begünstigt wie die Nordseite, ja mehr, wenn man die Pforte h'' in Betracht zieht. Die Grundzüge dieser Anlage: der von Gemächern hinter Säulenhallen umgebene Hof mit umsäultem Rundbau in der Mitte, endlich Zugänge von mehreren Seiten kehren an den Macella von Pompeji, Puteoli und einer mit letzterem verglichenen Ruine von Ephesos wieder.[1]

Ein anderes Paar einander ähnlicher Anlagen bilden O_I und O_{II}, beides Complexe von grossen, nischenreichen, meist überwölbten Sälen, der nördliche (nach den Himmelsgegenden) orientirt, der andere, wie es scheint, nach der alten Südmauer gerichtet, beide aber unverkennbar mit den späteren Stadterweiterungen im Zusammenhang, der eine fast ganz, der andere nur zum kleinen Theile ausserhalb des alten Stadtringes gelegen, beide aber den neuen Thoren nahe, bei beiden auch dieselben grossen, je mit drei nebeneinandergelegten Steinbalken überdeckten Fensteröffnungen auf der Südseite. Beiden gemeinsam ist auch der Mangel directer Verbindung zwischen den einzelnen aneinandergebauten Räumen. Ueber den nördlichen dieser Baucomplexe mache ich wie folgt nach einer freilich nur dilettantischen, in knapper Zeit gemachten Aufnahme einige Angaben.

An der Westseite des Gebäudes befindet sich ein nach drei Seiten freiliegender Saal von etwa 23 M. Länge und 12·60 M. Breite, seine Längsrichtung ist nordsüdlich; er war von einem Tonnengewölbe überspannt und hat eine Thür an der nördlichen, sowie drei grosse Fenster an der südlichen Schmalseite; eine breite Nische ist in die Ostmauer geschnitten, zwei kleinere unterbrechen die Westwand.

An diesen Saal grenzen östlich zwei mit den kurzen Seiten aneinanderstossende Räume von gleichfalls nordsüdlicher Längsrichtung; jeder derselben ist etwa 16 M. lang, ihre Breite verschieden; der nördliche, 7 M. breit, ist an beiden Langseiten durch Nischen erweitert, deren in der Ostwand vier, in der Westmauer drei sich befinden; längs der Hinterwand der mittleren dieser drei Nischen, welche mehr als 5 M. breit und fast 5 M. tief ist, läuft auf einem Mauervorsprunge, 0·80 M. über dem jetzigen Boden, ein Canal von 0·20 M. Breite und Tiefe, welcher in der nördlichen Aussenwand des Gebäudes ausmündet, im Inneren desselben aber nicht verfolgt werden konnte. Der südliche der beiden Säle öffnet sich mit drei Fenstern gegen Süden; östlich neben ihm liegt ein vierter Saal von gleichen Verhältnissen und gleichfalls mit drei Fenstern an der Südseite. Ein fünfter Raum aber bildet die Nordostecke des Gebäudes, und zwar hat dieser Raum, dessen Längsachse winkelrecht zur Längsachse der vier übrigen Säle läuft, die bedeutenden Dimensionen von 22·72 M. und 12·55 M. Auch hier finden sich grosse und kleine Nischen an allen Wänden, sowie eine Thür in der Südmauer; nirgends aber ein Anhaltspunkt für die Zweckbestimmung des Baues; jener Canal, der vielleicht mit einer der alsbald zu nennenden Leitungen zusammenhängt, kann schwerlich für eine Badeanlage beweisen, wozu die Räume sonst nicht ungeeignet erscheinen. Bei Side und Aspendos wird auf diese und die folgende Anlage zurückzukommen sein.

Die südliche Anlage (s. oben Fig. 30) hat ungefähr die nämliche Zahl von Räumen, die durchweg grösser als dort und in anderer Weise aneinandergereiht sind. Im Winkel zwischen

---

[1] Ueber das Macellum von Pompeji vgl. Nissen, Pompejanische Studien, S. 275, und Overbeck, Pompeji[4], S. 120; über das puteolanische Jorio, Ricerche sul tempio di Serapide, Taf. 5[a], und Beloch, Campanien, S. 135; über die ephesische Ruine Falkener, Ephesus, S. 106.

dem ersten und zweiten Raum östlich sind unverkennbare Spuren von Säulenhallen an der West-, Nord- und geringere auch an der Ostseite des zwischen jenen Räumen und der alten Südmauer gelegenen viereckigen Platzes. Eine Bestimmung hat hier noch weniger Handhabe, doch scheint die allgemeine Grundrissanlage wieder für Thermen zu sprechen.

Es bleiben die beiden Kirchen N_I und N_{II}, beide mit Absis am Ostende und durch Pfeiler oder Säulen getheilten Schiffen; die nördliche möglicherweise fünfschiffig. Das Hauptschiff durch Pfeiler abgetheilt, die Nebenschiffe je durch eine Säulenreihe. Die Ostwand der Absis, wie bei N_{II} nach Norden und Süden verlängert, steht in ursprünglicher Höhe, niedriger an den Seiten je mit zwei Fenstern, höher an der Absis mit einer grossen, oben jetzt offenen Mittelöffnung. An der Südmauer ist ein Kreuz eingemeisselt.

In der Nähe dieser Kirche sind Häuser mit Peristyl und Strassenreste ziemlich deutlich; eine Aufnahme haben weder diese, noch andere finden können. An einer Thür trugen beide Pfosten das später in Pisidien öfter gesehene Symbol in Form eines Tannenbaumes eingemeisselt.

Ausserhalb der Stadt gegen Südwesten liegen die beiden grossen Schaulocale Stadion und Theater;[1] zu ihnen führte der Weg aus dem alten Thor F etwas gerader, ehe noch O_I vorhanden war, als aus dem neuen G, daher man in der neuen Südmauer die Pforte h_I liess, vornehmlich wohl um von O_I dahin zu gelangen.

Das Stadion, in der Verlängerung der Westmauer der Stadt gelegen, ist S. 55 beschrieben. Dass die Gewölbe, welche die Sitzreihen tragen, namentlich in den Zeiten des grossen Festes der Artemis, zu dem von weither die Menschen zusammengeströmt sein müssen, und wo hier draussen um die grossen Schaustätten, ganz besonders vermuthlich auf dem Platze östlich vom Theater, südlich vom Stadion, reich bewegtes Leben geherrscht haben wird, nicht unbenutzt waren, lässt sich voraussetzen. Es ist aber wenigstens bei einem Theile der östlichen, der Stadt zugekehrten Gewölbe noch heute zu erkennen. Vom ersten nördlich bis zum dreissigsten am Südende enthielt ja jedes dritte Gewölbe einen Durchgang (s. S. 57). In verschiedenen der anderen nun habe ich im hinteren Theile, namentlich an der Rückwand die Inschriften N. 43 gefunden, entweder auf den Spiegeln der Quadern oder auf den Rändern angebracht, meist vielleicht nicht älter als das zweite nachchristliche Jahrhundert, alle ohne grosse Sorgfalt eingehauen. Bis zum 11. Gewölbe hindert die Verschüttung die Untersuchung, im 14. Verwitterung, im 16. habe ich nur an der linken Seite eine kleine Nische gefunden; in dem 17. einen Silberschmied Nikias (a) als Inhaber, im 20. einen Heraklios (b), im 26. einen Theophilianos (c) und im 28. einen Chrysos Zotikos (f). Mehrfach scheinen Namen oder Berufsangabe ausgemeisselt. Einen Silberschmied, wie in 17 gewiss, kann man vielleicht auch noch in N. 43[c. d] vermuthen. Wie die Silberschmiede (ἀργυροκόποι) von Ephesos, z. B. jener Demetrios, nach der Apostelgeschichte 19, 24 sich von Anfertigung und Verkauf silberner Tempelchen der ephesischen Göttin nährten, so mochten auch die pergäischen das Bild ihrer Artemis den Festbesuchern zum frommen Angedenken verkauft haben. Jedenfalls ist die Benützung der Gewölbe des Stadion als Verkaufslocale gesichert, und scheint solche Benützung

[1] Bei Trémaux auf Blatt 3.

vom Anfange an beabsichtigt, da die in Fig. 40 und 42 sichtbaren Durchgänge, welche im vorderen Theil der Gewölbe von einem ins andere führen und einen gedeckten Gang längs der ganzen Reihe bilden, ausser etwa Materialersparung keinen anderen Zweck haben als den, welchen die Säulenhallen längs der Hallenstrassen erfüllten.

Es ist vorher ein grosser Festplatz östlich vor dem Theater angenommen, auf den von Osten eine Strasse, von der Hauptstrasse Perges abzweigend, zuzuführen scheint. Für einen solchen Festplatz spricht die allerdings spätere Verkleidung des äusseren Bühnenhauses mit der grossen Nischenwand (Fig. 37). Gerade die in Pamphylien und Pisidien, in Sagalassos, Kremna, vielleicht Selge, Aspendos und namentlich in Side nachzuweisenden Beispiele ähnlicher Nischenbauten, die mit Wahrscheinlichkeit oder Sicherheit, wie die sich anschliessenden Septizonien Roms, als Nympheen zu erkennen sind, liegen alle an freien Plätzen. Mit der Pracht ihrer säulen- und statuengeschmückten Fronten, mit der erquickenden Frische rauschender Wasser und dem Bassin davor, endlich den bei reichlichem Wasser oftmals wenigstens kaum fehlenden Schmuck von Bäumen, vielleicht auch anschliessenden Säulenhallen, wie etwa in Side beim Theater, sind diese Nympheen — man vergleiche nur die sogenannte Exedra des Herodes Attikos in der Olympischen Altis — der anziehende Hintergrund festlicher Lust, eine andere Art Theater. Ueber die von Side und Aspendos abweichende Anordnung der Nischen am pergäischen Theater, über das Anwachsen der Dimensionen nach Aussen und die unter der kleinsten mittleren erscheinende untere Nische, sowie über die weitere architektonische Ausstattung wäre es verfehlt, sich ohne Ausgrabungen auszulassen. An zugeleitetem Wasser hat es in Perge nicht gefehlt, und die Leitungen mussten selbstverständlich an der zusammenhängenden Höhe westlich hinter dem Theater herangeführt werden. Von Westen fliessen ja auch die Bäche nördlich wie südlich von Perge. Der Plan gibt drei von der Westhöhe her gegen die Stadt geführte Leitungen, zwei südlich vom Theater, eine dritte nördlich an der Gräberstrasse bei V entlang, die ersten beiden überirdisch, die dritte auf oder in der Erde. Es ist die zweite der beiden südlichen, deren starke Versinterung F e l l o w s auffiel, und in der That auf Ursprung aus dem Kataraktes (Dudenfluss) schliessen lässt. Die Leitung ist aus Ziegeln gebaut, die aber der starken Kalkkruste wegen fast wie Haustein aussehen. Wenig nördlich von ihrem Anfange an der Höhe fliesst jetzt aus späterer Fassung ein reicher Quell, welcher mitsammt der grossen, von ihm genährten Platane das Vieh zur Tränke, den Wanderer zur Rast und Erquickung lockt, auch uns dort zu lagern bewog, trotz des durch Vernachlässigung ringsum versumpften Bodens. Ob hier der natürliche Ausfluss der gestörten Leitung ist, weiss ich nicht. Von den gefährlichen Eigenschaften des Dudenwassers sind wir in so kurzer Zeit natürlich nichts gewahr geworden.

Schon die nördlich nach einander folgenden Leitungen lassen auf eine entweder von Norden oder von Süden her an der Höhe B hin geführte Hauptleitung schliessen, von der jene drei Zweige ausgingen. Auch weiter südlich, an der Ecke, wo um die S. 33 erwähnte westliche Einbuchtung die Höhe sich herumzieht, rinnt wieder ein Quell am unteren Rande der Einbuchtung. Näher ihrem Ausgange, wo ein anderes schmales Thal sich südlich in die Travertinplatte (II) hineinzieht, nährt vorbrechendes Wasser reiches Grün, und hier ist ein wenig weiter aufwärts über das enge Thal ein schmaler Bogen aus Quadern gespannt. Ob damit ein anderer grösserer Aquäduct in Verbindung steht, welcher weiter gegen Adalia hin ein breiteres Thal in mehreren Bögen übersetzt, weiss ich nicht. Nur das erste Mal, später nie wieder, hat mich der Weg von Adalia nach Perge dort vorübergeführt. Jedenfalls befindet er sich zwischen dem breiten, noch ungetheilten Dudenfluss und Perge, beziehungsweise jenem vorher erwähnten kleineren Aquäduct. Von diesem aus muss der Wasserlauf um die südliche Einbuchtung herum, dann am Rand der Höhe B hingeführt sein. Der nördlichste Zweig dieser Leitung, welcher neben der Gräberstrasse V durch das Thal läuft, erscheint hier jetzt als breiter, offener Canal; einst muss auch hier Röhrenleitung gewesen sein, wie bei dem letzten Thurmrest, etwa 35 M. südlich von dem Bau O_{11} im Plane, jederseits des an der Stadtmauer hinführenden Weges. Ungefähr 5 M. westlich von der Südwestecke des Thurmes finden sich jenseits eines heruntergefallenen Ziegelbaues (Gewölbe?) senkrecht herabsteigend fünf Thonrohre, je 0·30 M. lang, der stark versinterte Canal von 0·20 M. Durchmesser, mit Mörtel gefugt. Am Thurm steigt dasselbe Rohr wieder aus der Erde empor, und gerade über dem Abbruch desselben geht horizontal durch die Quaderschichte über dem Sockel ein gleiches Thonrohr (0·18 M. habe ich bei diesem angemerkt). Etwas schief unter diesem durchgehenden runden Rohr geht durch die oberste Lage des Sockels ein zweiter Canal oblongen Querschnittes, 0·14 M. breit, 0·24 M.[1] wenigstens hoch, oben mit einem Ziegel überdeckt, und zu diesem gehörte gewiss der gleichfalls an der Thurmecke in einem grossen, oben mit Falz versehenen Quader senkrecht stehende Canal, 0·27 M. im Quadrat. Also hier offenbar communicirende Röhren, und zwar verschiedene gewiss aus verschiedenen Zeiten. Innerhalb der Stadt habe ich die Leitung nicht gesehen, nur jenen Canal von 0·20 M. im Quadrat in der Ruine O.

Der andere Zweig der Hauptleitung ist auf dem Plan in den Canal der Hallenstrasse eingeführt, was ich dahingestellt sein lassen muss. Der dritte (W.) ist nach einem Bau am Südrande jener südöstlichen isolirten Höhe, oder einem unterhalb desselben gelegenen Mauerviereck bei X gerichtet. Unter den im Thal erhaltenen Resten dieser Leitung ist namentlich eine weite Bogenöffnung zu nennen unfern des oben erwähnten Quells, dessen neue Fassung ausser anderen alten Stücken die Volute eines ionischen Capitells enthält.[2] Dass jener Bau ein zweites Gymnasium gewesen sei, ist aus dem viereckigen Grundriss des unteren jetzt nicht mehr zu beweisen. Die bedeutendere Ruine jetzt ist die höhere, aus alten Werkstücken offenbar spät zusammengebaut, ein Quadrat von circa 20 M. Seitenlänge ist durch zwei Reihen von Pfeilern, denen Wandpfeiler entsprechen, in ein breites Mittel- und zwei schmale Seitenschiffe mit ostwestlicher Axe getheilt, westlich ist ein nach Norden hinaus verlängerter und absisartig abschliessender Gang vorgelegt. Nicht durch diesen Grundriss, der ja kaum alt ist, sondern durch die Architravstücke mit der Inschrift N. 31 c, vermuthlich einem Bau gehörig, den ein Gymnasiarch gestiftet, wird der Gedanke an ein Gymnasium ausser

---

[1] Ich glaube mich zu erinnern, dass ich jenes Mass von 0·18 M., wie dieses von 0·14 M. und 0·24 M. geschätzt habe — zu niedrig, wie es scheint. Die Objecte waren mir unerreichbar.

[2] In der Nähe müssen die von Hirschfeld, I, S. 723 erwähnten zwei Säulentrommeln stehen, die ich nicht gesehen habe.

der Stadt nahegelegt. Von hier konnte auch füglich der Inschriftstein N. 29 rühren, da sein jetziger Platz auf dem türkischen Friedhof keiner anderen Ruine so nahe ist als dem vorausgesetzten Gymnasium. Dieser Stein scheint aber, sei es zur Basis der Statue gedient, sei es als Stele daneben gestanden zu haben. Eine frühere Statue war demselben Manne als Stadthauptmann errichtet im Heiligthum der Artemis, die zweite als Rector des Gymnasiums vermuthlich in einem Gymnasium.

Der in allem Uebrigen hervortretende Vorrang des Attaleia, dem Meere und der Kestrosmündung zugekehrten Südthores von Perge vor den beiden übrigen bekundet sich auch in der grösseren Zahl von Gräbern, welche die aus ihr hinausführende Strasse begleiten. Vor dem Ostthore — wir können es das aspendische nennen — sind die Grabmonumente grösstentheils zu den zahlreichen türkischen Gräbern neu verwendet, darunter z. B. der Grabstein N. 52; vielleicht gehörte einst auch das Relieffragment einer lebensgrossen Figur, gesenkte Hand an einem Speer (?) mit über den Arm herabhängendem Gewandzipfel, 0·3 M. hoch, 0·4 M. breit, zu einem Grabe.

Fig. 33. Grab bei Perge.

Mehr ist erhalten von den Gräbern im Westen. Nicht weit von dem späteren Thorbau E liegen einander gegenüber rechts und links von der Strasse zwei grössere Grabmonumente, links, das heisst westlich, ein quadrater Sockel von 9 M. Seitenlänge, darauf ein massiver Rundbau von 5½ M. Durchmesser; gegenüber östlich ein anderer quadrater Unterbau, dabei Fragmente von Marmorsculpturen, einer Frau, welche liegend dem Manne neben ihr die Hand auf die Schulter legt, offenbar Stücke eines Sarkophagdeckels; höher hinauf gegen die Stadtmauer noch ein Grabbau. Wie die nördlich im Thale hinführende Strasse, so ist auch die quer hindurch nach West neben jener Wasserleitung laufende Strasse von Gräben eingefasst gewesen. Ein circa 3 M. im Quadrat messendes Gemach ist mit fünf grossen Steinblöcken überdeckt; das Obergemach fehlt jetzt; das Fragment eines Sarkophages mit rohem Eros, die Inschrifttafel haltend, liegt daneben. Bei einander stehen ferner zwei überwölbte, nach Süd jetzt offene Kammern, in der einen zwei Todtenplätze.

Eigenartiger als diese Kammern oder Unterbauten mit darein- oder daraufgestellten Sarkophagen sind die Gräber der Südstrasse. Unfern des Thores liegt zunächst allerdings wieder ein zusammengefallener Grabbau, dessen unvollständige Architravinschrift N. 31 b schon bekannt war. Weiterhin reihen sich in mehreren Gassen, auf dem Plan vielleicht zu regelmässig gezeichnet, niedrige, platt gedeckte Grabbauten, aus wenigen grossen Steinen aufgebaut, welche von lykischen Gräbern ganz verschieden sind, aber gleich diesen die Formen eines flach gedeckten Hauses bewahren; doppelt so lang wie breit, haben sie an einer Schmalseite die Thür mit profilirtem Rahmen, profilirt sind auch Deckplatte und Sockel. Ein Block innerhalb der Mauer an der Westseite, etwas mehr als die linke Hälfte, wenn die Thür einst die Mitte einnahm, 0·98 M. lang, 0·84 M. hoch, 0·37 M. dick, hat dieselbe Thür im Relief und im Felde links davon Krug und Schale. Ein anderer Block derselben Gegend aussen zeigt eine solche Thür grosser, sehr detaillirter Ausführung mit Schlüsselloch, Nagelbeschlag und Klopfringen, ausgefüllt mit Köpfen (Gorgoneien ?).

Wie in Lykien findet sich auch hier neben dem hausartigen Grab mit wirklicher Thür der Sarkophag mit Deckel statt der Thür, aber mit plastisch wenigstens noch nachgeahmter Thür an der einen Schmalseite, obgleich das auf dem Deckel — eben noch kenntlich — gelagerte Ehepaar den Sarkophag mehr als Bett, denn als Haus denken lässt. Der Sarkophag, dessen Deckel herabgeworfen ist, hat 2·30 M. Länge, 1·15 M. Breite (innen 1·94 M. und 0·81 M.), 1·08 M. Höhe. Das Relief, das alle vier Seiten verzierte, ist leider durch Verwitterung des Kalksteines, besonders in den oberen Theilen, so zerstört, dass eine Wiedergabe nach der Photographie unmöglich ist, und auch am Original gerade die bedeutsamen Züge zur Unkenntlichkeit verwischt sind. Die wesentlichsten Charakterzüge, welche Matz, Archäologische Zeitung, 1872, S. 175, dem griechischen Sarkophag abweichend vom römischen zuerkannte, eignen auch diesem, nur dass er eben doch wie so viele freistehende Sarkophage dieser Gegend die gelagerten Deckelfiguren hat. Durchaus ein selbstständiges Monument, wahrt er die Formen eines Gebäudes selbst in den nicht malerisch, sondern plastisch angelegten und ausgeführten Figuren, die, an berühmte Vorbilder erinnernd, in derbkräftigen Formen jede für sich stehen, unter etwas klein gerathenen aber auf einer Langseite noch deutlich, von unten schwach, oben stärker vortretenden Pilastern getragenen kleinen Arkaden, in deren Zwickeln an der besterhaltenen Langseite Lorbeerzweige sich ausbreiten, während die Wölbung jedes Bogens hinter den Köpfen der Figuren besonders umrändert ist, einmal fast muschelartig gestaltet. An den Langseiten sind je fünf Figuren, an der einen Schmalseite drei, an der andern nur zwei, da die Stelle der mittleren dritten hier von der Grabthür eingenommen wird, über welcher die Arkade nicht fehlt, und vor welcher unten deutlich erhalten das Untertheil eines Säulen- oder Stelenschaftes steht, auf dem man eben wegen des Bogens darüber eine Statue voraussetzen möchte. Links davon erkennt man nicht ganz sicher — ich dachte auch an ein Opferthier — eine sitzende, rechts eine stehende Figur, jene vielleicht weiblich, diese männlich. An der anderen Schmalseite steht mitten eine verschleierte Frau, die Rechte hebend, auf der Linken die Mantelzipfel tragend, zwischen einem Manne mit kurzem Chiton und Himation links und einem Jüngling mit Himation um den blossen Leib rechts. An der besterhaltenen Langseite sind die vier männlichen Figuren (1, 3, 4, 5, von links), alle in Stiefeln und kurzem Chiton, ein Mäntelchen über den Arm geworfen, in lebhafter Bewegung. Der in der Mitte wendet sich gegen die verschleierte Frau links von ihm und scheint mit der Rechten etwas aus ihrer Linken zu empfangen. Am linken Ende macht sich ein Gepanzerter nach links an dem Stiefel des hochgestellten rechten Fusses zu schaffen. Die zwei am rechten Ende eilen nach rechts fort, der vorletzte nach der Mitte sich umwendend, der letzte in der Rechten vielleicht ein Blasinstrument hoch an den Mund haltend: allem Anschein nach ein kriegerischer Auszug, vielleicht mit einem Anklang an Achilleus auf Skyros, den ich auf einem Sarkophag in Termessos zu erkennen geglaubt habe. Die andere Langseite hat lauter ruhige Figuren, zwischen zwei gegen die Mitte hin sitzenden Frauen, drei stehende mit nur leisen Seitenwendungen.

Fig. 34. Zuschauerraum des Theaters in Perge.

Dem Reisenden, welcher sich Perge nähert, fällt vor Allem die gewaltige Masse des Theaters in die Augen, das abseits von der Akropolis am Abhange des nächsten Höhenzuges liegt. Die Ruine besteht aus dem in den Hügel hineinschneidenden, nur an den Enden freiliegenden Zuschauerraum und dem getrennt davon stehenden, langen und schmalen Bühnenhause.

Der Zuschauerraum mit seinen Sitzstufen ist grösstentheils erhalten; auch das Bühnengebäude erhebt sich noch bis zu bedeutender Höhe, doch ist ein grosser Theil desselben auf die Bühne herabgestürzt, welche ebenso wie die Orchestra unter einem Walle von Trümmern versteckt liegt; der Trümmerhaufe ist so hoch, dass auch von dem stehen gebliebenen Theile der Skenenwand fast nichts zu sehen ist. Die Aussenseite des Bühnenhauses liegt dagegen ganz frei und bildet, wenn auch allen Schmuckes beraubt, mit ihren fünf grossen Nischen, von Buschwerk und Schlingpflanzen umwachsen, ein malerisches Ganzes.

Der Grundriss des Zuschauerraumes bildet ein Kreisstück von 113·50 M. grösstem Durchmesser; die Ausdehnung der Orchestra und die ursprüngliche Zahl der Sitzreihen konnten wir nicht ermitteln, da die untersten Sitzstufen verschüttet sind. Die Zahl der sichtbaren Stufen beträgt im Ganzen 42; sie sind durch den Gürtelgang A (Diazoma) in zwei Abschnitte zerlegt, deren oberer 19 Sitzstufen enthält, während wir in der unteren Abtheilung 23 zählten; dazu kommt noch eine Reihe freistehender Bänke mit Rücklehnen, welche auf dem Diazoma aufgestellt waren. Das Profil der Sitzstufen zeigt Fig. 35; hervorzuheben ist, dass nach unseren Messungen die obere Rangordnung etwas steiler angelegt ist als die untere; doch hindern vielfache Verschiebungen der Stufenblöcke eine genaue Feststellung des ursprünglichen Thatbestandes.

Die Zahl der radialen, in die Sitzstufen eingeschnittenen Treppen, welche den Verkehr im Zuschauerraume vermitteln, beträgt in der unteren Abtheilung 13, in der oberen 25.

Das Diazoma A ist einerseits durch die Rücklehnen der Bänke, andererseits durch eine Wand von 2·40 M. Höhe begrenzt, oberhalb deren ein zweiter schmaler Gürtelgang läuft; dann folgt eine niedere Stufe für die Füsse derer, welche die unterste Sitzreihe der oberen Abtheilung einnahmen. Der zweite, schmale Gürtelgang ist durch sechs Treppen von 0·60 M. Breite (E im Grundriss) unterbrochen, welche die beiden concentrischen Gänge mit einander verbinden.

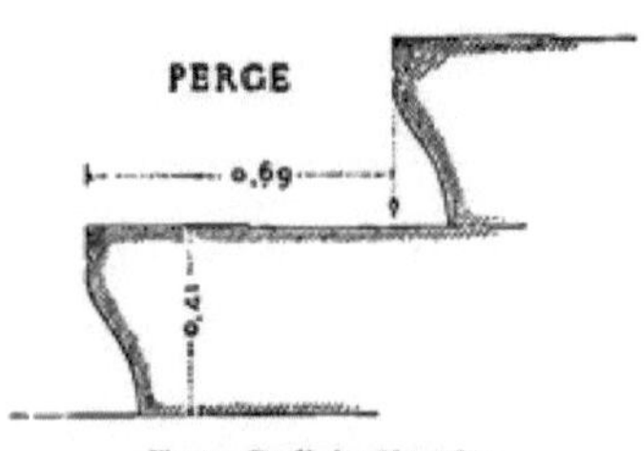

Fig. 35. Profil der Sitzstufen.

In der Wand des Diazoma münden ferner vier unter den Sitzreihen der oberen Rangordnung befindliche, radial laufende, gewölbte Gänge C, welche die Zuschauer von Aussen, indem sie den Abhang des Hügels etwa 10 M. hoch hinanstiegen, vielleicht mittelst jetzt verschwundener Treppen erreichten. In dem Grundrisse Tafel XIV sind diese Zugänge an der linken Seite eingezeichnet. (Vgl. den Querschnitt Fig. 36.)

Die Hauptzugänge in das Theater liegen aber beiderseits zwischen den Stirnmauern des Zuschauerraumes und dem Bühnengebäude (B). Ausser diesen und den erwähnten mit C

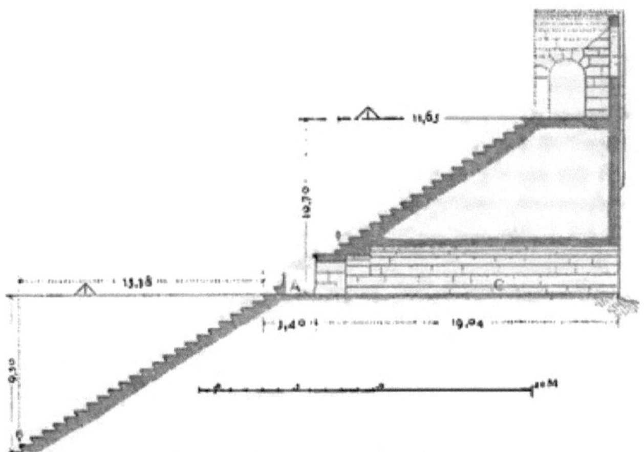

Fig. 36. Querschnitt durch den Zuschauerraum.

bezeichneten Eingängen befindet sich nur noch auf der obersten Galerie im Scheitel des Kreises eine Thür D, welche gleichfalls vom Abhange des noch bedeutend höher sich erhebenden Hügels aus betreten wird. Den Abschluss des Zuschauerraumes bildete oben ein Bogengang, der nach Innen offen und nach Aussen durch eine Mauer mit Fenstern geschlossen

Fig. 37. Das Bühnengebäude von Aussen.

war. Er ist grösstentheils zerstört und besonders die freistehenden Pfeiler sind sämmtlich verschwunden (Fig. 34).

Fig. 38. Saal im Bühnenhause des Theaters.

Als Material wurde im Innern des Zuschauerraumes weisser Kalkstein verwendet; es sind davon die Sitzstufen, sowie der Fussboden und die Wand des Diazoma gearbeitet. Die Stufen lagern auf radialen Mauern von Breccie, aus welchem in unmittelbarer Nähe gebrochenen Steine sämmtliche Mauern errichtet sind. Die Stirnmauern des Zuschauerraumes sind mit Kalksteinquadern verkleidet.

Das Theater in Perge gehört zu den grössten antiken Schauspielhäusern; auf den 19 Sitzreihen der oberen Abtheilung hatten etwa 5700 Personen Platz, die Sitzbreite zu 0·50 M. gerechnet. Wenn wir annehmen, dass in der unteren Abtheilung in Wirklichkeit 30 Reihen bestanden, die Orchestra mit 30 M. Durchmesser berechnet, so fanden hier weitere 5600 Personen Raum.

Im Ganzen ergibt sich demnach mit Einbeziehung der Orchestra eine Anzahl von mindestens 12.000 Sitzplätzen.[1]

Der Aufnahme des Theaters stellten sich besonders beim Bühnenhause Schwierigkeiten entgegen, unsere Darstellungen geben daher nur Bruchstücke von demselben. Das Gebäude ist 56 M. lang und im Lichten 4·40 M. tief; es enthielt mehrere Stockwerke, deren unterstes einen mit Quadergewölben überdeckten, jetzt zum grössten Theil verschütteten Saal enthält (Fig. 38).

Fig. 39. Gebälk an der Bühnenwand.

Die äussere, der Stadt zugekehrte Wand des Bühnenhauses hat schon im Alterthum einen Umbau erfahren, indem eine gewaltige Mauer mit fünf grossen Nischen der ursprünglichen Façade vorgelegt wurde (Fig. 37). Diese Mauer ist etwa 12 M. hoch, über dem jetzigen Boden gemessen, darüber sieht man die Reste der alten Façade hervorragen; man bemerkt dort oben in Abständen von etwa 2·60 M. vorspringende Architrave, welche, jetzt von dem Quaderwerk des späteren Vorbaues umschlossen, auf die frühere Säulenarchitektur schliessen lassen.

Das Hauptmotiv der jetzigen Façade, die Anordnung der grossen Nischen deutet hier auf die Anlage eines Nympheums, dessen Hintergrund die Theaterfaçade bildete. Ausgrabungen in dem versumpften Boden vor dem Theater würden hierüber Aufschluss geben, wie auch wahrscheinlich die Säulen und Gebälke, welche die grossen Nischen umrahmten, hier zu finden sind; einzelne Bruchstücke sind selbst über dem Boden sichtbar.

Die den Zuschauern zugekehrte Seite des Bühnenhauses, die Skenenwand, steht, wie schon erwähnt, zum Theil aufrecht, ist aber unter Trümmern versteckt; am nördlichen Ende liegt ein Stück der Wand frei, und hier ragen zwei Gebälkstücke von Marmor aus der Mauer hervor; das vollständigere der beiden Stücke ist in Fig. 39 abgebildet; ein reichverzierter

---

[1] Der Zuschauerraum im Theater des Marcellus, des grössten Theaters in Rom, bildete einen reinen Halbkreis von 130 M. Durchmesser; derselbe fasste etwa 13.500 Personen.

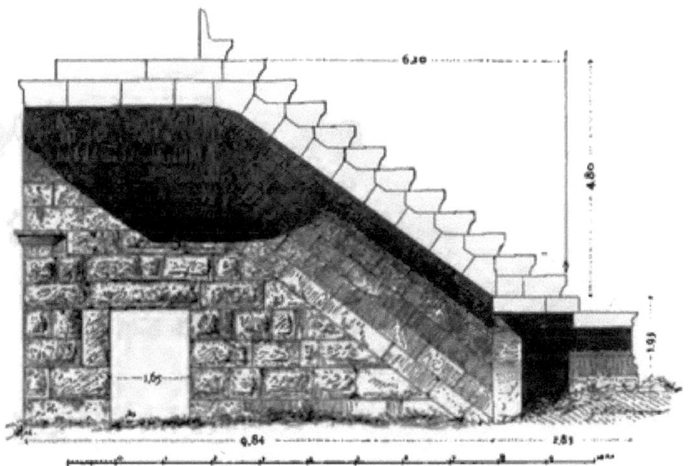

Fig. 40. Gewölbe unter den Sitzstufen des Stadion in Perge.

quadratischer Pfeiler liegt in der Nähe. Soweit aus diesen geringen Bruchstücken geschlossen werden kann, ist die Ausstattung der Skenenwand von ähnlicher Art, wie wir sie später in Aspendos, sowie in Termessos und Sagalassos kennen lernen werden.

Nicht minder bemerkenswerth als das Theater ist das demselben sehr nahe liegende Stadion, ein freistehender, durchweg aus Quadern errichteter Bau von guter Erhaltung. Die

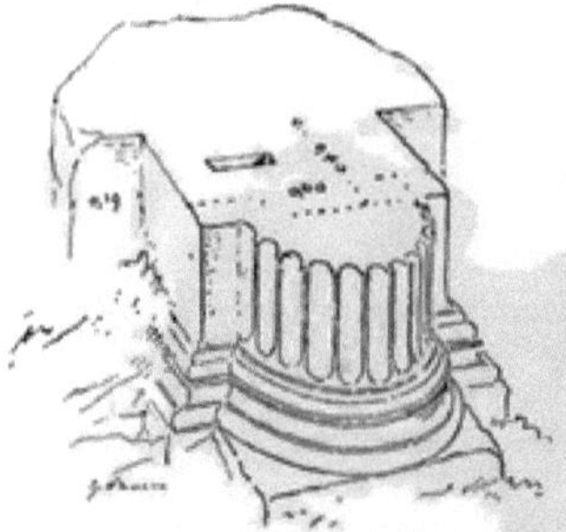

Fig. 41. Pfeilerbruchstück vom Eingange zum Stadion.

Rennbahn, 34 M. breit und 234 M. lang, ist am südlichen Ende geradlinig, am nördlichen halbkreisförmig abgeschlossen; das nördliche Ende, 42·50 M. lang, war durch eine Quermauer von der eigentlichen Rennbahn getrennt.

Die Bahn ist ringsum begrenzt durch eine Sockelmauer von 1·93 M. Höhe, oberhalb deren ein Gang von 1·17 M. Breite sich befindet; dann folgen die Sitzstufen, elf an Zahl; eine zwölfte Sitzreihe bildeten freistehende steinerne Bänke mit Rücklehnen, hinter denen ein Gang von 3·70 M. Breite für den Verkehr frei blieb. Die einzelnen Sitzstufen sind 0·436 M. hoch und 0·63 M. tief. Die Zahl der Sitzplätze betrug etwa 11.500.

Der ansteigende Sitzstufenbau ruht auf Gewölben, und zwar ist dieser Unterbau derart angeordnet, dass in Abständen von 5·70 M. Mauern von 1·50 M. Dicke winkelrecht zur Längsachse der Bahn errichtet und durch ansteigende Tonnengewölbe mit einander verbunden wurden. So entstanden unter den Stufen nutzbare Räume, 5·70 M. breit und 9·84 M. tief, welche nach Aussen vollständig offen und durch Thüren mit einander verbunden sind. Nur am südlichen Ende des Stadions ist beiderseits die erste

Fig. 42. Quadermauer in den Gewölben des Stadion.

Gewölbkammer — von etwas kleineren Massen als die übrigen — ganz geschlossen und von Aussen durch eine Thür zugängig. Jede dritte Gewölbkammer diente als Zugang zum Stadion mittelst einer Thür, welche unterhalb der Sitzstufen in die erwähnte Sockelmauer eingeschnitten ist; durch diese Thüren gelangten die Zuschauer auf das Niveau der Arena, von welcher sie vermuthlich durch Schranken getrennt waren; wie dieselben aber von dort aus den um 1·93 M. höher liegenden Gang und die Sitze erreichten, lässt der Bau nicht erkennen, vermuthlich wurden hölzerne Treppen benützt. Am nördlichen Ende des Stadions konnte man den oberen Umgang von Aussen erreichen, es befinden sich daselbst in quadratischen, der Aussenmauer vorgelegten Anbauten vier steinerne Treppen.

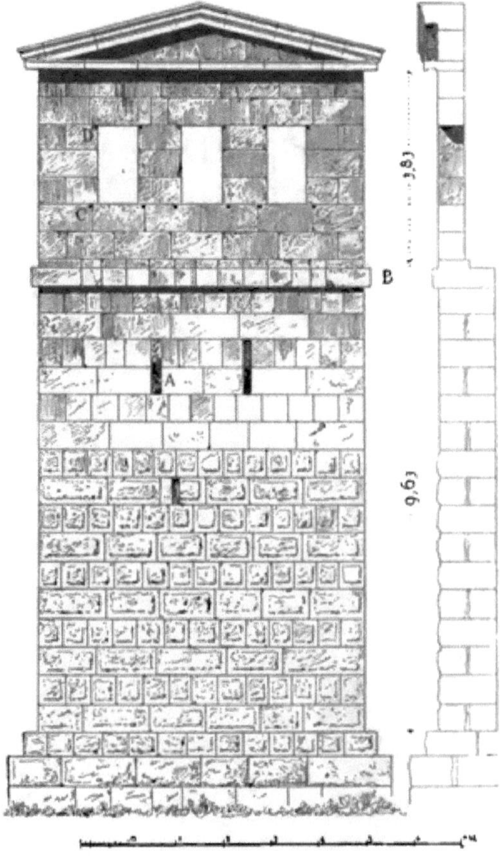

Fig. 43. Thurm der Befestigung von Perge.

Der Anzahl der Eingangsthüren in der Sockelmauer, die in Abständen von 21·60 M. angebracht sind, entspricht die Zahl der in die Sitzreihen eingeschnittenen Treppen, von 0·60 M. Breite.

Ganz zerstört ist der Eingang des Stadions am Südende. Wir fanden daselbst Einzelheiten von einem reichen Thorbau, Architrave, Bogenstücke und den in Fig. 41 abgebildeten Pfeiler mit angearbeiteter Halbsäule. Diese Werkstücke sind aus Kalkstein gearbeitet, aus welchem Material auch die Sitzstufen bestehen, während für die Mauern und Gewölbe des Unterbaues Breccie gewählt wurde; die Art der Bearbeitung und Fügung der Quadern veranschaulicht die Abbildung Fig. 42, welche ein Stück Mauerwerk aus einer der Gewölbkammern darstellt.

Fig. 44. Thurm der Befestigung von Perge.

In Fig. 43 geben wir den Aufriss und in Fig. 44 Ansicht und Grundriss eines der Mauerthürme von der Ostseite der Stadt, welche der älteren Befestigung von Perge angehören.

Die Thürme sind rechtwinklig angelegt, 6—7 M. breit, 8 M. tief und vom Sockel bis zum Dachgesimse 13—14 M. hoch; den oberen Abschluss bildeten Satteldächer, deren Giebelgesimse stellenweise sich erhalten haben. Die Mauern haben eine Dicke von 1·26 M. und sind aus Quadern von etwa 0·60 M. Höhe in wechselnden Binder- und Läuferschichten aufgebaut; an dem mehrstufigen Sockel und den unteren Steinschichten der Mauern zeigen die Quadern den stehen gebliebenen Werkzoll, während oben, von der sechsten Schichte unterhalb des Gurtgesimses B angefangen, die Steine durchwegs glatte Ansichtsflächen aufweisen. An den drei dem Angriffe ausgesetzten Seiten der Thürme sind die Wände von Schiessscharten (A) durchbrochen. In der Höhe

Fig. 45. Thurm der Befestigung von Perge.

von 9·63 M. über dem Sockel nimmt die Mauerdicke um die Hälfte ab; hier lag, aussen durch das Gurtgesimse gekennzeichnet, der Fussboden eines Obergeschosses, welches nach drei Seiten Fensteröffnungen hatte; diese Fenster, zu dreien gruppirt, sind je 0·85 M. breit und 1·57 M. hoch. Zu den Seiten eines jeden Fensters befinden sich aussen an der Oberkante C

Fig. 46. Das ältere Hauptthor in Perge.

der Sohlbankschichte Löcher von 0·70 M. Breite, ferner bei D Einkerbungen längs der Oberkante der Steine, welche wohl im Zusammenhange stehen mit einer Verschlussvorrichtung.

Bei dem in Fig. 43 und 44 gezeichneten Thurme machen wir aufmerksam auf zwei Reihen Balkenlöcher, welche aussen an der Südwand sich befinden, sowie auf die zugehörigen kleineren Eintiefungen an der Thurmkante in der zweiten, vierten und sechsten Schichte vom Gurtgesimse abwärts gerechnet. Diese Balkenlöcher scheinen dem Bauwerke ursprünglich anzugehören, jedenfalls sind sie älter als das Flickwerk, welches in Fig. 47 an der hinteren Ecke des Thurmes sichtbar ist und die regelmässige Schichtung der Quadern unterbricht. Fig. 46 veranschaulicht einen zweiten Thurm von derselben Bauart; derselbe liegt an der Westseite der Stadt, er steht auf besonders hohem Sockel und ist nur bis zum Gurtgesimse erhalten. Die hintere Seite dieser Thürme war durch eine Mauer von geringerer Stärke geschlossen; die ursprüngliche Anordnung in Bezug auf die Eingänge und den Anschluss der Ringmauer ist indessen schwer erkennbar, da diese Mauer zu verschiedenen Zeiten erneuert wurde und überall jünger ist als die Thürme.

Wenn diese Thurmbauten ein unverkennbar hellenistisches Gepräge haben, so ist das in noch höherem Grade der Fall mit dem älteren jetzt innerhalb der Ringmauer liegenden Südthore, im Stadtplane mit F bezeichnet. Es ist ein Doppelthor, dessen äussere Pforte zwei

Fig. 47. Rundthürme am Hauptthore von Südwest gesehen.

runde Thürme flankiren; der Bau scheint unter Beibehaltung der wesentlichen Bestandtheile in ein Prunkthor umgebaut worden zu sein, nachdem durch Hinausschieben der Stadtmauer nach Süden der Thorbau seine Eigenschaft als Theil der Befestigung eingebüsst hatte; darauf hin weist besonders die Anordnung des dreibogigen inneren Thores D, welches mit den Umfassungsmauern C in keiner Verbindung steht. Dieses triumphbogenartige Thor, dessen Pfeiler etwa 1 M. hoch aus dem Sumpfboden hervorragen, war auf beiden Seiten mit Pilastern und Säulen geschmückt; Theile vom Gebälk, sowie Gewölbsteine mit Archivolten und Cassetten liegen in unmittelbarer Nähe. Die Umfassungsmauern C sind an der Innenseite durch Nischen belebt, zwischen denen einst Säulen standen; auch sieht man daselbst zahlreiche Nagellöcher, welche zur Befestigung von Verkleidungsplatten dienten. Die Aussenseite dieser Mauern zeigt bis zur Höhe von etwa 5 M. über dem Boden einfaches Quadermauerwerk, dann folgt ein Rücksprung, der einen gegliederten Aufbau vermuthen lässt, doch fehlt dieser Aufbau jetzt vollständig.

Der besterhaltene Theil sind die Rundthürme, denn obwohl von beiden nur schmale Bruchstücke aufrecht stehen, bietet doch der östliche Thurm Anhaltspunkte zur Ergänzung. Die Thürme haben einen Durchmesser von 11·70 M. bei 2·20 M. Mauerdicke.

Material und Technik sind ebenso wie bei den oben beschriebenen rechteckigen Thürmen; ganz regelmässig wechseln Binder und Läufer von etwa 0·58 M. Höhe, und zwar ist der Ver-

Fig. 48. Rundthürme vom Hauptthore wiederhergestellt.

band so angeordnet, dass in derselben Schicht aussen Binder und innen Läufer oder umgekehrt liegen. Die Ansichtsflächen der Steine zeigen an den unteren Theilen des Mauerwerks den stehengebliebenen Werkzoll; oben, von der sechsten Schichte unterhalb des Gurtgesimses G angefangen, sind die Steine glatt bearbeitet. Ueber dem Gurtgesimse folgen noch fünf Quaderschichten, deren unterste etwas höher ist als die übrigen; auf der fünften Schichte liegen Steine, welche an den Resten einer Tropfenregula als Architrave erkennbar sind. Die Bekrönung des Thurmes bildete demnach ein dorisches Gebälk, dessen Höhe annähernd sich bestimmen lässt; einzelne verwitterte Werksteine liegen noch auf dem Architrave (Fig. 47).

Unterhalb des Gebälkes befindet sich ein Fenster, dessen Sturz durch einen Architravblock gebildet wird; ein zweites Fenster befand sich bei H; die Achsenweite der beiden Fenster beträgt etwa 4·60 M., und da der Kreisumfang des Thurmes achtmal so gross ist als diese Achsenweite, so dürfen wir eine regelmässige Eintheilung von acht Fenstern rings um den Thurm annehmen. Zwischen den Fenstern waren Steinplatten in die Mauern eingelassen, deren eine, mit einem Rundschild geziert, noch an Ort und Stelle sich befindet; für die nächstfolgende Reliefttafel ist bei K der Raum ausgespart; endlich sieht man zwischen den Fenstern und Relieftafeln schwach vorspringende Pilaster. Auf Grund dieser durch photographische Aufnahmen unterstützten Beobachtungen wurde Fig. 48 entworfen; directe Messungen konnten an den oberen Theilen der Thürme nicht vorgenommen werden.

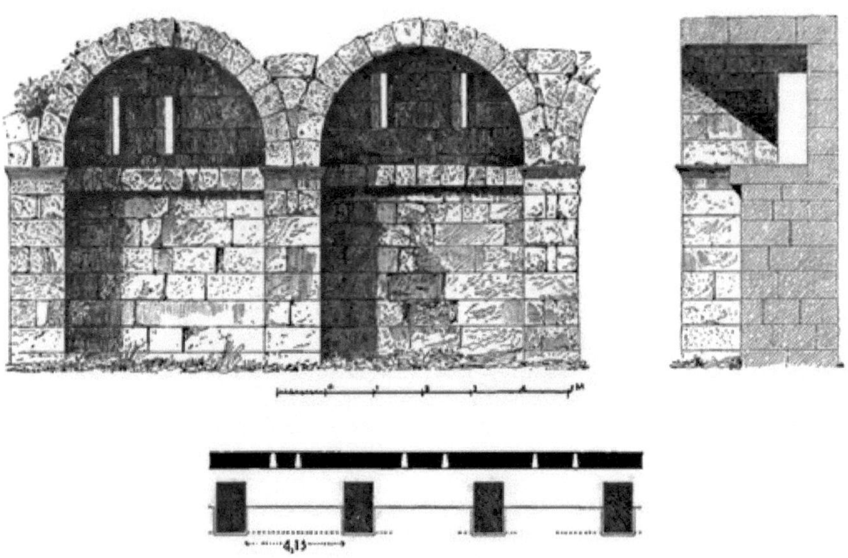

Fig. 49. Stadtmauer von Perge. Aufriss, Querschnitt und Grundriss.

In Fig. 46 ist ersichtlich, dass an der Innenseite des östlichen Thurmes zwei Gesimse übereinander sich befinden (E), welche je aus einer vorkragenden Steinschichte gebildet sind; sie dienten als Auflager für Holzbalken. Es befanden sich offenbar in jedem Thurme drei Geschosse, deren unterstes durch schmale Lichtspalten, das zweite durch vereinzelte Fenster erleuchtet wurde, während das Obergemach als Wächterzimmer nach allen Seiten Oeffnungen hatte.

Die Verbindung der einzelnen Geschosse mit einander war vermuthlich durch Holztreppen hergestellt. Eingangsthüren haben wir an der Ruine nicht bemerkt. Zu erwähnen ist noch, dass von dem zwischen den Thürmen befindlichen äusseren Thore nur die untersten Quaderschichten erhalten sind, welche die Breite der Oeffnung, aber nicht die Art des Aufbaues erkennen lassen.

Fig. 49 veranschaulicht ein Stück der späteren, stellenweise sehr gut erhaltenen Ringmauer von der Südostecke der Stadt. Diese Mauer, mit Innen vorgelegten Verstärkungspfeilern versehen, hat unten die Dicke von 2 M. In der Höhe von etwa 4 M. über dem jetzigen Boden befindet sich ein Wehrgang, nach Aussen durch eine mit Schiessscharten versehene Mauer von 0·60 M. Dicke, nach oben durch Tonnengewölbe geschützt. Zwischen den Pfeilern, welche 4·15 M. von einander entfernt stehen, ist der Raum für die Vertheidiger 1·50 M. tief; in den Tonnengewölben sind Durchgänge von 0·60 M. Breite und 1·90 M. Höhe ausgespart, welche den fortlaufenden Gang herstellen. Das Quaderwerk, sorglos und unregelmässig gefügt, ist in derselben Weise behandelt wie beim Stadion, die Pfeiler haben ein Kämpfergesimse, welches an byzantinische Formen erinnert; die obere Bekrönung der Mauer fehlt durchweg.

Fig. 50. Diana von Perge.

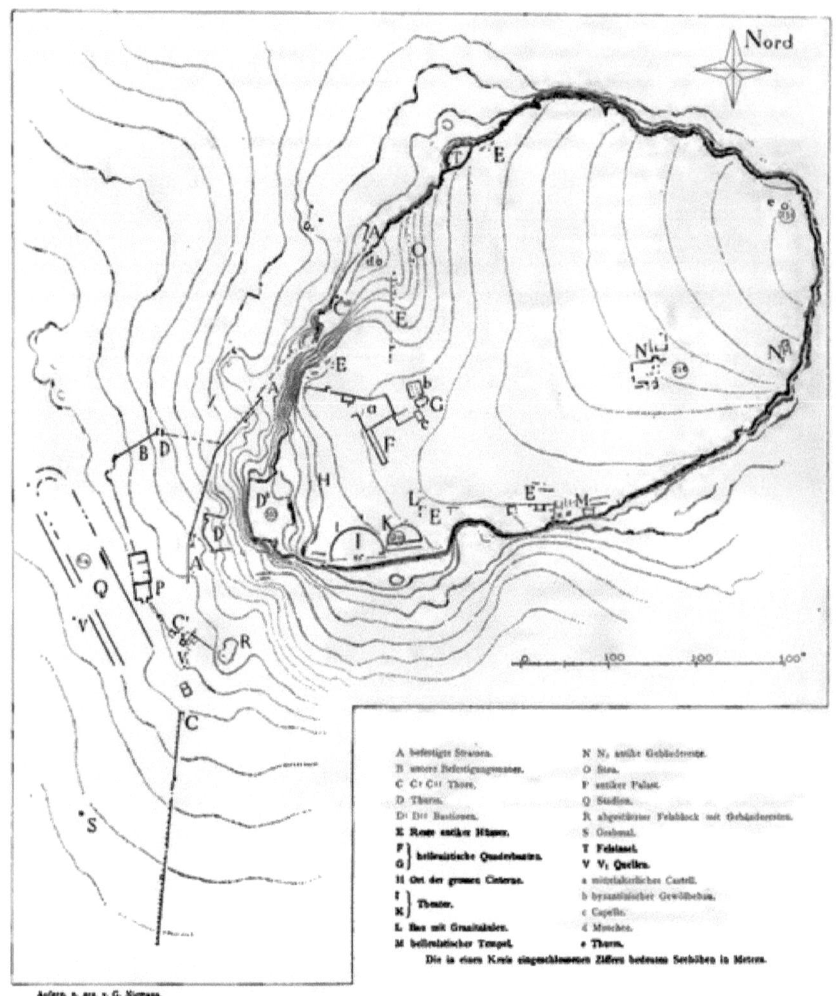

Fig. 51. Planskizze von Sillyon.

Fig. 52. Akropolis Sillyon.

Sillyon.

Zwar nicht direct überliefert, aber aus dem Adjectiv Selyvijys, welches man auf älteren Münzen der Stadt, auch auf der Inschrift N. 54, Z. 1 und 3 findet, erschlossen[1] ist die älteste Form des Namens Selyon, dann Silyon oder Siluon, Sillyon, davon die Bewohner Sillyeis hiessen, wie solches gewöhnlich auf den späteren Münzen und in der Inschrift 57a vorkommt, weiter wird dann Syllion und Sylleion daraus, der Verschreibungen nicht zu gedenken.[2]

Griechen gleicher Abstammung und Zunge wie in dem benachbarten Aspendos und Perge haben hier gewohnt als Ansiedler neben Eingebornen anderer Abkunft. In Münzbildern, Inschriften, vielleicht auch in Personennamen finden wir Götter von Argos wieder: Zeus, dessen Adler auf der Burghöhe uns manchmal in fast bedrohlicher Nähe und Menge umkreist haben, Apollon mit der Leier auf Münzen als Pythios (?), in N. 54, Z. 25 (?) und 30 und seinen Priester in N. 57, Hermes in Münzbildern auf einem Felsen sitzend, Demeters Priesterin in N. 60. Auch den besonderen Namen der Göttin von Perge Vanassa in N. 54, Z. 29 wiederzufinden, kann das Vorkommen des Personennamens Vanaxion oder Vanaxio N. 55 nur bestärken. Dass auch Tyche nicht blos als geläufiger Typus für Münzstempel von den Sillyeern verwandt worden, zeigt die Inschrift 58, die uns ihr Heiligthum und Bild bezeugt. Ausser ihrer gewöhnlichen Form erscheint dann auch noch die von Antiocheia entlehnte auf dem Felsen sitzende Stadtgöttin, welcher in Sillyon der Felsensitz, vielleicht auch die Traube in der Hand besser zukommt als der zu ihren Füssen auftauchende Flussgott, bei dem nur an den Kestros zu denken ist. Auch Aphrodite endlich und Herakles begegnen uns und der von Osten kommende Men, auch er in Personennamen (N. 58) bezeugt.

---

[1] S. Friedländer, Zeitschr. f. Numismatik V, S. 297 ff.

[2] S. Müller, Geographi graeci minores I, S. 75 zu Skylax 101.

Die Stadt wird zuerst von Skylax erwähnt. Alexander war auf seinem Wege von Lykien an ihr vorübergegangen: erst auf dem Rückweg von Side marschirte er gegen Sillyon, ‚einen festen Platz‘, wie es bei Arrian 1, 26 heisst, ‚und mit einer Besatzung von fremden wie auch eingebornen Söldnern versehen‘, einer Besatzung des Perserkönigs natürlich oder seines Satrapen. Da die Stadt durch einen Handstreich nicht zu nehmen war, und die Aspendier, als ihnen Alexander kaum den Rücken gedreht hatte, ihre Zusage brachen, wandte er sich gegen diese. Von Sillyon hören wir nichts wieder in der Geschichte, denn Polybius 22, 17 und Livius 38, 14 sprechen von einer anderen Stadt, nur in den geographischen Verzeichnissen in der Städteliste des Hierokles treffen wir sie und als Bischofssitz in den notitiae episcopatuum, mit Perge in der Ehre der Metropolis abwechselnd.

Von den wenigen Inschriften ist mir die älteste und wichtigste leider zu wenig verständlich. Die späteren, fast alle Ehreninschriften, keine einzige von einem Grabe, zeigen, dass Gymnastik und Spiele auch hier in Schwang waren. Der Sieger, wenigstens der im Bild geweihte, heisst heilig — ἱαρός (Inschrift 56 und 56[a]), Gymnasiarchie sehen wir wie in Perge mit Damiurgie verbunden, besonders in N. 58 ff., die uns auch hier eine Familie in vorwiegendem Ansehen, Grundbesitz und Reichthum zeigen, die anderen eher in verarmtem Zustande, aber mit auffallend vielfältiger Zertheilung: Rathmänner, Alte, denen hier nicht Junge wie anderswo gegenüberstehen, Ekklesiasten, Bürger, Paroiken, Freigelassene und Vindiktarier werden bestimmt unterschieden, ohne dass freilich ausgeschlossen schiene, dass eine vorausgenannte Abtheilung auch schon einen Theil der in einer folgenden enthaltenen mitbegriffen habe. Nach den ihnen zu Theil gewordenen Spenden stehen die ersten drei und wieder die letzten drei einander nahe, und die Bürger, obwohl doppelt so hoch bedacht wie die letzteren drei, doch diesen näher als den Uebrigen.[1]

Der älteste Zeuge Skylax rechnet Perge noch zu Lykien und nennt vom Meer her aufzählend erst Aspendos, dann Sillyon, als Hafenstadt dann Side εἶτα πόλις Σύλλ[ε]ιον, ἄλλη πόλις Σίδη, keineswegs damit Sillyon zwischen Side und Aspendos setzend. Bestimmt zwischen Aspendos und Perge liegt es nach jener Erzählung Arrians vom Marsche Alexanders, legen es auch die Peutingerische Tafel und Ptolemäus und namentlich Strabo, der es (der Name ist mit Sicherheit hergestellt) 40 Stadien vom Meere inlands, vor dem See Kapria und vor Aspendos, nach dem Kestros mit Perge erwähnt, hinzufügend, hochgelegen, sei es von diesem aus sichtbar. Das ist die Burg von Assarkjöi in der That und keine Stadt Pamphyliens sonst, auch ist keine so hoch gelegen wie diese. Darauf hin haben Daniell und Spratt (Travels in Lycia II, S. 20 f.) hier Sillyon angesetzt, und die Inschrift N. 54, Z. 1 bestätigt den Ansatz.[2]

---

[1] Πάροικοι im Gegensatze zu πολῖται finden sich häufig. Mit den, so viel ich sehe, sonst nicht vorkommenden Vindiktariern vergleichen sich vielleicht die βίνδικες bei Malalas O. II, 116. Fünffache Gliederung von Nichtbürgern z. B. Dittenberger, Sylloge n. 253, 44 in Ephesos.

[2] Das Dorf Kiesmé, wo Paris und Radet J. 57[a] gefunden, kenne ich nicht, so wenig wie Sarinch (doch wohl nicht Sachrin?). Jene Inschrift kann nicht veranlassen, Sillyon zu verlegen.

Nicht viel weiter als Perge vom westlichen liegt Sillyon vom östlichen[1] Ufer des Kestros, und zwar diesem Flusse näher als dem Eurymedon, auf einem isolirten Stück der Tafelfläche. So viel nördlicher dieses ist als die Burgen von Aspendos und Perge, so viel höher ragt es da empor, wo die flache Tiefebene zwischen den den Kestros und Eurymedon begleitenden Hügeln sich weiter nach Norden hineinzieht. Gerade nach Süden schweift der Blick ungehindert zum Meere und zu dem Gürtel der Stranddünen. Aber nicht die schroffwandige Akropolis von Sillyon an sich ist so beträchtlich viel höher als diejenigen von Perge und Aspendos, sondern abweichend von diesen, welche unmittelbar aus der Ebene aufsteigen, hat die Burg von Sillyon eine breite Basis, die im Süden und Osten rascher, im Westen mählicher sich senkt, so dass hierher sowohl der Verkehr zwischen Burg und Ebene, als auch die von oben nach unten sich ziehende Ansiedlung gewiesen war. Die Burgfläche selbst, in Form eines Eies, mit der Spitze gegen WSW., dacht sich in dieser Richtung ab, zuerst auf eine Länge von rund 700 Metern um 30 Meter, dann rascher, um zuletzt noch etwa 45 Meter steil zur Bastion *D* abzufallen, unter welche die kleinere Bastion *D''* um weitere 50 Meter sinkt. Danach wird die Abdachung schwächer, beträgt aber bis zum Stadion doch auf 150 Meter noch ebensoviel wie oben auf der Burg auf 450 Meter. Das Stadion, dessen Längenaxe der horizontalen Queraxe der Burg parallel ist, bildet eine weitere Stufe auf dem Uebergang zur Ebene.

Der im frischen Bruch weissgelbe, später dunkelnde Kalkstein der Burg spaltet und bricht leicht, und die Burgfläche ist seit alten Zeiten in beständiger Veränderung begriffen. Namentlich längs der Südkante sieht man sie oben von klaffenden Spalten durchzogen und so die zum nächsten Absturz bestimmten Stücke bezeichnet. Von solchem Einsturz, wohl durch besondere Ursachen — etwa Wasserrinnen — vorbereitet, rührt augenscheinlich die grosse halbkreisförmige Einbuchtung am Südrande her. Mehr als hausgrosse Klötze liegen, einige noch mit hellfarbiger Bruchfläche im NW. und SW., nicht selten die Spuren einstiger Gründungen, Wasserrinnen, Hausfundamente, Cisternen bewahrend. Gerade durch diese ist mehr als einmal der Bruch mitten hindurchgegangen, so dass man gegen den Burgrand hinaufblickend öfters von unten durch die Cisternenmündung den Himmel sieht. Nicht fehlen die Vorkehrungen, die man nach solchen Katastrophen oben zur Neubefestigung und Sicherung getroffen. Andere Stücke sind schon viel früher abgestürzt, sind schon im Alterthum unten mit Gründungen, namentlich von Gräbern versehen.

Trotz jener Abstufung der Burg gegen SW. war diese für directen Zugang zu steil. Mit Benützung dieser Terrasse ist der Aufgang rampenartig an die Westseite der Burg gelegt, zum Theil aus ihr herausgeschnitten, und zwar doppelt sowohl von Norden als auch von Süden her ansteigend. Jene nördliche Rampe geht von *A*, wo verschiedene Strassen von Nord und West her zusammenlaufen mochten, dicht unter der schroffen Burgkante, grossentheils, namentlich höher oben, unter senkrecht abgemeisselter Felswand hin, auf der anderen Seite von einer, allerdings später restaurirten Mauer eingefasst, Brüstung zugleich und Zwang für anrückende Feinde, dicht unter der beherrschenden Höhe zu bleiben. Das alte Pflaster

[1] Eine Ansicht bei Trémaux.

aus Polygonen ist stellenweise erhalten. Etwa 20 Meter bevor die Strasse zur Burg einbiegt, wird sie durch einen Thorbau gesperrt. Es ist ein Mauerviereck von geringen Dimensionen, 6 Meter im Quadrat, mit doppeltem Thor, eines innen und eines aussen, jedes 3 Meter breit und einer Thür in der Ostwand zwischen zwei Nischen. Wahrscheinlich war es ein Thurmthor, wie das freilich beträchtlich jüngere, aber wohl erhaltene der unteren Befestigung Fig. 53. Die alten Theile des Thores zeigen sorgfältigen Steinschnitt und Fugung, die Quadern haben an den Fugen abgefaste Kanten. Die Pforten, oder wenigstens eine derselben scheint überwölbt gewesen zu sein, der Bogen war von verjüngten Anten mit zierlichem jonischen Capitäl getragen.

Etwa 8 Meter hinter dem Thor ist an geglätteter Felswand eine Nische roh eingemeisselt; noch 8 Meter weiter erscheint das alte Pflaster, wieder etwa 3 Meter breit, zur Seite zwischen ihm und dem immer noch ansteigenden Burgfelsen ist der Boden stufenförmig, wie in einem Steinbruch abgearbeitet. Dann biegt der Weg ein, um bald rasch in die entgegengesetzte Richtung umzuschlagen, d. h. in diejenige der südlichen Rampe, die allem Anschein nach der Hauptaufgang war, welcher, wie ich glaube, hier in denselben Weg einmündete.

Auf einer nach Süden sich hinziehenden Bergwurzel lässt sich von der Ebene her dieser südliche Aufgang verfolgen, 4—5 Meter breit, allmälig steigend, zwischen zwei Mauern, deren östliche nur geringe Reste hinterlassen hat, aber gleich der westlichen von aussen durch Strebepfeiler verstärkt war.[1] Wo etwa bei *C* im Plan ein Weg von Osten her einmündet und möglicherweise gegen das Stadion hin durchgegangen ist, schienen Reste eines Thurmes zu stehen, wenn anders diese Mauer Befestigung und nicht vielmehr Schutz gegen Regen und Sonne bezweckte, wie die porticus, qua in arcem eitur in Alatri (Corpus inscr. lat. X, 5807), oder der Processionsweg des Damianos in Ephesos (Philostratus v. soph. II, 23, 2, Wood, Discoveries S. 117), in neuerer Zeit die Porticus zur Madonna di S. Luca von Bologna.

Nördlich von *C* durch spätere Bauten durchbrochen, ist der Aufgang unterhalb der Bastion *D*' besser erhalten, auch in photographischer Aufnahme kenntlich. Die Bahn liegt auf minder sorgfältigem Quaderfundament, das stellenweise mit Gusswerk ausgeflickt ist, 4 Meter breit, rechts der Burgfels, links eine sorgfältige Quadermauer hellenistisch von Aussehen, deren Quadern nicht wagrecht, sondern geneigt, gleich der Bahn liegen. Fenster von 1·75 Meter Breite durchbrechen die Mauer, welche stellenweise 9—10 Quaderschichten hoch erhalten ist. Die Strebepfeiler aussen sind auch hier vorhanden. Kaum kann man sich diesen Aufgang ungedeckt denken. Die Fenster allerdings mochten auch des Ausblickes wegen angebracht sein, nicht blos der Erhellung wegen. Aber wenn bedeckt, so war ja damit die Annäherung des Feindes erleichtert, und dass dieser Aufgang, so wenig wie der nördliche, nicht schon innerhalb der Befestigung lag, beweist das grosse Vorwerk *D*', selbst wieder geschützt durch die darüber liegende ummauerte Fläche *D*'', zu welcher ein steiler Nebenweg, den auch wir seiner Kürze wegen meistens einschlugen — südlich von *D*' vom

[1] Dies ist die von Hirschfeld, I, S. 725 erwähnte Terrasse, welche durch eine mit Pfeilern versehene Futtermauer gestützt wird.

Hauptwege abzweigend, durch eine jetzt verschüttete Pforte, die an die Südmauer von *D''* anstösst, geführt hat. Wie diese flach gedeckte Pforte und das anstossende Mauerwerk, so zeigt auch das Vorwerk *D'* in den ursprünglichen Theilen, von einem später vorgebauten Thurme abgesehen, wechselnd höhere und niedere Quaderschichten.

Höher hinauf ist jener stattliche Hauptaufgang zu wenig erhalten: nur die Richtung auf dieselbe balconartig vortretende Terrasse, auf welche wir die nördliche Rampe mit ihrem Thurmthor ausgehen sahen, ist auch im Plan zu erkennen. Jetzt ist allerdings der Zusammenhang unterbrochen, wie ich glaube, durch eine jener Abrutschungen, in Folge deren die genannte Terrasse gegen die südliche Rampe hin schroff abbricht, und an ihrer Kante mit Mauerwerk eingefasst ist, in welches ausser anderen antiken Werkstücken auch ein Gebälk(?)-stück umgekehrt vermauert ist. Es trägt auf einer glatteren Fläche in der Mitte die Buchstaben ΤΙ. Hier lagen auch die Inschriftbasen N. 55 f.

Weiter südlich ist keine Möglichkeit des Eingangs in die Burg: eine Schlucht, welche etwa östlich von der Linie *DB* sich hinaufzieht und zu erklettern war, ist am Ausgang oben durch (spätes) Gemäuer gesperrt. Vermuthlich war auch die südliche Rampe gleich der nördlichen kurz vor der Terrasse durch ein Thurmthor gesperrt, das mit hinabgestürzt ist.

Von der Terrasse, auf welcher also muthmasslich beide Wege sich einten, geht die Strasse, wie schon bemerkt wurde, in der Richtung des südlichen Aufganges weiter, unter rechts aufragenden Terrassen, zum Theil mit abgearbeiteten Felswänden, hin bis da, wo hinter *d* sich eine Senkung vom Rande der Burg ins Innere hineinzieht. An deren Eingang liegt südlich ein mittelalterlicher Bau *d* mit seinem umfriedigten Vorhof. Aus altem Material erbaut, Moschee oder Kirche, steht derselbe vielleicht auf der Stelle des Heiligthums der Tyche, welches in der daselbst am Eingang des Vorhofs vermauerten grossen Basis N. 58 erwähnt wird. Auf der anderen Seite nördlich ist eine grössere Anlage, ohne Ausgrabung nicht genauer zu erkennen, vielleicht ein Verkaufsmarkt. Es stehen hier mehrere Säulen in doppelter Reihe in nordsüdlicher Richtung und südlich abschliessend ein Thorbogen. Die Nähe am Thor spricht für eine Marktanlage und weder eine Hallenstrasse, wie in Perge oder Side, noch eine Markthalle, wie in Aspendos, findet sich hier sonst mit Sicherheit.

An dem ganzen Westrand, dann weiter an der Südseite ziehen sich die Fundamente alter Häuser hin. Wie in Perge vereinzelt noch sichtbar, wie in Athen auf dem Museion sind die Grundrisse einfachster Art, zwei, drei Gemächer nebeneinander mit Thüren, Treppenstufen in den Felsboden eingeschnitten. Indem man die Fussböden der einzelnen Räume ebnete, blieb dazwischen der Fels als Anfang der Scheidewände stehen. Auch flaschenförmige Cisternen sind häufig, die Oeffnung viereckig oder halbrund, mitunter mit einem Deckelstein geschlossen, in welchem wieder eine kleine Oeffnung eingeschnitten ist, letztere für das Wasserschöpfen, erstere für Reinigung; Einfassungscylinder (Puteale) mit den Einschnitten der Seile liegen daneben. Zu diesen Einflusslöchern führen in den Stein geschnittene Rinnen. Eine derselben gibt, an der Kante jetzt plötzlich abbrechend, einen deutlichen Beweis, dass der Boden einst geebnet und mit Platten gepflastert war, wie solches anderswo in den Strassen noch erhalten ist und allerdings für die Leitung des Regenwassers nothwendig war. Solche in den Felsboden eingeschnittene Canäle und andere von dem

Hauptcanal in der Gasse seitwärts ausgehende Zweige, sieht man namentlich auch auf mehreren herabgestürzten Stücken der alten Burgfläche. Ein Block unterhalb des nördlichen Burgaufganges hat einen Canal, der in ein viereckiges Senkloch mündet, aus dem das Wasser in zwei Rinnen weiter floss, die unmittelbar vor der Cisternenmündung sich einten. Auf einem andern gewaltigen Brocken an der Südseite läuft vor der Hausmauer — also wie es scheint einst in der Gasse — ein sorgfältig in den Fels geschnittener Canal, 0·52 M. tief, 0·55 M. breit, beiderseits mit einem 0·20—0·22 M. breiten Falz für 0·32 M. dicke Deckplatten, deren zwei gerade an einer stumpfwinkeligen Biegung des Canals trotz des gewaltigen Sturzes festeingefügt an ihrem Platze geblieben sind. Auf einem anliegenden Stück lässt sich dieser Canal circa 17 Meter weit verfolgen.

Gassen lassen sich bestimmt erkennen, namentlich in der Verlängerung des Burgaufganges nach Norden; von jener Mulde zwischen *d* und *O* ziehen sich Linien von Schutthaufen theils in das von oft undurchdringlichem Gestrüpp bedeckte Innere, theils gegen den grossen Baucomplex *FG* hin. Ob diese Massen meist unbehauener Steine auch eingeschnittene Hausplätze bedecken, lässt sich nicht sagen. Ich habe dabei an spätere Zeiten gedacht, namentlich wegen der gelegentlich dazwischen gestreuten oder wieder benützten alten Werkstücke, darunter auch eines Inschriftsteines (N. 62).

Südlich von dem byzantinischen Castell (*a*) ziehen sich wieder Gründungen der vorher beschriebenen Art hin. Wie in Perge (S. 36) bemerkt wurde, sind auch hier die Häuser stellenweise unmittelbar an die Burgkante gerückt, so dass die Aussenwände, zu einem Theil aus dem gewachsenen Stein geschnitten, gleichsam an Stelle der Burgmauer treten. Nur 1·70 M. breit, läuft eine solche Gasse ziemlich gegen Süden, wird im rechten Winkel von einer andern, die von Osten kommt, geschnitten. Am Kreuzungspunkt liegt ein grösseres Haus mit seiner Cisterne daneben. Oberhalb der Terrasse *D*" ist eine von Norden und eine von Osten kommende Gasse zu verfolgen und hier, näher der südlichen Kante, mündete ein steiler zuletzt zwischen abgeglätteten Felswänden aufsteigender Weg. Die östliche Gasse läuft nach Nordosten, so dass die Hauseingänge gegen Südosten liegen. Hier in der Nähe ist auch die von Hirschfeld beschriebene grosse Cisterne *H*, deren Decke, von 15 Steinpfeilern getragen, wahrscheinlich hier wie anderswo als Planum eines Bauwerkes diente.[1]

Am Westende des Südrandes liegt das Theater; es ist in den Abhang hineingebaut, daher von der Burg her leicht zu übersehen. Durch die Reihen der Sitze, deren ich noch fünfzehn gezählt, klaffen drohende Erdrisse. Von der Skene ist nichts zu sehen; die Stützwand des östlichen Cornu, eine rohe Quadermauer, aussen durch eine sorgfältiger gefügte verkleidet, steht noch bis 21 Lagen hoch, sie ist gleich wie das linke Ende des fast anstossenden kleineren Theaters später restaurirt. Denn obgleich in dem schutterfüllten Innern des letzteren nichts von Sitzen zu erkennen ist, kann doch dieser Bau seiner Form, seiner dem grösseren Theater gleichmässigen und nahen Lage wegen nur für ein Theater oder Odeum gehalten

[1] Dass man selbst Flüsse überwölbte, um ebene Flächen herzustellen, beweist Pergamon (Die Ergebnisse der Ausgr. zu Perg. S. 119, Taf. I, 4) und was in Falkener's Description of some important theatres u. s. w. von dem grösseren Theater von Gortyna und den überdeckten Lethaios dahinter zu lesen ist.

werden, wie auch Termessos, Sagalassos, Aspendos ausser dem grossen ein kleineres besassen. Die Lage der beiden nahe beieinander, wie in Pompeji, wird ja von Vitruv V, 9 empfohlen und mit dem Beispiele Athens belegt. Für Bedeckung sprechen ausser der geringen Grösse des Gebäudes die Strebepfeiler nicht nur an der gerundeten, sondern auch an der geraden Südseite (hier acht), diese alle gleich den Ecken aus Quadern, während die Zwischenmauern Ziegel- und Gusswerk sind, ähnlich der Construction des Stadions. Zwischen den acht Pfeilern der Südseite des kleinen Theaters sieht man unten Entlastungsbögen aus unförmlichen Hausteinen gespannt, darunter, wenigstens in der Mitte zwischen dem vierten und fünften Strebepfeiler jederseits, eine von geradem Steinbalken überdeckte, zum Theil verschüttete Oeffnung. Vor diesem Durchgang (?) liegt ein grosser dorischer Säulenschaft, polygon, nicht cannelirt, andere sind in den Erdriss hinabgefallen. Fast möchte man diese Südwand einer inneren Skenenwand vergleichen und die im Plane sichtbare Parallelmauer weiter südlich für die zugehörige äussere Mauer der Skene halten, wie ich es an Ort und Stelle gethan habe. Dieselbe ist im Charakter gleich der Blendmauer des östlichen Theatercornu, nur aus etwas höheren Schichten gebaut. Zwischen dieser Mauer und dem Burgrand, welcher nicht von einer Mauer, sondern von einer Brüstung, zwei Steinlagen dick, weiter nördlich stellenweise aus dem Burgfelsen gehauen,[1] eingefasst wird, ist eine schmale Fläche, auch sie von Rissen durchzogen. Dorische Architekturstücke: Triglyphen, ein Stück Traufgesims, weiterhin zwei gegen 3 Meter lange Schäfte, dicht dabei drei andere, legen den Gedanken an eine Stoa nahe, die, wenn nicht schon hinter dem Theater, wie Vitruv empfiehlt, so doch aller Wahrscheinlichkeit hinter dem Odeon, aber nach den Spuren eines Sockels darüber hinaus, hier an dem Rand der Burg entlang führte, vermuthlich mit freiem Ausblick nach Süden und dem Seewinde offen. Weiterhin hat der gewaltige Absturz, auch hier wieder einmal mitten durch eine Cisterne schneidend, den Zusammenhang durchbrochen. Aber jenseits desselben geht der Weg nahe dem Burgrande weiter (s. Abbildung N. 55), an Quader- und Felsbauten vorüber, dann den höheren Boden auf felsgehauenen Treppen gewinnend, links vorbei an dem S. 77 beschriebenen Tempel, welcher, wie die Tempel in Akragas oder derjenige der Athena Nike in Athen, hart an die Burgkante gerückt ist.

Im ganzen östlichen Theile der Burg ist nur ein grösserer Complex von antiken Bauten mit mittelalterlichen Aenderungen bei *N*, ein geringerer bei *N'*, endlich ein byzantinischer Thurm bei *c* zu erwähnen.

Von dem östlichen Ende des Odeons nördlich sind einige Quadermauern erhalten. Auch zwei Granitsäulen stehen daneben, die eine umgekehrt aufgerichtet, das dickere Ende oben, die Durchmesser bei der einen unten 0·58 M., bei der andern 0·52 M. oben, dabei ein Epistyl 0·53 M. dick. Irgend eine Bestimmung zu muthmassen wäre ohne andere Anhaltspunkte gewagt.

Nordnordöstlich hiervon, jenseits eines ziemlich trümmerfreien Feldes, steht auf dem ebensten Theile der ganzen Burgfläche die bedeutendste Bauanlage des alten Sillyons, einst so ziemlich das Centrum des bewohnten Theiles bildend, in byzantinischer Zeit zu Ein- und

---

[1] Vgl. Spratt und Forbes, Lycia II, 19.

Anbauten benützt, die wahrscheinlich nicht ohne Zerstörung anderer Theile dieser wie anderer alten Bauten vor sich gegangen sind. Das gesammte Baumaterial des grossen, späteren Gewölbebaues *b* wie der Kirche *c*, auch des castellartigen grossen Mauerviereckes, dessen einer Schenkel über *a* hinaus bis an die Burgkante läuft, ist anscheinend älteren Bauten entnommen: Werksteine aller Art liegen hier umher, nirgends aber war eine Inschrift sichtbar. Weiterhin findet man Stücke verschleppt, die ihre Zugehörigkeit zu dem mit *F* bezeichneten Bauwerke verrathen, so namentlich die an ganz verschiedenen Stellen auf und unter der Burg angetroffenen charakteristischen Fenstergesimse von *F*, deren Form wohl weniger durch aus dem

Fig. 53. Sillyon: Thurm der unteren Befestigung.

Alterthum fortwirkende Tradition, als vielmehr durch moderne Nachahmung, und zwar in Holz, sich in Adalia wiederfindet. So mochten denn auch *FG* einst in Zusammenhang stehen, wofür die gleiche Orientirung, sowie die gleiche Dimension von *F* nordsüdlich und von *F* bis *G* (exclus.) zu sprechen scheint. (Die Beschreibung des Baues S. 78).

Nicht Raummangel oben auf der Höhe, sondern nur der Wunsch bequemen Ab- und Zuganges, sowie das Verlangen, den Feldern und vielleicht rinnendem Wasser näher zu sein, kann die Ansiedlung und Befestigung der Terrassen westlich und südlich unter der Burg veranlasst haben, wie ja auch in Perge und Aspendos die Ausdehnung der Stadt in die Niederung erfolgt ist. Die Befestigung, um die Bastionen *D*' und *D*'' herum und ihnen gewissermassen parallel noch am besten zu verfolgen, gehört jüngerer Zeit an. Sie durchbricht augenscheinlich die lange südliche Rampe, und das Thor C', obgleich nach seiner Lage schwerlich ohne Beziehung zu ihr, hat doch eine andere Axe. Auch eine Anzahl Gräber innerhalb dieser Befestigung dürfte aus der Zeit stammen, da dieser Theil noch ausserhalb der Befestigung war.

Der untere Mauerring setzt bei einem grossen abgestürzten Felsklotz *R* an, auf dessen Oberfläche Gründungen zu erkennen sind. Das Thor C' mit dem halbrunden Hof zwischen und hinter den Thürmen erinnert an das Thor von Perge, auch an das Hauptthor von Side. An der Nordostecke des östlichen dieser beiden Thürme liegt oben ein Triglyph, so dass das Thor auch mit dorischer Architektur verziert zu denken ist, gleich dem von Perge und einem von Selge.

An denselben Thurm sind östlich und nördlich Gemächer undeutlicher Bestimmung angebaut. Nach der andern Seite läuft die Mauer auf immer noch ziemlich abschüssigem Abhang über dem Stadion hin, von der grossen auf das Stadion hinabblickenden Anlage *P* anscheinend später durchbrochen. Bei einem abgestürzten Felsblock, an dem sie beiderseits anschliesst, biegt die Mauer nach Nordost um. Bei einer neuen, rein östlichen Biegung steht der aussen in ganzer Höhe erhaltene Thorthurm (Fig. 53), innen mit überwölbtem, aussen mit flach gedecktem Thor. So hoch die Mauer in den Thurm eingebunden war, d. h. bis vier Schichten über dem Scheitel des gewölbten Thores, sind die Quaderschichten alle gleich hoch, von da ab wechseln hohe und niedere. In der Höhe der Mauer ist östlich und westlich je eine Thür, nördlich und südlich ein kleines Fenster; oben in der zweiten Doppellage unter der abschliessenden Deckplatte auf jeder Seite ein kleines Fenster: also war der Thurm zweigeschössig. Nach Analogie dieses Thurmthores sind auch an den älteren Aufgängen (oben S. 68 f.) solche angenommen. Weiterhin ist der Gang der Mauer, theils der Zerstörung, theils starker Ueberwachsung halber, schwer zu erkennen. Gewiss aber ging sie gegenüber von *A* nach Norden und hatte in dieser Gegend abermals ein Thor, dessen geringe Reste, namentlich die Anten, wenn auch anders profiliert, doch an das obere Thor C'' erinnerten, vielleicht wieder ein Thurmthor, wie von jenen vermuthet ist.

Ausserhalb dieser jüngeren Befestigung liegt das Stadion, wie schon gesagt, der Queraxe des Burgberges parallel. Innerhalb der Sitzreihen mass ich ungefähr 175 Meter in der Länge. Die Sitze ruhen östlich auf dem ansteigenden Terrain, südlich auf einem parallel zur Axe des Stadions laufenden Gewölbe, das innen nicht zugänglich ist, dessen westliche Aussenmauer aus kleinen Bruchsteinen und behauenen Quadern in wechselnden Schichten, zu oberst aus einer Ziegelschicht — Ziegel von 0·40 M. Länge, 0·251 M. Breite, 0·036 M. Dicke — besteht, unterhalb welcher kleine Fenster in unregelmässigen Abständen angebracht sind wie in Aspendos. Die Mauer ist weiter nördlich von abgestuften Strebepfeilern in ungleichem Abstande von 5—7 Metern gestützt. Neben einem grösseren Pfeiler führte eine Treppe von Westen her auf das Stadion, auf dessen Höhe wie in Perge ein Gang von 1·95 M. Breite hinter den obersten, mit Lehnen versehenen Sitzen umläuft. Die Tiefe der Lehnensitze mass ich mit 0·43 M., die Dicke der Rücklehne 0·13 M., die unteren Sitze über die Vorderkante der oberen um 0·40 M. ungefähr vorspringend. Das Innere ist sehr zerstört.

Wenige Minuten abwärts vom Stadion, vom Thorthurm *D* ziemlich genau westlich, liegen die Ruinen eines Tempels (?); erhalten sind nur ein Mauerviereck auf 20° und 290° orientiert, die Westmauer aussen 8·20 M., die nördliche 12 Meter messend, aus Quadern mit stark gerundeter Rustica, 0·65 M. dick, solid und gut gebaut, doch durch Baumwurzeln und Erdbeben im Gefüge gelockert. Im Osten steht die Mauer noch 2—4 Lagen hoch, im Süden und Westen 1—5, im Norden 4, die Nordwestecke gegen 3 Meter hoch; von der Thür sah ich keine sichere Spur. Auf der Westmauer, nahe der Südwestecke, fand sich auf der obersten Quader eine Einarbeitung, von aussen nach innen sowohl breiter als tiefer werdend, allem Anschein nach für Beleuchtung bestimmt, wonach das Erhaltene wohl nur als Unterbau zu verstehen wäre. Nahebei gegen Süden stand schief ein ausgefülltes Cisternenputeal.

Die Gräber innerhalb dieser unteren Befestigung finden sich besonders auf in alter Zeit herabgestürzten Steinblöcken. Die Oberfläche pflegt geglättet zu sein mit einer stehen gelassenen Umrandung, viereckig oder halbrund, so dass man an später verschwundenen Aufbau denken könnte. Eingeschnittene Stufen führen von der Seite oder von vorne hinauf, einmal in der ganzen Breite von 5—6 Metern acht Stufen; auch hebt sich wohl ein höheres Planum noch über einem niederen um ein paar Stufen. Spendelöcher[1] finden sich am Eingang, seitlich oder in der Mitte. Die oblongen Grablöcher sind einfach in den Fels geschnitten, bald nach Ost, bald nach Nord orientiert, parweis oder einzeln, auch mehrere Paare auf demselben Block. Der Falz für den Deckel ist mitunter zu erkennen; aber die Deckel fehlen. Nicht selten sieht man auch aus alten Quadern zusammengelegte Gräber in dieser Gegend. Vielleicht gehörten auch mehr zum Todten- als zum Göttercult verschiedene in derselben Gegend unterhalb der südlichen Rampe gefundene kleine Altäre, oben mit einer Vertiefung, wie für Spenden oder Opfergaben; so einer mit Kränzen auf allen vier Seiten, andere nur mit profilirtem Kopf und Fuss.

Die eigentliche Nekropolis breitete sich aber offenbar unten zu beiden Seiten des grossen Aufganges von Süden her, strassenartig ostwestlich gereiht, aus. Hier findet man sowohl Sarkophagstücke als auch Ruinen von Grabbauten: hohe Sockel mit gewölbten Kammern, oben mit rhombischen Ziegeln gepflastert; kein einziges zu einer Reconstruction genügend erhalten.

Das älteste von allen Gräbern wäre die von **Hirschfeld**, I, S. 726 beschriebene Anlage — wenn sie ein Grab wäre. Gegen 118° von *M*, ungefähr auf der Höhe von V_{II}, d. h. etwa auf halber Höhe der breiten Burgbasis, haben wir erst bei späterem Besuch mit Hilfe eines Führers diese merkwürdige Stelle gefunden, nachdem ich allein sie früher vergebens gesucht hatte, obwohl nahe vorbeikommend.[2] Noch steht der Thürsturz der viereckigen, wie man an der Hinterwand sieht, einst dachartig durch vorkragende Steinschichten überdeckten Kammer *A* Fig. 54, in deren Hinterwand über hoch verschüttetem Boden sich der schmale Gang öffnet, der nur den Schmächtigeren von uns Raum gab, seitwärts, die Kerze zur Seite

[1] Vgl. Reisen in Lykien, Milyas und Kibyratis, S. 177.

[2] Der von *Hirschfeld* erwähnte heimliche Pfad kann nur der oben S. 68 f. erwähnte sein.

haltend, den schmalen Gang 21·50 M. tief in den Berg hineinzugehen, bis zur Kammer *D*, die durch zwei Thüren mit *C* verbunden ist, wie diese durch eine obere und eine untere Oeffnung mit dem Raume *B*, aus welchem wiederum ein enger Ausgang auf den schmalen Gang zurückführt, während eine breitere Oeffnung, gleichwie der Anfang einer weiteren Kammer, in den Berg abführt. Diese Kammern konnten allerdings den Gedanken an ein Grab nahelegen, aber weder die doppelte Oeffnung von *D* nach *C* noch die Schmalheit und Länge des Zuganges von *A* her gestatten diese Annahme. Der Boden des schmalen Ganges ist eine flache Rinne, welche das Ganze erklärt. Die Kammern *BCD* sind Wasserkammern, um das durchsickernde Wasser möglichst reichlich zu sammeln,[1] vielleicht erst nacheinander angelegt. Von einer letzten Reinigung oder einem Versuch, der etwa durch Erdbeben — wie auch jetzt — versiegten Quelle wieder habhaft zu werden, zeugen die Erde und Steine, welche in der Kammer *D* an der Ostwand entlang aufgehäuft lagen, eine Masse, der man noch anzusehen glaubte, dass sie in feuchtem, breiartigem Zustande dort aufgeschüttet wurde. Ein Anzeichen wenigstens noch der Wasserader war nicht blos der gerade unterhalb dieser Anlage gegen Süden den Berg hinab sich ziehende auffallende Vegetationsstreif, sondern mehr noch, eine etwas unterhalb der Kammer *A* befindliche Wasserpfütze, welche sowohl damals, wie auch früher, als ich vergeblich das Grab suchend dort vorbei gekommen war, mir auffiel, da es doch beide Male schon länger nicht geregnet hatte. Eine Ausgrabung würde vermuthlich den hinteren Theil von *A* als Bassin erkennen lassen.

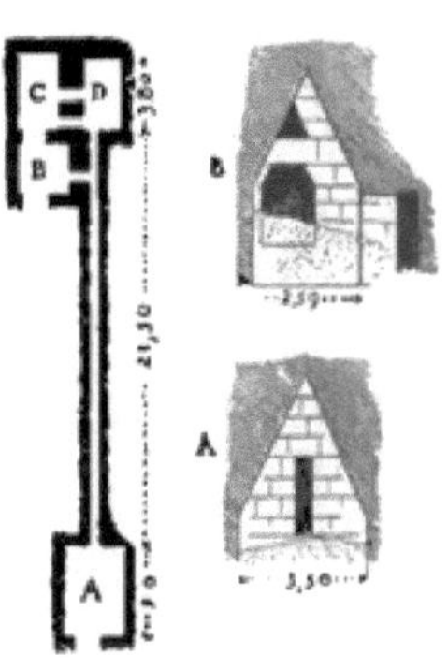

Fig. 54.
Sillyon: Unterirdisches Quellhaus.

Auch die Art der Ueberdachung, sowohl der äusseren, wie der inneren Kammern hat jedenfalls in Quellenbauten, wie dem Quellhaus von Tusculum oder der Burinna von Kos eher als in Gräbern ihres Gleichen,[2] und schliesslich ist die Inschrift N. 63, wenn ich sie recht verstehe, als eine Art Hoch auf den regierenden Herrscher in einem Brunnenhause, gewiss besser am Platze als in einer Grabkammer.

[1] Vgl. Frontinus, I, 17 und Lanciani, Topografia di Roma antica S. 331, S. 9 f., Tav. I, 1. 2. Fabricius, Athen. Mittheilungen IX. S. 165, 171, Taf. VIII.

[2] Canino, L'antico Tusculo S. 125; die Burinna s. Arch. Zeitung 1850, S. 241, Taf. XXII.

Fig. 55. Gebäudegruppe am Südrande des Burgfelsens von Sillyon.

Unter den hellenistischen Bauwerken von Sillyon heben wir die am Südrande des Burgfelsens gelegene Gruppe hervor, welche in Fig. 55 dargestellt ist. Sie ist vorzugsweise geeignet, von den örtlichen und baulichen Besonderheiten dieser Stadt ein Bild zu geben. Eine gewisse Vornehmheit der Raumverhältnisse zeichnet den Platz aus, dessen Anlagen ursprünglich dem schroffen Abhange der Felsen nicht so nahe waren wie jetzt; durch Abrutschen grösserer Felsmassen an allen Seiten der Akropolis wird ihr Umfang stetig verringert und auch an dieser Stelle sind Theile des Gesteins und darauf stehende Mauern hinabgestürzt, während klaffende Risse, dem hier Wandelnden gefährlich, auch das noch Bestehende in nicht ferner Zeit mit dem Untergange bedrohen (siehe Seite 67).

Besonders hat durch den Absturz einer Seitenmauer das Hauptgebäude der Gruppe gelitten, ein kleiner Tempel, welcher in unserem Bilde im Hintergrunde steht und auf dem beigefügten Grundrisse mit *D*, auf dem Stadtplane aber mit *M* bezeichnet ist; die stehengebliebenen Mauern der Nord- und Westseite, die Stufen an der Ostseite und der Fussboden von Steinplatten lassen erkennen, dass der Tempel ein viersäuliger Prostylos war; die Breite der Cella betrug 7½ Meter, ihre Tiefe 6·70 M.; die Tiefe des Pronaos 4·80 M. Die Umfassungsmauern, 0·64 M. dick, sind von ganz vorzüglicher Fügung und aus Kalksteinquadern mit glatt gearbeiteter Ansichtsfläche ohne Anwendung von Eisenverklammerung so hergestellt, dass eine durchgreifende Binderschichte von 0·25 M. Höhe mit zwei Läuferschichten von zusammen 1·60 M. Höhe abwechselt (Fig. 56). Vom Gebälke oder von anderen Formstücken ist nichts gefunden, ausser einem Säulenschafte von etwa 0·54 M. Durchmesser. Der Bau steht auf einem über die nächste Umgebung etwas emporragenden Felsstücke, welches hinter dem Tempel eine kleine Plattform bildet, zu der eine Treppe hinaufführt, während an der Ostseite der Stufenunterbau des Tempels den Höhenunterschied ausgleicht.

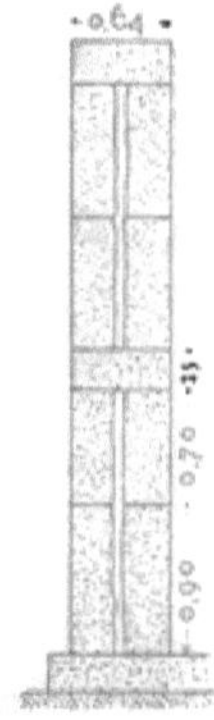

Fig. 56. Querschnitt durch die Mauer des Tempels.

Aehnliche Erhöhungen, durch schmale, in das Gestein geschnittene Gässchen getrennt, liegen auf der anderen Seite der Strasse, die in ostwestlicher Richtung am Tempel vorbei über Felstreppen zu dem tiefer liegenden Platze im Vordergrunde unseres Bildes hinabführt. Der Platz ist an zwei Seiten von senkrecht abgearbeiteten, etwa 4 Meter hohen Felsenwänden eingefasst. Von den hier liegenden, je ein Gemach enthaltenden Häuschen ist das eine *(C)* an zwei Seiten von den Felswänden begrenzt; auch die vordere Wand besteht, soweit sie erhalten ist, aus gewachsenem Fels, doch zeigt ein auf derselben noch am Ort liegender Stein, dass zu dem oberen Theile behauene Quadern verwendet wurden. In dieser Südwand sind eine Thür und ein Fenster angebracht; die vierte Abschlusswand des Gemaches *C* besteht ganz aus Quadern; der Raum ist 11·20 M. lang und 6·65 M. tief. Bei dem zweiten Gemache *(B)*, welches 8 Meter lang und 6 Meter breit ist, sind alle drei freistehenden Wände aus Quaderwerk hergestellt, und zwar in gleichen Schichten von etwa 0·60 M. Höhe; vorne befindet sich eine Thür von 1·90 M.

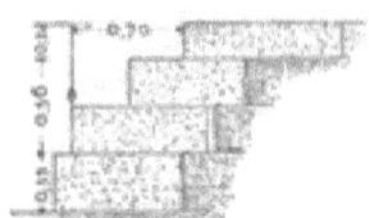

Fig. 57. Stufen des Tempels.

Breite. Das nächste Haus ist ganz zerstört, in um so besserem Zustande aber das vierte *(A)*, welches ganz als Freibau ausgeführt ist und auch einige Meter von der Felswand entfernt steht; dasselbe ist nicht ganz rechtwinklig, hinten 11·60 M. lang, an der Westseite 11·10 M. breit; die Mauern sind wie bei dem oben beschriebenen Tempel in wechselnden Binder- und Läuferschichten ausgeführt, sie sind von derselben Stärke und von gleich guter Arbeit wie jene. In der obersten der noch am Ort befindlichen Schichten der Westmauer liegen zwei Fenstersohlbänke, deren Oberfläche die Stellung der Fensterpfosten, erkennen lässt. Von einem der Pfosten ist ein Bruchstück vorhanden; die Fenster waren im Lichten 1·70 M. breit. In der Ostmauer befand sich eine Thür von 2·60 M. Breite, von der ein Pfosten aufrecht steht; er misst vom jetzigen Boden bis zur lagerhaft bearbeiteten oberen Fläche rund 4 Meter und hat die in Fig. 58 gezeichnete Querschnittform. Innerhalb des Raumes liegen einige Säulentrommeln von 0·55 M. Durchmesser; sie sind von Kalkstein und ohne Canneluren; an der Ober- und Unterseite der Trommeln ist der Rand auf 0·15 M. Breite als Lagerfläche bearbeitet; inmitten der etwas eingesenkten Fläche befindet sich ein quadratisches Zapfenloch von 0·13 M. Seitenlänge und 0·8 M. Tiefe. Auffallend schien uns eine grosse ovale Grube innerhalb des Gemaches *A*, doch wurde dieselbe nicht näher untersucht.

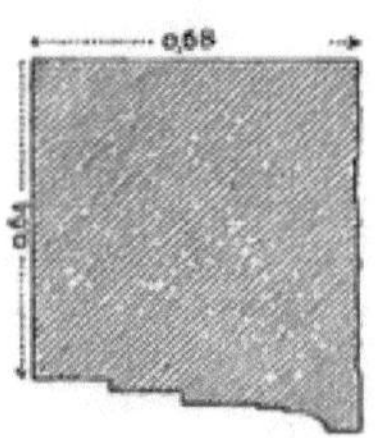

Fig. 58.
Querschnitt eines Thürpfostens.

Am Ostende der in Fig. 55 zur Anschauung gebrachten Baugruppe liegen noch einige Felskammern, im Grundrisse mit *F* bezeichnet, und eine Cisternenanlage *E* mit mehreren in einer Reihe liegenden Oeffnungen von 2·50 M. Länge und 1·50 M. Breite.

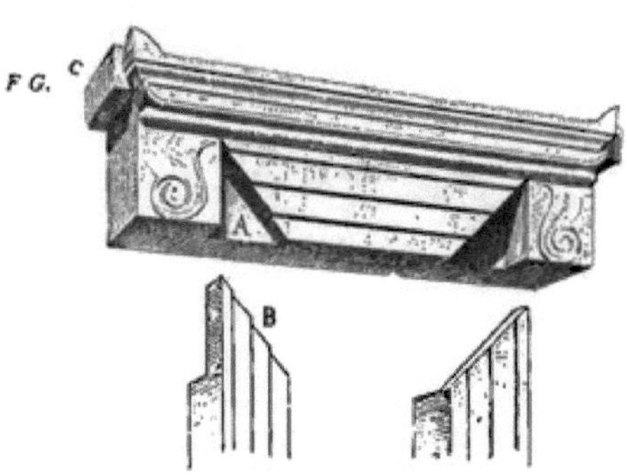

Fig. 59. Thürumrahmung.

Hellenistischen Ursprungs sind ausser der beschriebenen Gruppe noch die im Stadtplane mit *F* und *G* bezeichneten Ruinen; auch das Thor *C*'' gehört hierher. Die ersten beiden Gebäude sind in Fig. 60 auf einem Blatte vereinigt. *A* ist der Aufriss, *C* der Grundriss einer später in einen Capellenbau einbezogenen Mauer aus Kalksteinquadern von zum Theil sehr bedeutenden Massen; sie ist in der gleichen Weise ausgeführt wie die oben beschriebenen Tempelmauern, jedoch in unregelmässigem Wechsel der Binder- und Läuferschichten. Zwei Thüren, deren Schwellen verschüttet sind, und zwei kleine hochliegende Fenster sind in der Mauer angebracht; beide Thüren sind durch die Formen der Einfassung und den Fugenschnitt, die grössere auch durch eine in der Leibung angebrachte Inschrift (N. 54) bemerkenswerth. Die grössere der Thüren (Fig. 60 *E* und *F*), deren lichte Weite 1·586 M. beträgt, ist von einer architravirten

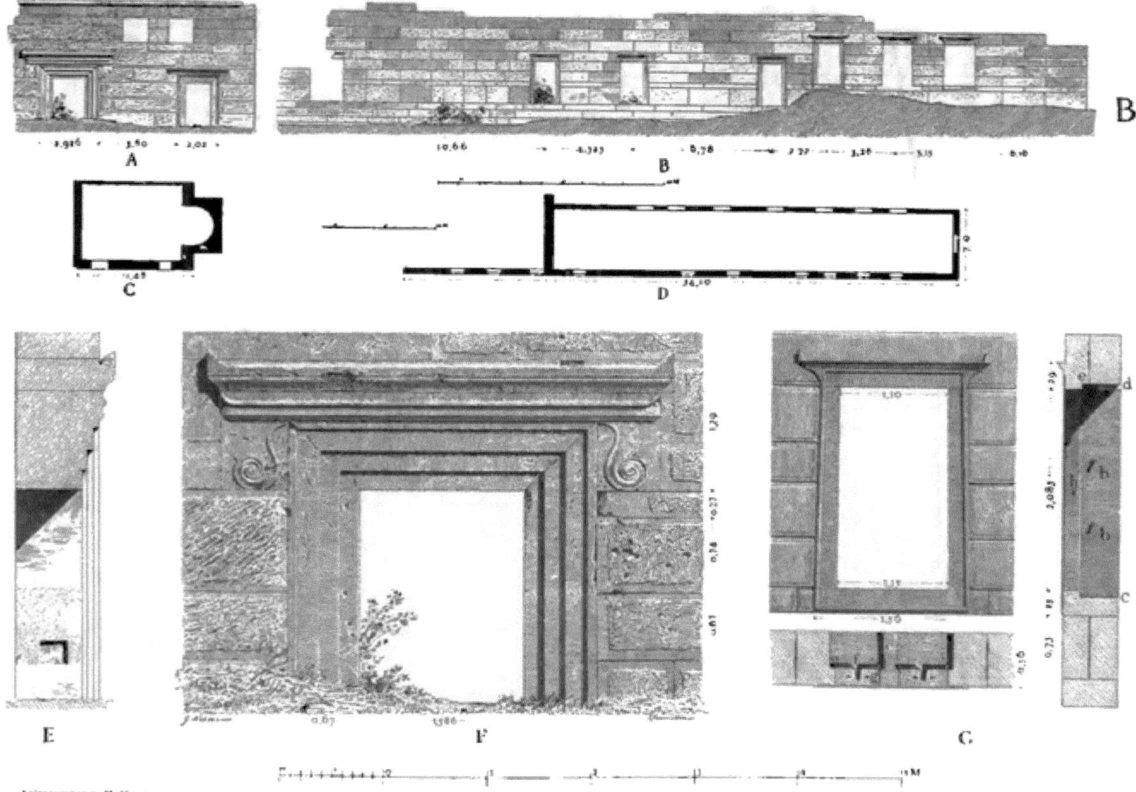

Fig. 60. Hellenistische Gebäude auf der Burg von Sillyon.

Einfassung von 0·67 M. Breite mit seitlich angebrachten, befremdlichen Schneckenverzierungen umrahmt und von einer Verdachung bekrönt; den Sturz bildet ein Stein von 0·97 M. Höhe und 4·25 M. Länge. In umstehender Fig. 59 ist der eigenartige Fugenschnitt desselben veranschaulicht. In der Aussenansicht der Thür läuft die Fuge zwischen Sturz und Pfosten diagonal; dennoch ist die Lagerfläche wagrecht und es sind nur zwei Ausschnitte *A* in den Sturz auf 0·15 M. Tiefe eingearbeitet, in welche entsprechende Theile *B* der Pfosten eingreifen. Die Arbeit ist so genau ausgeführt, dass trotz dieser gewagten Anordnung nur an einem der Pfosten die scharfkantige Endigung eine geringe Beschädigung erlitten hat; derselbe Fugenschnitt wiederholt sich an der kleineren Thür. Noch ist zu bemerken, dass beide Thüren keinen Anschlag haben und auch sonst keine Vorrichtungen zum Verschlusse derselben zu bemerken sind. Die Einarbeitung im rechten Thürpfosten (Fig. *E*) ist nicht ursprünglich, da durch dieselbe die Inschrift beschädigt wurde. Das zweite auf Seite 79 abgebildete Bauwerk ist im Plane der Akropolis mit *F* bezeichnet. Wir geben in Fig. *B* den Aufriss, in *D* den Grundriss desselben und in *G* die Zeichnung eines der Fenster. Die bis zur Höhe von 6 Metern aufrecht stehende westliche Hauptmauer ist mehr als 54 Meter lang, die östliche Langmauer misst etwa 37 Meter, die Schmalseite rund 7 Meter. Diese Mauern sind 0·56 M. dick, sie sind ohne Eisenverbindung gefügt und von gleicher Schichtung wie bei dem oben beschriebenen Tempel (Fig. 56). Die Ansichtsflächen der Quadern sind ringsum mit 0·035 M. breitem Saumschlag versehen; der schwach vortretende Spiegel ist etwas weniger glatt bearbeitet als der Rand. Die Fugen sind durch Abschrägen der Kanten zur Wirkung gebracht. (Siehe Fig. 61.) An Genauigkeit der Arbeit steht dieses Quaderwerk von hartem Kalkstein den besten attischen Marmorbauten keineswegs nach.

Fig. 61. Quaderfuge in Naturgrösse.

In den Langwänden dieses Gebäudes befinden sich zahlreiche Oeffnungen; in der Südmauer nur eine solche, aber von grösserer Breite als alle übrigen. Von den zehn Oeffnungen der Westwand (in dem Aufriss *B* ist das linke Ende der Mauer nicht mitgezeichnet) liegen drei etwas höher als die übrigen und unterscheiden sich von jenen auch durch die Bildung des Sturzes und der Sohlbank oder Schwelle. Die Fenster sind 2·085 M. im Lichten hoch und unten 1·15 M. breit, die nach oben verjüngten Pfosten, unten 0·02 M., oben 0·019 M. breit, sind gegen einander geneigt; der Sturz besteht aus zwei parallel liegenden Quadern, an deren vorderem der entsprechende Theil der Umrahmung und die Verdachung angearbeitet sind; bemerkenswerth ist die Ausschweifung der Einfassung an den Ecken und die Magerkeit der Verdachung. (Siehe Fig. 62.)

An einem Fenster der Westmauer, bei welchem Sohlbank, Pfosten und Sturz erhalten sind, beobachteten wir die folgenden, auf eine Verschlussvorrichtung hinweisenden Merkmale. Das Fenster hat an beiden Pfosten, sowie oben und unten einen Anschlag von 0·06 M. Breite; in der Sohlbank und im Sturze befinden sich je vier Zapfenlöcher *(a)*, demnach der Verschlussladen aus vier nach Innen aufgehenden Flügeln bestand, welche die ganze Höhe des Fensters hatten, eine Anordnung, welche einen Mittelpfosten voraussetzt. Die Zapfenlöcher, sowohl die unteren als die oberen, sind rechteckig, 5 Cm. breit, 6 Cm. lang, 2 Cm. tief, also zur

Aufnahme von Metallhülsen bestimmt. Die Befestigung der geschlossenen Fensterläden wurde an der Innenseite durch zwei metallene Vorlegstangen bewerkstelligt, welche beiderseits in die steinernen Pfosten eingriffen. Die betreffenden Löcher sind in der Zeichnung des Querschnittes mit *b* bezeichnet; sie sind 5 Cm. breit, 3 Cm. tief und mit bogenförmiger Einfuhr versehen. Durch die Stellung dieser Löcher, 5 Cm. von der Anschlagfläche entfernt, ist die Holzstärke der Verschlussläden gegeben.

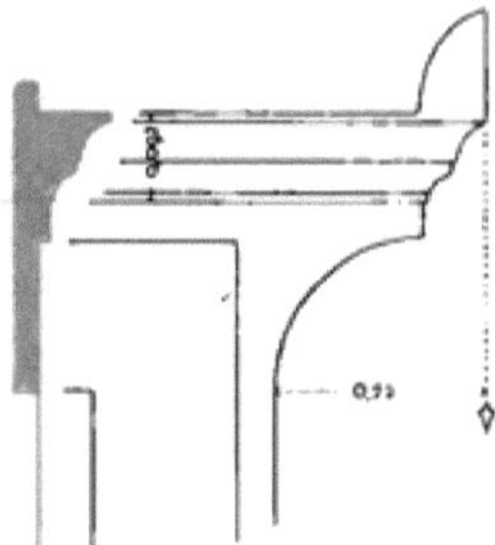

Fig. 62. Fensterverdachung.

Wenn die Zapfenlöcher *a* und die mit *b* bezeichneten Einarbeitungen uns über ihre Bedeutung nicht im Zweifel lassen, so ist dagegen eine ganze Reihe von Besonderheiten zu verzeichnen, für welche ich nach einer Erklärung im Einzelnen vergeblich suche.

Die mittleren beiden Zapfenlöcher der Sohlbank sind durch eine 10 bis 12 Cm. breite Erhöhung getrennt, welche die Sohlbank der Quere nach durchsetzt. Auf dieser Erhöhung stand der Mittelpfosten. Ein ebensolcher Ansatz ist auch an der Unterfläche des Sturzes bemerkbar, hier jedoch bei *e* eine Lücke lassend von etwa 15 Cm. Breite. Ferner befinden sich an der Sohlbank bei *f* Schlitze, eingearbeitet in den ausserhalb des Verschlussladens befindlichen Theil der Sohlbank; zu beiden Seiten dieser Schlitze aber sind die in Fig. 63 mit *g* bezeichneten Löcher eingearbeitet. Dieselben sind 5 Cm. tief, 3 Cm. lang und 2 Cm. breit; es entsprechen diesen vier Löchern ganz gleiche an der Unterfläche des Sturzes. Endlich befinden sich in den Laibungsflächen der Pfosten, in halber Höhe derselben, wiederum ausserhalb des Verschlussladens, zwei einander gegenüberliegende Löcher *h*, welche 3 Cm. tief, 3 Cm. hoch und 1½ Cm. breit sind.

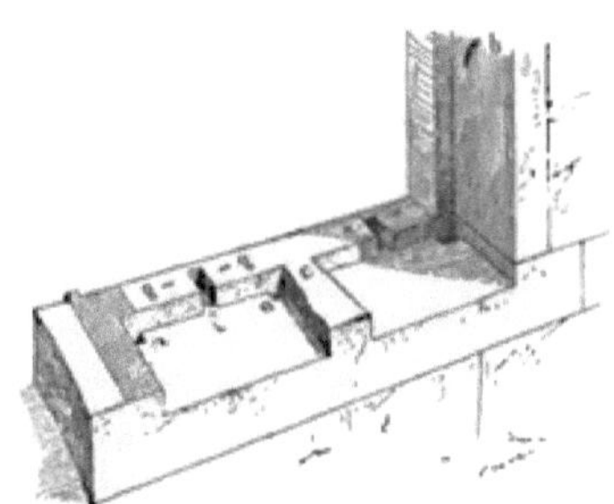

Fig. 63. Fenstersohlbank.

Die sonstigen Ueberbleibsel hellenistischer Bauten sind von geringerer Bedeutung; so die durch spätere Zuthaten verbauten Reste eines kleinen Kalksteintempels, am Ostende der Akropolis (im Plane mit N_1 bezeichnet). Das Bauwerk liess bei flüchtigem Ueberblick nebst den seitlichen Cellamauern zwei Anten erkennen, welche 7·65 M. weit auseinander stehen und 0·79 M. breit sind. Es war ein viersäuliger Prostylos oder ein Antentempel. Auch fanden sich einige nicht cannelirte Säulentrommeln von 0·74 bis 0·76 M. Durchmesser, sowie das nachstehend abgebildete Gesimse und das Säulencapitell Fig. 64.

Derselben Epoche gehört das Aufgangsthor bei C^{II} an, wo zwei Pfeiler und der Ansatz des beide einst verbindenden Bogens erhalten sind; die Form des Kämpfergesimses zeigt umstehende Fig. 65.

Von geringerer Arbeit, aber gleichfalls dorischen Stils ist der etwas jüngere Bau einer Säulenhalle im Punkte *O* des Stadtplanes. Diese Halle, mit einem Bogenthor beginnend, läuft in südnördlicher Richtung und bestand aus einer Doppelreihe von Säulen, welche wir etwa

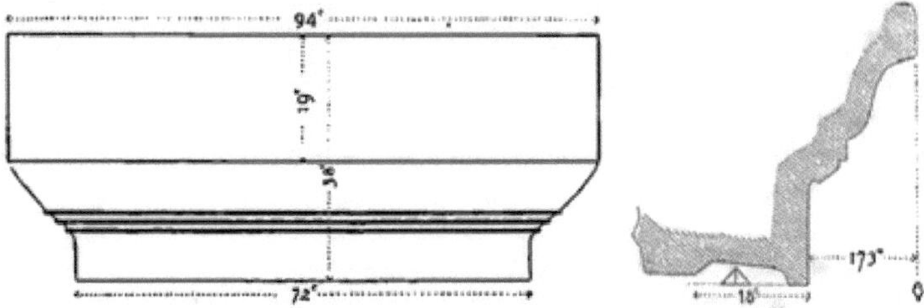

Fig. 64. Säulencapitell und Gesims aus Sillyon.

36 M. weit verfolgen konnten, da, im Gestrüpp versteckt, einzelne am Orte befindliche Säulenstümpfe aus dem Boden hervorragen. Wir geben auf Seite 83 in Fig. 66 Querschnitt und Ansicht des Thores und der Halle, sowie die Zeichnung des Gebälkes und der Capitelle. Auch dieser Bau ist in Kalkstein ausgeführt.

Fig. 65. Kämpfergesims.

Unter den Ruinen auf der Akropolis erwähnen wir noch die Gruppe *N* des Stadtplanes, deren Bedeutung und ursprüngliche Form wir ohne Ausgrabung um so weniger erkennen konnten, da hier Mauerwerk aus verschiedenen Zeiten durcheinander gemengt ist und üppiges Gestrüpp und Erde Vieles verdeckt. Es fanden sich Marmorschäfte aus einem Stücke, 4·11 M. in der Länge messend, unten von 0·54, oben 0·48 M. Durchmesser. Ferner cannelirte Säulentrommeln aus Kalkstein, 0·68 M. dick, auch Eckpfeiler von 0·65 M. Breite, mit zwei angearbeiteten Halbsäulen, einem Atrium angehörend; endlich an der Westseite der Ruinengruppe, halb mit Erde bedeckt, Theile eines reichen korinthischen Gebälkes von Marmor. Es gehörte, wie aus dem Fugenschnitte und der Länge der Architravblöcke hervorgeht, einer viersäuligen Porticus an, deren Gesammtbreite, aussen gemessen, etwa 7·30 M. betrug. Das Gebälk ist auf Tafel XV abgebildet; es zeigt etwas kleinliche Zierformen an dem Consolengesimse, aber flotte Behandlung. Das Gebälk ist bezeichnend für die Formenbildung der spätantiken Kunst in Pamphylien und Pisidien. Wir fanden gleiche, selbst in den Massen übereinstimmende Gebälke an verschiedenen Punkten dieser Provinzen. In Sillyon selbst ist es nicht das einzige Beispiel; ein gleiches Gebälk liegt unter den Trümmern der Grabmäler in der Ebene, südöstlich von der Akropolis, bei einem der grösseren Grabbauten. Wir fanden hier einige stark verwitterte Kalksteinwerkstücke, und zwar Architrave von 0·50 M. Breite der unteren Fläche, drei Giebelecken und einige gebogene Cassettenplatten. Die Neigung der Giebellinie beträgt 3 zu 8, die Breite des dazugehörigen, theilweise aufrecht stehenden Unterbaues beträgt 7·40. Der Oberbau war vermuthlich ein viersäuliger Prostylos.

Von einem zweiten benachbarten Grabtempel steht ein grösserer Theil des Unterbaues aufrecht; er bildet ein Rechteck von 10·0 M. Länge und 6·50 M. Breite und ist aus hochgestellten Quadern, die mit schwalbenschwanzförmigen Klammern verbunden waren, errichtet, mit Fussgesims und Stufen, aber ohne Deckplatte, etwa 2·0 M. hoch. Vom Oberbau lag nur ein Antenquader mit angearbeiteter attischer Basis in der Nähe; die Ante ist an der Stirnfläche 0·56 M. breit.

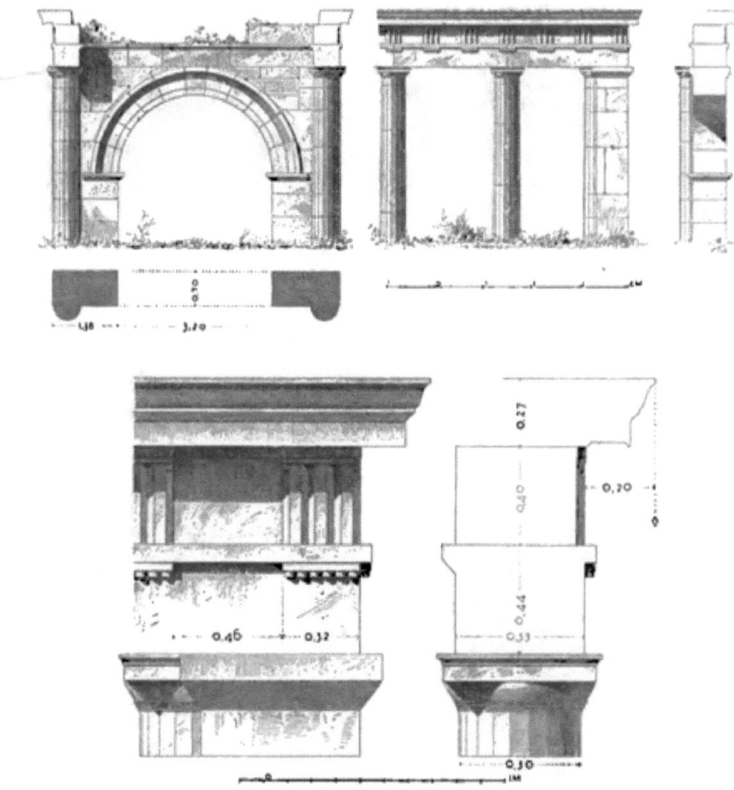

Fig. 66. Dorische Säulenhalle.

In das Verzeichniss der antiken Gebäude zu Sillyon gehört auch der oberhalb des Stadions gelegene, im Stadtplane mit *P* bezeichnete palastartige Stockwerkbau, welcher auf Seite 84 durch Grundplan und Aufriss veranschaulicht ist; ferner die am Südrande des Burgfelsens nebeneinander liegenden zwei Theater. Der halbkreisförmige Zuschauerraum des grösseren Theaters hat 63 M. Durchmesser; die Sitzreihen, deren wir 15 zählen konnten, sind grösstentheils aus dem gewachsenen Felsboden gearbeitet und die Lücken durch einzelne Stücke ergänzt; die Stufen sind 0·44 M. hoch und 0·67 M. breit; nur eine Treppe sah ich und zwar in der Mitte des Halbkreises. Die Breite derselben beträgt 0·80 M. Quer durch den ganzen Zuschauerraum klafft ein breiter Spalt; das Bühnengebäude aber, durch einen Felssturz

Fig. 67. Gebäude oberhalb des Stadions.

hinweggerissen, ist ganz verschwunden. Das kleinere Theater hat 31 M. Durchmesser und ist von einer Mauer umgeben, welche theils aus Quadern, theils aus Ziegeln besteht und aussen durch Strebepfeiler verstärkt war. Eine eingehendere Untersuchung, welcher die Hinwegräumung von Schutt und Pflanzendickicht hätte vorausgehen müssen, hat nicht stattgefunden.

Fig. 68. Nympheum und Basilika am Forum zu Aspendos.

Aspendos.

ie Stadt, welche schon Thukydides und Xenophon Aspendos nennen, die griechischen Bewohner selbst aber gewiss noch lange Estvedys — so ist wieder aus dem adjectivischen Estvedijys der Münzen zu schliessen[1] — wird ausdrücklich als Colonie von Argos bezeichnet.[2] Am Eurymedon gelegen, da, wo der schöne Fluss mit lichtgrünem Wasser aus den Bergen in die Küstenebene eintritt, war sie im Alterthum Hafen und Handelsplatz, wozu der Fluss mit versandeter Mündung heute nicht mehr verhelfen könnte.[3] Auch weiter aufwärts, wo neben den Ruinen der alten Brücke eine neue den Fluss überspannt (Tafel XXVIII), ist durch Steingeröll das hier sehr breite Bett unfahrbar. Aber beim Dorfe Balkys ist er nur zeitenweise zu durchwaten. Einen unmittelbaren Beweis von Aspendos' Handelsmacht hat man mit Recht in dem schönen Silbergeld gefunden, welches diese Stadt schon im fünften Jahrhundert reichlich geprägt. Mit obgenannter Aufschrift und dem bekannten Typus zweier Ringer oder eines Schleuderers oder eines Reiters, trägt es die angestammte Lust an gymnastischer Uebung zur Schau wie die Wehrhaftigkeit der Bewohner, mochte dieselbe auch vielleicht theilweise auf angeworbenen Einheimischen, nicht allein auf eigenen Bürgern beruhen. Wenigstens den Schleuderer,[4] den man als Anspielung auf den Namen der Stadt eher noch sich gefallen lassen könnte, wenn letzterer nicht eben dabei-

---

[1] S. Friedländer, Zeitschr. f. Numism. IV, S. 297, und Bezzenberger N. 1259.

[2] Strabo XIV, S. 667, Mela 1, 78.

[3] Beaufort, Karamania, S. 143.

[4] Appian, Syr. 32 zählt in Antiochos Heer λιθοβόλοι, τοξόται, ἀκοντισταί, πελτασταί lauter Leichtbewaffnete aus Phrygien, Lykien, Pamphylien, Pisidien, Kreta auf.

geschrieben wäre, wird man für einen Söldner halten, wie Leute aus Lykien, Pamphylien, Pisidien vielfach fremde Dienste nahmen. Ja, wenn es bei Xenophon in der Anabasis 1, 2, 12 heisst, dass die Fürstin von Kilikien, die Gattin des Syennesis, mit kilikischen und aspendischen Leibwächtern ins Lager des jüngeren Kyros kam, oder bei Nepos Datames c. 8, dass Autophradates mit kappadokischen, paphlagonischen, phrygischen, lydischen, aspendischen, kilikischen Söldnern gegen Datames marschirt, so scheint Aspendos Werbe- und Sammelplatz für ganz Pamphylien gewesen zu sein, und ein hervorragendes Beispiel aspendischen Söldnerthums ist der Andromachos bei Polybius 5, 64, eng verbunden daselbst mit einem stammverwandten Argiver.

Quellen des Reichthums der Aspendier und Gegenstände ihres Handels waren wohl das Salz ihrer grossen, von Plinius N. H. 31, 73 wegen ihrer Unerschöpflichkeit gerühmten Saline, das Oel der nach Norden hin ziehenden Höhen, die Strabo olivenbepflanzt nennt, die pamphylische, wild wachsende „Wolle" ἔριον, von der Philostratos im Leben des Apollonios 3, 15 spricht, und aus der vielleicht die ebenda erwähnte pamphylische weisse nicht weiche Kleidung gefertigt wurde (8, 7), und namentlich Korn, das wohl meist aus dem Inneren kam. Apollonios von Tyana fand nach Philostrats Erzählung (Vita Apoll. 1, 15.) die Menge in Aspendos hungernd und in Erbitterung gegen die Kornspeculanten, die dann durch den Wundermann bewogen wurden, ihre Speicher zu öffnen und den Markt zu füllen. Wie die Handelsverbindungen der Aspendier den Eurymedon hinaufreichen, zeigt die Silbermünze von Selge, welche die aspendische copirt,[1] während von Verbindung nach der entgegengesetzten Seite, vielleicht aber auch nur von einem Söldnerquartier, der Name Aspendia Zeugniss ablegt, welcher zur Zeit Euergetes II. einer Strasse oder einem Stadttheil von Alexandreia beigelegt wird (nach Athenaeus 4, S. 174 d). Vielleicht war es auch nur Handelsconcurrenz, welche die Feindseligkeit zwischen Aspendos und Side nährte (Polyb. 5, 72).

Die Schiffbarkeit des Eurymedon aufwärts bis Aspendos wird von Skylax 101 und Strabo XIV, S. 667 angegeben. Vor der grossen Schlacht am Eurymedon war sogar die ganze persische Flotte, mehrere hundert Kriegsschiffe in den Eurymedon eingelaufen, und im zwanzigsten Jahre des peloponnesischen Krieges lagen nach Thukydides 8, 87 (vergl. 81, 88, 99, 108) nicht weniger als 147 Trieren, während Isokrates 16, 18 nur 90 nennt, bei Aspendos. Da sie längere Zeit dort lagen, und, wie es hiess, die Mannschaften in Aspendos abgelohnt werden sollten, auch der Satrap Tissaphernes selbst dahin kam, wird das ἐν Ἀσπένδῳ wohl „bei Aspendos", im engeren Sinne, nicht etwa blos „aussen, in der Nähe von Aspendos" bedeuten. Auch Thrasybul ankerte, wie Xenophon Hellen. 4, 8, 30 und, ihm folgend, Diodor 14, 99 sagt, im Eurymedon ὡρμίσατο εἰς τὸν Εὐρυμέδοντα ποταμόν, als er nicht viel später, im Jahre 390, Contribution von griechischen Städten beitreibend, auch nach Aspendos kam. Die Aspendier hatten auch schon gezahlt, aber über Plünderung der athenischen Truppen erbittert — so haben wohl die Aspendier berichtet — brachen sie Nachts hervor und erschlugen den Befreier Athens in seinem Zelt. Etwas anders Nepos, Thrasyb. 4, welcher mit den Barbaren, die den Ausfall machten, wohl nur die Aspendier, nicht etwa ihre

[1] S. Friedländer, Zeitschr. f. Numism. IV, 298 f.

Söldner meint. Klar aber ist bei allen Zeugen, dass Thrasybul nicht in die Stadt eingelassen wurde. Dass sie befestigt war, versteht sich freilich von selbst; wir erfahren es dann noch bestimmter bei Alexanders Auftreten. Als derselbe von Perge her anrückte, boten die Aspendier Unterwerfung an, wollten auch die geforderten 50 Talente zahlen und die als Naturalleistung für den Perserkönig gezogenen Pferde ausliefern, nur keine Besatzung einnehmen. Ihnen trauend, war Alexander, gewiss im Wesentlichen auf der heutigen Strasse, südlich an Aspendos vorbei, nach Side marschirt, auch schon, von da zurückkommend, gegen Sillyon auf dem Marsch oder vielmehr schon vor Sillyon angekommen, als er erfuhr, dass die Aspendier, statt Geld und Pferde zu geben, vielmehr sich auf eine Belagerung einrichteten, ihre Habseligkeiten vom Lande in die Stadt schafften, die Thore geschlossen hätten und die schadhaften Theile der Mauern ausbesserten. Der Hauptsache nach, sagt Arian 1, 27, lag es auf fester, schroffer Höhe, dicht am Eurymedon καὶ παρ' αὐτὴν τὴν ἄκραν ὁ Εὐρυμέδων ποταμὸς ῥεῖ, aber auch in der Niederung um die Burg waren nicht wenig Wohnungen von einer nicht grossen Mauer umgeben. Diesen Theil räumten die Bewohner indessen sogleich und flüchteten in die Burg, während Alexander sich mit seinem Heere in der verlassenen Unterstadt einquartierte. Jedoch den Aspendiern sank bald der Muth, und da auch Alexander nicht durch eine längere Belagerung des festen Platzes aufgehalten sein wollte, nahm er die Ergebung der Aspendier an. Ausser den Pferden und 100 statt 50 Talenten hatten sie Geiseln zu stellen, jährliche Abgabe zu leisten und dem von Alexander bestellten Statthalter zu gehorchen.

Wie damals, haben sie mit der ganzen Landschaft noch öfter den Herrn gewechselt. Noch waren sie unter Herrschaft der Seleukiden oder des Achaios, als sie im Jahre 218 v. Chr., an einer Nachbarfehde theilnehmend, mit dem von Achaios gesandten Garsyeris und den Etenneern den Pednelissiern gegen die Selgier zu Hilfe zogen, die Etenneer mit 8000, die Aspendier mit 4000 Mann, während Side hauptsächlich aus Hass gegen Aspendos fernblieb. Dreissig Jahre später war Antiochos III. besiegt,[1] und mit den anderen Städten Pamphyliens unterwarf sich dann Aspendos, nicht ungern wohl, dem römischen Consul, zahlte wieder 50 Talente, um darnach zunächst, wie es scheint, als Verbündete Pergamons selbstständig zu sein, bis es als römische Provinzialstadt kaum mehr hervortritt, ausser bei der Heimsuchung durch Verres, den Quästor des Statthalters Dolabella. In der Klageschrift (in Verrem actio II, 1, 20) setzt Cicero bei seinen Hörern oder Lesern die Bekanntschaft der altberühmten Stadt Aspendos voraus, die voll von den besten Statuen gewesen, von denen Verres keine dort gelassen, er habe sie auf Wagen entführt, darunter auch einen allbekannten Kitharvirtuosen aus Aspendos, der durch eine gewisse technische Virtuosität sprichwörtlich geworden war, aber seinen Eigennamen verloren hat. Bei dem schon nach Philostratos erzählten Brotkrawall in Aspendos werden nur die Kaiserbildnisse des Tiberius erwähnt.

Wenn auch von der Mündung des Eurymedon heute mehr als 60 Stadien bis zum Dorfe Balkys (Bolkas bei Spratt) sind, so ist doch die steile Höhe, an der das Dorf liegt, unzweifelhaft Aspendos, von dessen Ruinen einige noch weit sichtbar auf der Höhe emporragen. Wie

[1] Eine seiner Flotten, von Hannibal geführt, wurde ungefähr an der Stelle des grossen kimonischen Seesieges von den Rhodiern geschlagen, die vorher am Eurymedon (ad Eurymedontem amnem adpulsa classe, Livius 37, 23) von den Aspendiern die Stellung des Feindes erfahren hatten.

die Mündung des Flusses in sumpfigem Alluvialboden sich weiter hinausgeschoben, so hat sich vielleicht auch bei Aspendos, wo er jetzt nicht, wie Arrian sagt, unmittelbar an der Burg hinfliesst, sondern im Gegentheil mit einer Krümmung von ihr abweicht, sein Lauf verändert. In der seichten Niederung ist das anzunehmen gewiss möglich. Vermuthlich war ein Theil dieser Niederung einst Hafen.

Nicht eine Höhe allerdings ist es strenggenommen, sondern zwei, an Grösse sehr ungleiche, sind es, in welche die ursprünglich ungetheilte durch Senkungen wie auseinandergerissen erscheint. Auf der gemeinsamen Basis sich erhebend, mussten beide Theile, als noch die Senkung am südlichen und nördlichen Ausgang durch eine Mauer geschlossen war, durchaus als eine sich darstellen. In dieser Gesammtheit hat der Umriss der Burg in Form und Ausdehnung die grösste Aehnlichkeit mit Sillyon, nur dass die Eiform hier nahezu die entgegengesetzte Lage hat, und nicht solche Abdachung der Fläche vorhanden ist. Während die äusseren Ränder, sowohl der kleinen Ost- wie der grossen Westhöhe ziemlich in gleichmässiger Schroffheit und, ausser bei *C*, ohne stärkere Einschnitte verlaufen, ziehen sich gegen jene die beiden Burghälften trennende Senkung sowohl von der einen, wie von der anderen Höhe Schluchten hinab, drei (ursprünglich vier) von der westlichen, eine von der östlichen, in denen man allmälig die Höhe ersteigen kann.

Auf dieser Höhe war Aspendos, durch die Nähe des schiffbaren Flusses ausserordentlich, durch die geringere Höhe über der Ebene und die grössere Zugänglichkeit nicht wenig bevorzugt, doch kaum viel weniger fest als Sillyon. Steigt schon die Basis ringsum ziemlich steil 15 bis 20 M. an, so heben sich darüber die fast senkrechten Wände noch gegen 10 M.; hoch genug, um weiterer Befestigung kaum zu bedürfen. In der That finden sich Reste der Mauern fast nur in und nahe bei jenen natürlichen Eingängen, südlich bei *A*, östlich bei *B* und nördlich bei *C*. Der südliche Eingang zunächst wird durch eine Mauer gesperrt, welche, von der Osthöhe auslaufend und abgestürzte Brocken benützend, anfangs nach SW. läuft, in compacter Masse thurmartig gegen die Schlucht vortritt, dann sich NW. wendet, grossentheils aus Breccia bestehend, wie alle ältesten Theile. Zuletzt nach Norden biegend, bildet sie eine etwa 5 bis 6 Meter breite Thorgasse mit dem westlich davon stehenden Thurm.[1] Von diesem ungefähr zieht sich dann eine Brecciamauer aussen aus gewaltigen Quadern, dahinter mit Mörtelwerk und eingebauten antiken Werkstücken verstärkt, gerade auf die fast isolirte SO.-Klippe der Westhöhe, auf welcher weiterhin weniger von Mauer als von Absturz der Kanten Spuren zu sehen sind.[2]

Durch das Gestrüpp im östlichen Eingange (*B*) ist die Mauer weniger sicher zu verfolgen, und was von ihr da ist, hat wenig ursprüngliches Aussehen. Aber von der Burgecke gegenüber nördlich, wo zunächst ein Rund aus Brecciaquadern steht, von 1·20 M. innerem Durchmesser, für einen Thurm allerdings zu klein, lassen sich Mauerzüge an der brüchigen und, wie auf dem Plane zu erkennen ist, etwas stärker abgedachten Ostkante verfolgen. Das besterhaltene und einheitlichste Stück der alten Befestigung ist eine mit dem fallenden Terrain stufenweise absteigende Mauer am Nordende, welche an einem grossen Riss plötzlich ab-

[1] Die Aufnahme im Plan ist unabhängig von meinen etwas abweichenden Beobachtungen.

[2] Thurm- und Thorbau werden in den Inschriften Nr. 64 und 64[a] erwähnt.

bricht, dort zieht sich eine Schlucht steil gegen O. und SO. die Burg hinauf, dem Ansehen nach eher ein späterer Einbruch als ein alter Eingang. Ein solcher ist vielmehr bei *C* besser erhalten als bei *B* und auch bei *A*, aber schwerlich in ursprünglicher Form. Es ist ein stark verschütteter Thorgang zwischen zwei oben mit einem Gesims abschliessenden Mauern, von denen drei niedrige und zwei hohe Schichten über dem Boden stehen. Zwischen zwei Anten mit einfachstem Capitäl verengt sich das jetzt nur gebückt zu passirende Thor bis auf circa 3 M., horizontal überwölbt. Aussen springt links, also zur Rechten des Eintretenden, die Mauer thurmartig vor, auf der anderen Seite steigt über geglätteter Felswand das vorher erwähnte alte Mauerstück an.

Noch einen Eingang glaube ich erkannt zu haben, gerade westlich gegenüber der von *B* her gegen *O* hinaufführenden Schlucht, wo der Plan nur eine Rutschung markirt, und allerdings später der Zugang gesperrt zu sein scheint. Unterhalb der Burgmauer, von der nur die Füllung stehen geblieben, die Verkleidung heruntergefallen ist, glaubte ich noch vier hinter einander liegende parallele Mauerzüge zu erkennen, als Stützmauern einer in Serpentinen aufsteigenden Rampe. Dieses, fast in einer Linie mit dem Hauptstück der grossen Wasserleitung liegenden, Eingangs werden wir uns weiterhin erinnern. Etwas nördlich ist noch die antike Untermauerung eines stark überhängenden Theiles des Burgfelsens bemerkenswerth. Mit einer 5 M. dicken Brecciamauer hat man diesen Felsklotz unterstützt, der trotzdem sich gelöst und jene Mauer theilweise zusammengequetscht hat.

Da, wo westlich von dem Südeingange *A* an die schroffen Wände des Burgfelsens eine Anzahl Bauten, wohl erst in Zeiten allgemeinen Friedens, sich angelehnt haben, finden sich jetzt stellenweise Treppen, gemauert oder in den Fels geschnitten, die innerhalb solcher Gebäude auf die Burg hinaufführten.

Fassen wir nun die weitere Umgebung von Aspendos ins Auge: den Sumpfsee im Westen und Norden und jenseits im Norden die nahen Berge, den Fluss ganz nahe im Osten, dagegen im Süden das Meer, die Mündung des Eurymedon und, unfern vorüberführend, auch im Alterthum, wie Alexanders Rückmarsch von Side nach Sillyon erkennen liess, die grosse Strasse von Perge nach Side, von welcher auch der Weg nach Selge erst jenseits des Flusses sich abzweigte, so kann man nicht zweifeln, welches von den vier Thoren von Aspendos das wichtigste gewesen ist. Darf man überhaupt die einförmige Westseite als die Rückseite der Stadt bezeichnen, die entwickelte Ostseite als das Angesicht, so kommen die angeführten Vortheile dem Südthore entschieden in höherem Masse zu als dem Ostthore. Dem Flusse und dem vorausgesetzten Hafenbassin mochte dieses, gewissermassen das Hafenthor, so nahe sein wie jenes; richtiger vielleicht könnte man das Ostthor als Festthor ansehen, da es gerade in der Mitte zwischen Theater und Stadion ausgeht. Der Vorzug des Südthores aber leuchtet aus verschiedenen Umständen hervor. Vor diesem liegen, wie das heutige Dorf Balkys, so auch die bedeutendsten Ruinen der Unterstadt *XYcde*. Keines der anderen Thore scheint so stark befestigt gewesen zu sein. Zur hervorragenden Ausstattung oder soll man sagen Befestigung dieses Thores gehörte gewiss auch der Tempel, dessen deutliche Ruine unmittelbar hinter dem Thurme links vom Eingang liegt, das Fundament aus sorgfältig geschichteten, einst verklammerten Brecciaquadern, orientirt gegen ONO., mit 7 zu 11 M., vor einer kleineren Cella eine etwas grössere Vorhalle. Im Westen liegt noch eine Stufe aus Kalkstein, Säulenstücke von phrygischem (?) Marmor theils im Osten, theils in der Nähe westlich; auch ein ganzer Schaft mit unterem und oberem Ablauf von 2·27 M. Länge und circa 0·50 M. unterem Durchmesser.

Gleich nördlich neben dem Tempel bemerkt man, auch auf dem Plane angegeben, ein grosses, kreisförmiges Brecciafundament (*R*), eine gerundete Terrasse einfassend, die an die athenische „Pnyx“ und eine Orchestra erinnern kann. Eben hier nun theilt sich der Weg in vier Strassen, heute freilich meist durch Gestrüpp unwegsam: zwei links, in den nächsten beiden Schluchten auf die Westhöhe führend, eine rechts in ähnlicher Schlucht auf die Osthöhe; die vierte geradeaus folgt der Senkung und geht zum Ostthore wieder hinaus.

Den besten Beweis für den Vorrang des Südthores gibt aber die im nächsten Abschnitt ausführlich behandelte Marktanlage *F*. Auf diesen Platz führen, wie der Plan zeigt, sowohl die nördliche Schlucht vom Ostthore *B* her, als die mittlere vom Südthore und dem Tempel *Q* her, aber jene zur Rückseite von hinten auf den Markt, diese zur Vorderseite, denn südlich war der Markt allem Anscheine nach offen. An dem Rande jener südlichen Schlucht finden sich keine Ruinen ausser bei *M*, am Eingange der Südstrasse, Trümmer eines säulengeschmückten Baues, vielleicht eines Marktthores. An allen anderen Seiten war der Markt dagegen eingeschlossen: von der gesäulten Markthalle im Westen, von der Basilika, welcher vielleicht, dem Markte entlang, noch eine Stoa vorlag, im Osten, beides mit antiker, von Vitruv gelehrter Theorie, wie mit der in Pergamon beobachteten, für Megalopolis, Elis, Athen und so viele andere alte Städte bezeugten Praxis im Einklang. Den Norden aber nahm, wie in Kremna, Sagalassos, die prunkende Façade eines Nympheions ein. Und auch wenn dies das jüngste Stück in der prächtigen Ausstattung dieses Marktes war, und derselbe vor Erbauung des Nympheions weiter nach Norden reichte, was die über das Nympheion hinausgehende Ausdehnung sowohl der Markthalle als der Basilika zu beweisen scheint, so sind dahinter eben andere Bauten, wie *L*, anscheinend ein Odeon oder gedecktes Theater, vielleicht, wie anderswo, Theil eines Gymnasion; und wenn diese Bauten auch wieder jünger sein sollten als das Nympheion, so ist doch nichts, was zur Annahme drängte, die Front des Marktes wäre jemals nach Norden statt nach Süden gekehrt gewesen.

Endlich ist der südliche Aufgang zum Markte von dem nördlichen noch ausgezeichnet durch den halbrunden Ziegelbau *N*, fast Rücken an Rücken mit der Absis der grossen Basilika, aber bedeutend tiefer gelegen. Ich wüsste nicht, was diese grosse, gegen Süden offene, überwölbte Koncha mit ihren fünf Nischen Anderes gewesen sein könnte als auch ein Nympheion, in welchem, der tieferen Lage wegen, die bei dem oberen ausfliessenden Wasser zum zweiten Male spielen konnten. Von Wasserleitung und Mündungen war allerdings nichts sichtbar.

Von anderen Bauten auf der Burg ist nichts zu sagen. Abglättung des Felsens für Hausbau, Cisternen, Mosaikfussböden, auch Quaderfundamente finden sich sowohl auf der Ostwie auf der Westhöhe, besonders am Rande hin, freilich hier auch leichter kenntlich und zugänglich als in dem fast überall dicht bewachsenen Inneren.

Von den Ruinen der Unterstadt reicht offenbar keine in die Zeit Alexanders hinauf, ist vielmehr wohl keine, die nicht ungefähr ein halbes Jahrtausend jünger wäre als sein Erscheinen vor Aspendos. Ist doch auch von der damals erwähnten Befestigung der Unterstadt, die vermuthlich auch den südlich anliegenden Theil umfasste, nichts mehr zu finden. Der einzige Bau hier unten, dessen Zeit durch Inschriften hat bestimmt werden können, ist das Theater. Als Architekt desselben wird uns Zenon, Theodoros' Sohn, wie es scheint, aus Aspendos, genannt (Nr. 64 *cfg*), welcher sonst nicht bekannt ist. Die Kosten aber, sei es des ganzen Theaters, sei es des Bühnengebäudes, haben A. Curtius Crispinus Arruntianus und A. Curtius Auspicatus Titinnianus nach dem Testamente des A. Curtius Crispinus bestritten (Nr. 64 *b c d*) und es den heimischen Göttern und dem Kaiserhause geweiht. Das haben sie in den gleichlautenden Inschriften, welche sie in beiden Sprachen, lateinisch und griechisch, je sowohl über der nördlichen wie über der südlichen Thür zur Parodos von Osten her anbringen liessen, ausgesprochen, während die kürzere Inschrift auf dem Sockel der oberen Säulenstellung an der Bühnenwand nur die beiden Erbauer nennt (64 *a*). Den ersteren dieser beiden Männer hat Henzen in einer Inschrift von Praeneste nachgewiesen[1] und darnach in die Zeit des Antoninus Pius gesetzt, also eben die Zeit, der die meisten Monumente dieser Gegenden angehören. Vergleicht man die Ornamentik des Hadriansthores von Attaleia mit derjenigen der Skene des aspendischen Theaters, so scheint mir bei dem letzteren die fortgeschrittene Ausartung in der That ersichtlich, namentlich in der grösseren Stillosigkeit des Friesrankenwerks und der Zeichnung der Palmetten, deren sorglose Ausführung allenfalls in dem grossen Abstande vom Auge des Beschauers Entschuldigung finden könnte.

Das weiter nördlich liegende Stadion ist stark zerstört und namentlich die südliche Grenze völlig unsicher. Am nördlichen, gerundeten Ende laufen gegen Osten drei parallele Mauern herum, deren beide äussere ein Tonnengewölbe tragen, das hier wie in Sillyon und Selge concentrisch, nicht radial gerichtet, die Sitzreihen trug, während an der Westseite kleine Gewölbe senkrecht zur Längsachse flache Nischen bilden, in deren Hinterwand an der Grenze des Quaderbaues und des Mörtelwerks kleine Fenster angebracht sind, doch wohl auch noch ein Längengewölbe zu erleuchten. Eine dritte innere Mauer scheint eine Schranke gebildet zu haben. Innerhalb dieser Schranke mass ich eine Breite von 28·50 M., während ich die Länge nur abschreitend bei 221 Schr. (= 154 M.) an Gemäuer kam, bei 280 auf freies, ebenes Feld.

Der in der Inschrift 64 *cg* erwähnte Hippodrom war vielleicht nur ein zum Rennen zeitweilig benutztes Feld wie in Athen und Olympia; von einem dazu bestimmten Bauwerke haben wir wenigstens nichts gefunden.

Weiter südlich vom Theater sind namentlich zwei grössere Anlagen, welche sowohl an Bauten von Sillyon und Perge erinnern, als auch unter sich eine unverkennbare Aehnlichkeit der Raumanlage haben, ein kleinerer näher am Südthor gelegen, der andere, etwa doppelt so gross, etwas ferner, beide, wie es scheint, an der grossen Linie der vom Thore aus nach Süden führenden Hauptstrasse. Die Orientirung ist nicht dieselbe, aber doch so weit überein-

[1] Annali dell' Inst. 1852, S. 164. Vergl. Corpus inscript. lat. XIV 3030, III 231.

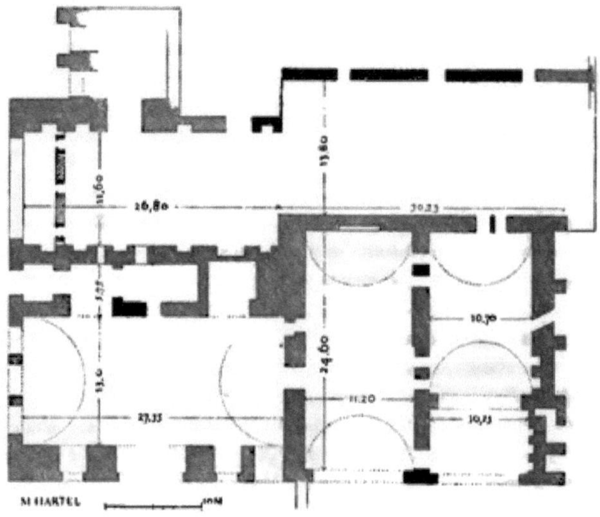

Fig. 69. Aspendos: Grosse Thermen (?.)

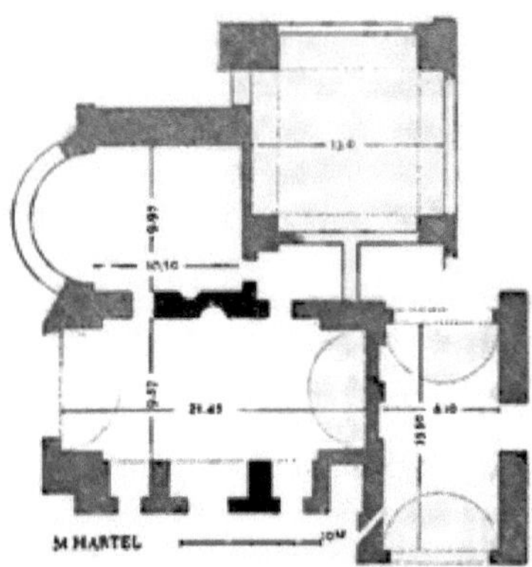

Fig. 70. Aspendos: Kleine Thermen.

stimmend, dass die NW.-Seite der kleineren Anlage der Nordseite der grösseren entspricht, und darf man diese, welche der vorausgesetzten Strasse zugekehrt ist, als die Vorderseite bezeichnen, obgleich sie in den vorstehenden gleichgelegten Grundrissen Fig. 69 und 70 dem Leser als die Hinterseite erscheint. Uebereinstimmend ist vor Allem die Art, wie die Räume aneinandergelegt sind, und zwar Räume von im grossen Ganzen gleichen Verhältnissen und gleicher Anzahl, und diese Zahl derjenigen der Haupttheile einer Thermenanlage: Vorraum, Apodyterium, Frigidarium, Tepidarium, Caldarium entsprechend. Allerdings fehlt in der kleineren Anlage in der SO.-Ecke der eine Theil des auch in Perge (*O'* im Plan) an gleicher Stelle vorhandenen Doppelgemaches, während an der Nordseite umgekehrt das quadrate Gemach, welches an der kleineren Anlage dem Nischenzimmer am grossen Säulenbau von Side (*N* im Plan, unten mit den Frigidarien der pompejanischen Thermen verglichen) erinnert, bei der grösseren fehlt oder durch ein vorgelegtes Gemach ersetzt wird, das mir den Eindruck eines Anbaues machte. Uebereinstimmend in beiden Anlagen ist endlich namentlich der grosse Saal in der SW.-, beziehungsweise S.-Ecke und die zwischen ihm und den nördlichen Räumen zwischenliegenden kleineren Abtheilungen.[1]

Da bestimmte Kennzeichen eines Bades zu Tage liegend nicht gefunden sind, kann der Gedanke an Bäder allerdings nur fragweise sich äussern und auch eine Beziehung beider oder des näheren grösseren zu dem im Winkel zwischen ihnen liegenden umfangreichen Mauerviereck der Art, dass hier etwa die Palästra und Säulenhallen gewesen seien, nur vermuthet werden. Nur darauf soll noch hingewiesen werden, dass beide Anlagen auch in einer Linie mit dem unteren (?) und oberen Nympheion und der Wasserleitung liegen.

Ueber die grosse Wasserleitung ist weiter unten genauer gehandelt. Ihren Lauf nördlich an den Bergen weiter zu verfolgen, wollte nicht gelingen. Gewiss war das grossartige Werk ursprünglich gleichmässig aus Quadern hergestellt, und zwar als Druckleitung; das Flickwerk mit wechselnden Schichten von kleinen Bruchsteinen in Mörtel mit Ziegellagen, welches die Regelmässigkeit des ursprünglichen Baues verletzt, gehört späterer Restauration an, die den beiden hohen Wasserthürmen nöthig geworden war. Der Quaderbau passt sehr wohl ins erste Jahrhundert n. Chr., in das nach Schrift und Namen die Inschrift 64 *h* gehört, welche dem Ti. Klaudios Erymneus ausser anderen Ehren und Verdiensten namentlich die Beisteuer von so und so viel (die Zahl ist verloren, ein Σ kaum wahrscheinlich) zehntausend Denaren zur Wasserleitung nachrühmt. Die Zeit, der Ausdruck εἰσαγωγὴν τοῦ ὕδατος, die Höhe der Summe, Alles verbietet hier, an etwas anderes als an den ersten Bau zu denken. Ob Aspendos vorher ohne Leitung gewesen und nur mit dem Flusswasser sich geholfen, können wir nicht sagen; jedenfalls finden sich nicht so viel Cisternen wie in Sillyon. Dass der grosse Bau aber mit seinem mittleren, niederen Theile nicht blos Aquäduct, sondern auch Viaduct gewesen ist; wird weiter unten ausgeführt. Beweis dafür ist auch der Charakter der überbrückten Niederung, die, noch heute versumpft, im Alterthume wahrscheinlich ein Theil des Kapriasees war und die Stadt in der That isolirte. Wie und wo allerdings die Strasse, namentlich am südlichen Ende von dem Viaduct, abging, kann man jetzt nicht sehen, doch schien mir eine Terrassenmauer aus Brecciaquadern, die eine Rampe gebildet haben könnte, von dem Nordthor auf die Mitte zwischen dem Burgfelsen und dem südlichen Wasserthurm zugeführt zu haben. Dass das Hauptstück der Leitung ziemlich geradlinig auf den Westeingang der Burg zuführt, ist oben S. 89 bemerkt. Von den weiter unten beschriebenen durchlochten Wasserleitungsquadern, wie ich sie ähnlich früher in Kibyra und Oinoanda gesehen, sind sehr viele später zum Bau der Eurymedonbrücke verschleppt. Einen, der bei der Leitung geblieben, sah ich im Innern etwa $^3/_4$ von Sinter gefüllt, der gleich den Jahresringen eines Baumes in feinen, abblätternden Lagen ineinander lag, als ob die Versinterung nicht stetig gewesen wäre, sondern periodisch ab- und zugenommen hätte. Die zuletzt gebliebene Oeff-

[1] Wie sich die pompejanischen Thermen mit ihren mehr nebeneinander und in einer Reihe liegenden Ruinen zu den zusammengeschlossenen Räumen des Bades von Caerwent (s. Marquardt, Privatalterthümer der Römer [2], S. 293) verhalten, so der Südbau *O* in Perge und die entsprechenden Anlagen von Sillyon und Side im Plan *N* zu dem Nordbau O_1 von Perge und den zwei aspendischen.

nung war übrigens im Querschnitt nicht rund, sondern gleich einem Dreieck mit gerundeten Ecken und eingezogenen Seiten.

Es versteht sich, dass die Strasse, welche von Norden (von Sillyon) her kam und nach Süden zur Brücke über den Eurymedon und zur grossen ostwestlichen Strasse führte, nicht blos durch die Stadt Aspendos führte, sondern auch, in der Ebene bleibend, sie umging. Vermuthlich ging wie heute ein Weg sowohl westlich wie östlich unter der Burg hin. Kenntlich ist ein solcher an Gräbern nur auf der Ostseite, die ja als die bevorzugte schon früher erschien. Hier findet man Quaderfundamente für Grabbauten oder Sarkophage, deren Marmor-

Fig. 71. Aspendos: Weibliches Standbild.

Fig. 72. Aspendos: Männliches Standbild.

bruchstücke dabei liegen, einmal einen Felsblock für sechs Sarkophage hergerichtet, auch in den Felsboden eingeschnittene Grablöcher. Unfern des Stadions ist ein Felsblock, wie nachstehende Ansicht zeigt, zu einem Grabhause verarbeitet, dessen Kammer 2 M. breit, 2·60 M. lang, 1·55 M. hoch bis zum Scheitel der wie ein Tonnengewölbe gerundeten Decke. An der Westseite aussen steht ein grosser Sarkophag. Näher beim Stadion ist der Grabbau, dessen Thürsturzinschrift (Nr. 103) einen T. Kl. Otakili[os] als Erbauer nennt. Die Kammer ist 5·80 M. tief, davon hinten 1·55 M. mit um 0·70 M. höherem Fussboden, 4·55 M. breit, mit einem Vorraum von 2·35 M. Tiefe. Die Ostmauer ist durch starke Strebepfeiler verstärkt, um das aus Ziegeln und kleinen Bruchsteinen gebaute Gewölbe zu tragen, während die Westmauer, über dem ansteigenden Erdreich um 1 bis 2 M. weniger hoch, solcher Strebepfeiler entbehrt. Auch südlich vom Stadion, etwas gegen Osten gerückt, liegt die Ruine eines Heroons (?), im O. und W. offen, S. und N. mit sehr starken Mauern aus wechselnden Ziegel- und Bruchsteinlagen aufgebaut; Cassettenplatten mit Gorgoneion und ein Giebeleckstück liegen daneben.

An dieser Gräberstrasse fanden sich vereinzelt auch Bruchstücke der kleinen Grabstelen, wie wir sie theils auf einem türkischen Friedhof, etwa 20 Minuten südlich von der Burg gegen die Eurymedonbrücke hin, und auf einem zweiten, etwas NO. vom N.-Ende der Wasserleitung gegen den Fluss hin in grösserer Zahl aufs Neue verwendet gefunden haben, während andere uns von den Türken ins Lager getragen wurden. Beide Friedhöfe liegen an oder nicht weit ab von der Strassenlinie. Die Form der Stelen, der Namen und der Buchstaben (s. die Inschriften 65—96) zeigt, dass diese Grabmonumente bis etwa in das zweite Jahrhundert v. Chr., wenn nicht noch höher hinaufgehen. Die Stelen, meist zwischen 0·46 M. und 0·58 M. hoch und, wenn mit Giebel, etwa halb so breit, sonst etwas breiter, haben griechische Form. Mit und ohne Giebel sind sie unterschiedslos für beide Geschlechter verwandt. Im flachen Giebel ein kleines Rund (Schale? Rosette?), unter dem Giebel ein Kyma, der Schaft durch einen Leisten in einen kleineren oberen und einen grösseren unteren Theil zerlegt.

Auch die Einfachheit der Benennung und die Kürze der Aufschrift, meist ein Name und Vatersname, ist ein Beweis des höheren Alters; ein paar jüngere stechen sofort ab. Die schwankende Schreibung derselben Nominativ- und Genetivendungen — andere Formen liegen ja in diesen Grabinschriften nicht vor — lässt unmittelbar den Process des Ueberganges zum Gemeingriechischen erkennen, das in den jüngeren Stelen schon durchgedrungen erscheint. Dies zeigt sich namentlich an einer Stele, welche, später zum zweiten Male benützt, auf dem Fusse die Inschrift Nr. 97 trägt.

Von Sculpturwerken haben wir ausser den architektonischen nur die zwei im Jahre 1884 von F. v. Luschan hinter der grossen Exhedra *I* gefundenen, in Stücke gebrochenen unvollständigen Statuen (Fig. 71 und 72) zu verzeichnen, eines Mannes im Harnisch und einer Frau, beide vielleicht Personen des kaiserlichen Hauses darstellend, aber jetzt nicht mehr zu bestimmen.

Fig. 73. Aspendos: Felsgrab.

Fig. 74. Theater zu Aspendos.

Auf dem Burghügel von Aspendos gewinnt man ein anschauliches Bild von dem Forum einer bescheidenen Provinzialstadt. Der regelmässige Platz ist eine Neuschöpfung aus der Zeit der römischen Herrschaft, und die Baulichkeiten, welche ihn begrenzen, sind vermuthlich ziemlich gleichzeitig entstanden.

An der Westseite stehen die Mauern der Markthalle, eines Gebäudes von 70 M. Länge, welches 15 nebeneinanderliegende Einzelkammern von je 4·20 M. Breite und 9 M. Tiefe enthält; sie sind, soweit sich das noch erkennen lässt, ohne Verbindung untereinander, noch mit dem längs der Rückseite derselben laufenden 7 M. breiten Gange. In einigen der Zwischenmauern sieht man in zwei Reihen übereinander Balkenlöcher, welche auf die Anordnung mehrerer Stockwerke hinweisen. Der vorderen, dem Markte zugekehrten Seite des Gebäudes war eine Säulenhalle vorgebaut; es deuten darauf die Reste von Stufen, deren Fluchtlinie von der Stirne der Zwischenmauern 7·20 M. entfernt liegt. Das Mauerwerk dieser Markthalle ist gut gefügt, in wechselnden hohen und niederen Schichten. Das Material ist Breccia. Gebälkstücke oder Säulen haben wir nicht gefunden.

Auf der gegenüberliegenden Ostseite des Forums lag eine Basilika, für welche der nothwendige Raum theilweise erst durch Ueberbrückung eines Thaleinschnittes (bei *Z* im Stadtplane) gewonnen wurde. Die Ueberbrückung geschah mittelst dreier Tonnengewölbe von bedeutender Höhe und Weite. Während von der Basilika selbst fast nichts über dem Erdboden sichtbar ist, ragen dagegen die Umfassungsmauern eines an das Nordende sich anschliessenden abgesonderten Raumes, den wir wohl am ehesten als Vestibulum bezeichnen dürfen, noch mehr als 16 M. hoch empor. (Tafel XVII.)

Dieses Vestibulum, sichtbar in Fig. 68 (*A* in nachstehendem Plane), bildet im Grundriss ein Rechteck von 25·90 M. Länge und 19·86 M. Breite, an der Nordseite befindet sich ein Eingang, an der Südseite deren drei, und zwar haben die beiden in der Hauptaxe der Basilika liegenden Oeffnungen mehr als 9 M. Weite. Die West- und Ostseite

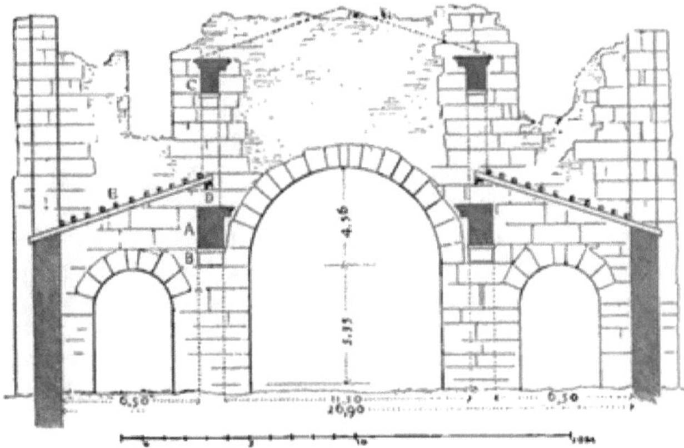

Fig. 75. Querschnitt der Basilika.

sind geschlossen; hier sind im Innern an Stelle der Thüren Nischen angebracht. An allen vier Seiten aber sieht man hochliegende Fenster, welche beweisen, dass der Raum gedeckt war; da die Dicke der Mauern nur 1·80 M. beträgt und auch die aussen angebrachten Strebepfeiler nicht sehr stark sind, so ist an eine hölzerne Ueberdachung, nicht aber an Ueberwölbung zu denken.

Im Innern erblickt man heute die vier nackten Mauern; der Boden ist hoch mit Trümmern und Buschwerk bedeckt; hier sowohl wie ausserhalb des Raumes finden sich zahlreiche Marmorscherben. Es sind meist Stücke von dünnen Platten (2 Cm. stark) eines weissen, buntgeäderten Marmors, mit denen einst die Mauern belegt waren.

Die Südwand des Vestibulums gibt durch eine Reihe von Merkmalen Aufschluss über den Querschnitt der anstossenden Basilika. Zu beiden Seiten der grossen Mittelöffnung ragen an der Aussenseite der Südwand in Kämpferhöhe des Bogens zwei Kragsteine hervor (*B*) und darüber befinden sich Vertiefungen von 1·80 M. Höhe, in welche die Enden von rechtwinklig zur Wand laufenden, einseitig profilirten Gebälken (*A*) eingriffen. Ferner befinden sich bei *D* Löcher zur Aufnahme von Holzbalken. Diese Löcher im Zusammenhange mit den über den Seitenöffnungen in einer nach aussen schräg abfallenden Linie angebrachten kleineren und sehr flachen Löchern *E* (jederseits elf an Zahl) beweisen, dass hier die Dächer der Seitenschiffe an die Mauer stiessen, deren mögliche Construction durch Einzeichnen eines Sparrens, der bei *D* auf einer Pfette ruht, angedeutet ist. Die Aussenmauern der Seitenschiffe stiessen gegen die Verstärkungspfeiler an den Ecken der Vorhalle.

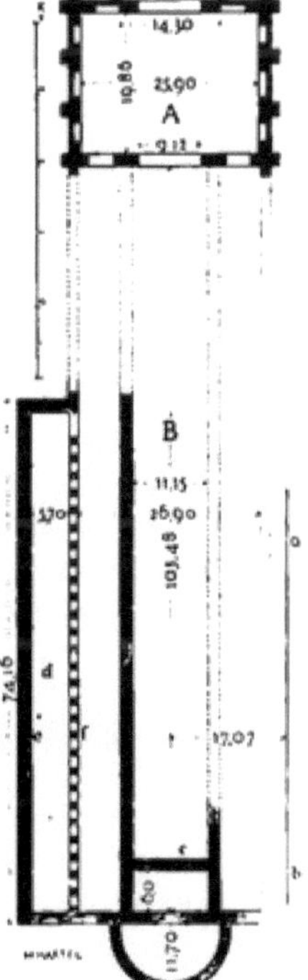

Fig. 76. Plan der Basilika.

Auf dem Gebälk *A* stand eine Reihe von Pfeilern, welche ein zweites Gebälk und das Dach des Mittelschiffes trugen, denn es befindet sich bei *c* jederseits wiederum ein Kragstein, dessen Oberkante etwa 7 M. hoch über dem unteren Kragsteine liegt und oberhalb dessen die Vertiefung zur Aufnahme des oberen Gebälkes angebracht ist. Die Form der Vertiefungen zeigt, dass dieses obere Gebälk beiderseits Ausladungen hatte. Anhaltspunkte für die Construction des Mittelschiffdaches sind nicht vorhanden.

Wenn sich somit der Querschnitt der Basilika aus den beschriebenen Spuren an der Wand des Vestibulums nachweisen lässt, so stimmen damit die vorhandenen Mauerreste der Basilika überein. Den Breitenverhältnissen der Schiffe, wie sie sich aus der obigen Betrachtung ergeben, entspricht die Lage der vier parallelen Grundmauern, welche noch streckenweise auch ohne Ausgrabungen zu verfolgen sind.

Der Bau hatte die bedeutende Länge von 105·48 M.; in der Zeichnung des Grundrisses (Fig. 76) entspricht die Linie *a b* der Grenze der oben erwähnten unterwölbten Terrasse. Die Reste der östlichen Langmauer sind grösstentheils unter Gestrüpp versteckt, den Unterbau der westlichen Mauer *f* bildet eine lange Reihe engstehender, durch Bögen verbundener Pfeiler, welche jetzt am nördlichen Ende eine mittelalterliche Mauer tragen. An das westliche Seitenschiff lehnt sich längs des Forums eine Halle oder ein viertes Schiff *d*, dessen Aussenmauer *e* einige Fuss hoch erhalten ist. Am südlichen Ende der Basilika waren, wie es scheint, die Seitenschiffe um das Mittelschiff herumgeführt, den Abschluss bildet hier eine halbkreisförmige Exhedra, deren Durchmesser grösser ist als die Breite des Mittelschiffes. Auffallend ist der Umstand, dass am Nordende die Pfeilerreihen bis zur Abschlusswand der Südmauer der Vorhalle sich fortsetzen, gleichwie dieses bei christlichen Basiliken der Fall ist. Die Pfeiler selbst, von denen wir einige Bruchstücke umherliegen sahen, sind rechteckig, mit angearbeiteten Halbsäulen.

Das Forum ist an der Nordseite begrenzt durch eine Mauer von 35·50 M. Länge, 15 M. Höhe und 1·50 M. Dicke. Während die Hinterseite dieser Mauer keine architektonische Ausbildung aufweist, ist die dem Forum zugekehrte Wand durch ein Gebälk und durch zwei Reihen von je fünf Nischen in zwei Stockwerke gegliedert. Das Gebälk folgt als Kämpfergesims der Rundung der hohen Mittelnische und setzt sich mit Unterbrechungen fort über den vier seitlichen Nischen der unteren Reihe. An beiden Enden der Wand ragen abgebrochene Gebälkstücke, eingefalzte Cassettenplatten tragend, aus der Mauer (Fig. 77 bei *X*). Vertiefungen, in welche gleiche Gebälktheile ehemals eingriffen, sieht man längs der Mauer den Achsen der Nischen entsprechend vertheilt. Weitere Anhaltspunkte zur Ergänzung des Fehlenden bilden die breiten Postamente, welche am Fusse der Mauer zwischen den Nischen stehen.

So weit die sicheren Merkmale reichen, ist die Ergänzung auf Tafel XIX durchgeführt. Zwischen den Nischen stand auf den erwähnten Postamenten je ein Säulenpaar, an den Enden der Wand auf den hier weiter vorspringenden Postamenten je zwei Säulenpaare hintereinander. Ueber diesen gekuppelten Säulen war das längs der Wand laufende Gebälk verkröpft. Das Gesimse bildete zu den Seiten der Hauptnische einseitige Giebel, wie aus der Form der hier sichtbaren Vertiefungen und aus dem Umstande hervorgeht, dass dem Gesimse in

Fig. 77. Aspendos: Wand des Nymphaeums.

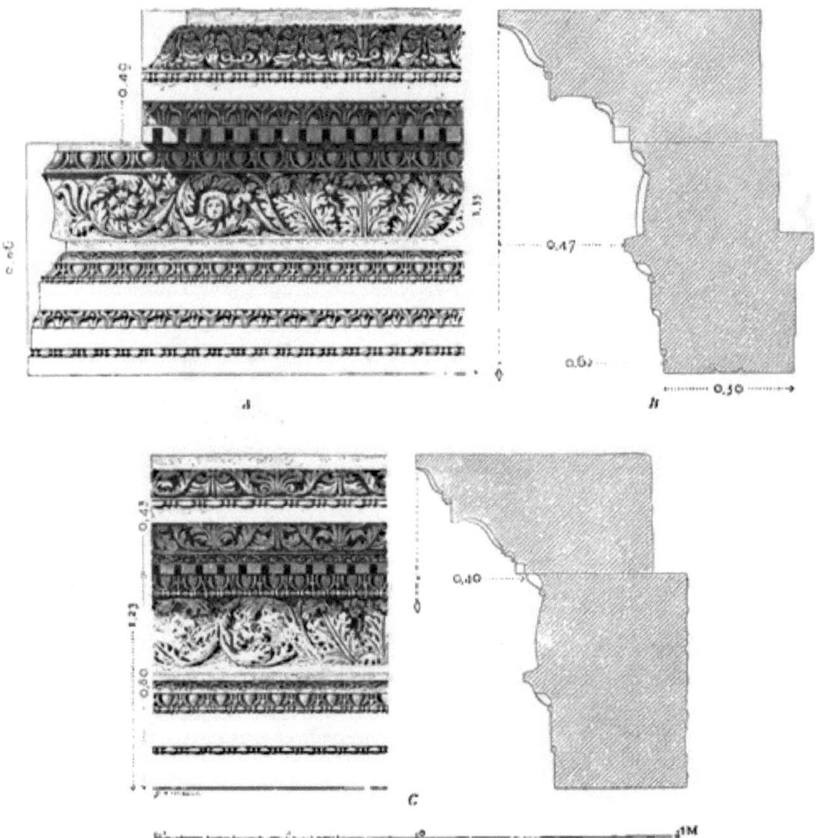

Fig. 78. Gebälke von der Wand des Nympheums.

der grossen Nische der Rinnleisten fehlt. Der Fugenschnitt und die Formen des marmornen Wandgebälkes sind in Fig. 78 *A* veranschaulicht; die Fugen sind theils rechtwinklig, theils diagonal geschnitten. Der beigefügte Querschnitt *B* entspricht den freitragenden Architraven, deren Unterfläche mit schmalem, eingesenktem Streifen verziert und deren Rückseite schmucklos profilirt und mit einem Auflager für die innerhalb der Verkröpfung liegenden Cassettenplatten versehen ist.

Am Fusse der Wand fanden wir Bruchstücke des zweiten Gebälkes, offenbar einer oberen Ordnung angehörend (Fig. 78 *C* und Fig. 79). Die Hinterfläche des hier gefundenen Architraves ist rauh, die Unterseite als Lagerfläche bearbeitet; im Fugenschnitt sowie seiner Länge nach (2·15 M.) entspricht das Stück dem Wandgebälk der unteren Ordnung; es wiederholte sich demnach oben die Anordnung der unteren Säulenstellung mit den Gebälkverkröpfungen. Die Gestaltung des mittleren Theiles der Wand ist indessen fraglich, da auf den Giebeln, welche die Hauptnische zwischen sich fassen, unmöglich Säulen stehen konnten.

Fig. 79. Bruchstücke vom Gesims der oberen Ordnung am Nympheum.

Noch sind folgende Einzelheiten zu erwähnen: Auf dem rechten Eckpostamente fand sich ein Stück des Deckgesimses und einer darauf lagernden Platte, beide von Marmor und am Ort liegend (Fig. 80). Die Unterfläche des Deckgesimses *B* ragt über die seitliche Fläche des aus Brecciaquadern bestehenden Postamentkernes *C* um 0·145 M. hinaus, woraus zu schliessen, dass der Kern mit Marmorplatten von etwa 0·14 M. Stärke umkleidet war. Die Platte *A*, welche nach unten in zwei Absätzen etwas eingezogen ist, 0·30 M. stark, diente den daraufstehenden Säulen als gemeinsamer Stilobat. Die Höhe der Säulen, gleich dem Abstande der Architravunterkante von der Stilobatplatte, betrug rund 5 M. Wir fanden am Boden liegend einige Bruchstücke von Granitschäften, darunter eines von 3·36 M. Länge, oben 0·477 M., unten 0·538 M. dick, demnach waren die Säulen etwa 9 Durchmesser hoch, Capitelle und Basen fehlen.

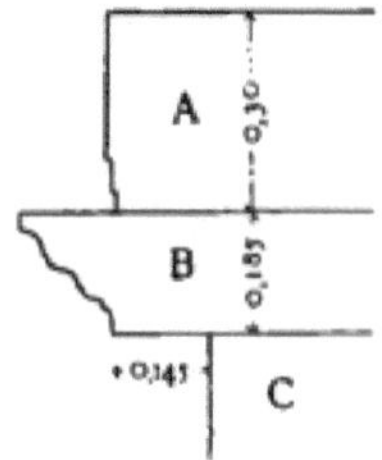

Fig. 80. Sockelgesimse.

Ferner ist zu bemerken, dass in den Wölbungen der Nischen sich die Reste eines Mörtelüberzuges befinden und in diesem Mörtel die Abdrücke kleiner, sechsseitiger Platten, mit denen also die Nischengewölbe bekleidet waren.

Wir betrachten die beschriebene Mauer als Hauptbestandtheil eines Nympheum, hauptsächlich auf Grund der Aehnlichkeit dieser Anlage mit dem Nympheum zu Side, welches auf Tafel XXX abgebildet ist. Von einem Wasserbecken wie dort ist freilich in Aspendos über dem Boden nichts sichtbar; auch die Verbindung mit der Wasserleitung ist nicht nachweisbar, jedoch wahrscheinlich, da der Lauf des vorhandenen Aquäductes die Richtung nach dem Forum nimmt. Die Annahme eines Nympheums wird immerhin unterstützt durch den Fund eines Delphinkopfes von Marmor mit durchbohrtem Maul und einige Stücke von Thonröhren. Auch ist zu bemerken, dass in einem der grossen Gewölbe unter der Basilika ein Canal mündet von etwa 2 M. Höhe und 1 M. Breite, welcher als Entwässerungscanal mit dem Nympheum in Verbindung gestanden haben dürfte; wir verfolgten denselben einige 20 Schritte weit gegen Westen.

Das bedeutendste Bauwerk in Aspendos ist das Theater. Es liegt am Ostabhange der Akropolis, von deren steil abfallendem Rande aus man dasselbe überblickt. Das Gebäude schneidet tief in den Berg hinein und ist deshalb von unten nur theilweise sichtbar. Es erhebt sich 24 M. hoch über der Ebene, und weithin macht sich die palastartige Aussenseite des Bühnengebäudes geltend.

Dieses Theater ist das einzige Bauwerk Pamphyliens, welches bereits eine Veröffentlichung erfahren hat.[1] Doch schien es uns nicht überflüssig, dasselbe von Neuem aufzunehmen und dem vorliegenden Werke einzuverleiben, da mancherlei Einzelheiten früher nicht eingehend behandelt wurden und seine ungewöhnlich gute Erhaltung diesem Gebäude eine hervorragende Stellung in der Geschichte der Baukunst anweist.

Die Tafeln XXI—XXVII sind das Ergebniss der Aufnahmen, welche im October 1884 ausgeführt wurden. Wir geben die Erläuterung derselben wie folgt: Der Grundriss des Zuschauerraumes hat die Form eines durch Tangenten verlängerten Halbkreises von 95·48 M. grösstem Durchmesser. Derselbe bildet nicht ein vom Bühnenhause getrenntes Gebäude für sich, sondern eine und dieselbe Mauer umschliesst beide Theile des Theaters. Die Orchestra, welche von den Sitzreihen durch eine Schranke geschieden war, hat einen Durchmesser von 23·88 M. Die Zahl der Sitzreihen beträgt 40; sie sind durch den Gang *A* (Diazoma) in zwei Abschnitte zerlegt, deren oberer 19 Sitzstufen enthält, der untere 20 Stufen und eine Reihe frei auf dem Diazoma stehender Bänke (Fig. 81). Die Zahl der radialen Treppen ist in der unteren Abtheilung 10, in der oberen 21. Von dem Gürtelgange *A* führen sechs kleine Doppeltreppen zu der um 2·20 M. höher liegenden oberen Abtheilung. Der Abschluss oberhalb der höchsten Sitzstufe wird durch einen ringsum laufenden Bogengang gebildet. Der Zuschauerraum enthält, die Sitzbreite zu 0·50 M. gerechnet, ohne die Orchestra 7000 Plätze, während die Orchestra selbst für etwa 500 Personen Raum bietet.

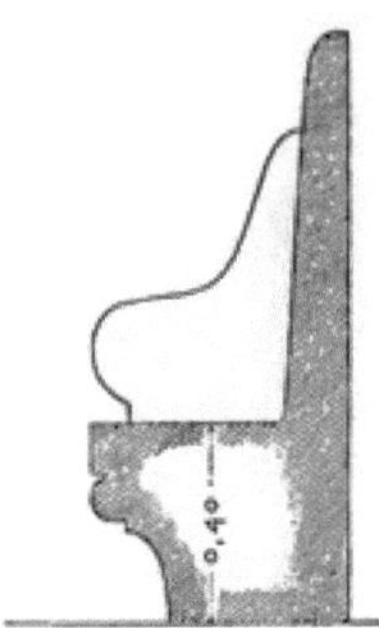

Fig. 81.

Das Bühnenhaus ist ein Stockwerkbau von 62·48 M. Länge und im Lichten 4·10 M. Tiefe, mit zwei gegen den Zuschauerraum vorspringenden Flügeln, welche die Bühne umfassen. An den Enden des Bühnenhauses liegen Treppen zur Verbindung der einzelnen Stockwerke desselben.

[1] Description de l'Asie mineure par Charles Texier. Paris 1849.

Das Material des Bauwerkes ist für alles Mauerwerk das an den Abhängen der Akropolis gewonnene, sehr grobe Conglomeratgestein. Im Zuschauerraume ist für die Sitzstufen, die Fussböden und für die Verkleidung der Eingänge *D*, sowie der Wand des Diazoma ein feiner Kalkstein gewählt; ebenso für die Thür- und Fenstereinfassungen an der Aussenseite des Bühnenhauses. Nur an der gegen die Zuschauer gerichteten Bühnenhinterwand wurde Marmor verwendet.

Fig. 82. Theil der oberen Rangordnung im Zuschauerraum.

Eine eingehende Beschreibung erfordern die Einzelheiten des Bauwerkes, sein Bauzustand und die Anhaltspunkte für eine Ergänzung des Fehlenden. Der Zuschauerraum hat durch Setzungen und Verschiebungen der Stufen mehr gelitten, als es beim ersten Anblick der Fall zu sein scheint, so dass eine ganz genaue Bestimmung der ursprünglichen Masse, z. B. des Durchmessers der Orchestra, nicht wohl möglich ist. Die Verschiebungen der Sitzstufen kommen besonders in der unteren Abtheilung vor, während die oberen Reihen eine grössere Festigkeit erhielten durch den gewölbten Gang *B*, welcher concentrisch mit dem

Diazoma ringsum läuft und der, durch Thüren mit diesem verbunden, fast lichtlos und ohne Ausgänge an den Enden, hauptsächlich den Zweck hat, die Untermauerung der Sitzstufen, welche aus kleinen Bruchsteinen besteht, zu stützen.

Als ein späterer, jedoch noch antiker Umbau erweist sich der Bogengang, welcher den Zuschauerraum oben abschliesst und dessen Pfeiler im Grundrisse nur auf der einen Seite eingezeichnet sind. Den Beweis, dass dieser Bogengang nicht dem ursprünglichen Baue angehört liefert der Umstand, dass die in der Aussenwand befindlichen Fensteröffnungen, an jedem Ende des Halbkreises sieben, vermauert wurden, da sie mit der Achsentheilung des Bogenganges nicht stimmten; dass sich aber stets ein gedeckter Gang hier befand, geht hervor aus dem Vorhandensein von Abflussrohren, welche aussen, in der zweiten Quaderschichte von oben sichtbar sind und bestimmt waren, das Regenwasser von dem nach aussen geneigten Dache des Umganges abzuführen. Zudem befinden sich an beiden Enden des Zuschauerraumes in der Abschlussmauer selbst schmale Treppen, mittelst welcher man auf die Gewölbe und ehemals auf das Dach gelangte. Theile des jetzigen Bogenganges sind in Fig. 82 und Fig. 83 abgebildet; die Pfeiler, schmal und tief, sind aus Kalksteinquadern aufgebaut und mit vorgelegten Halbsäulen versehen. An vielen Pfeilern sind diese Halbsäulen zerstört und aus Formziegeln ergänzt, und zwar in der Weise, dass man die Stirnfläche der Pfeiler cylindrisch aushöhlte und eine volle runde Säule aus Ziegeln herstellte, welche zur Hälfte in die Höhlung hineingreift. Die Pfeiler sind mit einem Gesimse gekrönt, welches als Kämpfer für die Wölbung dient; den vorgelegten Halbsäulen fehlt dieses Gesimse, diese haben auch weder Capitell noch Basis. Dagegen ist der Beginn der Wölbung gekennzeichnet durch Kragsteine, über denen die Archivolten ansetzen. Die letzteren haben das übliche dreigetheilte Profil ohne Verzierung der Glieder. Bei zweien der Gewölbeansätze ist jedoch an der Archivolte, soweit sie vorhanden ist, ein Zierat byzantinisch-arabischen Stiles eingemeisselt; so über dem dritten Pfeiler in Fig. 83.

Man gelangt in den Zuschauerraum von unten durch die breiten Gänge, welche an den Enden des Halbkreises beiderseits unter den oberen Sitzstufen durchgeführt sind und bei *D* münden. Zwei Nebeneingänge *F*, welche sich ganz oben in der kreisförmigen Aussenmauer befinden, ermöglichten auch den Zugang von der Höhe der Akropolis aus. Auch vom Bühnenhause aus kann der Zuschauerraum betreten werden: erstens durch die mit *E* bezeichneten Thüren, welche auf das Diazoma münden, und zweitens durch die mit *G* bezeichneten Thüren, welche den obersten Umgang durch schmale, auf den Stirnmauern hinführende Gänge mit den Treppenhäusern in Verbindung setzen. Nur vom Bühnenhause aus sind die beiden Proskeniumslogen *I* zugängig, welche beiderseits über den Haupteingängen *D* liegen.

Ein Pflaster von Steinplatten bedeckt den Raum der Orchestra und erstreckt sich bis an den Fuss der Bühnenhinterwand, sowie seitwärts bis zu den gewölbten Haupteingängen; er ist leicht mit Erde bedeckt, welche wir an einigen Stellen entfernten, um die Höhenlage des nicht mehr ebenen Pflasters zu bestimmen. Die Orchestra ist im Halbkreise begrenzt durch einen stellenweise erhaltenen Sockel von 0·59 M. Höhe, auf welchem die unterste Sitzstufe ruht. 1·09 M. von diesem Sockel entfernt findet sich die in den Stein gearbeitete Standspur einer Schranke. Das Vorhandensein dieser Standspur, welche in einer Einkerbung (*A* Fig. 84)

Fig. 83. Bogengang im Zuschauerraume.

von 0·25 M. Breite und 0·04 M. Tiefe besteht, wurde an einer Stelle, etwa im Scheitel des Halbkreises, nachgewiesen. Es lief also ein Gang *C* (siehe den Grundriss Tafel XXII) von 1·09 M. Breite rings um die Orchestra, ähnlich wie das beim Dionysostheater in Athen und an anderen Orten der Fall ist. Die Anordnung der untersten Sitzstufe auf einem Sockel ist dadurch begründet, dass die hier sitzenden Zuschauer über die Köpfe derjenigen hinwegsehen mussten, welche in der Orchestra sassen. Fraglich ist es indessen, wie die Zuschauer, welche von unten aus ihre Plätze erreichen mussten, auf die erste Stufe der Radialtreppen gelangten, welche in die unterste Sitzstufe und nicht in den Sockel eingeschnitten ist. Da dieser Sockel an den beiden Enden des Halbkreises zerstört ist, bleibt die Frage offen, ob nicht eben an den Enden Stufen zu dem schmalen Gange auf der Fläche des Sockels hinaufführten; da indessen diese Fläche nur etwa 0·30 M. breit ist, so kann dieselbe als ein Gang wohl kaum betrachtet werden.[1]

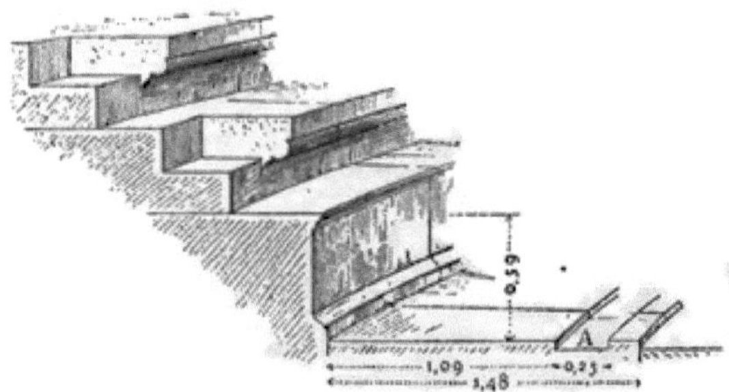

Fig. 84. Sitzstufen und Sockel nächst der Orchestra.

Es erscheint angesichts der Thatsache, dass die angeführten Nebeneingänge *E* und *F* für den Verkehr nur eine untergeordnete, der Gang bei *C* aber gar keine Bedeutung haben und die Masse der Zuschauer durch die zwei seitlichen Eingänge *D* in der Mitte des Theaters zusammenströmte, kaum begreiflich, wie die nach Tausenden zählende Volksmenge ohne schwere Ordnungsstörungen die Sitzplätze erreichte und auf demselben Wege wieder verliess.

Die Ausdehnung der Bühne, des Logeion, ist genau festzustellen; sie war von Holz und ihre Höhe ist gegeben durch die Oberkante des Unterbaues (*K* Tafel XXIV), über welchem die Bühnenhinterwand sich erhebt; die Höhe über der Orchestra beträgt 1·60 M., das bei *K* vorspringende Gesimse diente als Auflager für die den Fussboden tragenden Balken; die Bühne war 7 M. tief, sie reichte vom Fusse der Skenenwand bis zu dem mit *L* bezeichneten Punkte beim Kämpfergesimse des Einganges, wo ein Theil der Mauer, welcher von dem hölzernen Bühnenvorbau verdeckt wurde, nicht von Kalkstein, sondern von dem weniger kostbaren Conglomeratstein ausgeführt ist. (In der Zeichnung durch dunklere Farbe hervorgehoben.)

Der in der Zeichnung sichtbare Höhenunterschied zwischen der Schwelle der Bühnenthüren und der betreffenden Fuge bei *L* dürfte eine Folge von Setzungen sein.

Die hölzerne Bühne, unter welche der Steinfussboden sich erstreckte, verdeckte auch den unteren Theil jener Thüren *H*, welche beiderseits aus den Flügeln des Bühnenhauses in das Theater führen und deren Schwellen in der Höhe der Orchestra liegen. In der Wiederherstellung der Bühne, welche ich auf Tafel XXVII versucht habe, ist die Vorderwand der Bühne (Hyposkenienwand) mit fünf Thüren versehen, nach dem Vorbilde des Theaters in Termessus, welches im zweiten Bande dieses Werkes beschrieben werden soll.

Der wichtigste Theil des Theaters in Aspendos ist das Bühnenhaus, dessen Inneres nur durch niedere, später eingebaute Quermauern getheilt, im Uebrigen jetzt einen einzigen hohen

[1] Texier's Zeichnung Bd. III, Tafel 232 und 238 ist an dieser Stelle unrichtig.

und engen Raum bildet, ohne alle horizontale Theilungen,[1] und dessen Stiegenräumen die Stufen fehlen, während seiner Aussenseite, die auf Tafel XXII und in Fig. 74 abgebildet ist, nichts mangelt als das bekrönende Hauptgesimse. Diese Aussenseite ist ein in seiner Art einzig dastehendes Beispiel antiker Fensterarchitektur. Die Mauern bestehen aus grossen Brecciaquadern, nur die Einfassungen der Thüren und Fenster, sowie die wenigen sonstigen Gliederungen sind von Kalkstein, welcher gegen die dunkleren Wandflächen hell absticht.

Die Wirkung der Façade wird nur wenig beeinträchtigt durch kleine Beschädigungen, auch durch das im Mittelalter ausgeführte Verstreichen der Fugen und einige Zubauten; diese bestehen in einem Portalbau vor der Mittelthür und Strebepfeilern nebst Bogen vor den Stirnmauern des Zuschauerraumes. Auf Tafel XXII sind diese Zubauten in der Mitte und am rechten Ende weggelassen und ist nur der linke Flügel im jetzigen Zustande gezeichnet. An diesem Bau, der von schmucklosester Einfachheit ist, kommt bereits jener Grundsatz zur Geltung, welchen der Palastbau der Renaissance sich zu eigen macht, nämlich durch Hervorheben eines Hauptgeschosses mit besonders grossen Oeffnungen und Unterordnung der übrigen Stockwerke die Massen zu gliedern; es folgt hier über einem hohen Unterbau, welcher fünf Thüren und wenige kleine Fenster enthält, ein Hauptgeschoss, dessen 2 Meter hohe Fenster, um sie zu grösserer Wirkung zu bringen, in fast doppelt so hohen Blendnischen liegen; darüber folgen noch zwei Reihen von Oeffnungen; die Zahl der Fenster beträgt im Hauptgeschoss und dem darüber liegenden zweiten Stockwerke je 9. Alle diese Fenster, auch die abgesondert angebrachten, zur Beleuchtung der Treppen dienenden Fenster haben Einfassungen von Kalkstein, deren einzelne Stücke in unregelmässiger Weise in die Mauerfläche eingreifen. Ganz oben folgt aber eine Reihe von 17 Oeffnungen ohne Kalksteineinfassungen, auf welche ich später zurückkomme. Unter und über diesen letzteren Oeffnungen sitzen Kragsteine; sie sind zum Tragen von Masten bestimmt, an denen das über den Zuschauerraum gespannte Zelt befestigt wurde. Solche Kragsteine, etwa 0·65 M. breit und 0·50 M. hoch, finden sich ringsum an der Aussenseite des ganzen Theaters, stets zwei übereinander; der obere Stein enthält ein Loch zum Durchstecken des Mastbaumes, der untere ein kleineres Loch für einen Zapfen.

In den Stirnmauern des Zuschauerraumes, welche die Fortsetzung der Façade des Bühnenhauses bilden, sind jederseits zwei breite Thüren angebracht, welche als Haupteingänge für das Volk zu betrachten sind, darüber sieht man die grossen Inschrifttafeln, deren Inhalt weiter unten mitgetheilt ist.

Ich komme nun zur Beschreibung der gegen den Zuschauerraum gerichteten inneren Seite des Bühnenhauses, der Skenenwand. Einen Theil dieser Mauer zeigen in ihrem jetzigen Zustande Tafel XXV, sowie Fig. 85; eine theilweise Ergänzung, nur soweit sie allein die Säulenordnungen betrifft, ist in Tafel XXIV durchgeführt, eine vollständige Wiederherstellung auf Tafel XXVII.

[1] Leider sind wir nicht im Stande, die genaue Höhenlage der Thüren anzugeben, welche in den einzelnen Stockwerken aus den Stiegenhäusern in das Bühnenhaus führten, es fehlen diese Thüren in der Zeichnung des Durchschnittes auf Tafel XXIV.

Die Wand war einst mit 40 Säulen geschmückt, welche in zwei Ordnungen übereinander standen; sie trugen, zu zweien gekuppelt, die weit vorspringenden Gebälke, welche in der oberen Ordnung mit Giebeln abschliessen. Zwischen den unteren Säulenpaaren, die auf hohen Sockeln standen, sind fünf Thüren vertheilt und ausserdem in beiden Geschossen zahlreiche Nischen, deren Verdachungen gleichfalls von Säulen oder vielleicht von Karyatiden getragen wurden.

Von allem Schmucke, welcher an der Skenenwand angebracht war, sind nur die in die Mauer eingreifenden Theile erhalten; es sind dieses die Wandgebälke beider Ordnungen und, der Säulenzahl entsprechend, unten und oben je 18 vorspringende Gebälksstücke (über den Säulen in der Ecke ist die Anordnung der Werksteine nicht dieselbe), ferner Gesimsplatten, Giebelecken und Nischenverdachungen. Nebst den übrigen Stücken der Gebälke, allen Säulen und sonstigem Schmucke verschwand auch die Bekleidung der Mauer, welche jetzt den nackten Stein und stellenweise später aufgetragenen Mörtel zeigt; es verschwand ebenso die Marmorkleidung der Sockel, auf denen die unteren Säulen standen, sowie die Gewände der Thüren.

Nur ganz geringe Reste des Fehlenden haben sich innerhalb und ausserhalb des Theaters gefunden; diese Reste sind die Bruchstücke einer Säule von Marmor und einer zweiten von Granit, ferner eine attische Säulenbasis. Diese Stücke liegen rechts am Fusse der Skenenwand.[1] Einige kleine Bruchstücke vom Gebälk der oberen Ordnung sind in eine Thür der Aussenwand vermauert. Im Innern des Theaters können in der dünnen Erdschicht, welche das Plattenpflaster der Orchestra bedeckt, keine Trümmer vorhanden sein; ob ausserhalb des Theaters durch Ausgrabungen etwas zu finden ist, scheint mir zweifelhaft.

Die an der Bühnenwand noch fest sitzenden Ueberreste der früheren Architektur genügen, um das Fehlende zu ergänzen.

Ueber die einstige Bekleidung der grossen Postamente, welche zwischen den Bühnenthüren sich befindet, geben die entsprechenden Bruchstücke von der oben beschriebenen Brunnenwand Aufschluss. (Seite 101, Fig. 80.) Nehmen wir an, dass so wie dort auch in dem Theater auf den Postamenten eine Deckplatte von etwa 0·20 M. Dicke lag, so ergibt sich daraus auch die Höhe der Säulen, welche auf den Postamenten standen; sie betrug 5·50 M.

Es entspricht dieser Säulenhöhe der unteren Ordnung der schon erwähnte gebrochene Schaft von Marmor, dessen Länge 2·50 M. beträgt und welcher am unteren, mit Ablauf versehenen Ende 0·657 M. dick ist; es würde dies ein Höhenverhältniss der Säule von mehr als 8 Durchmessern ergeben. Capitelle und hieher gehörige Basen wurden nicht gefunden, die Annahme jonischer Capitelle ist naheliegend.

VI. Das Gebälk ist über je zwei nebeneinander stehenden Säulen verkröpft und läuft dazwischen an der Wand fort. Der Architrav mit angearbeitetem niederen Fries bestand bei einer jeden Verkröpfung aus drei Stücken; zwei greifen mit einem Ende in die Mauer ein, der dritte Stein, parallel zur Wand liegend und nur von den Säulen gestützt, musste fallen,

---

[1] Schönborn (»Die Skene der Hellenen«) sah in der rechten Ecke eine Säule aufrecht stehen. Texier spricht von zahlreichen Bruchstücken.

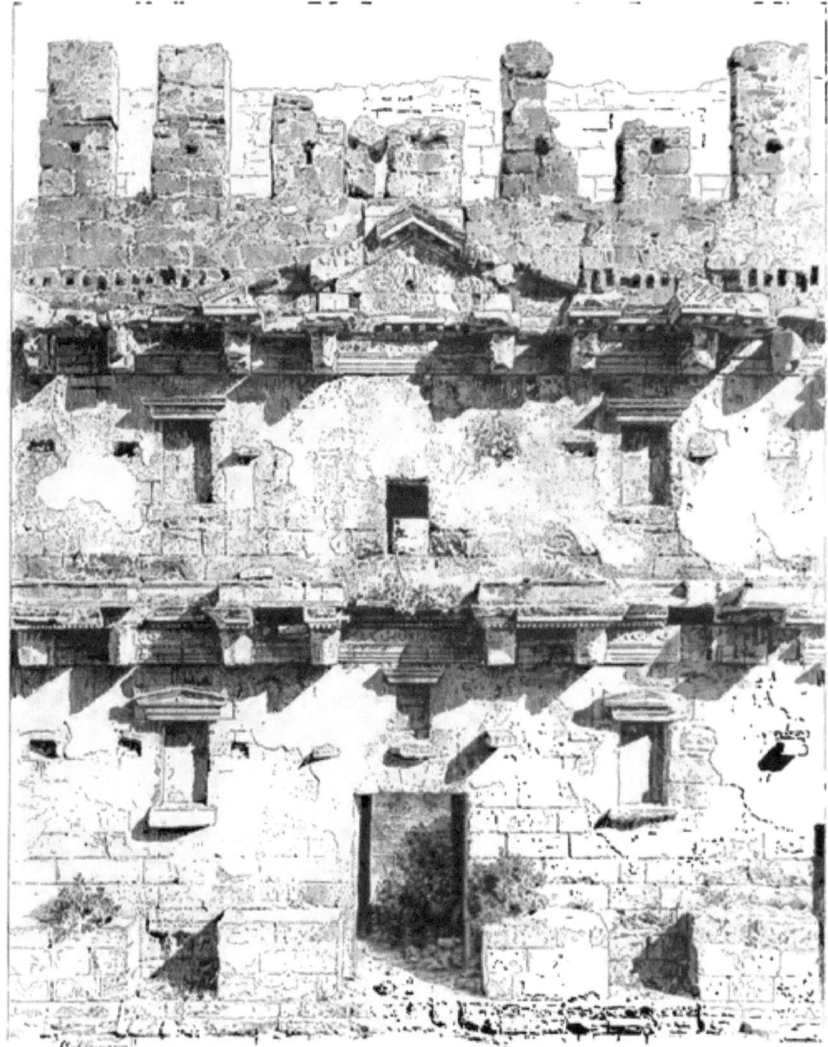

Fig. 85. Mittlerer Theil der Bühnenwand.

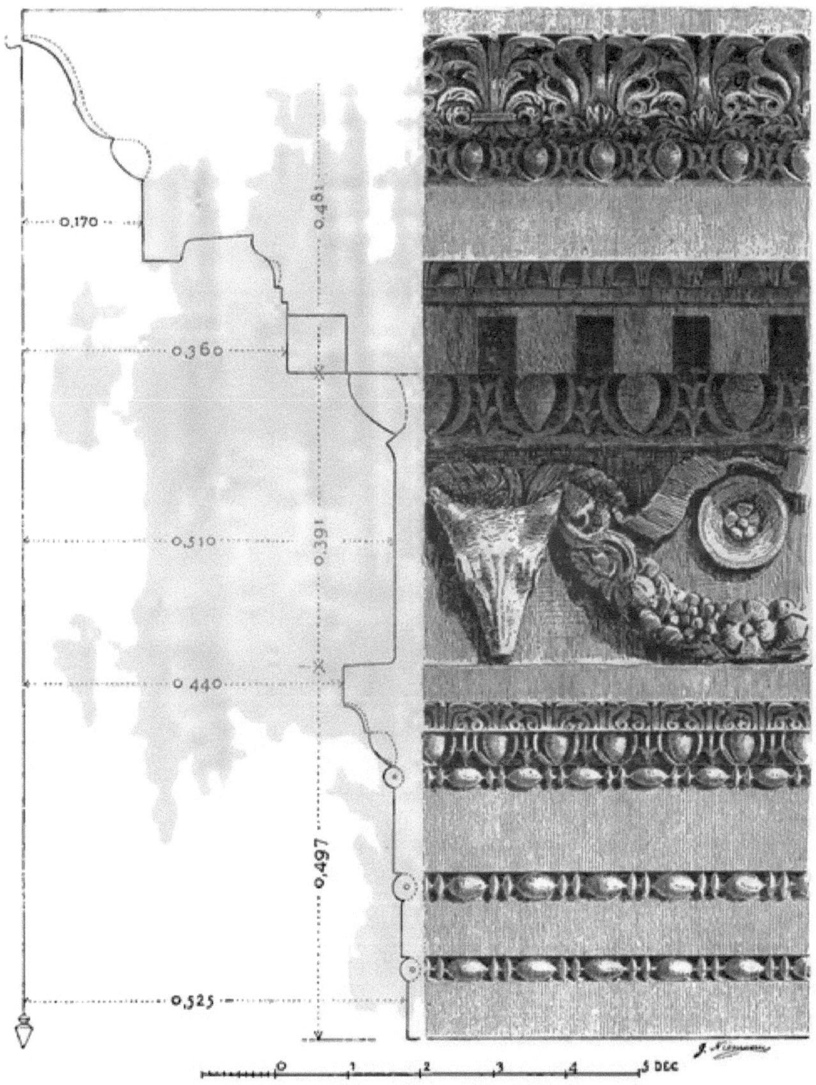

Fig. 86. Gebälk der unteren Ordnung an der Bühnenwand.

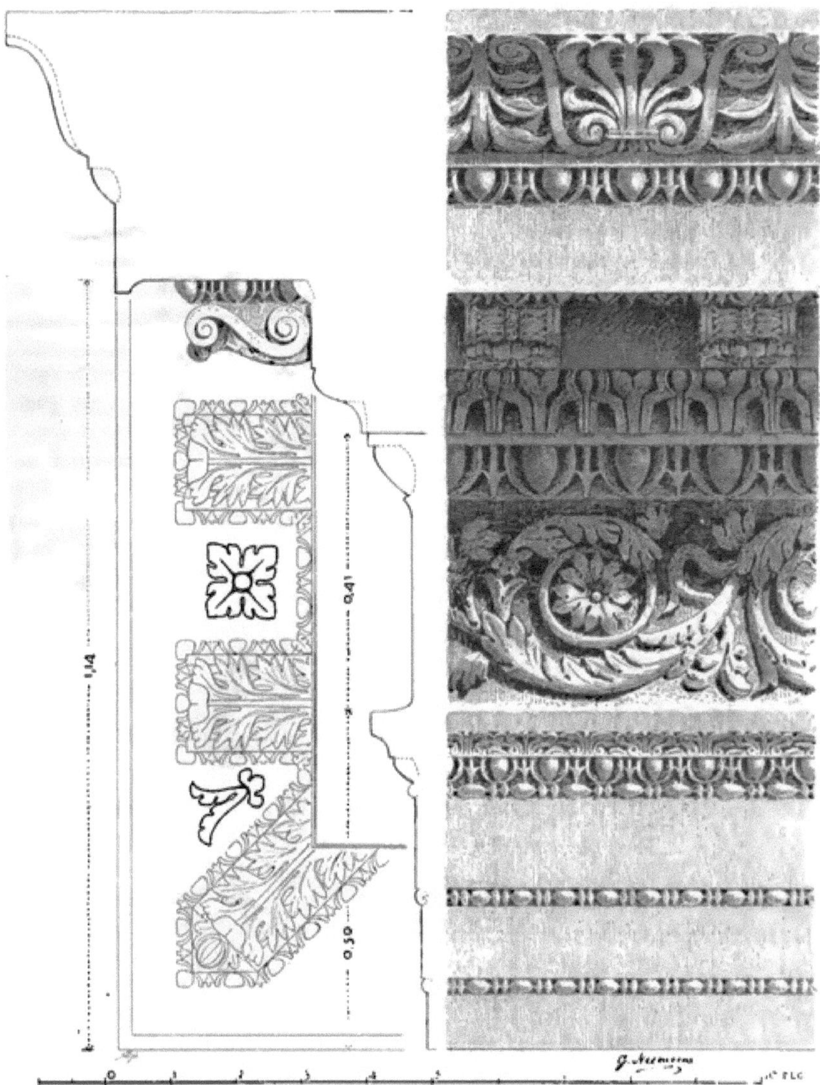

Fig. 87. Gebälk der oberen Ordnung an der Bühnenwand.

sobald diese entfernt wurden. Tafel XXVI zeigt die Anordnung und den Fugenschnitt der Verkröpfungen und Fig. 86 in geometrischer Zeichnung die Verhältnisse des Gebälkes der unteren Ordnung. Griechische Ueberlieferung ist die bedeutende Höhe des kräftig gegliederten Architravs; der schmale Fries ist mit Stierschädeln, Rosetten und Blumengewinden in stark vorspringendem Relief geschmückt; die Zahnschnitte sind gross; die Hängeplatte glatt, alle Zwischengliederungen sowie der Rinnleisten verziert. Diese Verzierungen sind ungewöhnlich tief unterarbeitet; das gilt besonders von den Eierstäben und den Perlschnüren am Architrav; bei den letzteren liegen die Schnüre selbst, kaum einen Millimeter stark, vollständig frei; die Zeichnung des Ornamentes am Rinnleisten ist im Einzelnen nicht überall gleich. Auf Tafel XXVI ist ersichtlich, dass die Architrave an der Innenseite der kastenartigen Verkröpfungen einfacher behandelt sind als aussen; die Unterflächen der Architrave sind mit schmalen eingesenkten Zierstreifen von verschiedener Zeichnung versehen und an entsprechender Stelle Löcher angebracht zur Verdübelung der Architrave mit den Säulencapitellen.

In der Unterfläche der Gesimsplatten befinden sich Cassetten. (Vergleiche den Grundriss in Fig. 89.) Auf dem Gebälke der unteren Ordnung liegt der niedere Stilobat der oberen Säulenstellung, in seiner Oberfläche sieht man die Zapfenlöcher zur Befestigung der Säulenbasen; die Löcher messen 0·035 M. im Quadrat, sind 0·06 M. tief und etwa 0·36 M. vom Rande des Sockels entfernt. Der Stilobat ist in gleicher Weise verkröpft wie das Gebälk, welches ihn trägt, nur über dem mittelsten Säulenzwischenraume geht er in gerader Linie durch und hier ist in die Ansichtsfläche desselben die Widmungsinschrift (64 *a*) eingemeisselt. Das Mittelstück dieser Inschriftsteine fehlt jetzt, doch zeigt der Fugenschnitt der beiden Endstücke ebenso wie die Inschrift selbst, dass es vorhanden war. (Fig. 89.)

Die obere Säulenstellung ist in derselben Weise angeordnet wie die untere; die Säulenhöhe beträgt hier 4·97 M. Es passt hierher ein vorgefundenes Säulenbruchstück von Granit, welches am unteren Ende 0·524 M. dick ist; die Säulen waren demnach etwa 9½ Durchmesser hoch. Zu diesen Granitsäulen gehört die oben erwähnte marmorne Basis, welche hieneben in Fig. 88 abgebildet ist. Capitelle fehlen. Das Gebälk der oberen Ordnung geben wir in Fig. 87. Auch hier ist der Architrav hoch, der Fries, mit fortlaufendem Rankenwerk verziert, dagegen niedrig. Unter der Hängeplatte sitzen Consolen, darunter ein doppeltes Kymation, aber keine Zahnschnitte. Die Verkröpfung der Gebälke wiederholt sich bei der oberen Ordnung, statt des horizontalen Gesimses aber trugen je zwei Säulen einen Giebel. Spitzgiebel wechseln mit

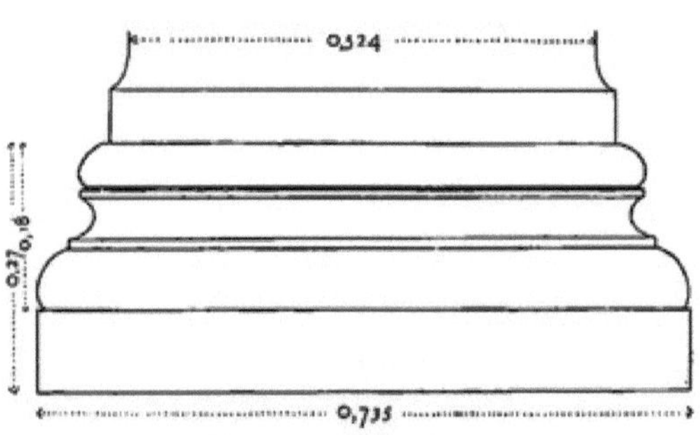

Fig. 88. Säulenbasis der oberen Ordnung.

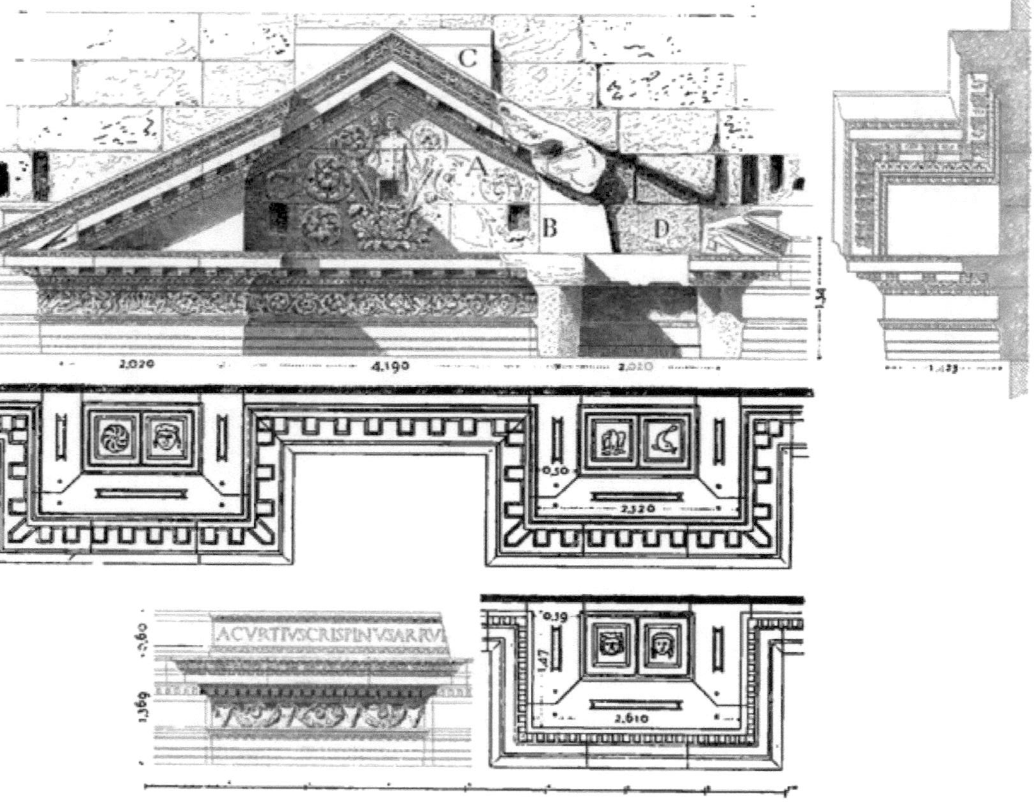

Fig. 89. Hauptgiebel und Bruchstück vom Gebälk der unteren Ordnung an der Bühnenwand.

kreisförmigen, die Säulenpaare an den Enden der Bühnenwand aber trugen einen einseitigen Giebel. Es ist dieses am linken Ende deutlich sichtbar, wo die Giebelecke und die Giebelfüllung, mit einem von unten nur halbwegs erkennbaren leichten Rankenwerk verziert, erhalten ist. An dieser Stelle ist auch der Architrav ganz vorhanden, und durch die an der Unterfläche sichtbaren Zapfenlöcher ist die Stellung der letzten Säule bestimmt. (Fig. 91).

Ueber den mittleren zwei Säulenpaaren baut sich ein Hauptgiebel auf, dessen Ecken verkröpft sind; eine Anordnung, welche sich dem Ganzen wohlgefällig einfügt. Das mit der Mauerfläche bündig liegende Giebelmittelfeld ist mit einem Relief geschmückt.

Fig. 89 zeigt den Giebel an der linken Seite ergänzt, an der rechten im jetzigen Zustande. An dieser Seite ist an Ort und Stelle die mit *B* bezeichnete Grenzlinie des verzierten Giebelfeldes deutlich sichtbar. Ungewöhnlich ist die Richtungsänderung der ansteigenden Giebellinie, welche bei *A* am Eierstabe deutlich zu sehen ist. Auf Tafel XXV (Facsimile einer vor der Natur ausgeführten Skizze) ist der Giebel ohne Berücksichtigung dieser Eigenthümlichkeit gezeichnet, da ich anfangs die Einbiegung für eine Folge von Setzungen und Verschiebungen im Mauerwerk hielt, wobei bemerkt werden muss, dass eine Untersuchung des Giebels in greifbarer Nähe wegen der Höhe desselben über dem Erdboden ausgeschlossen war. Unsere 8 M. langen Leitern erlaubten nur, auf das untere Gebälk zu gelangen und von hier aus mit der Messlatte die Hauptmasse der oberen Ordnung zu nehmen. Erst an den zum Zwecke weiterer Untersuchung aufgenommenen Photographien konnte ich manche Einzelheiten näher ins Auge fassen und war in der Lage, bei einem zweiten Besuche in Aspendos die Beobachtungen zu ergänzen.

Das mit dem Wandgebälk in gleicher Fläche liegende Giebelmittelfeld, mit einer Bacchusfigur zwischen Rankenwerk verziert, besteht aus mehreren in die Wand eingelassenen Platten. Der obere Theil des Feldes ist aus einem Stücke gearbeitet mit der Giebelspitze. Oberhalb der Linie *C* (Fig. 89) liegt die Ansichtsfläche dieses Steines bündig mit der Mauer, während der untere Theil um etwa 0·10 M., nämlich ebensoviel wie der Wandarchitrav und das Giebelfeld, vor die Mauer heraustritt.

Eine Sonderbarkeit ist die unsymmetrische Theilung des Ornamentes im Friese unter dem Giebelfelde, ganz unverständlich aber der an sämmtlichen Giebelecken sichtbare Einschnitt in der ansteigenden Hängplatte.

In Fig. 90 ist die Giebelverdachung einer der unteren Nischen dargestellt. Diese aus einem Stücke gearbeiteten Verdachungen bieten eines der eigenthümlichsten Beispiele freier Behandlung des herkömmlichen Gebälkschemas, und trotz einzelner Missverhältnisse (ist doch z. B. der Eierstab der Hängplatte viel zu klein im Vergleich mit dem Ornamente und der Perlschnur am Rinnleisten) ist das Ganze von feiner Empfindung. Besonders auffallend ist der niedere, mit durchbrochenem Ornamente bedeckte Fries und die Anordnung des Giebelfeldes mit blosser Andeutung der schräg laufenden Hängplatte. An der verzierten Unterfläche der Verdachungen befinden sich Zapfenlöcher und Gusscanäle zur Befestigung von Stützen. Die letzteren ruhten auf vorspringenden Sohlbänken, welche, aus einem Quader bestehend, wahrscheinlich mit Marmorplatten bekleidet waren. Diese Sohlbänke fehlen bei

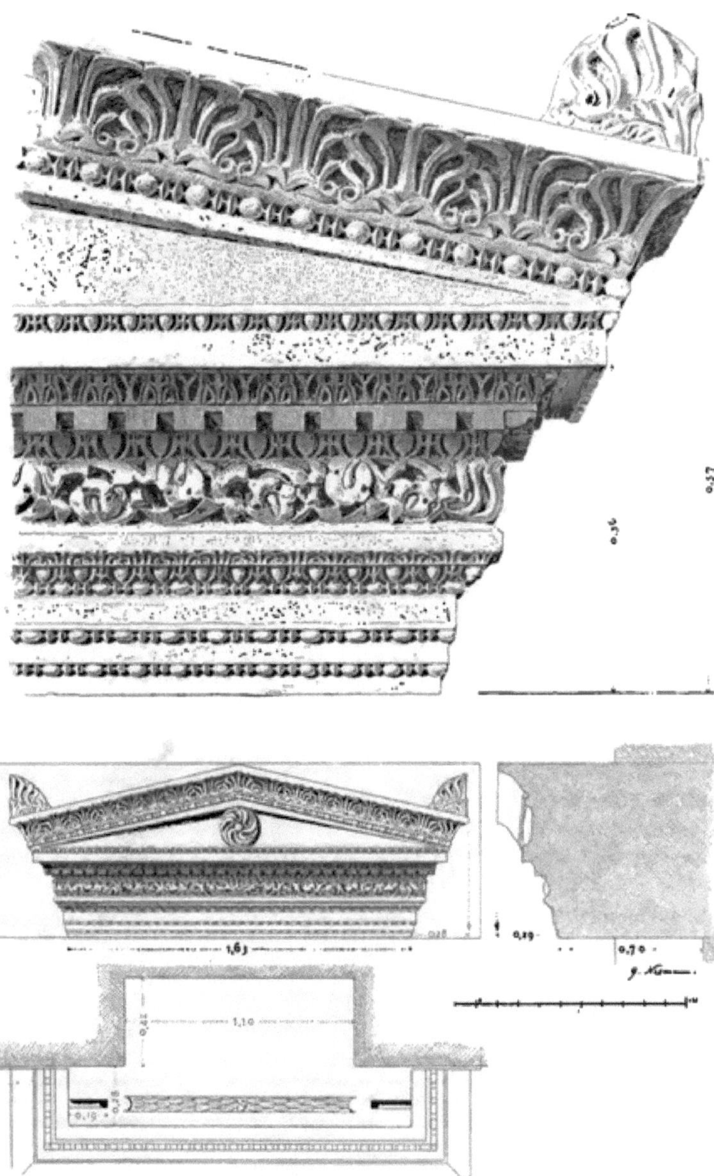

Fig. 90. Nischenverdachung von der Bühnenwand.

der oberen Nischenreihe; ich glaube, dass sie weggehauen wurden. Spuren, welche darauf hindeuten, sind bei einigen der Nischen bemerkbar.

Ich komme nun zu den Thüren und der Wandbekleidung. Vermuthlich waren Gewände und Sturz der fünf Skenenthüren in die Maueröffnungen eingebaut, so dass diese Oeffnungen bedeutend kleiner wurden, als sie jetzt sind, und die Thüren mitsammt der Verkleidung zwischen den vorspringenden Deckplatten der Säulenpostamente Platz fanden. Hinter den Säulen standen die zugehörigen Pilaster. Der Vorsprung der Wandarchitrave und demnach auch der Pilaster vor der Mauerfläche beträgt 10 Cm. Die Pilaster können aus Marmorplatten, welche der Mauer angeheftet wurden, bestanden haben, wenngleich Nagellöcher zur Befestigung derselben nicht vorhanden sind; es werden dagegen jene Vertiefungen, welche in etwa halber Säulenhöhe unter jedem der vorspringenden Architrave sich in der Wand befinden (siehe Tafel XXV, sowie Fig. 85 und Fig. 91), zur Befestigung der Platten gedient haben, indem inmitten eines jeden Pilasters ein stärkerer Stein in die Mauer eingriff. Diese Löcher sind jetzt zum Theile mit kleinen Steinen und Mörtel ausgefüllt, theils stecken in ihnen Stücke von Marmor- und Kalksteinplatten, welche mehr oder weniger herausragen.

Die Frage nach der Bekleidung der Wandflächen zwischen den Marmorwerkstücken ist mit Sicherheit nicht zu beantworten. Entschiedene Merkmale, dass diese Flächen mit Marmorplatten bekleidet waren, fanden wir nicht, dagegen entdeckten wir in einer der oberen Nischen eine kaum handgrosse Fläche mit glasirten Fliesen bedeckt, welche wir loslösten. Es sind drei kleine Platten von 2 Cm. Dicke, mit blauem Farbenüberzuge. Zwei derselben zeigen die Spuren eines schwarzen Ornamentes von mehr orientalischer als griechischer Zeichnung. Da diese Fliesen orientalischen Ursprunges sind und dergleichen an griechisch-römischen Gebäuden bisher nicht beobachtet wurden, so wird die Bühnenwand entweder in späterer Zeit durch orientalische Künstler einen neuen Ueberzug erhalten haben, der sich vielleicht auf die Nischen beschränkte, oder es benützte bereits Zenon, der Erbauer des Theaters, diese Erzeugnisse asiatischer Werkstätten. Die letztere Annahme wird anscheinend unterstützt durch den oben (S. 101) erwähnten Umstand, dass auch an den Nischen des Nympheums die Spuren der Plattenverkleidung vorhanden sind.[1]

Zur weiteren Ausschmückung der Bühnenwand, welche auf Tafel XXVII zur Darstellung gebracht ist, gehören noch die Bildwerke in den Nischen und auf den Giebelecken, sowie das Gemälde, welches ich unterhalb des Mittelgiebels angenommen habe. Statuen in den Nischen sind beinahe selbstverständlich, die Aufstellung anderer auf den Giebeln findet ihre

[1] Nach dem Ausspruche des Prof. Otto Donner v. Richter, welcher die Güte hatte, die am Theater zu Aspendos gefundenen kleinen Platten zu untersuchen, sind dieselben asiatische Fliesen von besonders schöner, durch Beimischung von Kupferoxyd hergestellter Färbung und vorzüglicher Ausführung der Email- oder Glasflussdecke. Die schwarze Farbe des Ornamentes liegt unter der oberen Glasur; die Masse, aus welcher die Fliesen bestehen, ist auffallend leicht und porös, hergestellt durch Mischung von Thonerde mit Bimssteinpulver, sowie mit verbrennbaren Stoffen, welche nach dem Brennen leere Räume in der Masse zurückliessen; das geringe Gewicht und die Zerreibbarkeit des Materials ist sehr auffallend neben der Härte des Kalkmörtels, welcher zum Einsetzen der Fliesen verwendet wurde und dessen Spuren an denselben sich finden.

Begründung in der Grösse der postamentartigen Ansätze auf den Giebelecken, das Gemälde aber in dem Umstande, dass diese Hauptstelle der ganzen Bühnenwand kaum ohne hervorragenden Schmuck geblieben sein kann, während hier jetzt nur glatte Quadermauer zu sehen ist, keinerlei Spuren aber einer plastischen Verzierung.

Fig. 91. Theil der Paraskenienwand und Gebälke der oberen Ordnung.

In auffallendem Gegensatze zu dem Reichthum der Bühnenhinterwand steht die Schmucklosigkeit der Flügelmauern und der daranstossenden Stirnwände des Zuschauerraumes. An den Paraskenienwänden bilden ausser den Thür- und Fensteröffnungen, welche jetzt der Einfassung entbehren, kleine Kragsteine aus Kalkstein den einzigen Schmuck. (Siehe obenstehende Fig. 91.) Diese Steine sind 0·24 M. hoch, 0·20 M. breit und springen etwa 0·10 M.

vor; es sind keine tragfähigen Consolen, sondern ein Schmuck, wie er sich öfter an spätantiken Bauten findet.[1]

Einen wichtigen Theil der Bühnenausstattung bildet der dachartige Schalldeckel, welcher das Logeion seiner ganzen Länge und Breite nach überspannte. An beiden Paraskenienwänden sieht man ganz oben eine schwache geradlinige Einkerbung, welche, nach der Bühnenwand geneigt, quer durch die drei oberen Quaderschichten läuft (siehe Tafel XXIV); es hat den Anschein, als entspreche diese Linie (*a b* in Fig. 92) der Neigung eines Daches, welches beiderseits an die Paraskenienwände anstiess und dessen Deckung einige Centimeter tief in die Mauer eingriff; diese Einkerbung ist das einzige Anzeichen, dass ein Dach über der Bühne sich befand, denn die verschiedenen Löcher, welche im oberen Theile der Bühnenwand zu sehen sind, haben damit nichts zu thun. Die untere Reihe schmaler, dicht aneinander gedrängter und zum Theil mit Mörtel ausgefüllter Löcher konnte erst eingearbeitet werden, nachdem die nicht in die Mauer eingreifenden Mittelstücke der Giebel hinuntergeworfen waren; auch die oben in den Pfeilern befindlichen, nicht in einer Höhe liegenden, etwa 0·25 M. tiefen Löcher halte ich für späteren Ursprungs.[2]

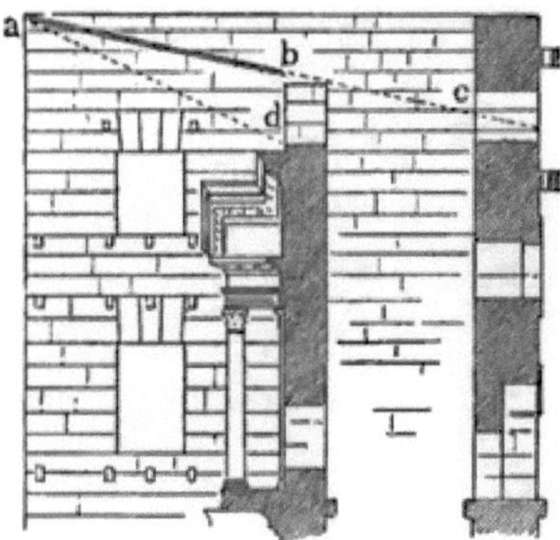

Fig. 92. Querschnitt durch den oberen Theil des Bühnengebäudes.

Mehr noch als die erwähnte Einkerbung in den Paraskenienwänden veranlasste mich das Beispiel des Theaters zu Orange, bei welchem gerade dieser Theil gut erhalten ist, zur Annahme eines Skenendaches.[3]

In Aspendos reicht die Bühnenmauer etwa 0·20 M. über die Spitze des Mittelgiebels hinaus; dann folgt eine Reihe von 17 nicht ganz regelmässig gestellten Pfeilern von 3·50 M. Höhe. Nur der untere Theil dieser Pfeiler, 1·75 M. hoch, ist aus Quadern regelmässig gefügt, der obere, aus gemischtem Mauerwerk von Ziegeln und Steinen, ist spätere Zuthat; ich nehme an, dass die Haupttragbalken des Bühnendaches bis zur Aussenmauer reichten, auf jenen Pfeilern der Innenwand aber einen Stützpunkt fanden; die Lage dieser Balken ist in Fig. 92 durch die Linie *a b c* angedeutet, die hölzerne Decke aber durch die Linie *a d*, denn nur im Punkte *d*, unmittelbar über der Spitze des Mittelgiebels kann diese Decke ansetzen. Ich halte es nicht für unmöglich, dass der Wasserabfluss von diesem Dache durch die obersten fensterartigen Oeffnungen in der Aussenmauer stattfand,

---

[1] Syrie centrale par le Comte de Vogüé I, pl. 6 und 15.

[2] Texier (Description de l'Asie mineure III, pl. 239) zeichnet die gedachten Löcher nicht dem Thatbestande gemäss; seine Wiederherstellung des Daches ist schon deshalb unmöglich, weil ein 7 M. weit frei vorspringendes schweres Holzdach nicht in den schwachen Pfeilern, welche die obere Endigung der Bühnenmauer bilden, seinen einzigen Halt finden konnte.

[3] Monuments antiques à Orange par Auguste Caristie, Paris 1856.

welche, wie oben erwähnt, von den eigentlichen Fenstern durch das Fehlen der Kalksteineinfassungen sich unterscheiden und deren Sohlbänke stark zerfressen sind. Sie mochten ausserdem als Aussteigöffnungen dienen für die bei den Zeltmasten beschäftigten Arbeiter. Bauliche Merkmale, welche diese Annahme unterstützen, kann ich nicht anführen; die Höhe der Mauer machte eine Untersuchung in der Nähe unmöglich.

Fig. 93 zeigt den Grundriss des Bühnenhauses in der Dachhöhe; nur die Bedachung der Paraskenien (*f*) ist mit Sicherheit nachzuweisen; sie waren mit einem Pultdache überdeckt, was aus der tiefen Lage des noch vorhandenen Traufgesimses hervorgeht (vergleiche auch Fig. 74).

Wenn wir oben die Möglichkeit einer Wiederherstellung der Bühnenwand durch asiatische Künstler ins Auge fassten, auf welche der Fund von Fliesen hinwies, so gibt es auch noch andere Anzeichen mittelalterlicher oder neuerer Benützung des Gebäudes. Zunächst sind die Köpfe, welche am Mittelgiebel auf der rauhen Bruchfläche des abgesprungenen Gesimses ausgemeisselt wurden (an der linken Seite sind drei, an der rechten ist ein Kopf sichtbar, Fig. 85), höchst wahrscheinlich Heiligenköpfe byzantinischen Ursprunges. Aus viel späterer Zeit stammt der Bewurf, welcher einem grossen Theile der Bühnenwand heute noch anhaftet und auch solche Theile bedeckt, welche wie die Kanten der Nischen und die Sockel ursprünglich keinen Mörtelüberzug haben konnten. Stellenweise ist der Bewurf mit einem grossen Zickzack-Ornament in rother Farbe bemalt, welches auch an der Aussenwand des Bühnenhauses auftritt; das Ornament, sowie der schwache Rest eines gemalten Wappens an der nördlichen Paraskenienwand deuten auf das spätere Mittelalter.

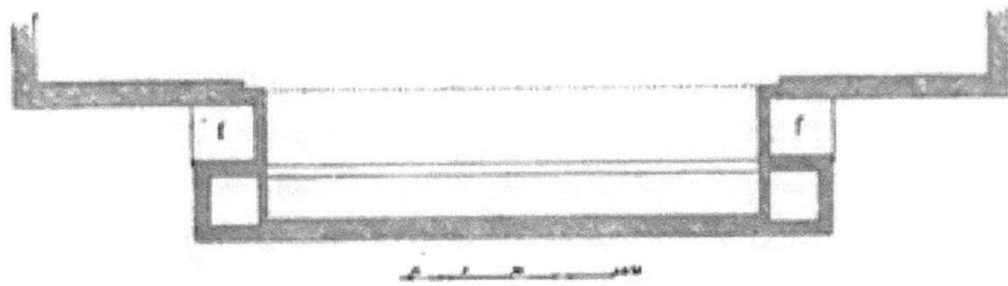

Fig. 93. Grundriss des Bühnenhauses in der Dachhöhe.

Wir erwähnen ferner die Zubauten an der Aussenseite der Stirnwände des Zuschauerraumes (Tafel XXII)[1] und endlich diejenigen Zeichen von Benützung des Gebäudes, welche der neueren Zeit angehören. Zu den letzteren gehören die schon früher erwähnten schmalen enggestellten Löcher unmittelbar über dem Gebälk der oberen Ordnung und die drei Vertiefungen, welche das Giebelfeld verunzieren, dann die Löcher in den auf der Bühnenwand stehenden Pfeilern; sie alle deuten auf ein in roher Weise hergestelltes Dach. Ferner sind einige der Zwischenräume, welche durch die vorspringenden Gebälke der unteren Ordnung gebildet werden, durch dünne Steintafeln überbrückt, zur Herstellung eines fortlaufenden Ganges. Endlich erwähnen wir am Zuschauerraume die Reste einer Brustwehr auf der kreisförmigen Aussenmauer. (Tafel XX.)

[1] Die von Texier gezeichneten Vorbauten an den Portalen des Bühnenhauses sind gleichfalls späteren Ursprungs.

Zum Schlusse muss besonders betont werden, dass an dem Bühnenhause in Aspendos keine Spur einer Vorrichtung sich befindet für die Befestigung beweglicher Decorationen. Es liesse sich auch nicht leicht Etwas denken, was dem Anbringen von hölzernen Gerüsten und bemalten Leinwanden grossen Massstabes so sehr im Wege stünde als die vorhandene Architektur mit den weit ausladenden Gesimsen.

Unter dem unmittelbaren Eindrucke dieser auch in ihrer Zerstörung noch gewaltig wirkenden Bühnenwand schwindet jeder Gedanke an die Möglichkeit des vollständigen Versteckens derselben während der Theatervorstellung, und welcher Art auch die Skenenausstattung der Alten gewesen sein mag, man begreift, dass das auch unter dem Zeltdache noch stattfindende Spiel von Sonnenlicht und Schlagschatten, welches der plastischen Architektur ihren Reiz verleiht, jeden Versuch, durch täuschende Malerei auf die Einbildungskraft der Zuschauer wirken zu wollen, von vorneherein hätte vereiteln müssen.

Zu den Besonderheiten des Gesammtbildes von Aspendos gehört der Aquäduct, welcher von den nordwärts gelegenen Bergen das Wasser der Akropolis zuführte.

Dieses Bauwerk ist derart angeordnet, dass das Wasser in geschlossenen Steinröhren von den Hügelabhängen in das Thal hinabfloss und bei der Akropolis wieder hinauf; nur die tiefste Stelle des Thales, eine etwa 850 M. breite Niederung, wurde auf einer Brücke übersetzt. Auf dem Rande dieser Niederung erheben sich beiderseits hydraulische Thürme, welche der Wasserfaden auf allmälig höher steigenden Gewölben erklimmen musste, um an der anderen Seite wieder hinabzufliessen. (Fig. 96 *A.*)

Diese Anordnung der Leitung nach dem Grundsatze der communicirenden Röhren ersparte den Bau von mehreren übereinanderstehenden Bogenreihen, welche nöthig wurden, sobald das Wasser in stetigem Falle über das Thal hätte hinweggeführt werden sollen. Der Zweck der hydraulischen Thürme aber ist die Entfernung der Luft aus der geschlossenen Rohrleitung und die Verminderung der Reibung in derselben; denn diese Thürme trugen kleine offene Behälter, in denen das Wasser zu Tage trat.[1]

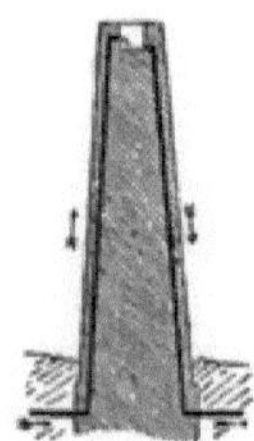

Fig. 94. Suterasi.

[1] Wasserleitungen nach dem Grundsatze der communicirenden Röhren beschreibt Vitruv im 6. Capitel des 7. Buches; doch erwähnt er nicht der hydraulischen Thürme; die Reste einer Leitung in geschlossenen Röhren sah Texier bei Patara in Lykien; eine solche antike Leitung befindet sich auch bei Lyon. Das wichtigste Beispiel einer Druckleitung, ähnlich derjenigen von Aspendos, ist aber der ältere Aquäduct zu Pergamon, wo Berggipfel die Stelle der Thürme vertreten.

Nach demselben System wie der Aquäduct zu Aspendos ist die Mehrzahl der Wasserleitungen von Constantinopel ausgeführt, Bauwerke, welche zum Theil schon von den griechischen Kaisern begonnen wurden. Hier folgt das Wasser der Quellen oder Sammelteiche (Bend) in Bleiröhren den Senkungen der Thäler. In Entfernungen von einigen hundert Metern sind Pyramiden errichtet, Suterasi (Wasserwaagen) genannt, auf deren Spitze ein kleiner Behälter sich befindet. An dieser Pyramide wird das Rohr hinaufgeführt, das Wasser tritt in den Behälter und fliesst an der anderen Seite in einer Röhre wieder hinab. Der Behälter im Suterasi dient dazu, das Wasser mit der Luft in Berührung zu bring. , ausserdem aber zur regelmässigen Vertheilung des Wassers, welches in Röhren von bestimmtem Durchmesser seitwärts abgeleitet werden kann.

Die beiden hydraulischen Thürme zu Aspendos erheben sich etwa 30 M. hoch über dem Boden, oben sind sie zerstört; ihre Breite beträgt 5·45 M.; im Innern führen Treppen hinauf; unmittelbar an die Thürme schliessen sich die Bogen, welche die Rohrleitung trugen. (Fig. 95 und Fig. 96 *B.*)

Fig. 95. Die Wasserleitung von der Akropolis aus gesehen.

Diese beiden Thurmbauten stehen 924 M. weit auseinander; zwischen ihnen übersetzte die Leitung in gerader Linie das Thal auf einer Brücke, von welcher noch 29 vollständige Bogen und eine Anzahl gebrochener Pfeiler erhalten sind. Die Brücke ist 5·50 M. breit, sie diente also nicht blos als Trägerin des Wasserrohres, sondern als gangbare Verbindung der Thalränder.

Die hydraulischen Thürme bilden Knotenpunkte, bei denen die Richtungslinie der Leitung sich ändert; der Grund dieser Richtungsänderung ist, dass man beim Bau der Brücke eine seichte Stelle des Thales zu benützen trachtete. Beim südlichen Thurme beträgt der Winkel etwa 125°; dieser Thurm, welcher von dem Rande der Akropolis etwa 130 M. entfernt steht, ist mit derselben noch jetzt durch eine Reihe von Pfeilern verbunden; dagegen ist der Anfang der Leitung, nämlich die Verbindung des nördlichen Thurmes mit dem Gebirge, nur auf eine kurze Strecke und nicht mit Sicherheit zu verfolgen; möglicherweise lief hier das Wasser in unterirdischen Canälen.

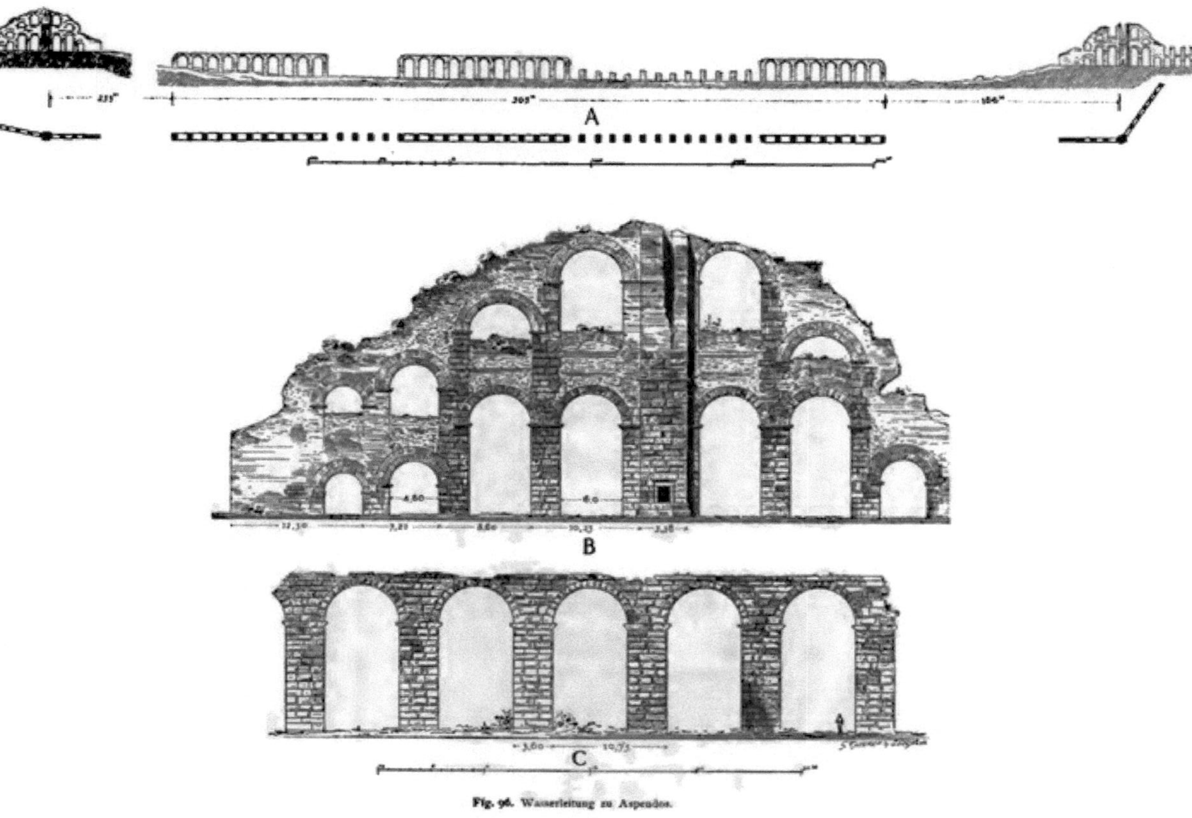

Fig. 96. Wasserleitung zu Aspendos.

Fig. 97. Wasserleitung zu Aspendos. Aufriss und Grundriss des südlichen hydraulischen Thurmes und der angrenzenden Bogen.

Der ganze Bau ist von vorzüglicher Ausführung; das Material ist zum grössten Theile Breccia, theils aber Ziegel; die Abmessungen im Einzelnen sind nicht unbedeutend. Bei der Brücke über die Thalniederung beträgt die Spannweite der Bogen etwa 7 M.; die Scheitelhöhe an der tiefsten Stelle des Thales etwa 14 M. (Fig. 96 *C*); die Pfeiler sind hier 5·50 M. dick und 3·60 M. breit. Zunächst den hydraulischen Thürmen ist die Stärke der Pfeiler und die Spannweite der Bogen geringer. Sämmtliche Pfeiler sind mit weitausladendem Kämpfergesimse versehen; bei den Pfeilern der Brücke ist dieses Gesimse nur unter der Bogenlaibung vorhanden; es ist hier nicht als Zierform, sondern allein als Träger des Lehrgerüstes für den Bogen zu betrachten.

Die oberen Theile der Thürme und die daran stossenden oberen Bogen sind, vermuthlich bei einer Erneuerung, in vorzüglichem Ziegelmauerwerk ausgeführt, ein Theil der Mauern aus Bruchstein mit Ziegelschichten wechselnd. Auffallend sind die geringen Abmessungen jenes Theiles des Aquäductes, welcher sich unmittelbar an die Akropolis anschliesst.

Die Wasserleitungsrohre selbst sind aus Kalkstein gearbeitet; wir fanden mehrere Stücke derselben, Steinwürfel von 0·86 M. Seitenlänge mit angearbeitetem Falz. Die lichte Weite des Rohres beträgt 0·28 M. An einem der Stücke bemerkte ich die Hälfte einer winkelrecht zum Rohre eingearbeiteten Oeffnung (*A*) von 0·16 M. Durchmesser. (Fig. 98.)

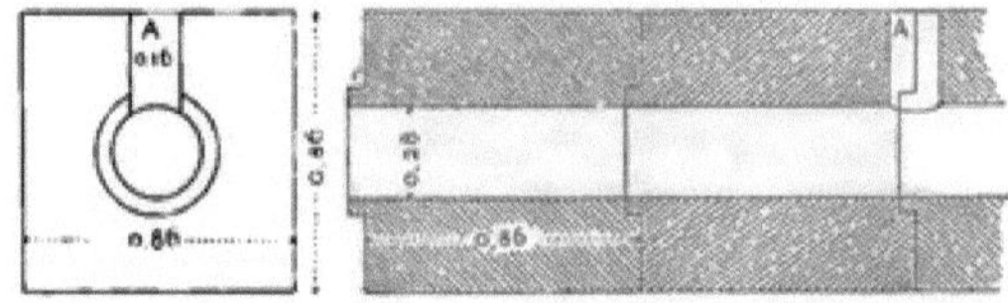

Fig. 98. Wasserleitungsrohr.

Wir beschliessen die Reihe der Bauwerke zu Aspendos mit der Abbildung der Brücke, welche eine halbe Stunde südlich von der Akropolis den Eurymedon überspannt und welche, merkwürdig dadurch, dass sie nicht in gerader, sondern in zweimal gebrochener Linie den Fluss übersetzt, eine besondere Bedeutung beansprucht als einzige Brücke innerhalb des flussreichen pamphylischen Gebietes. Die Ausführung dieser kühn gespannten Bogen dürfte gleich den mohammedanischen Bauten von Adalia auf persische Baumeister zurückzuführen sein.

Ein ungleich gewaltigeres Werk als die jetzt bestehende Brücke war der Römerbau, den sie ersetzt und von welchem am rechten Flussufer (links im Bilde) der Brückenkopf mit einer spitzbogigen Wölbung erhalten ist.

Fig. 99. Strand bei Side.

Side.

ährend die Mündung des Eurymedon von Sümpfen umgeben ist, zieht sich weiter östlich sandiger, mit Dünen besetzter Strand in langer, einförmiger Linie hin. Erst eine Stunde westlich von der Mündung des nächsten Flusses oder, wenn ich den von Beaufort (Karamania S. 145) beobachteten mitzähle, des zweitnächsten, des langsam fliessenden und heute befahrenen Manaw-gat-Su, d. i. des alten Melas, wird die einförmige Küstenlinie von einer kleinen flachen Halbinsel unterbrochen, die, nur 300 M. breit, etwa 800 M. sich gegen WSW. vorstreckt, das promunturium quod ab Sida prominet in altum, wie Livius 37, 23 sagt. Der felsige Unterbau dieser Landzunge aus harter Breccia, die ja auch westlich am Eurymedon bei Aspendos und weiter aufwärts an diesem Flusse um Selge offenliegt, zeigt sich nur an den zackigen, vom Meere bespülten und ausgewaschenen Rändern. Oben liegt überall sandiger, stellenweise versumpfter Boden, versumpft trotz des Mangels an quellendem oder fliessendem Wasser. Auch den Einheimischen ist nur ein Quell hier bekannt, nahe bei dem innersten Winkel der südlichen Bucht (bei *X* im Plan), kaum einen oder zwei Meter von der Grenzlinie des ruhigen Meeres entfernt und mit der See fast in gleicher Höhe. Da scharren sie ein Loch in den Sand, um dies alsbald mit süssem Wasser sich füllen zu sehen, und ein noch daneben liegendes Stück von einem Puteal zeigt, dass man auch vor Alters hier Wasser zu schöpfen verstand. Als ich im Herbste des Jahres 1884 erst in W. v. Hartel's Gesellschaft, dann allein mit einem alten Diener hier einige Tage verbrachte, war dies Wasser anfangs ganz befriedigend; bald aber setzte bewegte See ihm so viel Salzwasser zu, dass die damit bereiteten Speisen kaum noch geniessbar waren, und als wir 1885 in grösserer Zahl etwas über eine Woche hier verbrachten, musste das Wasser alle Tage von dem eine Stunde weit entfernten Manaw-gat beschafft werden. Der Wasserlosigkeit half im Alterthum eine grossartige Leitung vom Gebirge her ab; heute ist der Platz unbewohnt. Die völlige Einsamkeit in der grossartigen Umgebung des weiten herrlichen Meeres im Süden, der im Norden nahe hinter mannigfach bewegtem Vordergrunde aufsteigenden, östlich und westlich in dunstiger Ferne verschwindenden Berglinien verlieh diesem Aufenthalte einen wunderbaren Reiz. Ein gegen die Nordseite immer dichter werdendes, ja an den meisten Stellen völlig undurchdringliches Dickicht von Myrthen und Lorbern bedeckt die Halbinsel, deren sich selbst überlassene, immer treibende, immer vergehende Vegetation in dichtem Schatten unter sengender Sonne Fieberdünste haucht, die dem wackeren Daniell die tödtlich endende Krankheit brachten, auch der Unseren einen bald krank den Ort zu meiden nöthigten. Ob schon in unvordenklicher Zeit einmal Dünensand die felsige Landzunge überzogen, weiss ich nicht. Die jetzt von Südosten her, wie auf dem Plane zu sehen, landeinwärts rückende Düne muss ihre Wanderung zu einer bestimmten Zeit einmal angefangen haben. Mehr als 5 M. hoch ist die ebene Decke des feinen weissen Sandes, welche, westlich noch durch die Stadtmauer gehemmt, nördlich schon die halbe Breite der Halbinsel verschüttet und abgesperrt hat. Von dem südlichen Strande her fegt der Südostwind den Staubsand die Düne hinauf über die glatte Fläche hin, über grünendes Leben unmittelbar die weisse Todesdecke legend, bis an dem scharf abfallenden nördlichen Rande der Sand niederrutscht.

Nicht also reichliches Quellwasser war es, noch natursicherer Ankerplatz, in der nur halb geschützten nördlichen und der fast ungeschützten südlichen Bucht, was griechische Ansiedler hierher locken konnte: die Ursache, dass Aioler von Kyme, wie Strabo gewiss nach Ephoros meldet, sich hier niederliessen, war die leicht abzusperrende Landzunge, mit weiter Ebene und ins Innere des Landes führenden Thälern im Rücken und einer reichen, früh zu einem Mittelpunkte des Völkerverkehres gewordenen Insel fast im Angesicht.

Von der Geschichte der Stadt erfahren wir wenig; fast Alles bezieht sich auf ihre Bedeutung als Hafen- und Handelsplatz. Sie prägte reichlich schon seit dem sechsten Jahrhundert, griechisch im Bilde der Athena, ungriechisch in der Legende (s. oben S. 3, 2). Dass die Sideten indessen auch in der Zeit Alexanders des Grossen das Griechische nicht so gänzlich verlernt hatten, wie Arrian I, 26 berichtet, zeigt die Inschrift Nr. 106.

Der Besuch Alexanders, von welchem wir nichts weiter vernehmen, als dass er hier umkehrte, galt gewiss der Seestadt, deren Macht, wenn nicht schon damals, spätestens unter den Seleukiden durch die starke Befestigung gesichert wurde. Ihrer Rivalität mit dem benachbarten Aspendos ist bei diesem schon gedacht worden, ihre Seetüchtigkeit rühmt Livius (Polybios) 35, 48, wo er erwähnt, dass ihre Schiffe den rechten Flügel der von Hannibal befehligten, von den Rhodiern bei Side geschlagenen Flotte Antiochos' III. innehatten.[1] Schon damals, wie später, mag Side als Sclavenmarkt bedeutend und berüchtigt gewesen sein.

Die Ruinen von Side sind allein von Beaufort, Karamania[2], S. 147—162, genauer beschrieben, der auch zu S. 147 einen Plan gegeben hat. Fellows, Asia minor, S. 203, leiht nur der Enttäuschung Worte. Daniell bei Spratt und Forbes, Lycia II, S. 34, fand in flüchtigem Besuche Beaufort's Beschreibung correcter, und auch Hirschfeld II, S. 125, fügt kaum etwas Wesentliches hinzu. Die bei meiner Recognoscirung im Jahre 1884 empfundene Freude an dem Orte stellte sich im nächsten Jahre nicht wieder ein. Erneute Erkrankung Niemann's

---

[1] Später bei Appian, Libyke 123, 5, segeln die Schiffe der Sideten φιλίᾳ Σκιπίωνος mit den Römern gegen die Karthager.

war von Anfang an störend, entzog der Untersuchung alles Architektonischen die beste Kraft und nöthigte auch uns Andere, hier vorzeitig abzubrechen.

Nicht da, wo die Halbinsel sich zuerst eng zusammenzieht, hat das alte Side, wenn nicht etwa das älteste, von dem keine Spur vorhanden ist, seine Landmauer gezogen; erst spätere Zeit begnügte sich mit so viel kleinerem Raum und baute hier, vom Theater ausgehend, nach beiden Seiten seine Mauer aus altem Baumaterial. Die alte Stadt nahm ungefähr den doppelten Raum ein und reichte mit nicht wenigen Gebäuden, deren Ziegelmauern und Gewölbe man noch aus dem Gebüsch aufragen sieht, über den Mauerring hinaus ins Land. Ja, die oben S. 125 angeführten Worte des Livius klingen, als ob die Stadt der Hauptsache nach nicht auf der Halbinsel gelegen hätte. Mauern umgaben dieselbe ringsum. Auf dem schmäleren Theile der Halbinsel läuft die Mauer am Küstenrande, der südlich klippiger, nördlich — jetzt wenigstens — sandiger ist, hin, so nahe, dass man nur streckenweise aussen daran entlang gehen kann. Breiterer Strand umsäumt sie von da an, wo Stadt und Halbinsel sich verbreitern; doch mag das, wie namentlich an der Südseite deutlich ist, erst seit dem Alterthume eingetretene Versandung sein. Nur an wenigen Stellen hat sich auf der Südseite, etwas mehr an der Nordseite, namentlich bei *A*, von der ursprünglichen Mauer erhalten. Diese besteht auch hier aus starken Brecciaquadern, näher am Wasser aus Travertin, aber in geringerer Dicke. Nördlich bei *A*, wo die Mauer, auf tieferem Strande, nur auf niedriger Felsbasis aufsetzt, springt sie zweimal stufenartig zurück, über der oberen Stufe an einer Stelle noch neun Quaderschichten hoch. Nur einen Thurm hat diese Mauer, an der Südspitze. Hier tritt ein etwa 10 M. breiter, 15 M. langer Ausbau südlich abgerundet nach aussen vor, von dem allerdings nur die unterste, für sehr hohen Aufbau nicht hinreichend starke Quaderschichte erhalten ist. Mit den Thürmen der Landmauer hat dieser die Quermauer gemein, welche von dem grösseren halbrunden Hauptraum einen kleineren viereckigen Vorraum abtheilt. Der Thurm ist gerade zwischen einer kleinen, hafenartigen Einbuchtung und einer breiten und länger hinausgezogenen, von der Mauer ausgeschlossenen Felszunge angelegt; er sollte gewiss den zu diesem natürlichen Molo führenden Ausgang decken, der, etwa 3½ M. breit, im Plane fehlend, an der Ostseite des Thurmes liegt.

Weit an den meisten Stellen ist die Strandmauer nur in vielfältig restaurirtem Zustande erhalten, an manchen herabgefallen oder zerstört. Unklar blieb mir die Sachlage namentlich bei *E*, offenbar einem hervorstechenden Punkte. In die mit einer gewissen Symmetrie zweimal zurückspringende Mauerlinie scheint sich ein Säulenbau zu fügen, der an seinem südlichen Stylobat die Standspuren von 13 Säulen aufweist. Vermuthlich war es die Langseite eines umsäulten Tempels mit Sechssäulenfront (hexastylos peripteros). Die Tempelwand kann nun nicht, wie im Plan, die Mauer gebildet haben, zumal weiter südlich die Spuren einer Mauer zu sehen sind. Von der Ecke südlich von *P* nämlich läuft eine Brecciamauer auf die fast meergleiche Felszunge hinaus nach Süden, eine andere von gewaltiger Festigkeit hinüber nach Westen. Quadern von mehr als 2 M. Länge, ineinander gefalzt, um dem Andrang des Meeres Stand zu halten, bilden mit einer dahinterliegenden 0·70 M. breiten Schicht ein Fundament von fast 3 M. Stärke, das hier schwerlich als Hafenschluss oder Quaimauer, eher, wie mir scheint, als Fundament der Umfassungsmauer zu verstehen ist.

Weiter westlich hören die sicheren Spuren der Mauer am Strande auf. Von der Südwestecke sieht man in langer Linie durch das Wasser hin jetzt vereinzelte Steine aufragen, immer aber noch so weit zusammenschliessend, dass sich die breite Mündung in der Mitte des ersten Theiles deutlich abhebt. Während die Zeichnung Beaufort's offenbar mehr die nach unten auf dem Meeresgrunde ausgebreiteten Steinmassen wiedergibt, stellt die unsere den über dem Meeresspiegel aufragenden Hafenschluss dar. Dass dieser Hafenschluss nicht blos ein Steindamm, sondern zugleich die Fortsetzung der Stadtmauer gewesen, dies anzunehmen, hindert, soweit man, vom Lande aus schauend, urtheilen kann, nichts, empfiehlt dagegen die einfache Wahrnehmung, dass dies die kürzeste Linie war, und dass die Mauer, hier gezogen, ja auch den Hafen schützte. Der wie eine nachträgliche Erweiterung aussehende Theil *D* mochte freilich nur von einem Damm umschlossen sein. Es kommt hinzu, dass auf der ganzen Innenseite des Hafens von der Stadtmauer nirgends genügende Spuren zu sehen sind.

Unser Plan nun lässt auf den ersten Blick erkennen, dass wir den Hafen nicht blos ein Geringes über den jetzigen Ufersaum hinaus, etwa bis an die hinter diesem liegende Düne reichend, annehmen, wie es die Meinung der Früheren gewesen zu sein scheint, da sie über die Ausdehnung nichts weiter sagen. Es ist mir nämlich an Ort und Stelle völlig zweifellos gewesen, dass auch das Gebiet *C* innerhalb des Dünenwalles einst zum Hafen gehörte und vom Meere bedeckt war. Von der Düne abgesehen, ist das ganze Gebiet eine völlig ebene, wenig über den Meeresspiegel sich erhebende Fläche, sandig und fast frei von Vegetation, aber, von ein paar oben aufliegenden, hingeschleppten Stücken abgesehen, auch stein- und trümmerfrei, wie es auf einem an den alten Hafen anstossenden Stadtgebiet unmöglich sein könnte. Rings am Rande dagegen steigt das Terrain sofort an, und an der Grenze sind Reste von Ummauerung, und zwar von Quaimauern nach mühsamem Suchen gefunden worden. Denn das alte Hafenbassin ist zunächst in bezeichnender Weise von einem dichten Gürtel hoher Canna, weiter von dichtestem Gestrüpp umsäumt.

Die ganze Halbinsel hat nun allerdings nicht das Aussehen, als wäre dieser Einschnitt ein ganz natürlicher. Die geradlinigen Abschnitte wenigstens können nicht anders als künstlich sein; aber wo könnte man auch besser und leichter das Material für die Mauern der Stadt und namentlich für die Hafensperre, soweit es Breccia war, gewonnen haben, als bei Erweiterung und Austiefung dieses Hafenbassins.

In der Umgebung desselben würden sich sicherlich Reste von Gebäuden, wie sie in antiken Häfen angelegt wurden, Stoen u. s. w. finden;[1] für die schwierige Nachforschung in dem Dickicht hat die Zeit gefehlt. Der bei *Y* über die Hafendammlinie vorspringende Quaderbau mit einer antiken Cisterne ist nicht näher zu bestimmen. Von den grossen Anlagen zwischen *C* und *N* auf der Südwestecke der Halbinsel wird nachher zu sprechen sein. Zunächst bleibt noch die Landmauer zu betrachten.[2]

---

[1] Die Münze Galliens (Donaldson, Architectura numismatica S. 342, N. 91) zeigt den Hafen rings von Arkaden umgeben.

[2] Die kurze, durch eine Abbildung Karamania S. 139 unterstützte Beschreibung Beaufort's lässt doch wesentliche Dinge aus.

Von dem Südosttheil dieser Mauer abgesehen, welcher in der Düne grösstentheils begraben, stellenweise nicht einmal sichtbar ist und stärkere Veränderung erlitten zu haben scheint, hat das Uebrige einen einheitlichen Charakter und ist hie und da über 10 M. hoch erhalten. Der von *m* an geradlinige Verlauf, nur bei *d* im stumpfen Winkel gebrochen, zeigt, dass Terrainbeschaffenheit für den Lauf nicht massgebend war. Der Boden ist in der That fast eben, nur von *g* an nach Norden steigend, die Steigung in der Mauer sich wiederholend.

Die Mauer, ursprünglich aus Breccia von einer gröberen, seltener dazwischen von einer feineren Art erbaut, später mit Mörtel, Ziegeln u. s. w. geflickt, ist an sich 0·60 M. dick. Die Quadern, im Durchschnitt 0·50 M. hoch, sind, nicht ganz regelmässig wechselnd, als Läufer und Binder gelegt. Zwischen den Thürmen *g* und *f* zählte ich von aussen sehend über 13 Lagen eine vierzehnte, deren untere Hälfte als Gurtgesims vorkragt, darüber die dritte mit der oberen Hälfte vorkragend, darüber weitere drei Lagen mit einem dritten Gurtgesims, worauf Zinnen folgten. Wo die Mauer zwischen den Thürmen *g* und *f* stufenweise ansteigt, springen auch die Gurtgesimse; zwei solcher Stufen, 5 M. auseinander, habe ich angemerkt. Ungefähr, aber, so viel ich sehe, nicht ganz, entsprechen die unteren Gesimse den Mauereingängen innen. Hier ist nämlich die Mauer unten durch Pfeiler in axialem Abstande von 5 M. verstärkt. Die beiden obersten Quaderschichten der Pfeiler kragen nach drei Seiten vor und die darauf folgende Steinschichte bildet längs der Mauer einen Wehrgang von 1·70 M. Breite. Oberhalb der den Gang bildenden Schichte ist die Mauer wieder durch Pfeiler verstärkt, welche im halben Abstande jener unteren angebracht sind und nur 0·60 M. Breite haben. Sie tragen einen zweiten Wehrgang, von welchem aus man, durch Zinnen gedeckt, die Angreifer beschiessen konnte, während für die auf dem unteren Wehrgange Stehenden zwischen je zwei Pfeilern zwei Schiessscharten angebracht waren, und zwar eine durch zwei Lagen reichende von 1·10 M. Höhe und 0·10 M. Breite gerade in der Mitte und eine kleinere von halber Höhe und Breite, welche in der Ecke am Pfeiler sitzt und durch jene auffallendere gewissermassen maskirt ist. Ausserdem habe ich, allerdings nur zwischen *g* und *f*, Schiessscharten auch unterhalb des unteren Gurtgesimses angemerkt und meine dieselben auf einer Photographie wiederzuerkennen, allerdings in einer Höhe, die mir den Zweck räthselhaft erscheinen lässt, es sei denn, dass die Mauer innen durch Aufschüttung minder hoch wäre. Die Pfeiler sind an den beschriebenen Stellen stark zerstört, und das mag schon im Alterthume veranlasst haben, die flachen Gewölbe in etwa 7 M. axialem Abstand vorzulegen, die nun einen um 2 M. breiteren Umgang gewährten. Diese Gewölbe, die ich, von Süden her der Mauer nachgehend, zuerst zwischen Thurm *i* und *h*, dann sehr wohl erhalten zwischen *h* und *g* bemerkt habe, finden sich in Beaufort's Abbildung als normaler und ursprünglich zugehöriger Bestandtheil, während ich nicht nur stellenweise nichts von ihnen bemerkt und anderswo ausdrücklich ihr Nichtvorhandensein beobachtet, sondern auch einmal ausdrücklich die Thatsache ihrer späteren Zufügung notirt habe.

Die Thürme, welche durchaus nicht gleich sind, weder in der Form — es finden sich ganz und halbrunde, sowie viereckige —, noch an Grösse — die meisten haben 7—10 M. Seitenlänge —, noch in Bezug auf den Abstand von einander, welcher dem Plane nach zwischen 35 und 65 M. schwankt, haben 2 M. starke Mauern, und innen eine Theilung, welche durch eine der Hauptmauer parallele Zwischenmauer bewirkt wird.

Thore und Pforten hat **Beaufort** ausser dem Hauptthor noch zwei angegeben: eines der Molenanlage bei *F* entsprechend, ein zweites nördlich von *X* etwa in der Richtung von *af*; richtig vielleicht, obgleich von wirklich antiken Thorbauten hier nichts zu sehen ist. Mit gleichem oder grösserem Rechte ist der deutlich erkennbaren langen Gasse entsprechend bei *O* ein Ausgang anzusetzen; ferner bei *p* und *q*, wo auch jetzt Eingänge sind, bei *p* allerdings ohne alles antike Aussehen, bei *q* dagegen in der Maueranlage gegeben. Das Theater und die grossen Anlagen *L M* mit der sie verbindenden Strasse scheinen auch von Aussen her Zugang zu heischen. Von allen das wichtigste ist ohne Zweifel das Landthor *n* gewesen, auf welches die beiden Hauptstrassen der Stadt zuführten, und dem gegenüber das prächtige Nympheum liegt. Der im Plane gegebene Grundriss des Thores, ohne Hilfe eines Architekten gemacht, auch ohne Ausgrabung und Abholzung des dichten Gebüsches, das den Bau umgibt und theilweise bedeckt, kann, zumal bei der starken Zerstörung, nur als annähernd richtig gelten. Nicht zu zweifeln ist an den flankirenden Thürmen *e* und *f*, an dem halbkreisförmigen Thorhof hinter ihnen und an den an der Stadtseite angebrachten, etwa 3 M. von einander stehenden Strebepfeilern. Ausser der Verstärkung der Mauer mochten diese Strebepfeiler, falls der Thorhof oben offen war, auch den anderen Zweck haben, einen Wehrgang zu tragen, wie dieses bei der Mauer der Fall ist. Für die Verengung des Einganges durch zwei kleine Nebenthürme und einen Mittelpfeiler ist wenigstens in drei parallelen, nordöstlich gerichteten kurzen Mauerstücken und bei dem südlichen auch in einer Verbindungsmauer ein Anhaltspunkt gegeben. Die Durchlässe des Halbrundes habe auch ich in der Wirklichkeit nicht zu erkennen vermocht. Im Grossen und Ganzen hat das Thor mit denen von Perge und Sillyon bedeutende Aehnlichkeit.

Innerhalb des Thores liegt zunächst ein freier Platz, jetzt allerdings zum Theil von Trümmern bedeckt. Auf diesen münden, auffallenderweise nicht genau auf die Hauptachse des Thores zugehend, zwei grosse, hier zusammentreffende Hallenstrassen, deren innere Säulenreihen zusammenstossen, derart, dass die Sockel in abgestumpftem spitzen Winkel sich vereinigen. Der Lauf beider Strassen lässt sich verfolgen, die NS.-liche weniger sicher als die andere; nur an einer Stelle derselben habe ich einige Masse nehmen können. Die Gassenbreite beträgt gegen 9 M. von Säulensockel zu Säulensockel. Den Sockel fand ich an der Ostseite der Strasse erhalten, dahinter eine hochgestellte Platte, einen niederen und einen höheren Gang scheidend durch eine Art Bank, die mit einer beiderseits profilirten Platte noch etwas über den höheren Gang aufragt; der niedere Gang 0·89 M., der höhere 1·24 M., die Bank ohne die Ausladung von 0·10 M. der Platte 0·31 M. breit. Hinter der Säulenreihe lief eine Mauer mit Thüren, welche circa 5 M. auseinander standen; hinter dieser eine zweite Mauer, etwa 5 M. von der ersten entfernt. Säulenstandspuren habe ich hier nicht gesehen, wohl aber an einer Stelle nahe bei einander vier korinthische Marmorcapitelle, 0·52 M. hoch und unten 0·46 M. im Durchmesser. Auch eine attische Basis lag beim nördlichen Anfang der Strasse und bei einer Fundamentecke die Ecke eines Dachgesimses mit Zahnschnitten und wulstig profilirtem Rankenfries. Es ist mir zweifelhaft, ob diese Hallenstrasse bis zur Quergasse *t*, wie im Plane, sich fortgesetzt hat. Ich habe sie durch das Gebüsch hindurch bis etwa zu dem Punkte verfolgt, wo im Plane ein *G* steht und wo unter spitzem Winkel eine andere, 10 M. breite Strasse, erkennbar an Resten des Sockels, abzweigt. Von hier weiter nach Süden fand ich den Boden mehr trümmerfrei.

Die zweite der beiden am Thore mündenden Hallenstrassen lässt sich dagegen in völlig sicherer Continuität durch das Gebüsch hin bis an einen freien Platz nahe der Küste verfolgen, geradlinig erst gegen WSW., dann gegen SSW., zu dieser Biegung augenscheinlich durch das Theater veranlasst. An Breite ist diese Strasse wohl der anderen gleich; ich mass hier genauer 9·30—9·50 M. Die Axweite der Säulen war an mehreren Stellen, wo zwei oder drei Basen in situ sich befanden, genau zu bestimmen: 2·25 M., 2·40 M., und einmal mass ich zwei Intercolumnien zusammen mit 4·70 M. Ich fand Stufen von grauem Kalkstein, zwei übereinander, auf der oberen einmal den Scamillus für die Säulenbasis 0·71 M. im Durchmesser; ferner Schäfte aus grauem Marmor und rothem Granit — letztere in der Nähe des Theaters — von 0·64 M. Durchmesser. Von dem Oberbau habe ich nichts gefunden, wie auch die hinter den Hallen natürlich vorhandenen Verkaufsbuden hier nicht genauer constatirt werden konnten. Am südlichen Ufer, bei *O* hart über dem Meere, befindet sich jener S. 127 erwähnte Stylobat. Es liegen noch 25 Platten, die erste und dritte tragen noch jetzt je eine attische Basis, weiterhin zeigt jede zweite bis zur letzten ein Dübelloch in der Mitte. Axweiten mass ich von Westen her: 1 : 2·31 M., 2 : 2·33 M., 3 und 4 : 4·66 M., 5 : 2·47 M., 6 : 2·39 M., 7 : 2·33 M. Es fanden sich ein glatter Schaft und ein Epistyl aus weissblauem Marmor. Alles spricht dafür, dass die Reihe der Platten nicht länger war als jetzt, und dass sie den Stylobat der südlichen Säulenhalle eines sechssäuligen ionischen oder korinthischen Tempels bildete. Seine Grösse, seine ausgezeichnete Lage, auf das Meer hinausschauend — denn wenn auch unten südlich, wie oben angenommen ist, die Stadtmauer lief, so konnte diese kaum hoch genug sein, um den gewiss 20—30 Fuss höher gelegenen Tempel zu verdecken — berechtigt, hier den Tempel der Athena anzusetzen, dessen Strabo gedenkt ἔχει δ' Ἀθηνᾶς ἱερόν, umsomehr, wenn man in einem der Reliefs am Nympheum (siehe unten) Athena als eine über das Meer gekommene Göttin, die sie ja wohl auch war, erkennen darf.

An der Ostseite des Platzes liegt ein kleines Heiligthum ungewöhnlicher Form, die trotz aller Hinderung durch das die Ruine ganz ausfüllende Dickicht und trotz fehlender Hilfe des Architekten der Hauptsache nach klar geworden ist: eine im Osten halbkreisförmig geschlossene Cella, innen etwa 10 M. tief und 14·30 M. breit, mit einer 4·14 M. tiefen Vorhalle. Die Mauern waren von Breccia, mit Travertinplatten verkleidet. Von den Säulen fanden wir nichts, aber eine attische Basis von weissem Marmor lag rechts von dem Mitteleingange an ihrem Platze. Ob nun das Heiligthum zwei Säulen hatte zwischen Anten oder vier Säulen vor der Front, blieb mir ungewiss. Wir fanden ein korinthisches Capitell von 0·52 M. Durchmesser und 0·54 M. Höhe, ohne Deckplatte. Zwei Stufen waren sichtbar, eine obere mit 0·58 M., eine untere mit 0·45 M. Auftritt, jene 0·25 M. hoch. Wahrscheinlich sind weitere Stufen unter dem Schutt und Gestrüpp verborgen, da der ganze Bau auf hohem Sockel zu liegen scheint und die Cella unterwölbt ist. Ein Marmorthürsturz: drei Fascien, je mit Perlstab, zwei lesbische Kymatia, Fries, Perl- und Eierstab, ist 2·55 M. lang, 0·70 M. hoch. Das Epistyl ist ionisch mit zwei Fascien, darüber Rankenfries, Hängeplatte mit Zahnschnitt. Wir fanden ferner Cassettenplatten, ein Stück 1·18 M., ein anderes 1·75 M. breit und 3·50 M. lang; dann ein linkes und ein rechtes Giebeleckstück, ein ganzes, 3·60 M. langes Tympanum mit einem Menschenkopf in der Mitte. Ein ähnliches Tympanon, welches ich in Kremna gefunden, mit dem verschlissenen Brustbild eines Mannes (?) mit spitzer Mütze und der Mondsichel hinter den Schultern, macht mich glauben, dass auch dieses Heiligthum in Side dem Men gegolten, für den die halbrunde Form des Grundrisses, wie die Orientirung gegen Westen (295°) passend scheint und der sein Ansehen in diesen Gegenden in zahlreichen von ihm hergeleiteten Eigennamen wie in Münzbildern[1] bekundet.

Die grösste Bauanlage liegt westlich von jenem freien Platz, dem kleinen Heiligthume des Men (?) gegenüber. Hier ist der glänzendste Bau des alten Side, ein grosser Marmorbau, anscheinend in einen späteren einverleibt. Antik sind die Plinthen, Basenstücke, eine Anzahl Säulenschäfte mit angefangener Cannelirung, auch Theile von Gebälk und Giebel; die Lage der Plinthen zu einander und zu den deutlichen Theilen des Stereobat zeigt, dass jene meist ihren ursprünglichen Platz behaupten. Eingeschlossen wird diese grosse Area nördlich von einer ausgedehnten Anlage *g g*, deren kleine Innenräume mich an eine spätere Bäderanlage denken liessen und der im Süden Nischen bildende Arkaden vorgebaut sind. Der benachbarte viereckige Raum mit einem leider nicht zugänglichen runden Treppenthurm dahinter, gehört schon in den Bereich einer Basilika *ff*, deren nördliches Seitenschiff westlich durch eine grosse Marmorthür sich öffnete; diese liegt in der von dem Rundthurme herkommenden Mauer, daher öffnet sich das viereckige Gemach mit zwei kleineren und einem grösseren Bogen auf dasselbe Seitenschiff. Südlich grenzen an die „Basilika" mit ihr verbunden zunächst ein oblonges Gemach, aus dem wieder ein breiter Durchgang in den letzten quadraten Raum führt, der von zierlicher Raumdisposition und von einer Kuppel über dem centralen Quadrat überwölbt ist. Die Absis der Basilika liegt zwischen zwei quadraten Gemächern, Nebenräumen des Sanctuariums, welche in den Axen der Seitenschiffe liegen.

So gewiss nun hier verschiedene Zeiten nacheinander und ineinander gebaut haben, so schwierig ist es, die späteren Zuthaten von dem früher Vorhandenen zu scheiden. Mir ist es, allein, wie ich war, in knapper Zeit, bei der Unmöglichkeit freier Bewegung in der trümmervollen Basilika und des Ueberblickes über das innerhalb und ausserhalb derselben Befindliche, nicht möglich gewesen, eine klare Vorstellung zu gewinnen. In der Basilika stehen rechts und links von der Absis zwei Säulenbasen von denselben Massen wie die draussen befindlichen, dazu passende Schäfte liegen weiterhin in einer Reihe mit der nördlichen dieser Basen. Sie haben dieselben Masse wie jene anderen, welche nördlich von der grossen Säulenarea liegen. Sind diese Säulen verschleppt zum Bau der Basilika oder hat diese sich in einen Theil des Säulenbaues eingefügt? Das erstere schien mir, namentlich wegen der hohen Aufstellung zweier Basen bei der Absis wahrscheinlicher. Ich weiss nicht, ob die links von der Arkadenmauer in einer Fluchtlinie und in ziemlich gleichen Abständen liegenden sieben Säulenschäfte,

---

[1] Mionnet, Suppl. VII Side, N. 226. Sillyon N. 253. 264 f.

etwa dort liegen, wo sie ihren Standplatz hatten; und schliesslich kann ich auch die von mir, so gut als ich es vermochte, aufgemessenen, noch in situ befindlichen Basen nicht in ein System bringen. Von dem Aufbau fand ich an der Südwestecke ein rechtes Giebeleckstück, nicht weit davon ein Frieseckstück und eine Vase aus Stein, gewiss das Akroterion, welches einst auf jenem Gesimseckstücke stand. Das Material dieser und aller folgenden Theile, ausgenommen das Akroterion, ist weisser Marmor. Das Capitell ist korinthisch, die etwa 9 M. langen Säulen sind unfertig. Von Architraven habe ich nichts gesehen. Der Fries, 0·45 M. hoch, ist mit maskenartigen Gorgoneien verziert, die getrennt sind durch triglyphenartig geschlitzte Consolen. Die Gorgonen haben Flügel und an den schmalen Wangen herabhängende Haare, den Mund maskenartig geöffnet. Am Gesims folgen von unten nach oben: Zahnschnitt, Astragal, lesbisches Kyma, Platte, Eierstab, Palmetten mit Löwenköpfen. Am Giebeleckstück hat das gerade Geison 0·235 M., das schräge 0·25 M. Höhe. Die Vase, die ich für ein Akroterion halte, ist aus dunklem, porösem (Lava?) Stein, 0·94 M. hoch, der Sockel 0·82 M., das Gefäss selbst an dickster Stelle 1 M. im Durchmesser und hier mit emporgerichteten Lotosblüthen und Knospen verziert. Aelter als das zweite Jahrhundert n. Chr. dürfte der Bau kaum sein.

Gehen wir die der einen Hafenseite fast parallele Hallenstrasse, vom Athenatempel (?) her, gegen Norden, so lassen wir in einigem Abstande links und rechts spätrömische oder byzantinische Ruinen liegen. Weiterhin zweigt westlich eine Strasse ab, nach dem Umstande, dass hier viele Säulen liegen, zu schliessen, auch eine Hallenstrasse. Beim Theater schlägt dann die Hauptstrasse eine andere Richtung ein. Hier liegen namentlich Granitsäulen,[1] den Lauf beider Hallen bezeichnend. Nicht wenige derselben sind in verschiedenen Stadien der Verarbeitung zu grossen Geschützkugeln liegen geblieben. Diese Granitsäulenreihe reicht bis zu einem mittelalterlichen Thor nordwestlich vom Theater; in dieses Thor ist als horizontaler Sturz unterhalb des offenen Bogens ein 3—4 M. langer Steinbalken eingelegt, der einst als Pfosten (vertical stehend) diente, mit der Inschrift Nr. 107^a. An dieser Stelle ist ringsum, namentlich südlich und nördlich, ein undurchdringliches Dickicht zwischen allerlei Ruinen aufgeschossen, besonders um ein kleines Castell, das zwischen *c c* und *B* im Plane steht. An dessen Südseite lagen umgeworfen zwei niedrige Säulen auf achteckigen Postamenten. An denselben befand sich je eine Inschrifttafel, eingefasst von Reliefdarstellungen, letztere waren nur zu einem Theile, die Inschrift aber fast gar nicht mehr sichtbar. Nur ΜΟΑΕ las ich auf der ersten Tafel, gegen die von links eine Löwin anspringt, während unter der Tafel drei Gladiatoren mit grossen Schilden nach rechts sich bewegen, ohne dass das Einzelne der Bewaffnung deutlich wäre. Bei der Tafel der zweiten Säule sieht man rechts einen sitzenden Löwen, darunter sind die unförmlichen Gestalten zweier Gladiatoren, von denen der rechts stehende sein Messer dem andern in den Unterleib stösst. Dieser hat die Beine mit einem netzartigen Stoff umwunden und hält dem Ersteren etwas wie einen Panzer entgegen. Diese Säulen von verschiedener Grösse, die eine 2·13 M., die andere 1·81 M. hoch, scheinen darnach als Einzelsäulen zum Andenken an μονομαχίαι und κυνηγέσια, die ja öfter genannt werden, gesetzt zu sein.

[1] Von dieser Halle oder der für die Strasse W angenommenen stammen wohl viele der Granitsäulen, welche unter der nördlichen Strandmauer am Wasser liegen.

Dass von *q* her, wie im Mittelalter, so auch im Alterthum eine Strasse herkam und hier die Hallenstrasse kreuzte, ist schon gesagt. Sie musste auf den viereckigen Platz nordöstlich unter dem Theater führen, wie auf der entgegengesetzten Seite *a a*, von *M* herkommend, auch im Plan angezeigt ist. Dieser nicht ganz quadratische, sondern, wie wiederholte Messungen ergaben, etwas schiefwinkelige Raum war zunächst, auf drei Seiten wenigstens (Nord, Ost und Süd), von Säulenhallen umgeben. An der Südseite liegen einige Säulen von Granit, wie sie gefallen sind, am Boden, zum Theile neben ihren Basen, mit sechsseitiger Plinthe, deren zwei, die zweite und dritte, die ich, nach Osten hin suchend, fand, in situ liegen; die Axweite beträgt 2·65 M. Die Granitsäule daneben misst im oberen Durchmesser 0·59, bei 5·54 M. Länge vom oberen zum unteren Ablauf. An der Ostseite des Platzes ist an einer Stelle auch der Säulensockel sichtbar, darauf noch eine Basis wie die eben beschriebenen, eine Granitsäule daneben. An der Nordseite läuft wieder die Säulenschwelle gerade auf die Mitte des nördlichen Caveaabschlusses zu, und gegen das Theater hin wird sogar noch eine zweite Stufe sichtbar; hier liegt zuletzt Säule bei Säule. Ob die Säulenstellung, gegen Süden umbiegend, auch am Theater entlang lief, konnte ich nicht erkennen, hauptsächlich wegen der vom Theater abgestürzten Steinmassen. An sich wäre die Herumführung der Stoa an dieser vierten Seite nicht unwahrscheinlich. Hinter jenen Säulenreihen habe ich im Süden und Osten Mauerpfeiler gefunden: an der Südseite nur drei, östlich, wie mir über das Gebüsch hin schien, in gleichen Abständen sieben. Auch diese stehen vorne auf einer Schwelle von gleichem Material wie die Säulenschwelle; und dass sie zu den Säulen in Beziehung standen, schliesse ich daraus, dass neben einem der Pfeiler ein Kalksteinquader lag, welcher dem Aufbau eines Pfeilers mit vorgelegter Halbsäule angehört hatte. Selbstverständlich mussten längs einer Seite dieses Platzes weit mehr Säulen stehen als sieben.[1] Die aus dem Plane berechneten Masse würden ziemlich genau hundert Säulen ringsum ergeben. Erinnert man sich der zweihundertsäuligen Bauwerke, die, nach Pausanias, Hadrian den Athenern gebaut hatte, deren eines eine Bibliothek umschloss, das andere ein Gymnasium genannt wird und von welchen eines kürzlich von der archäologischen Gesellschaft in Athen erforscht wurde, so wird man immerhin fragen dürfen, ob vielleicht auch der Bau hinter dem Theater in Side ein Gymnasium gewesen sei, was zunächst der grosse viereckige Säulenhof wie in Olympia (vergl. die Palästra des Cornutus in Perge, S. 41) wahrscheinlich macht.

War man, wie Vitruv 5, 9 angibt, im Alterthum darauf bedacht, hinter den Theatern Säulenhallen anzubringen,[2] so musste es nahe liegen, auch ein Gymnasium mit seiner Säulen-

[1] Eine Menge Säulen sind zum Bau der mittelalterlichen Befestigung, sowohl östlich wie westlich von dem Thurme *a a*, benützt, also wahrscheinlich von jenem grossen Säulenhofe hergeholt.

[2] Vergl. die „Gladiatorenkaserne" hinter dem grossen Theater von Pompeji und was Overbeck, Pompeji[4], S. 197, über die einst andere Bestimmung der Anlage sagt. Hinter dem Theater des Pompeius ein hecatostylum Jordan forma urbis, IV, p. 30 ff. Zahlreiche Beispiele von Theatern mit von Hallen umgebenen Höfen hinter dem Bühnenhause in kretischen Städten, wie in Hieropytna, ein grosses und ein kleines in Chersonesos, Gortyna wieder ein kleines und grosses, letzteres allerdings nur mit wahrscheinlich vorauszusetzendem Porticus, lernt man aus Falkener, Description of some important theatres an other remains in Crete, Lond. 1854, kennen. Die eumenische Stoa in Athen sucht jetzt allerdings Dörpfeld, Athen. Mitth., XIII, nicht hinter der Scaena, wo indessen eine andere Reste hinterlassen hat.

halle so anzubringen, zumal das Gymnasium und die Schule zum Theater, am meisten allerdings zum gedeckten Theater auch eine innere Beziehung hat. Die Lehrvorträge verlangten Hörsäle, und je mehr die Kunst der Beredsamkeit in nachchristlicher Zeit der Schauspielkunst sich näherte, desto mehr werden auch Lehrsaal und Theater eins. Theatron Agrippeion hiess der Vortragssaal, wo Herodes Attikos in Athen dem Alexandros Philoplaton begegnete (Philostratos V., S. 580). Theater in Gymnasien gibt es in Pergamon (Die Ergebn. d. Ausgr., S. 101) und, wie es scheint, in Ephesos (Falkener, Ephesus, S. 106), ein Gymnasium zwischen Theater und Odeion in Termessos. Hörsäle und Exedren, wie sie Vitruv vorschreibt und der athenische Hadriansbau aufweist, scheinen auch hinter den Säulenhallen der Sidetischen Anlage zwischen den Pfeilern sich geöffnet zu haben. Erhalten sind: eine Exedra, wie wir sagen dürfen, am Südende der Ostseite, zu welcher die Südhalle hingeführt zu haben scheint, eine Koncha aus gutem Kalksteinmaterial, 4·10 M. weit, 2·32 M. tief, eine zweite am Südende der Westhalle, in eigenthümlicher Weise in das Theater hineingebaut. Nachdem ich diese, welche Beaufort nicht gefunden, erst nach mühsamem Klettern über die Theatertrümmer entdeckt, glaubte ich, bei der Symmetrie der ganzen Anlage, auch an dem andern Ende des Theaters eine entsprechende Exedra suchen zu müssen. Ich habe sie nicht gefunden, bin aber von ihrer Nichtexistenz keineswegs überzeugt, da Zerstörung wie Umbau an dieser Seite klar zu sehen nicht gestatteten. Uebrigens scheint die ganze zu dem „Gymnasium“ gehörige Nordfront des Theaters eine spätere Zuthat zu sein, ähnlich wie die grosse Nischenwand am Theater zu Perge (oben S. 54). Hatte nun die Theaterseite an jedem Ende eine Exedra, so wird auch die gegenüberliegende Osthalle an dem nördlichen Ende so gut wie am südlichen eine kleinere Nische oder Exedra gehabt haben.

Nicht genau in der Mitte des Platzes, sondern etwas weiter nach Norden liegen Fundament und Trümmer eines Rundbaues *X*. Von Beaufort, S. 155, sind nur einige Platten einer Deckenwölbung, auf denen er richtig Zodiakalbilder erkannte, beschrieben. Mit einer Klärung des Terrains und geringer Grabung würde sich das Material zu einer exacten Herstellung ohne Zweifel ergeben. Das hier Gebotene genügt nur für eine annähernde Vorstellung. Es war ein Rundbau aus weissem Marmor, rings von korinthischen Säulen umstellt, die eine cassettirte Marmordecke trugen. Auf der dem Theater zugekehrten Seite führte eine Thür in die Cella, deren flachgewölbte Decke mit den Zeichen des Thierkreises im Relief geschmückt war. Also ein Rundbau von Säulen umgeben, wie ihn pompeianische Wandgemälde nicht selten sehen lassen.

Der rundliche Schutthaufen und ein Travertinfundament in einigem Abstande gestatteten mir nicht, Umfang oder Durchmesser zu constatiren. Die Cella hatte einen Sockel 0·90 M. hoch, 0·30—0·40 M. dick, ohne Kopf und Fuss. Ich vermag nicht zu sagen, ob, wie wahrscheinlich, die (korinthischen) Wandpilaster mit attischer Basis erst darauf aufsetzten. Von solchen Pilastern sah ich ein Stück mit vier Canälen von 0·29 M. Breite, ein anderes mit sieben Canälen von 0·555 M. Breite. Es fanden sich gebogene Architrave, mit dem Fries aus einem Stück gearbeitet, von denen zwei von 2·20 M. Länge auf den Säulen der Ringhalle gelegen haben werden, ein kürzerer aber von 1·24 M. Länge auf der Cellamauer. Ob etwa Fenster in der Wand waren, weiss ich nicht. Von Wandquadern habe ich nichts gesehen. Im

Allgemeinen hat die in dem am Meere bequem gelegenen, mit Brennmaterial gut versehenen Side schwunghaft betriebene Kalkbrennerei, von der zahlreiche Kalköfen Zeugniss ablegen, die kleineren Marmorstücke verzehrt, nur die grösseren verschont. So habe ich denn die drei Blöcke der Gewölbdecke, die Beaufort nebst den Fragmenten eines vierten sah, wiedergefunden. (Dieselben Werkstücke bildeten zugleich die Decke und das kegelförmige Dach.) Beaufort meinte, es seien im Ganzen fünf nöthig gewesen, um den Kreis zu füllen, da aber zwei von ihnen Viertelkreise sind, mit je drei Zeichen des Thierkreises, so dürfen auch die anderen zwei, mit nur je zwei theilweise erhaltenen Zeichen, jedes noch mit einem dritten zu einem Viertelkreis vervollständigt werden. Alle lagen auf dem Rücken, so dass ich die Dachseite nicht habe sehen können und theils die Lage, theils der Erhaltungszustand, theils die technischen Eigenthümlichkeiten müssen die Mangelhaftigkeit meiner mit wenig Musse gemachten Angaben entschuldigen. Im Scheitel der Wölbung befand sich ein etwas erhabenes Feld, nicht kreisrund, sondern eher viereckig, mit abgerundeten Ecken, etwa 0·40 M. breit. Von da bis zum sehr beschädigten Rande mass ich die flache Wölbung im Bogen mit 0·72 M. und die Pfeilhöhe des Bogens mit 0·21 M. Aus den übrigen Messungen wurde mir klar, dass die Kuppel zwar im Inneren einen Kreis bildete, aussen aber ein Zwölfeck. Dagegen bin ich über die Form der Dachfläche und den Anschluss der Gewölbsteine an die Mauern um so weniger zur Gewissheit gelangt, als mir das Gewölbe einen zu geringen Durchmesser zu haben schien, sowohl für die vorhandenen Theile der Cella selbst, als auch für die der anstossenden Decke der die Cella umgebenden Säulenhallen. Mit mehr Sicherheit liess sich die Anordnung des Gebälkes und der Decke dieser Säulenhalle bestimmen. Die Säulen, zwölf an der Zahl (wenn ich aus den Architravlängen und ihrer Krümmung den Umfang richtig berechnet habe), trugen einen Architrav nebst darangearbeitetem Fries mit Rankenwerk von 0·76 M. Höhe; darauf ruhten die Platten der Cassettendecke, welche andererseits auf der Cellamauer, beziehungsweise auf dem Wandgebälke auflagen. Das nach aussen vorspringende Kranzgesimse (Hängeplatte und Zahnschnitte) ist an die Cassettenplatten angearbeitet. Die Breite einer solchen wohlerhaltenen Platte mass ich mit 2·76 M. vom inneren bis zum äusseren Rande. Zwischen zwei glatten Streifen, welche das Auflager bildeten, 0·62 M. am inneren, 0·77 M. am äusseren Rande breit, befanden sich an dieser Platte zwei concentrische Reihen von je vier Cassetten, deren Masse mit der Bogenlänge der vorgefundenen Architrave derart übereinstimmen, dass zwölf solcher Cassettenplatten die Decke gebildet haben müssen. In den Cassetten sah ich Blumen, einen Kuhkopf und Anderes. Mit der Axweite der Säulen stimmt die Länge des überladenen, aber nicht schlecht gearbeiteten Thürsturzes von 2·65 M. Ein Säulenschaft, weder oben noch unten ganz vollständig, hatte noch eine Länge von 5·17 M. Auch die Cassettenplatten habe ich nur von der Unterseite sehen können. Das Dach muss im Ganzen von einer sehr geschweiften Form gewesen sein.

In der Kuppel waren die zwölf Zeichen des Thierkreises in Relief dargestellt. Auf einem Kreisviertel waren Fische (nur am Schwanze noch kenntlich), Widder, sich umblickend, Stier als Buckelochs. Wie diese, erkannte Beaufort auch auf dem nächsten die Zwillinge; links ist ein Jüngling noch kenntlich, neben einem Pfeiler stehend, rechts, minder deutlich, ein zweiter Pfeiler und eine zweite Figur, jetzt breiter erscheinend. Der Krebs ist noch jetzt deutlich,[1] von dem Löwen glaubte ich den Schweif und Rückencontour zu erkennen. Der Kuppeltheil mit Jungfrau, Wage, Skorpion fehlt ganz: die Leier, die Beaufort auf einem Stück unsicher zu sehen glaubte, wird etwas Anderes gewesen sein. Vom letzten Steine endlich ist der Schütze verschwunden, aber Steinbock und Wassermann erhalten. Was Beaufort auf verkehrt liegendem Steine für einen Schwan hielt, ist, wie beistehende Skizze erkennen lässt, der Steinbock in der üblichen Form mit dem Fischschwanz. In derselben Stellung folgt dann der Wassermann, ein Jüngling, nackt, im Schema des einschenkenden Satyrs, die Rechte hochhaltend mit einem Gefäss, wie es scheint, die Linke gesenkt mit Gewand (?).[1]

Fig. 100. Zeichen des Thierkreises.

Vielleicht war dieser Rundbau ein Horologion wie das Oktogon des Andronikos, der Thurm der Winde, in Athen, in dessen nächster Nähe im Nordwesten die Spuren einer ähnlichen Exedra zu erkennen sind wie die an der NW.-Ecke jenes Platzes von Side. Ob Gymnasium oder Markt, würde der grosse Säulenhof mit einem Horologion passend verziert erscheinen.[2]

Die Gasse *aa*, deren Spuren namentlich beim Ausgang aus dem Gymnasium am Südcornu des Theaters deutlich sind, führte hin auf die NO.-Ecke einer nahen grossen Anlage ähnlicher Art, um an dieser Ecke vermuthlich sich zu gabeln. Einer der Wege führte wohl an der Westseite hin zu dem vermutheten Thore bei *p*, wahrscheinlich schon als Fortsetzung der auch von Norden her kommenden Strasse. Eine andere an der Nordseite hin bis nahe zur Mauer, und zwar in einer Breite von 7·85 M. Die Strasse ist stellenweise messbar, beim Nordende von *M* mit einem unter der Mitte hinlaufenden 0·35 M. breiten, 0·75 M. tiefen Kanal versehen.

Das grosse Rechteck *M* nun zwischen jenen Gassen hat wieder die Hauptzüge mit *I* gemein; ein Hof mit Säulenhallen und dahinterliegenden Gemächern, die letzteren allerdings jetzt schwerer zu constatiren und von späterem Um- und Einbau zu scheiden als die Hallen, deren Stylobat mit wenigstens noch einer vorliegenden Stufe namentlich an der Südseite vorhanden ist. Jede zweite Platte trug eine Säule, und Säulen liegen, nach Norden gefallen, zum Theil noch eine bei der andern; monolithe Schäfte aus grauem Marmor, 4·75 M. lang, uncannelirt. Die Plattenbreite mass ich 1·05 M. bis 1·15 M., also die Axweite durchschnittlich 2·20 M. In Bezug auf die umliegenden Räume muss ich mich begnügen zu sagen, dass sie im Norden und Westen sehr zerstört sind. Im Norden glaubte ich etwa 6 M. hinter der Säulenschwelle die Mauerspur zu finden, westlich circa 7 M., südlich gegen 9 M. entfernt. Symmetrisch schien die Anlage im Osten, ein grosses Mittelgemach, dessen hinten über die Flucht der alten Mauer ausspringender Theil überwölbt ist. Ob der Stylobat hier vor dem Mittelgemach ausspringt, wie im Plane angedeutet ist, habe ich nicht sicher erkennen können,

[1] Steinbock und Wassermann ähnlich auf dem Mosaik von Sentinum Arch. Zeitung 1877, Taf. 3; der Wassermann noch übereinstimmender auf Münzen, unter Antoninus Pius in Alexandria geschlagen, von De Witte, Gazette archéologique 1877, S. 84 beschrieben: in der Luft mit beiden Händen eine umgekehrte Amphora haltend.

[2] In der Mitte der oben mit der ganzen Anlage hier verglichenen pompejanischen Gladiatorenkaserne wurde eine Sonnenuhr gefunden, nach Fiorelli, Pompejanarum antiquitatum historia I, 1, S. 248.

zuletzt für nicht wahrscheinlich gehalten. Das grosse Mittelgemach scheint mit dem südlichen Nebengemach durch eine Thür verbunden.

Auch in diesem Säulenhof liegt, genau orientiert, soweit ich habe messen können, ein quadrater Sockel mit einem runden Aufbau, allerdings nur ein massiver Kegel, später Construction, ohne besondere Merkmale.

Es bleiben innerhalb der Stadt noch zwei Säulenhallen zu erwähnen, beide ganz im Norden längs der Strandmauer liegend, eine dorische bei *Q*, eine jonische bei *R*. Die dorischen Säulen namentlich stehen sehr nahe an der hier wenig antiken Mauer und sind durch Bogen mit einander verbunden. Sie sind meist des Gestrüppes wegen unnahbar. Von Süden her zählend sah ich die 1. halb noch stehend, 2 und 3 mit Capitell und Abacus noch 2·50 M. etwa über dem Boden, 4 liegend, 5 vollständig aufrecht, 6 und 7 (?) liegend, 8 in der Mauer steckend, 9 noch halb und 2·73 M. davon weiter nördlich eine Ante circa 1·04 M. breit. Bei der vierten Säule, welche mitsammt dem Bogen umgefallen war, constatirte ich unterwärts zwanzig Kanäle oder vielmehr Facetten, am Hypotrachelion als Kanäle gehöhlt, gut ausgeführt, wie das Capitell mit drei Ringen und steilem, nicht geradlinigem, oben noch ein wenig eingezogenem Echinos. Die Seitenlänge des Abacus mass circa 0·70 M., die Axweite der Säulen annähernd 3·45 M. Auch weiter südlich von der ersten gezählten Säule liegen dorische Capitelle, sowohl grössere der beschriebenen Art, als auch kleinere, mit nur zwei Ringen und auch im Hypotrachelium polygon ohne Kanäle. Thürstürze, die an mehreren Stellen, namentlich zwei, etwa bei *s* stehend, gehören nach ihrer Orientirung (77°) wohl kaum dazu. Die Länge der Säulenflucht, die Orientirung und die verschiedene Grösse der Säulen lassen vielleicht eher an eine Markt- oder Hafenhalle denken als an einen Tempel.

Neben einer der nördlichsten dorischen Säulen lag auch schon eines der Capitelle von der jonischen Säulenreihe *R*, weiter nördlich auch dazugehörige Säulenschäfte. Der Standpunkt der ersten Säule, von Norden her gezählt, ist durch einen rechtwinkelig zur Mauer liegenden Block gekennzeichnet. Im Abstande von 2·50 M. fand ich eine Säule, eine zweite im Dickicht, 3 mit verschobenem Capitell, 4 mit Capitell, von 5 nur den unteren Theil des Schaftes mit aufgestülptem Capitell derselben Art. Die Voluten (Durchmesser 0·35 M.), seitlich stark zusammengeschnürt, sind einfach, aber sorgfältig ausgeführt (von Auge zu Auge 0·80 M., Halsdurchmesser 0·70 M.). Die Eier des Kymas mit einer Umrandung, deren äussere Linie sich unten etwas herzförmig zuspitzt. Die zwanzig Kanäle des Schaftes sind unten durch einen Stab ausgefüllt. Die gleiche Axweite der jonischen und der dorischen Säulenstellung, das Nebeneinander von Stücken beider Ordnungen, endlich die zwei Arten dorischer Capitelle legen Vermuthungen nahe, die zu äussern doch nutzlos wären.

Ehe wir die Stadt verlassen, ist noch der Wasserleitung zu gedenken. Hirschfeld (im II. Berichte der Sitzungsber. 1876, S. 129) hat neben jeder der zwei Brücken, welche den nächsten westlichen Nebenfluss des Melas, den Aksu überbrücken, mehrere Bögen der grossartigen Wasserleitung gefunden und mehr als vierzig Bögen gar fünf Stunden nordöstlich von Side ein kleines Seitenthal übersetzend. Diese Wasserleitung scheint demnach vom Karadagh herzukommen; sie erreicht etwas westlich vom Thurme *c* die Stadtmauer und ist hier vermuthlich schon vorhandener Strassenzüge wegen nicht direct in gleicher Richtung fortgeführt, sondern lief zunächst auf der Stadtmauer hin. Auf dem Umgange der Mauer, welcher hier durch 2 M. breite vorgebaute Gewölbe verbreitert ist (früher bei der Ostmauer beschrieben), liegt der im Lichten 0·57 M. breite und 0·54 M. tiefe Kanal. An der SW.-Ecke des letzten viereckigen Thurmes geht die Leitung von der Mauer ab, eine lange Strecke mit der Hafenmauer und jenen jonischen und dorischen Säulenhallen parallel gegen das Theater hin.

Treten wir nun aus dem grossen Thore gegen NO. aus der Stadt heraus, so haben wir gerade vor uns eine bedeutende Ruine, bei der Beaufort an Bäder dachte, die Hirschfeld 1876, S. 126, als Château d'eau erkannte, und die als solches auch schon in Trémaux' unvollständig gebliebenem Werke und in Schreiber's Culturhistorischem Bilderatlas, Taf. LVIII, 1 und 2 abgebildet ist. Im Drange der letzten Tage unseres Aufenthaltes von Rausch nur theilweise aufgenommen, hat es auch durch Niemann keine alle vorhandenen Elemente benützende endgiltige Herstellung (Taf. XXX) erhalten können. Wesentliche Dinge traten leider erst ganz zuletzt zu Tage, als auch der Photograph bereits abgegangen war. Trotzdem ist es vielleicht das besterhaltene Beispiel einer noch kaum beachteten[1] Classe von Gebäuden, die, seit lange in einfacheren Formen bestehend, im zweiten nachchristlichen Jahrhundert zu besonderer Pracht sich entfalteten und so sehr zum regelmässigen Schmuck einer Stadt wurden, dass wir sowohl in Perge wie in Aspendos deren gefunden und dabei auf Side verwiesen haben. Andere Beispiele werden wir in Kremna, Sagalasses und vielleicht Selge antreffen. Die Beschreibung des späten Prunkbaues mit seinen Nischen und Säulen siehe unten. Ich habe indessen keine anderen Säulenschäfte gesehen als eine $^4/_5$-Säule mit Spiralkanälen an einen profilierten Pfeiler angearbeitet, ferner ein aus drei Halbsäulen bestehendes Säulenbündel, die Säulen durch profilirte Leisten getrennt. Vielleicht aber gehörten diese leider nicht gemessenen Stücke der oberen Ordnung an, für die ausser anderen Beweisen, die noch zu erwähnen sein werden, auch korinthische Capitelle von zwei Grössen, eines von 0·35 M., das andere von 0·56 M. unterem Durchmesser sprechen. Auf den aus der Wand ausspringenden Architraven liegen noch einige Cassettenplatten mit Fischen verziert. Oberhalb dieser Cassettenplatten waren wieder Steinbalken eingebunden, die keinen anderen Zweck gehabt haben können, als den Sockel für eine höhere Säulenstellung zu bilden. Diese reichen bis eine Lage unterhalb der kleinen Oeffnungen, die ich an Ort und Stelle für Thüren gehalten habe, welche auf diesen oberen, wenn auch schmalen Umgang (?) vielleicht nur zu praktischen Zwecken herauszutreten verstatteten. Jene Oeffnungen, die symmetrisch angelegt zu sein scheinen, erleuchten einen der Länge nach durch den Oberbau gehenden schmalen, wagrecht überdeckten Gang. Zwischen der Nord- und Mittelnische erweitert sich dieser Gang zu einem Gemach, welches nach Osten ein Bogenfenster hat. Den Aufgang zu diesen Räumen im Oberstock bildet eine Treppe, neben einer Mörtelmauer angelegt, welche von Norden her an den Bau herangeführt ist. Ist die architektonische Decoration des unteren Theiles

[1] Vergl. Durm, Baukunst der Römer, S. 358. Die römischen Archäologen haben sie besser beobachtet, wie Lanciani, Topografia di Roma antica, S. 365, Visconti im Bulletino comunale, 1875, 133; 1877, 59; 1882, 63; 1884, 48; 1886, 31 und 341; 1887, 93. Doch hatte z. B. Lanciani a. a. O. S. 173 zu enge Vorstellung von den Formen der im alten Rom so zahlreichen Nympheen.

schon in manchen Stücken unsicher, so ist diejenige des oberen Theiles völlig dunkel. Von ihr dürfte ein mir räthselhaftes Gebälkstück herrühren, welches das ganze Profil des unteren Epistyls und Frieses mitsammt der über Zahnschnitt ausladenden Hängeplatte wiederholte, aber gekrümmt, und zwar, wenn ich recht gesehen und recht notirt, Gebälk und Fries in verticaler, die Hängeplatte in horizontaler Krümmung, beide Krümmungen links glatt durchschnitten.

Die Bestimmung dieser Façade ohne Tiefe erhellt zunächst aus den grossen Ausflusskanälen, deren drei in jeder Nische 1·85 M. oberhalb des Sockels aus der Wand über dem Sockel herausragen. Der mittlere Kanal ist jedesmal breiter als die beiden seitlichen 1·50 M. gegen 1·06 M., die Seitenwände etwa 0·22 M. dick. An der Rückseite des Baues sieht man diesen Ausgüssen entsprechend neun überwölbte Oeffnungen, drei schmälere gerade durchgehend zu den Mittelausflüssen, sechs breitere, von denen aus schmälere zu den Seitenausflüssen schräg durch die Mauer gehen. (Siehe Tafel XXX.) Aber kein Leitungskanal ist jetzt vorhanden, wie er ohne Zweifel einst an jener Mörtelmauer von der grossen Leitung hergeführt war, welche westlich vom grossen Thore die Stadtmauer übersetzt.

Also neun Wasserströme, so viel wie in der athenischen Enneakrunos ergossen sich hier — natürlich in ein grosses Bassin, dessen seitliche Grenzen ohne Weiteres sichtbar waren. Der Säulensockel sprang an beiden Enden des Baues in einer Breite von 2·27 M. um 9·60 M. vor, in seiner Mitte nach aussen mit einem viereckigen, nach innen mit einem gerundeten, 4·08 M. weiten Ausschnitt. Zwischen diesen Flügeln fanden sich bei Abholzung des dicht überwachsenen Terrains die deutlichen Reste der vorderen Grenze des 400 bis 500 Quadratmeter grossen Bassins. Vermuthlich über Stufen, die nur durch eine Grabung zu finden gewesen wären, erhob sich etwa 1·10 M. hoch, am rechten Ende noch etwas erhalten, eine Schranke, zusammengesetzt aus fast quadraten Reliefplatten wechselnd mit Schöpfgefässen, zwischen je zwei kleinen Pilastern, in welche die dünneren Reliefplatten eingefalzt sind. Ich mass eine Platte 1·09 M. und das Gefäss bis zum nächsten Relieffalz 1·805 M., zusammen rund 2·90 M. Obgleich die meisten Reliefplatten fehlten und die Vasen grösstentheils zerstört sind, glaubte ich an der Linie entlang die Spur von dreizehn Vasen zu erkennen; aber erst vierzehn Vasen und fünfzehn Reliefs würden mit einem ich weiss nicht wie ausgefüllten Raum von je 1 M. vom letzten Relief bis zu den Flügeln die nöthige Länge von rund 50 M. ergeben. Unter den Reliefs wie den Vasen lief ein Sockel hin. Die Form der Vasen war in einem Exemplare noch als bauchiges Henkelgefäss zu erkennen, deren oberer Rand, 0·37 M. unter dem Rande der Schranke liegend, von da noch eine Tiefe der Höhlung von 0·35 M. messen liess. In diese Schöpfgefässe muss das Wasser über den Rand des Bassins abgeflossen sein. Ob einige grosse Stücke einer Balustrade oder eines Rahmens (2·30 M. lang), die ich in der Nähe bei dem südlichen Seitenflügel gesehen zu haben mich erinnere, hier vorne am Bassin oder seitlich oder an der Façade ihren Platz gehabt haben zwischen den Säulen, kann ich nicht sagen.

Von den Reliefs stand das erste südlich noch an seinem Platze, dies wie das folgende offenbar von Beaufort nicht gesehen, der das weiter gegen die Mitte gelegene dritte der beschriebenen und ein anderes von uns nicht gefundenes erwähnt.[1] Es stellt die Ueberraschung der Amymone dar: Poseidon, um die Beine den wehenden Mantel, in der Linken einen Stab (Dreizack?), eilt von rechts herbei, die Rechte ausstreckend. Vor ihm links kniet nach links Amymone, nackt, nur über das rechte Knie und den linken gegen Poseidon wie bittend erhobenen Arm ein Gewandstück. Sie wendet auch den Kopf gegen Poseidon zurück, während sie den rechten Arm auf das rechte Knie stützt. Zwischen ihr und Poseidon fliegt Eros, Poseidon führend, die Rechte gegen seinen, die Linke gegen Amymones Kopf ausstreckend. Unter ihm werden auf dem Reliefgrund die parallelen Hinterbeine von vier Pferden sichtbar, deren Köpfe undeutlich links neben Eros Kopf erscheinen. Links neben dem Kopf der Amymone schien mir der Kopf eines riesigen Delphins sichtbar; höher ein Platanenblatt (?). Die Erwartung, an der Schranke des grossen Bassins lauter Meeresmythen dargestellt zu sehen, wurde gleich beim zweiten Relief hinfällig. Denn hier war in bekannter Gruppe rechts Ares, links Aphrodite dargestellt, er in Vorderansicht, nur den Kopf nach links gegen die Göttin gewandt, die, in Stand und Kleidung der Melischen gleich, den linken Arm um den Nacken des Geliebten legt, die Rechte an seine rechte Schulter, unterstützt in ihren Bitten von dem kleinen nackten Eros, der links auf einer Erhöhung (der Kline?) heranschreitet, die Linke gegen die Gruppe erhebend. Aber Ares steht wie widerstrebend, die Rechte gesenkt (ob leer?), die Linke, den grossen Rundschild am Arme, auf die Lanze gestützt. Was eine Erhebung des Reliefgrundes in der rechten Ecke unten neben Ares mit gerader Endigung seitlich und oben zu bedeuten hätte, blieb mir verborgen.

Fig. 101. Relief vom Nympheum.

Fig. 102. Relief vom Nympheum.

Zwischen dem siebenten und achten gezählten Gefäss lag die Platte, auf welche oben beim Athenatempel schon hingewiesen wurde. Links steht eine männliche Figur im Mantel nach rechts, ebenso vor ihr zwei weibliche. Die vorderste von diesen mehr schreitend hebt in der Linken einen undeutlichen Gegenstand, während sie mit der Rechten gerade oberhalb eines kleinen Altars, der einer Säule mit gewundenem Schaft gleicht, die dargebotene Rechte der jenseits des Altars stehenden Athena am Gelenk umfasste. Die Göttin scheint die Tracht der Parthenos zu haben, hält in der gesenkten Linken die Lanze geschultert und ist ausserdem an der Aegis kenntlich. Hinter ihr

Fig. 103. Relief vom Nympheum.

[1] An sich wäre es allenfalls denkbar, dass Beaufort bei dem verschliffenen Zustande des Reliefs den langbekleideten Poseidon für Selene gehalten, aber sollte er dann nicht die Bestimmung der Schranke und des Bassins erkannt haben?

ist ein kleines Schiff mit grossem Knauf (Korb?) auf dem Mast und geblähtem Segel (ob auch mit einem grossen Schilde am Rumpf?) sichtbar. Darnach scheint es nicht zweifelhaft, dass Athenas Ankunft und Einsetzung in ihre Cultusehren dargestellt sein soll, eben derjenige Vorgang, welchen das in vier Inschriften (107 *k* bis *q*) von Side bezeugte Fest des Epibaterios (Agon, Themis) feierte. Ich glaube daher, dass die die Athena bewillkommnende Frau die Tyche von Side darstellt, welche der neugekommenen Göttin den Granatapfel, das von den Münzen Sides[1] genugsam bekannte Symbol und Wappen der Stadt übergibt. Jene Inschriften nennen allerdings das Fest als Athena und Apollon gemeinsam. Vielleicht war also auf dem nächsten Relief weiter nördlich Apollon dargestellt: von fünfzehn Relieftafeln müssten die achte (Athena) und neunte (vorausgesetzt: Apollo) die mittelsten sein, die den so hervorragenden Göttern nicht ohne Absicht in diesem Pantheon gegeben sein könnten.

Hinter der eilften (oder zwölften) Vase folgte eine Darstellung Demeters, wie sie auf dem Schlangenwagen dahinfährt nach links, eine brennende Fackel in der Rechten vorstreckend, eine andere in der Linken haltend, in leidenschaftlicher Bewegung vorgebeugt und mit dem rechten Fuss auf den kleinen Wagen tretend. Gleicherweise weit ausschreitend eilt vor dem Wagen auf dem Boden übernatürlich gross und mit geflissentlicher Deutlichkeit ausgeführte Gersten- oder Weizenähren, die mit kurzem Halm wie eben dem Boden entsprossen erscheinen, eine stark vorgeneigte und sich umwendende Gestalt daher. Wegen der Tracht — auch die Chlamys hat sie zum Chiton — wegen des kurzen krausen Haares und Unbärtigkeit dachte ich an Hermes, obgleich ich den Stab in der Linken nicht deutlich sah. Die auf dem eingebogenen rechten Arm liegende Masse schien mir die Chlamys. Dass es Hades wäre, der ja öfter die geraubte Kora ähnlich über den Arm geworfen trägt, schien mir ausgeschlossen. Dann ist es aber so gut wie gewiss, dass auf einer folgenden Tafel der Räuber mit der Tochter dargestellt war, mag nun Beaufort, wenn er unter den hier gesehenen Darstellungen ausdrücklich „the rape of Proserpina" nennt, ungenau von unserer oder, was doch wahrscheinlicher, genau von einer anderen, eben der vorausgesetzten, Platte gesprochen haben.

Fig. 104. Relief vom Nymphaeum.

Beaufort erwähnt auch noch Diana und Endymion, durchaus wahrscheinlich, da ja alle Hauptgötter wenigstens einmal und vorzugsweise in Liebesbegegnung dargestellt zu sein scheinen. Zu einer ähnlichen Darstellung gehörte wohl auch ein kleines unfern der nördlichen Nische gefundenes Fragment: das Mittelstück einer nackten Frau nach rechts stehend, aber vielleicht mit dem Oberkörper nach links sich umwendend, wo ein mir unverständlicher Gegenstand (Unterende einer Schwertscheide?) noch in ziemlich scharfem Relief erhalten war. Die fehlenden Darstellungen wird man nicht errathen wollen, aber Zeus und die übrigen Hauptgötter in ähnlichen Scenen dargestellt voraussetzen dürfen.

[1] Vergl. die Münzen von Side, die schon vom Ausgang des sechsten Jahrhunderts an das Bild Athenas zeigen. Imhoof-Blumer, Zeitschr. f. Numism. III, S. 329 ff. Benndorf, Das Cultbild der Athena Nike, Taf. I. Head, Hist. num., S. 587.

Beaufort erwähnt auch noch einer Kriegerstatue und einer überlebensgrossen Frauenstatue, von denen ich nichts mehr gefunden habe. Aber noch mehr Statuen müssen schon früher verschwunden sein, denn ein so gross angelegtes, so reich, wenn auch im Geschmack später Zeit ausgeführtes Bauwerk wird zwischen den Säulen und auf den vorspringenden Flügeln nicht statuarischen Schmuckes entbehrt haben, der für verwandte Bauten genügend bezeugt ist.

Eine Inschrift habe ich unter den Ruinen vergebens gesucht, aber als ich eine Basis, welche auf dem freien Platze innerhalb des grossen Thores gerade vor dem spitzen Winkel der zwei Hallenstrassen lag, umdrehen liess, fand ich darauf die Inschrift Nr. 107. Der Mann, welcher in dieser Inschrift genannt wird und dessen Bild auf dieser Basis stand, war auch schon in einer andern Basisinschrift zu Ehren seiner Frau (Nr. 107 *d*) gelesen.

Es ist nicht uninteressant, dass sich diese andere Inschrift der Kyreinia Patra in der östlichen Hallenstrasse wiedergefunden hat. Bryonianos Lollianos hat in der neuen Inschrift dieselben Titel, aber sein Bild hat, wenn ich richtig ergänze, die Phyle der Megalopoliten errichtet. Phylen haben wir auch in Perge, Sillyon und Aspendos nachweisen können, von einem Gott oder einem Vorsteher (Heros?) benannt. Hier, wo die Basis auf einem so ausgezeichneten, also vermuthlich ihrem ursprünglichen Platze gefunden ist und dieser Platz sonach im Angesicht des grossen Thores sich befindet, wird man wohl nicht zweifeln können, dass die Phyle der Megalopoliten von dem grossen Thore ihren Namen erhalten hat, zumal im zweiten Verse des nachfolgenden, kaum jüngeren Epigramms die Leiter des (grossen) Thores gewiss nichts Anderes sind als die dichterisch umschriebenen Vorsteher der Phyle, welche das grosse Thor hiess.

Wichtiger noch ist das Epigramm wegen seiner Beziehung zu dem eben vorher beschriebenen Wasserbau ausserhalb des Thores. Uebersetzt lauten diese Verse etwa:

> Nahe beim Tempel der Nymphen, da liessen errichten dein Bildniss
> Stifter! die Häupter des Thores, welches das grosse genannt,
> Freuend dich hier an den Strömen des himmelentsprungenen Flusses.
> Denn hochherzigen Sinnes erbautest auf eigene Kosten
> Du von den Quellen daher unermesslichen Fluss.

Die letzten Verse besagen genau genommen (ὁλκός gleich ἀγωγός genommen[1] und ἀπειρέσιος von der Länge der Leitung verstanden), dass Lollianos die grosse Wasserleitung von Side aus den Bergen her gebaut. Aber dieses grossartige Werk muss älter sein und ist augenscheinlich ursprünglich gar nicht für das Nympheum berechnet gewesen. Lollianos muss die Leitung zum Nympheum gebaut haben, und da diese nur eine Abzweigung von jener grossen Hauptleitung ist, auch das Nympheum von seiner Leitung nicht zu trennen ist, darf man vielleicht Leitung und Nympheum demselben Manne zuschreiben. Und wenn ein Verehrer seiner Gattin unter die Ehreninschrift ihrer Basis εὐτύχει Πηγασί schrieb, so war dies wohl weniger

[1] Vergl. Malalas, S. 278 von Hadrian ἐποίησε δὲ καὶ τὸ βλύζον ὕδωρ τῆς λεγομένης Σαραμάννας πηγῆς δι' ὁλκοῦ ἐξιέναι καὶ ἐκχεῖσθαι εἰς αὐτὸν τὸν τῆς πηγῆς ὁλκὸν ἐν τῷ θεατριδίῳ τὸ ἐκ τοῦ ναοῦ ἐξιὸν ὕδωρ ἐν διαφόροις χείμασι πάντα u. s. w.

ihr ständiger Beiname, der als solcher gewiss mit dem üblichen ἡ καί in die Inschrift selbst eingesetzt wäre, als ein improvisirter. Pegasis ist der Name einer Nymphe, und dass dieser Name nicht bei Hesiod, sondern in Quintus Posthomerica 3, 301 vorkommt, macht es nur wahrscheinlicher, dass die Gattin des Mannes, welcher das Nympheion erbaut oder es wenigstens mit Wasser versehen hatte, damit als Nymphe gefeiert werden sollte: ein Wort statt eines Gedichtes, wie es dem Manne gewidmet wurde.

Nympheum, denn hiervon ist der νηὸς Νυμφάων, der Nymphentempel, wie in der in vorhergehender Anmerkung ausgeschriebenen Stelle des Malalas, offenbar nur eine Umschreibung. Wir hätten hier also ein Nympheum sozusagen mit Namensbeischrift. Dies sidetische „Nympheum" hat aber zugleich so auffallende Uebereinstimmung der Form mit einem zeitnahen Prachtbau Roms, dem Septizonium des Severus, dass man auch dieses für ein Nympheum zu erklären und zum Vergleich heranzuziehen berechtigt ist.[1] Auch dieses ein blosser Façadenbau, eine kolossale Decorationswand mit zwei vorspringenden Flügeln mit drei grossen Nischen, mit drei Säulenstellungen übereinander, mit engen, im Innern entlang führenden Gängen[2] mit Statuenschmuck und auf dem capitolinischen Stadtplan nicht undeutlicher Grenze des Bassins vorne. Zwei andere bis jetzt bekannte Septizonien, ein zweites römisches und eines in Lambaesis in Afrika, verbinden sogar bezeugtermassen Septizonium und Nympheum. In Lambaesis nennt die ältere Inschrift der grande et belle fontaine das Septizonium, die jüngere das Nymphaei opus,[3] bei dem zweiten römischen fügte der Kaiser Marius ambitiosi operis nymphaeum hinzu nach Ammianus 15, 7, 3. Scheint es hier nöthig, Septizonium, ein Name, dessen Bedeutung noch dunkel, von der Decorationswand, dem Scheinpalast, zu verstehen, Nympheum von dem Bassin, dem Lacus, so ist doch nicht zweifelhaft, dass das Bassin wohl nachträglich vergrössert und verschönert werden konnte, aber doch schon von Anfang an dabei sein musste, und zweitens, dass jeder der beiden Namen Septizonium und noch mehr Nympheum das Ganze bedeuten konnte, sowohl die Façade wie das Bassin davor, mit dem Unterschiede, dass Nympheum allgemeiner jeden Brunnenbau, Septizonium nur die prunkvollste Ausgestaltung desselben bezeichnet.

Es ist nicht dieses Ortes, auszuführen, wie sich die Entwicklung des Nympheums von einfacher Nymphengrotte zu solchen Scheinpalästen vollzogen, wie in Griechenland schon das sechste Jahrhundert v. Chr. die Gabe der Nymphen aus gesäulten Façaden, mochten sie nun mehr gedehnt Portiken oder kürzer Tempelchen gleichen, niederrinnen sah, wie daneben aus der natürlichen Grotte sich die künstlich gewölbte Nische entwickelt und beide Formen, verbunden mit mehrfacher Wiederholung in der Breite und Höhe, zuletzt die Septizonien ergaben. Auch das kann hier nur angedeutet werden, dass die namentlich in Aspendos auffallende Verwandtschaft der grossen Nympheumsfaçaden mit Theaterskenen eine Einwirkung sowohl der nachgeahmten Palastfaçade des Theaters als der wirklichen ahnen lässt, eine Einwirkung,

---

[1] S. H. Jordan, Forma urbis Romae, S. 37. Chr. Hülsen, Das Septizonium des Septimius Severus. Den Versuch, ein astronomisches Observatorium daraus zu machen, kann man auf sich beruhen lassen. Der Gedanke an einen Wasserthurm kam dem Richtigen ja schon beträchtlich näher. Vergl. Römische Mittheilungen 1887, S. 295.

[2] S. Hülsen, Das Septizonium des Septimius Severus, S. 14 und 20.

[3] C. J. L. VIII, 2657 die ältere, 2658 die jüngere Inschrift.

die in Antiochia am Orontes mit Händen zu greifen scheint. Hier hatte das grosse Theater über der Mittelthür[1] ein Nympheum, in welches Trajan, sei es, dass er dies Nympheum schon vorgefunden oder erst angelegt, die Tyche von Antiochia mit dem Flussgott zu ihren Füssen eingestellt. In derselben Stadt dann oder genauer in dem nahen Daphne unter Hadrian[2] ein θέατρον (θεατρίδιον) τῶν πηγῶν, wie Malalas sagt, oder wie er auch sagt, ναὸς τῶν πηγῶν oder ναὸς τῶν Νυμφῶν, letzteres also ganz wie in Side. Kann man zweifeln, dass hier das Bassin, gerundet auf einer Seite wie beim Nympheum Alexandri Severi in Rom,[3] oder wie gewiss bei einem andern Nympheum Antiochias, welches man das σιγματοειδές nannte, das „sigmaförmige" von der späten Form des Buchstabens C, sich der Orchestra eines Theaters verglich, mochte man in weiterem Phantasiespiel bei den springenden, wirbelnden Wassern an Nymphenreigen denken oder nicht? Wie hinter der Orchestra die palastartige Skene sich erhob, so hinter dem Wasserbassin das Haus, der Tempel der Nymphen, aus dem die Göttinnen heraussprangen; selbst die fünf Wasserpforten dieses Nympheums von Antiochia mögen den fünf Thüren einer Theaterskene gleichgesetzt werden. Endlich, wie im Theater, die schauensfrohe Menge um das Wasserrund des Nympheentheaters stehend oder sitzend, denn Sitze werden bei Nympheen so oft erwähnt, dass wir sie z. B. auch in Side wie in Antiochia am Bassin voraussetzen dürfen. Nur an freien Plätzen haben solche Wasserschlösser Sinn, besser noch zugleich einer grossen Strasse zugekehrt, schon von Weitem die Blicke der Herankommenden auf sich ziehend. So lag das Septizonium des Septimius Severus an einem freien Platze, auch das von Marcus Aurelius vergrösserte, sowie das noch theilweise erhaltene Nympheum Alexandri Severi und die kleinen Nachbildungen berühmter Muster in Kremna, Sagalassos, Aspendos, Perge, so endlich auch das Nympheum von Side; die meisten von ihnen, schwerlich zufällig, möglichst der Sonne zugekehrt gegen Süden. So in Aspendos, Kremna, Sagalassos gegen Süden, in Side gegen Südwesten, in Perge gegen Osten; nur vielleicht in Selge gegen Norden. Besonders nahe zu dem Nympheion von Side stellt sich auch, in Bezug auf seine Lage, das Trinymphon von Antiochia, gebaut oder, wie O. Müller meinte, hergestellt unter Gaius Caesar, beschrieben von Libanius,[4] dass man an das Nympheion von Side oder eher noch an ein römisches Septizonium denken muss, obgleich es Nympheion genannt wird. Himmelhoch (οὐρανομηκές), durch den Glanz der verschiedenen Steine (Marmorarten) und die Farben seiner Säulen, den Schimmer der Malerei (Mosaik?) und den Reichthum der Wasser, alle Augen auf sich ziehend, kehrte es seine Front — der Name Trinymphon legt es nahe, sie durch drei Nischen gegliedert zu denken — nach Süden, wie es scheint, von wo eine der Hauptstrassen der neueren Stadt gerade darauf zuführte.

---

[1] Malalas, S. 270 Nieb.; O. Müller, De antiquitatibus Antiochenis I, c. 28.

[2] Malalas, S. 278 Nieb. Hier ist O. Müller's Erklärung II, 9 nicht anzunehmen. Das σιγματοειδές bei Malalas, S. 302 Nieb. und O. Müller II, 10.

[3] Piranesi, Del castello dell' acqua Giulia, gibt das heut sichtbare Rund nicht, auch Reber, Ruinen Roms², S. 483 nicht. Vergl. Donaldson, Architectura numismatica, S. 270, Nr. LXX.

[4] Libanios im Antiochikos S. 339 R. Dass das Trinymphon bei Malalas S. 244 davon nicht verschieden sein möge, hat O. Müller, Ant. Antioch. II, S. 22 ausgesprochen.

Den freien Platz zwischen dem grossen Thor von Side und dem Nympheion sieht man, wo er nicht von Trümmern bedeckt ist, gepflastert. Schien es mir, dass das Pflaster nicht die Richtung auf das Thor nähme, so ist vielleicht, falls ich mich nicht getäuscht habe, anzunehmen, dass eine Fortsetzung der Strasse, die ja nicht gerade auf das Thor zukommen konnte, sondern jedenfalls ein Stück an der Mauer entlang gehen musste, auch weiter an der Mauer aussen herum lief. Ob hier Gräber sich finden, weiss ich nicht zu sagen. Das Terrain ausserhalb der Stadtmauer abzusuchen, hat die Zeit ganz und gar gefehlt.

Fig. 105. Von der Ruine des Nympheum.

Fig. 106. Zuschauerraum des Theaters zu Side.

Wie sich in Side unserer Aufnahme der Bauwerke mehr als an anderen Punkten Pamphyliens Hindernisse allgemeiner und persönlicher Natur entgegenstellten, ist oben erwähnt worden. Während einerseits ein ganz ungewöhnlich massiges, kaum zu beseitigendes Pflanzendickicht Alles überwuchert und die Arbeiten erschwert, zwangen uns andererseits üble Gesundheitsverhältnisse, den Aufenthalt an diesem Platze in unvorhergesehener Weise abzukürzen. Diesen Umständen ist es zuzuschreiben, wenn ich nur von den beiden grossartigsten aufrechtstehenden Bauwerken, dem Theater und dem Nympheum, und auch von diesen nur unvollkommene Abbildungen und Beschreibungen mitzutheilen im Stande bin.

Die Ruine des Theaters besteht aus dem ziemlich wohlerhaltenen Zuschauergebäude und einem gewaltigen Haufen übereinandergestürzter Werkstücke, unter welchem die stehengebliebenen Theile des Bühnenhauses fast ganz versteckt liegen.

Das Theater unterscheidet sich von den übrigen bekannten Schauspielhäusern Kleinasiens dadurch, dass der Zuschauerraum nicht an einem Bergabhange liegt, sondern einen auf fast ebenem Boden errichteten freistehenden Stockwerkbau bildet von einst mehr als 20 M. Höhe. Nur die Orchestra mit einem Theile der Sitzreihen liegt tiefer als das Terrain, welches den Bau umgibt. Der Grundriss des Zuschauerraumes bildet nach unseren Messungen ein Kreisstück von 118·70 M. äusserem Durchmesser;[1] wir zählten in demselben 48 Sitzreihen, welche durch den Gürtelgang *A* (Diazoma, Fig. 107) in zwei Abtheilungen zerlegt sind;

[1] Beaufort (Karamania) gibt den Durchmesser an auf 409 englische Fuss = 124·66 M.

die untere Rangordnung enthält 26, die obere 22 Sitzreihen, dazu kommt noch eine Reihe freistehender Bänke mit Rücklehnen, welche auf dem Diazoma aufgestellt waren. Das Profil der Sitzstufen zeigt Fig. 108.

Die Zahl der in die Sitzstufen eingeschnittenen radialen Treppen beträgt in der oberen Abtheilung 24; in der unteren zählten wir 10 nicht ganz regelmässig eingetheilte Treppen; die Breite derselben beträgt 0·65 M.

Die Orchestra liegt 7—8 M. tiefer als die Umgebung des Theaters. Die ursprüngliche Grösse derselben ist aus dem Grunde nicht zu bestimmen, weil

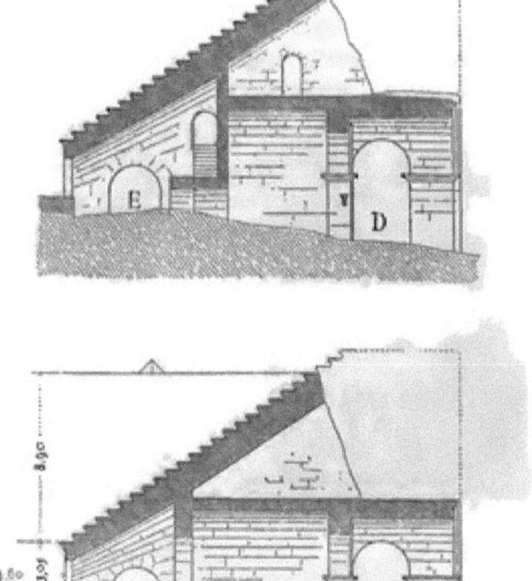

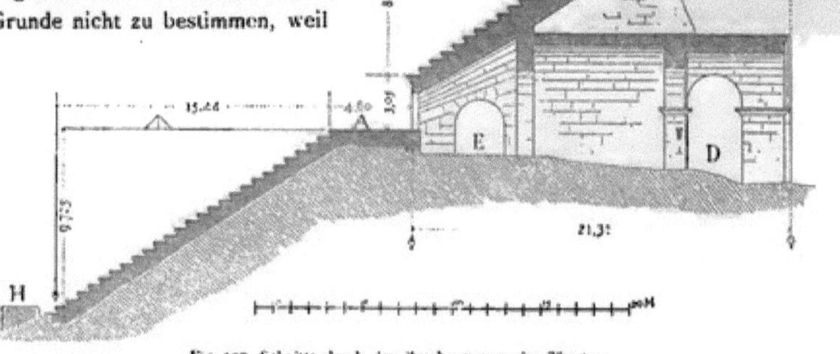

Fig. 107. Schnitte durch den Zuschauerraum des Theaters.

jetzt eine niedere Mauer *(H)* von 2 M. Dicke den Raum der Orchestra umgibt und wahrscheinlich die untersten Stufen verdeckt; das durch die jetzt sichtbare unterste Sitzreihe gebildete Kreisstück hat einen Durchmesser von 18 M.

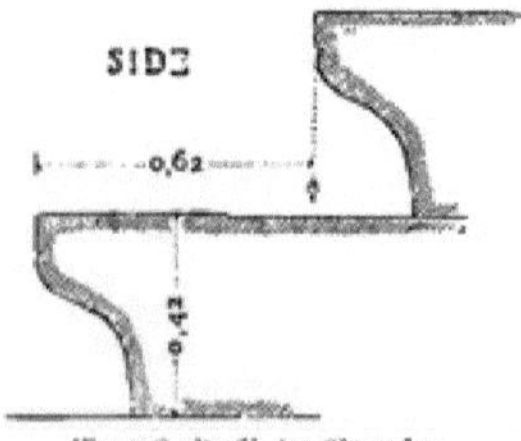

Fig. 108. Profil der Sitzstufen.

Während also die Orchestra und ein Theil der unteren Rangordnung in den Boden eingesenkt sind, liegt der Gürtelgang 3—4 M. höher als die Umgebung des Zuschauerraumes, und die obere Rangordnung erhebt sich mit ihren Unterwölbungen frei über dem Boden.

Gleichwie bei anderen in der Ebene als Freibauten errichteten römischen Theatern umziehen auch hier zwei übereinanderliegende gewölbte Gänge aussen den Zuschauerraum; der untere *(D)*, aus 23 Bogen bestehend, ist ringsum erhalten, der andere mitsammt den darauf lagernden letzten Sitzstufen ist vollständig zerstört. Ein innerer Rundgang *E* umschliesst das Diazoma und ist jetzt ganz offen gegen dasselbe, vermuthlich war er durch eine Wand mit Thüren geschlossen; diese Verkleidungswand fehlt jetzt und mit ihr der oberhalb derselben vorhanden gewesene zweite schmälere Gürtelgang, so dass die erste

Fig. 109. Aeusserer Bogengang im Theater zu Side.

Sitzstufe der oberen Ordnung zum Theil in der Luft schwebt. Das Diazoma war demnach auch schmäler, als es jetzt erscheint. (Vergleiche die Theater von Perge und Aspendos.)

Die Volksmenge, welche rings um das Theater herbeiströmte und den äusseren Gang betrat, gelangte von da durch die im Plane mit *B* bezeichneten Eingänge zu dem inneren Gange und auf das wenig höher liegende Diazoma, um von hier aus aufwärts und abwärts steigend die Sitzplätze zu erreichen. Es war demnach hier für den Verkehr der Zuschauer weit besser gesorgt als in allen jenen Theatern, welche, an einen Abhang gelehnt, den Zugang nur an wenigen Punkten gestatten. Von dem inneren Gange aus erstieg man auch auf schmalen, in dem Mauerwerk der Pfeiler angebrachten Treppen *(C)* den oberen Aussengang, welcher indessen mit dem Zuschauerraume in keiner Verbindung stand.

In der Zeichnung des Querschnittes vom Zuschauerraume (Fig. 107) ist ersichtlich gemacht, dass in der oberen Abtheilung die letzten Sitzreihen fehlen. Ich nehme an, dass diese Abtheilung 25 Sitzstufen zählte, es bleibt alsdann noch eine Breite von 6 M. frei für einen oberen Umgang und für die äussere Abschlussmauer. Auf diesen 25 Sitzreihen fanden 7750 Personen Platz, die Sitzbreite zu 0·50 M. gerechnet; auf den mindestens 27 Reihen der unteren Rangordnung aber — die jetzt fehlenden Bänke auf dem Diazoma eingerechnet — sassen 4500 Menschen, in der Orchestra endlich gegen 1000; das Theater fasste also mehr als 13.000 Personen.

Fig. 110.

Der freistehende Bau des Zuschauerraumes mit seinen Gewölben ist aus Brecciaquadern errichtet. Die Anordnung des noch bestehenden äusseren Rundganges mit seinen starken Pfeilern, über deren rohen Kämpfergesimsen halbkreisförmige Tonnengewölbe mit Stichkappen ansetzen, veranschaulicht Fig. 109. Die hohen und weiten Eingänge zum Innern des Theaters waren gesperrt durch Einbauten, welche unterhalb des Kämpfergesimses mit einem Gebälke, das wahrscheinlich von Holz war, horizontal abschlossen; man sieht in den Laibungsflächen die Stellen, wo dieses Balkenwerk in den Stein eingriff (Fig. 109 und Fig. 110 bei *A*).

Nicht jedem der 23 Bogen des äusseren Rundganges entspricht ein Eingang in das Innere. Es blieben zwischen diesen Eingängen Gewölbekammern *F* zur Benützung als Magazine oder Verkaufsläden verwendbar.

Ziemlich ungewiss blieben wir über die Form des Bühnenhauses und den Anschluss derselben an den Zuschauerraum; einer gründlicheren Aufnahme des Theaters und besonders dieser Theile desselben müsste die vollständige Beseitigung des Waldes von Lorbeer und Schlingpflanzen vorausgehen, welche das gewaltige Bauwerk einhüllt und demselben von Ferne das Aussehen einer Akropole mit bewachsenen Abhängen verleiht.

Am nördlichen Ende des Bühnenhauses fanden wir eine Exhedra (*G*), bestehend in einer kreisförmigen Nische und hinter derselben herumführendem concentrischen Gange von 4·60 M. Breite. In diesem Umgange befinden sich längs der Wand Stützen für eine fortlaufende Sitzbank, und davor ist, etwa einen Meter von der Wand entfernt, in den Steinfussboden eine offene Rinne eingearbeitet. Die Aussenseite und den Querschnitt dieser Exhedra zeigt die Fig. 111.

Vermuthlich bestand am südlichen Ende des Bühnenhauses dieselbe Vorrichtung, denn die Anlage der Säulenhallen, welche mit dem Gebäude in Verbindung standen, lassen eine symmetrische Anordnung voraussetzen. Unter den Trümmern dieser Halle, welche auf dem Plane der Stadt eingezeichnet ist, fand ich granitene Säulenschäfte von 0·65 M. Durchmesser, ferner korinthische Capitelle und attische Basen.

Fig. 111. Exhedra am nördlichen Ende des Bühnenhauses.

Das Nympheum, welches sich ausserhalb der Stadtmauern, dem östlichen Hauptthore gerade gegenüber, befindet, nahm unter den Prachtbauten, mit welchen die spätere Kaiserzeit Side schmückte, ohne Zweifel einen hervorragenden Platz ein. Ein reiner Zierbau von bedeutenden Abmessungen, ist dieses Gebäude als Nympheum durch unzweideutige Vorrichtungen für fliessendes Wasser gekennzeichnet. Er besteht im Wesentlichen aus einer hohen Abschlusswand mit drei Nischen und einem vor denselben befindlichen Teiche. Die Längenausdehnung der Wand beträgt 50·20 M., die Dicke der Mauer 4·20 M., der Durchmesser der halbkreisförmigen Nischen 6·30 M., die Länge der Wandflächen zwischen den Nischen je 9·65 M., diejenige an den Enden rund 6 M. Der Höhe nach ist von diesem Bauwerke gerade so viel erhalten, um die Form der Nischenwölbungen erkennen zu lassen. Der Schmuck der dem Stadtthore zugewendeten Vorderseite, soweit sich derselbe nachweisen lässt, bestand in einer Säulenordnung, deren Gebälk in der Höhe der Gewölbansätze längs der ganzen Mauer und innerhalb der Nischen hinläuft. Den Querschnitt dieses Gebälkes gibt Fig. 112.

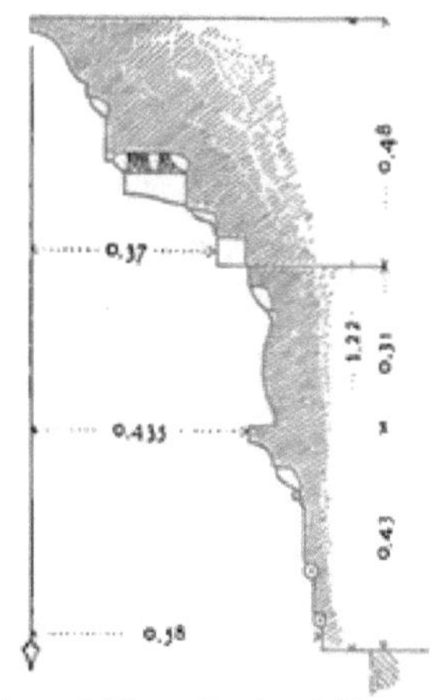

Fig. 112. Gebälk vom Nympheum in Side.

Die Säulen standen auf einem gemeinsamen, weit vorspringenden niederen Sockel, welcher die Einfassung des Teiches bildet; sie waren derart vertheilt, dass je sechs Säulen, gemeinsam das fortlaufende Gebälk tragend, vor der Mauer zwischen den Nischen standen; vier aber, ebenso angeordnet, an den Enden des Bauwerkes, und zwar einen Meter von der Mauer entfernt. Zwei in den Nischen stehende Säulen aber waren dicht an die Wand gerückt und über denselben das Gebälk verkröpft; diese ganze Anordnung ist aus den Resten deutlich erkennbar, denn die Architrave, welche von der Wand zu jeder einzelnen Säule hinüberreichten, stecken noch in der Mauer, während die parallel zur Wand von Säule zu Säule gelegten Gebälkstücke ebenso wie die Säulen, welche sie stützten, fehlen; an einigen Stellen liegen auch noch die Deckplatten mit eingetieften Cassetten am Ort, welche die einzelnen Felder zwischen den Steinbalken ausfüllten. (Siehe auch Fig. 105.)

In unserer Abbildung Tafel XXX ist auf der linken Seite die Säulenordnung ergänzt, auf der rechten annähernd dem jetzigen Zustande entsprechend gezeichnet. Den Erhaltungszustand im Einzelnen veranschaulicht die auf Tafel XXXI wiedergegebene Zeichnung einer der Nischen; die Mauern und Gewölbe bestehen aus Brecciaquadern und hatten offenbar eine Verkleidung von Marmor. Von Marmor ist das Gebälk, sowie die breiten Wasserausgüsse, welche sich zu dreien in jeder Nische befinden.

Wie im Grundrisse zu sehen ist, münden die zwei seitlichen Ausgüsse einer jeden Nische in kleinen Kammern, welche in dem Mauerwerke ausgespart sind. Aehnliche Kammern befinden sich auch in den oberen Theilen der Mauern, und es sind diese letzteren untereinander durch schmale Gänge verbunden und mit Fensteröffnungen versehen, deren zwei am südlichen Ende, wo die Mauer noch höher hinaufreicht, sich erhalten haben. Die architektonische Durchbildung der Wand oberhalb der Säulenstellung ist ganz fraglich; wir konnten keinerlei Anhaltspunkte für eine Wiederherstellung gewinnen.

Einen wichtigen Bestandtheil des Nympheums bildet der längs der ganzen Mauer sich erstreckende Teich, welchen im Einzelnen zu untersuchen uns nicht vergönnt war; die Breite desselben beträgt etwa 8 M. Der Wasserspiegel reichte, wie die Linie der Randeinfassung, auf welcher die Säulen standen, erkennen lässt, in die Nischen hinein. (Vergleiche oben Petersen's eingehende Beschreibung des Bauwerkes.)

Inschriften.

Die nachfolgenden Inschriften sind zum grössten Theile bisher nicht veröffentlicht. Wie viele davon G. Hirschfeld abgeschrieben hatte, weiss ich nicht, da (vergl. S. 6) seine nicht veröffentlichten Abschriften sich verloren haben. Einige mit Sch. und St. bezeichnete verdanke ich R. v. Schneider und Fr. Studniczka, welche sie 1882 in Adalia copirten (siehe S. 6). Diejenigen Inschriften, welche ich nur vollständiger als Andere vor mir gelesen habe, sind in Minuskeln gegeben, neue oder bessere Lesung durch Majuskel hervorgehoben. Sonst habe ich die früher veröffentlichten in Anmerkungen je zu den nächstverwandten aufgeführt, solche, auf deren Text in diesem Werke zu verweisen war, wohl auch ausgeschrieben. Facsimiles, von mir nach Papierabdrücken angefertigt und zinkographisch reproducirt, habe ich nur dann gegeben, wenn der Schriftcharakter von Belang war. Von oft gebrauchten Abkürzungen bedeuten:

CIG das Corpus inscriptionum graecarum
CIL das Corpus inscriptionum latinarum
LW Le Bas-Waddington, Inscriptions (Bd. III, Asie mineure)
BCH das Bulletin de correspondance hellénique.

Attaleia.

1.[1]

„Nahe dem Boden des Schanzgrabens links vom Hadriansthor verkehrt eingemauert; l. circa 0·66 M., h. 0·50 M." St(udniczka) und Sch(neider).

////////// Ν Α Υ Τ Ο glatt	? Κλαύδιο]ν αὐτο-
////////// Α Σ Ε Β Α Σ	κράτορ]α Σεβα[σ-
////////// ΓΕΙ ΜΑΝΙ	τὸν Γ]ε[ρ]μανι-
////////// Δ Η Μ Ο Σ	κὸν ὁ] δῆμος.

[1] 1* BCH VII, S. 258, 1, lateinisch: Kaiser Claudius mit vollerer Titulatur; Strassenbesserung betreffend. Claudius wohl auch in der folgenden Inschrift.

2.

Zwischen dem runden Thurm *k* und dem nächsten gegen Osten verkehrt eingemauertes Epistyl, etwa 1·50 M. l.:

σ]ΕΒΑΣΤΩΙ[γ]Ε[ρ]Μ[α]ΝΙ[κ]ΩΙ

3.

Etwas weiter östlich eingemauert ein Fragment von anderer Form:

ΝΚΑΙΣ
ϽΥΑΝ..

4.[1]

Das Hadriansthor sah schon **Beaufort** im Jahre 1812 „walled up" und über dem Gebälk, welches auf den vier Säulen lag: „on their entablature are some large stones with inscriptions, which are now misplaced and inverted, but they appear to have belonged originally to a complete course along the whole front". Die Abschrift des von ihm mit dem Fernglase gelesenen Fragments wird controlirt durch die unabhängigen Copien von **Falkener** (Annali d. Inst. 1852, S. 193, II) und die genauere von **Borrel** bei LW 1359 *bis*. Nach der übereinstimmenden Zeilentheilung — nur hat **Beaufort** die letzte Zeile, vermuthlich der Länge wegen, gebrochen — war die über mehrere Steine weglaufende Inschrift dreizeilig, etwa neunmal so lang als hoch, ein Verhältniss, welches kaum verstattet, sie über die ganze Breite des Dreibogenthores ausgedehnt zu denken. Selbst in Buchstaben von gleicher Grösse wie die folgende (5) würde diese Inschrift nur eine Länge von etwa 5 M. haben.

---

[1] 4[a] CIG 4339*b*, S. 1157; LW 1359: Basis einer Statue des Hadrian, circa 1·20 M. h., 0·70 M. br., in einen Thurm der Ostmauer verbaut. Z. 5 ist υἱωνόν deutlich.

4[b] CIG 4340 und S. 1157; LW 1360: Iulia Sankta weiht ein Bild der Paulina, Schwester des Kaisers Hadrian, vergl. S. 13. Ein Iulios Sanktos in Sagalassos BCH XI, S. 221, 16.

4[c] CIG 4340*h*, S. 1159: Dieselbe Iulia Sankta erbaut einen Thurm, vergl. S. 11.

4[d] BCH X, S. 155, 2: Basis des Antoninos Pius.

4[e] Ebd. VII, S. 265, 6: Basis des Petronios Phirmos.

4[f] Ebd. S. 263, 5: Basis des Kalp. Diodoros. Die erste ganz, wie die zweite halb zerstörte Zeile sind aber nach Abschriften von St. und Sch. vielmehr zu lesen:

['Η βουλὴ καὶ ὁ δῆμος ἐτείμησεν]
ἀρχ]ΙΕΡΕια [τ]Ω[ν Σ]εβαστῶν ΚΑὶ κτλ.

4[g] Ebd. X, S. 148, 1: Basis des M. Gavios Gallikos.

4[h] Ebd. IX, S. 436, nahe dem S. 16 beschriebenen Sarkophag: Basis des P. Ail. Brutt[ios] Lukianos. Z. 5 ΓΕΓ[ονότα]?

4[i] Ebd. III, S. 345, 27: Fragment.

4[k] Ebd. S. 346, 29: Weihung an den Sozon, vergl. S. 16.

4[l] Ebd. S. 346, 28: Weihung an Herakles.

4[m] Ebd. VII, S. 260: Bestimmung einer Panegyris.

4[n] (Barth) Hirschfeld I, zu S. 716; Kaibel, Hermes X, S. 193 und Epigrammata graeca, S. 454; Orakelinschrift, deren berichtigte Lesungen im II. Bande zu einem vollständigeren Exemplare aus Termessos mitgetheilt werden sollen.

Die auch bei Dürr, Die Reisen des Kaisers Hadrian, S. 121, 130 abgedruckte Inschrift wird hier nur wegen der Beziehung zu 5 wiederholt:

> Αὐτοκράτορι Καίσ]αρι, θεοῦ Τραϊανοῦ Παρθικοῦ υἱῷ, [θεοῦ Νερούα υἱωνῷ,
> Τραϊανῷ Ἁδριανῷ Σεβα]στῷ, Ὀλυμπίῳ, ἀρχι[ερ]εῖ μεγίστῳ, δημαρχικῆς [ἐξουσίας τὸ . .,
> ὑπάτῳ τὸ [γ΄, πατρὶ πατρίδος], σωτῆρι τῆς οἰκουμένης ἡ βουλὴ καὶ [ὁ δῆμος.

5.

Jedesfalls von der vorigen verschieden ist die zur Zeit Beaufort's und Borrel's nicht sichtbare, erst kurz vor dem Jahre 1882 (vergl. Ramsay, BCH VII, S. 258) beim Abbruch einer türkischen Vormauer zum Vorschein gekommene Inschrift von vergoldeten Bronzebuchstaben, welche in einer Zeile auf der oberen Fascia des Gebälks über allen drei Bögen des Hadriansthores hinlief. Die Buchstaben zerstreuten sich bald. Im Jahre 1885 wurden auf unsere Nachfrage im Schutte des abgebrannten Konaks von den beistehend abgebildeten Buchstaben

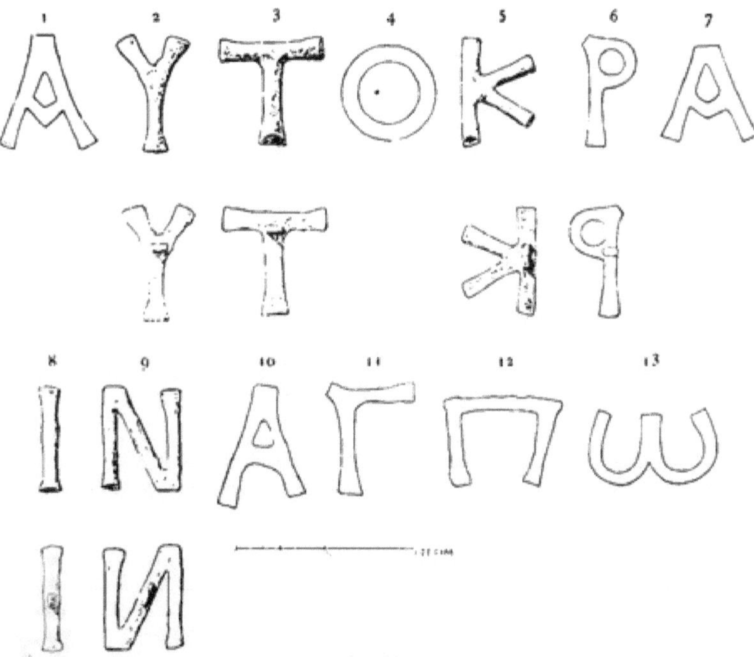

Fig. 106.

die Nummern 2, 3, 9, 10, 11, 12 wieder aufgegraben und uns gezeigt. Von ihnen sind jetzt 2 in Berlin, 9 in Wien. Von den übrigen, welche Niemann aufgespürt hat, sind 1 (dreimal), 4, 6, 7, 13, auch 3, 8, 9 in Oxford, Ashmolean Museum, 3, 5, 8 in Berlin und Wien in Privatbesitz. Ein Wort, das erste der Inschrift, setzt sich daraus zum grösseren Theile zusammen. Wichtiger ist die Copie, welche Col. Stuart von einem Theile der Inschrift — wie es scheint, vor Freilegung der ganzen — angefertigt, und welche A. Evans die Güte hatte Neubauer, und dieser wieder H. Schenkl mitzutheilen. Dieselbe gibt:

ΑΥΤΟΚΡΑΤΟΡΙΚΑΙΣΑΡΙΤΡΑΙΑΝωΑΝΔΡΙΑΝω[1]

und ihre Treue wird durch die ungewöhnliche, namentlich auch von der anderen Inschrift desselben Thores (4) abweichende Form des ω verbürgt. Ueberdies gab mir der Gouverneur von Adalia, Turchan Bey, im Jahre 1885 dieselben vier Worte als Anfang der Bronzeinschrift an. Endlich liegt der Architrav, welcher die Inschrift trug, mit Ausnahme des mittelsten der neun Steinbalken, I *a b c*, II *a (b) c*, III *a b c*, noch an seinem Platze und bewahrt wenigstens die Krampenlöcher, in welchen die Buchstaben mittelst der an ihrer Hinterseite angebrachten Zapfen — und bei einigen der erhaltenen Buchstaben, Fig. 106, 2, 3, 5, 6, 8, 9, kann man die Krampen selbst vergleichen — in Bleiverguss befestigt waren. Eine Skizze dieser Löcher, die ich von unten her gemacht, ist selbstverständlich in den Formen, Lagen und Abständen nicht so genau, wie zu wünschen wäre, aber die vorhandenen Photographien haben für die untenstehende Wiedergabe doch nur geringe Berichtigungen geliefert. In das erste Drittel dieser Zeichnung fügte sich, mit Ergänzung von zwei Buchstabenlöchern, die ich übersprungen hatte (6 und 7 von links: ΡΑ), jenes von Stuart abgeschriebene Stück der Inschrift ohne allen Zwang, so dass man erkennt, wie dieselben Buchstaben meistens, aber nicht immer (wie auch die Form nicht immer gleich ist), die Krampen an gleicher Stelle hatten. Dass die Buchstaben, welche

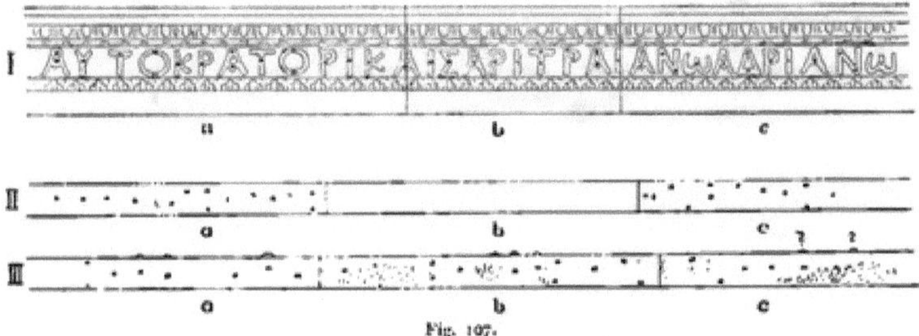

Fig. 107.

ich in die vorstehende Skizze mit Einschiebung der beiden übersprungenen eingezeichnet habe, vorn gedrängter, hinten weitläufiger stehen, ist natürlich nur durch meine mangelhafte Schätzung der Abstände verursacht. Leider sind die Krampenlöcher in II*a* und III nicht so scharf erhalten wie z. B. in II*b*, wo gar kein Zweifel bleibt.

Die Uebereinstimmung mit der oberen, nur in der Titulatur vollständigeren, Inschrift im Anfang treibt zu dem Versuch, auch den Rest derselben, wenn auch zusammengezogen, in II und III anzubringen. Aber macht schon Σεβαστῷ, was zu Anfang von II kaum gefehlt haben kann, Schwierigkeit, so hat mir im Folgenden keine zu den Krampenlöchern passende Combination gelingen wollen. Auch ΥΠΑΤω ΤΟ Γ, was mir anfangs auf II*c* möglich schien, ist es nicht, und am Anfang von III will weder ΠΑΤΡΙΠΑΤΡΙΔΟΣ noch ΣωΤΗΡΙ u. s. w. passen.

[1] Das N an siebentletzter Stelle ist offenbar Schreibfehler. Derselbe Fehler findet sich in einer Abschrift, welche ohne Angabe des Monuments ein Grieche von Adalia im Jahre 1882 zugleich mit Copien von 4, 4^b, 4^c an R. v. Schneider gab, und dieser mir überliess.

Hier sind namentlich die Einschnitte, welche für die zu langen Hasten der Buchstaben im oberen Leisten gemacht und meist in der Photographie völlig deutlich sind, für Wahl oder Ausschluss von Buchstaben bestimmend. Stand aber auf II *c*, wie mir nach der gerade hier weniger vieldeutigen Stellung der Krampenlöcher allein möglich scheint, Τ]ΗΠΑΤΡΙΔΙ, dann wäre auch dies Prachtthor, wie der Thurm nebenan und wie die meisten Bauten dieses Landes (siehe S. 12 f.), ein Werk privater Liberalität und privaten Ehrgeizes, aber dann hat auch die Ergänzung im Folgenden, wo der Name des Stifters zu erwarten ist, noch weiteren Spielraum. Eine Erklärung der Doppelinschrift ist S. 12 versucht.

6.

In der Stadtmauer gegen SO. CIG 4340 *f g* S. 1158 f. LW 1362 f.

ΡΟΥΦΟΝΝΕΑΝΙΑΝΚΟΣΜΙ||Ω..ΝΙΙΡΩΝΚΑΙΕΝΔ...ΝΚΟΣΜΙΟΝΚΑΙΣΩ

ΟΝΚΑΙΣΩΦΡΟΝΑΕΠΑΡ	ΡΟΝΑΕΠΑΡΧΟΝΤΕΧΝΕΙ
ΧΟΝΤΕΧΝΕΙΤΩΝΥΙΟΝ	ΩΝΥΙΟΝΓΑΙΟΥΛΙΚΙΝ///
ΓΑΙΟΥΛΙΚΙΝΝΙΟΥΦΛΑΜ	ΦΛΑΜΜ//ΤΟΥΠΟΛΕ////
ΜΑΕΠΑΡΧΟΥΤΕΧΝΕΙ	ΤΟΡ⁻.Ω_ΕΠ.ΡΧΟΥ
ΤΩΝΚΑΙΙΕΡΕΩΣΔΙΑΒΙΟΥ	ΤΕΧΝΕΙΤΩΝΚΑΙΙΕΡΕΩΣ
ΔΙΟΣΤΡ[illegible]ΠΑΙΟΥΧΟΥΖΗ	ΔΙΑΒΙΟΥΔΙΟΣΤΡΟΠΑΙΟ.//
ΣΑΝΤΑΚΑΛΩΣΑΡΕΤΗΣΕΝΕΚΑ	ΧΟΥΖΗΣΑΝΤΑΚΑΛΩΣ
ΤΟΔΑΠΑΝΗΜΑΕΠΟΙΗΣΑΤΟ	ΑΡΕΤΗΣΕΝΕΚΑ
ΟΠΑΤΗΡΜΝΗΜΗΣΧΑΡΙΝ	ΤΟΔΑΠΑΝΗΜΑΕΠΟΙΗΣΑΤΟ
	ΟΠΑΤΗΡΜΝΗΜΗΣΧΑΡΙΝ

Ῥοῦφον νεανίαν κόσμι- [Π]ώ[λε]ν[ῆ?]ν . ρων κ[α]ὶ ἔνδ[οξο]ν, κόσμιον καὶ σώ[φ-

ον καὶ σώφρονα, ἔπαρ-	ρονα, ἔπαρχον τεχνει-
χον τεχνειτῶν, υἱὸν	τ]ῶν, υἱὸν Γαΐου Λικιν[νίου
Γαΐου Λικιννίου Φλάμ-	Φλάμμα, τοῦ . . . . . .
μα ἐπάρχου τεχνει-	. . . . . . ἐπ[ά]ρχου
τῶν καὶ ἱερέως διὰ βίου	τεχνειτῶν καὶ ἱερέως
Διὸς Τροπαιούχου, ζή-	διὰ βίου Διὸς Τροπαιού-
σαντα καλῶς, ἀρετῆς ἕνεκα.	χου, ζήσαντα καλῶς,
τὸ δαπάνημα ἐποιήσατο	ἀρετῆς ἕνεκα.
ὁ πατὴρ μνήμης χάριν.	τὸ δαπάνημα ἐποιήσατο
	ὁ πατὴρ μνήμης χάριν.

7.

In der Nähe des aus der Stadt in den Kasernenhof führenden Thores, auf der obersten Fascia eines Marmorarchitravs. Sehr grosse Buchstaben:

ΟΥ.ΤΙΤΙ

An Titus oder Antoninus Pius zu denken widerräth das Ι (?) am Ende, soviel ich sehe auch das ΟΥ vor dem Punkt. Man könnte einen von Aspendos (Nr. 64 *b c*) bekannten Namen ergänzen: Αὐσπικάτ]ου Τιτ[ιανοῦ].

8.

Br. circa 1·90 M., h. 0·60 M. Abschrift von Studniczka.

. . . . MNAΣI/ AI II L
. . AIΓΕΡΑΙΩΝΚΑΙΠΑΙΔΩΝΚΑΙΑΓΩ
IOΘΕΤΗΣΑΝΤΑΤΟΥΣΜΕΓΑΛΟΥΣ
ΟΥΣΑΓΩΝΑΣΤΩΝΣΕΒΑΣ glatt
. ΙΩ ΣΚΑΙΕΝΔΟΞΩΣ
. ΕΝΕΚΑ

. . . γυ]μνασι[αρχήσαντα καὶ νέων
. . . κ]αὶ γεραιῶν καὶ παίδων καὶ ἀγω-
ν]οθετήσαντα τοὺς μεγάλους
ἱερ]οὺς ἀγῶνας τῶν Σεβασ-
τείων κοσμίω]ς καὶ ἐνδόξως
εὐεργεσίας] ἕνεκα.

Die νέοι, in der folgenden Inschrift (9) erhalten, sind in 4 *f* fälschlich eingesetzt.

9.

Dicht am Boden in einer Ecke der Stadtmauer links vom Hadriansthor. CIG 4340*b*, S. 1157; LW 1364; Revisionen von Sch. und St. und eigene.

. . . .
ΚΑΙΝΕΩΝ καὶ ΠΑΙΔων, ἔπαρχον σπε[ίρας
Βρεττανικῆς, χειλίαρχον ΛΕΓΙΩ[νος ια'
Ἀπολλιναρίας, ἔπαρχον εἴλης Γερ[μάνης
Δαρδάνων, ἔπαρχον ἔθνους ΒρεΜ.
ΓΕΝΟΥΣ συνκλητικοΥ, φίλον καὶ ΕΠΙ
ΠΟΝΓενόμενον ΤΩΝΣΕΒΑΣΤΩΝ
ΤΚΡΕΠΕΡΗΙΟΣΦΡΟΝΤΩΝΤΟΝΕΑ[υτοῦ
ΠΑΤΕΡΑ

10.

Auf einem freien Platz. Unterer Theil einer Basis, oben mit fünf Vertiefungen zur Einzapfung des oberen Blockes. H. 0·89 M. mit Fuss, br. ohne das Profil 0·69 M. Ramsay nach Abschrift von Wilson im BCH VII, S. 265, 7. Abschriften von St. und Sch. und eigene.

. . . .
νων ΙΙΖ βου-
λευτὴν ἡ ἱεΡΑΚΑΙΑΛΜ(πρὰ) ΚΑΙΕΝΔΟΞ[ος
ς νεωκόρος Περγαίων πόλ[ις
τὸν ἴδιον προστάτην ἀντὶ τῶν
εὐεργεσιῶν ἠμείψατο Ζ τῶν
ΙΣΑΛ · ΧΑΡΠΙΟΥΜΚΑΙ Διοσκορίδ[ου

Dass ein oder gar zwei so grosse Steine von Perge nach Adalia gebracht wären, wie Ramsay meint, ist nicht wahrscheinlich und wird sowohl durch die Art, wie Perge genannt wird, als auch dadurch, dass der Geehrte ihr Patron heisst, widerrathen. Alles nach ἠμείψατο ist in kleinerer Schrift und Mehreres davon unsicher.

11.[1]

Quader h. 0·57 M., l. 1·51 M., davon links 0·61 M. beschrieben.

ΚΟΜΗϹ
ΘΟΔΟΕΙ
Ϲ

12.

Hoch in der Mauer, westlich vom Thor II aussen. Auf der Leiter copiert. Vers 2—4 und 10—14 und sonst Einzelnes nach C. Wilson's Abschrift von Ramsay veröffentlicht im BCH VII, S. 266, 9.

ΑΕΙΠΡΟΝΟΙΑΙ ΙΑΤΙ ΙΚΙ ΙΚΕΧΡΙ ΜΕΝΟϹ
ѠϹΟΙΑΤΕΚΝΟΙϹΠΑϹΙΤΟΙϹΥΠΗΚΟΟΙϹ
ΟΠΑΓΓΑΛΗΝΟϹΕΥϹΕΒΗϹΑΥΤΟΚΡΑΤѠΡ
ΛΕѠΝϹΥΝΥΙѠΤѠΓΛΥΚΕΙΚѠΝϹΤΑΝΤΙΝѠ
ΚΑΙΠΑΝΤΑΠΡΑΤΤΕΙΙ ΙϹΥΜΠΑΘѠϹΙ ΙΟΥΜΕΝΟϹ
ϹΤΗϹΑΠΑΝΤѠΝΦΡΟΝΤΙϹΛΙϹѠΤΙ ΙΡΙΑϹ
ΚΑΙΤΗΝΔΕϹѠΖѠΝΤΗΝΦΙΛΟΧΡΙϹΤΟΝΠΟΛΙΝ
ϹΟΦѠϹΚΑΤѠΧΥΡѠϹΕΤΕΙΧΕΙΔΕΥΤΕΡѠ
ΔΕΙΚΝΥϹΕΑΥΤΗϹΜΑΛΛΟΝΑϹΦΑΛϹΤΕΡΑΝ
ΕΧΘΡѠΝΤΕΠΑϹΗϹΜΗΧΑΝΗϹΑΝѠΤΕΡΑΝ
ΚΑΙΧΕΙΡΜΕΝΗΜΟΝΑΡΧΟϹΕΡΓΟΥΠΡΟϹΤΑΤΙϹ
ѠϹΚΑΙΧΟΡΗΓΟϹΤѠΝΚΑΛѠΝΚΑΙΔΕϹΠΟΤΙϹ
ΕΥΦΗΜΙΟϹΔΕΤΟΥΚΡΑΤΟΥϹΜΥϹΤΟΓΡΑΦΟϹ
ΘΕΡΜѠϹΥΠΟΥΡΓѠΝΕΥΦΥΗϹΕΠΙϹΤΑΤΗϹ

Ἀεὶ προνοίᾳ [π]ατ[ρ]ικ[ῇ] κεχ[ρη]μένος
ὡς οἷα τέκνοις πᾶσι τοῖς ὑπηκόοις,
ὁ παγγάληνος εὐσεβὴς αὐτοκράτωρ
Λέων σὺν υἱῷ τῷ γλυκεῖ Κωνσταντίνῳ,
καὶ πάντα πράττ[ειν] συμπαθῶς [ἡγ]ούμενος,
ὡ]ς τῆς ἁπάντων φροντίσ[α]ς σωτ[ηρ]ίας,
καὶ τήνδε σώζων τὴν φιλόχριστον πόλιν
σοφῶς κατωχύρωσε τείχει δευτέρῳ,
δεικνὺς ἑαυτῆς μᾶλλον ἀσφαλ[ε]στέραν
ἐχθρῶν τε πάσης μηχανῆς ἀνωτέραν.
Καὶ χεὶρ μὲν ἡ μόναρχος ἔργου προστάτις
ὡς καὶ χορηγὸς τῶν καλῶν καὶ δεσπότις,
Εὐφήμιος δὲ τοῦ κράτους μυστογράφος
θερμῶς ὑπουργῶν εὐφυὴς ἐπιστάτης.

Vergl. die folgende Inschrift und S. 8.

13.

a (Zeile 1—4) beim Hadriansthor, Ramsay nach Abschrift von C. Wilson, BCH VII, S. 262; *b* (Zeile 5 ff.) bei einem Thor, CIG 8743 nach Bailie und Falkener, Annali 1852, S. 194, auch bei LW 1370. Die Abschrift eines Griechen *(G)* gibt bei vielen Fehlern doch in Vers 8 und 10 Annehmbares. Davis, Anatolica, S. 213 bietet den Theil rechts in umgekehrter Zeilenfolge.

a Ἔτους + ςυκζ
Ἀ[ε]ὶ [π]ρονοίᾳ τῶν σοφῶν βασιλέων
Κωνσ]ταντίνου Ζωῆς τε τῶν παναγάθων
? Φωκᾶς ἄ]γαν θαυμαστὸς ἐν στρατήγησιν

[1] 11ª CIG 8652; LW 1369; Davis, Anatolica, S. 214; BCH VII, S. 261, 3 betrifft Erneuerung des Thorpflasters (im Hadriansthor), wie öfters πλακωτὸς bei Byzantinern „gepflastert“ bedeutet. Incrustation hat das Thor, soweit zu sehen, nie gehabt. Von Vermauerung des Thores, wie Hirschfeld I, S. 715 dachte, kann der Ausdruck nicht verstanden werden, auch nicht wegen ἀνενεώθη.

b στ]ήσατο σοφῶς τὴν [φιλόχριστο]ν πόλιν
τείχ]ει δευτέρῳ ταύτην [εὖ] ὀχυρώσας,
πατ]ῶν πόλεων δείξας ἀσφαλεστέραν.
?Ταύτην δὲ κ]αὶ σέσωκεν χειρὶ Κυρίου
εἰς δόξαν Χριστοῦ καὶ καύχημα Ῥωμ[αίων
⏑–⏑ στη[ν] τῶν δυσσεβῶν Ἀ[ρ]ά[β]ων.
Ἅπαν δὲ πληροῖ σπουδῇ τὸ ἔργον [τόδε
ἑξχιλιοστ]ῷ καὶ [τετρα]κατοντάδι
διπλῇ δεκάδι σὺν καὶ τετάρτῳ χρόνῳ
ἰνδ. [ζ]

Ueber den inneren Zusammenhang von *a* und *b* siehe S. 9 f. Aeusserlich wird die Zusammengehörigkeit bewiesen durch den geraden Abschnitt von *a* unten und *b* oben, sowie durch gleiches Mass des links am Zeilenanfang — von Zeile 8 an stehen je zwei Verse in einer Zeile — Fehlenden. Auch *b* ist in zwei Stücke gebrochen, ein linkes und ein rechtes, die aber zuletzt lückenlos zusammenschliessen.

Zeile 9 ΧΡΙΣΤΟΥ *G*, aufgelöst, sonst ΧΥ. Zeile 11 ΤΟΔΕ in *G* wohl Interpolation.

Zeile 12 ΕΤΙΕΚΑΤΟ scheint verlesen für ΤΕΤΡΑΚΑΤ, allerdings eine Fehlbildung, wie vielleicht Zeile 4 für στρατηγήσειν.

14.

Oestlich vom Kasernenthurm in der Südwestmauer aussen, in der Höhe, mühsam zu lesen. Geschätzte Höhe 0·70 M., Breite 0·50 M.

ΑCΤΟΙΛΕCΘΛΙΙΑΜΠΡΑΙΑΤΤΑΛΑΙΕΩΝ
ΥΠΕΡCΤΕΦΑΝΟΥΔΡΟΥΠΑΡΙΟΥΕΥΚΛΕΕ C
ΑΠΡΙΞΔΟΜΟΙΟΝΕΡΓΟΜΟΧΘΟΙCΦΡΟ ΝΤΙCΙ
CΘΕΝΑΡΟΝΤΟΝΟΝΤΩCΑΠΤΟΝΚΑΙΤΕΡΠΙΕC
ΤΟΙΟΝΤΑΧΩΣΑΙΖΛΝΤΟCΕΥΧΕCΘΑΙΟΠΩC
ΑΜΑΡΤΗΜΑΤΩΝΑΥΤΟΝΕΥΡΑCΘΑΙΛΥCΙΝ
ΚΑΙΚΑΤΑΔΙΚΗCΕΚΦΥΓΕΙΝΑΙΩΝΙΟΥ
///// ΛΟΝΩΛΕΕΡΟΝΤΟΙΟΑΓΗΡΤΙC Θ
ΕΤΟΥCΥ ϚΥΙΗ ±Ζ

Ἀστοὶ . . . . λαμπροὶ (?) Ἀτταλειέων
ὑπὲρ Στεφάνου δρου[γγ]αρίου εὐκλεές·
ἀπρὶξ δ' ὁμοῖον ἐργομόχθοις φροντίσι
σθεναρὸν τὸν ὄντως . . . .
τοῖον ταχῶσαι ζ[ῶ]ντος εὔχεσθαι ὅπως
ἁμαρτημάτων αὐτὸν εὕρασθαι λύσιν
καὶ καταδίκης ἐκφυγεῖν αἰωνίου
. . . .
ἔτους + ϛυιη + [ϛ]

Wegen Vers 3 und 5 scheint auch diese mir unverständliche Inschrift auf einen Bau zu gehen. Einen δρουγγάριος (vergl. z. B. CIG 8690: βασιλικὸς στρατηγὸς καὶ δρουγγάριος) Stephanos des Jahres 6718 = 908 kann ich nicht nachweisen.

15.

Grosser Kalksteinquader, umgekehrt in der Stadtmauer verbaut, l. 1·83 M., h. 0·65 M. Die Inschrift steht links 0·73 M., rechts 0·26 M. von der Kante ab.

ΥΓΕΙΑΜΥΚΩΝΟΣΖΩΣΑΕΑΥΤΗΙΚΑΙ
ΓΑΤΙ▒ΙΒΑΙ▒ΧΙΚΩΙΙϽΑΝΔΡΙΑΥΤΗΣ
ΚΑΙΤΟΙΣΤΕΚΝΟΙΣΑΥΤΗΣ

Ὑγεία Μύκωνος ζῶσα ἑαυτῇ καὶ
Γα[υ]ί[ῳ] Βα[κ]χικῷ [τῷ] ἀνδρὶ αὐτῆς
καὶ τοῖς τέκνοις αὐτῆς.

16.

In der Stadtmauer umgekehrt vermauert, l. circa 1·25 M., h. circa 0·35 M.

ΠΡΟΚΛΟΣΤΕΙΜΑΓΕΝΟΥΣΕΑΥΤΩ	Πρόκλος Τειμαγένους ἑαυτῷ
ΚΑΙΓΥΝΑΙΚΙΚΑΙΤΟΙΣΕΞΑΥΤΟΥ	καὶ γυναικὶ καὶ τοῖς ἐξ αὐτοῦ
ΔΙΑΔΟΧΟΙΣ	διαδόχοις.

17.[1]

Links nahe dem Hadriansthor. Oben Profil. Br. 0·40—0·66 M., h. 0·82 M. Sehr grosse Buchstaben. (Sch. und St.)

)ΥΡΝΙΟΣΛ(	Καλπο]ύρνιος Λέ[οντος
ΕΑΥΤΩΙΚΑΙ	ἑαυτῷ καὶ . . .
ΗΙΓΥΝΑΙΚΙΑΥ	τ]ῇ γυναικὶ αὐ[τοῦ.

18.

In der Stadtmauer. CIG 4340 *d*, S. 1158; LW 1367.

Λεύκις Πακώνις . . . . ΣΤΟΚ[ενοτά-
φιν κατεσκεύασε[ν ἑαυτῷ καὶ] τῇ συΝβίῳ μου
καὶ τοῖς τέκνων τέ[κνοις κ]αὶ τοῖς ἀπελευθέροις ΜΟΥΕΙΔΕΤΙΣ ἕ[τερ]ον πτῶμα ἐπιβάλη,
ΔΩΣΕΙΙΣΤΟΥΣΑΓΟΜΕΝΟΥΣΠΕΝΤΑΕΤΙΡΙΚΟΥΣ
(sic) ΑΓΩΝΕΣ ✕ ,αφ'

19.

In der Ostmauer. Ramsay nach Abschrift C. Wilson's BCH VII, S. 266, 8 ohne die erste Zeile.

Α[ὐ]Ρ[ή]Λ[ι]ΟΣΑΡΤΕΜΩΝΟΣ . ΕΙΝΑ . . . ΧΟΥΦΥ . ΥΙΟΣ
ἑαυτῷ καὶ τῇ γυνεκὶ αὐτοῦ Δούλα, τῇ καὶ
Ρουφίνα· μετὰ δὲ τὴν τελευτὴν ΗΜΩΝ ἐπτω
μόνου τοῦ Ἐλπιδηφόρου, ἑτέ-
ρῳ δὲ μηδενὶ ἐξὸν εἶναι πτῶμα ἐπιβάλε· ἐὰν
δέ τις ἐπιβάλι, δώΣΙ τῷ φίσκῳ ✕ ,βφ'.

Zeile 2 ist also Δούλα, wofür Ramsay Δόμνα vorschlug beizubehalten. Zeile 5 ist ἐπιβάλλω wie στέλλω flectirt, mit Beibehaltung des *α*.

---

[1] 17[a] BCH III, S. 346, 30: Zotikos, Tertylla, Elpis, Abranthis.
17[b] CIG 4341 und S. 1159; LW 1365: Seilianos, Nano.
17[c] BCH X, S. 156, 4: Severa, Karpos, Deiphilos, Attalis.
17[d] Ebenda X, S. 157, wo zu Anfang von A zu lesen ist:

\ΕΝCΑ⁻ΕΚ.	? Ἐν[θ]ά[δ]ε κ[εῖται]
ΤΦΛΛΕΟΣΜΟΔΕ	Τ. Φλ[άβ]ιος Μόδε[στος.

20.

In der Stadtmauer gegen Osten oben. CIG 4340 *e*, S. 1158; LW 1368.

Αὐρ. ΑΝΝΑ καὶ ΔΠαπκΩνιος ΑΝC[κεδόμησαν
ἑαυτοῖς περίβολον καὶ κενο[τάφιον ἐν ῷ
σορὸς προκοννηΣΣία Π⁼ΙΙΙL, [βούλομαι δὲ
ΚΑΜΕΤΗΝΑΝΝΑΝ [ἐν αὐτῇ ἐνκηδευθῆναι,
ΚΑΙΕΝΟΙΚΙΖΟΜΑΙΗΝΟ . . ΥΓΑΤΕΡΑΜ[ου, ἀδελφὴν
ΔΕΜΟΥΑΡΤΕΜΕΙΣΙΑΝΚΑΙΤΟΝΑΝΔΡΑ [αὐτῆς
ΛΟΥΚΙΝΚΑΙΚΕΙ[λι]ΑΝΟΝΚΑΙΑΝΟΗ . . .

Die Ergänzungen der rechts abgeschnittenen Inschrift sind natürlich auch anders möglich. Zeile 5 scheint an Wohnen im Peribolos zur Beaufsichtigung des Grabes gedacht werden zu müssen, wie bei einer Inschrift von Myra, Reisen in Lykien und Karien II, S. 36, Nr. 56. Zeile 3 ist das Mass wohl 8½ Fuss; Zeile 5 Μηνοδίαν?

21.

Ebenda. L. 1·30 M., h. 0·50 M.

ΜΟΥΜΜΙΑΙΟΥΝΙΑΖΩ	Μουμμία Ἰουνία ζῶ-
Σ . ΕΑΥΤΗΚΑΙΚΛΑΥ	σ[α] ἑαυτῇ καὶ Κλαυ-
ΔΙΩΙΑΛΕΞΑΝΔΡΩΚΑΙ	δίῳ Ἀλεξάνδρῳ καὶ
ΜΟΥΜΜΙΩΙΡΟ	Μουμμίῳ Ῥο[ύφῳ τῷ
ΓΕΝΟΜΕΝΩΑΝ . .	γενομένῳ ἀν[δρὶ
ΑΥΤΗΣΚΑΙΜΟΥΜΜΙΑ	αὐτῆς καὶ Μουμμία
ΚΑΛΛΙΙ ΟΙ ΗΜΟΝ . ΙΣ	Καλλι[γ]ό[νη] μόν[ο]ις.

22.

In einem Thurme der Südseite auf einem langen Quader oben in der Mitte. (Auch Sch. und St.)

ΓΑΙΟΣΟΣΤΕΙΛΙΟΣΕΡ	Γάιος Ὀστείλιος Ἑρ-
ΜΗΣ . . ΝΕΑΥΤΩΚΑΙ	μῆς [ζῶ]ν ἑαυτῷ καὶ
ΓΥΝΑΙΚΙΚΑΙΤΕΚΝΟΙΣ	γυναικὶ καὶ τέκνοις.

23.

An einem Thürsturz, welcher gegen Osten in die Stadtmauer verbaut ist, l. circa 1·50 M., h. 0·30 M. CIG 4340 *c*, S. 1158; LW 1366. Vergl. CIG 4341 und S. 1159; LW 1365.

Μ . ΚΑΛΠ . Μ . Υ[ἱὸς] ΣΙΙ?ΒΕΙΙΙΑΙΙ . . . . [τοῦτο τὸ ἡρ]Ω
εῖον ζῶν κατεσκεύασεν ἑαυτῷ καὶ τοῖς ἰδίοις
αὐτοῦ ἀπελευθέροις

Zeile 1 Σαβινιανός oder Σερβειλιανός.

24.

In der Stadtmauer weit links vom Hadriansthore verkehrt eingemauert. Die Inschrift nimmt das Viertel oben rechts einer 1·07 M. breiten, 0·59 M. hohen Quaderseite ein. (Sch. und St.)

ΑΥΡ. ΝΕ..ΣΙΔΗΣΕΑΥΤ-	Αὐρ. Νε..σίδης ἑαυ[τῷ
ΚΑΙΤΗΓΥΝΑΙΚΙΑΥΤΟΥΑΥ	καὶ τῇ γυναικὶ αὐτοῦ Αὐ-
ΡΗΛΙΑΓΑΜΙΚΗΚΑΙΤΟΙΣ	ρηλίᾳ Γαμικῇ καὶ τοῖς
ΤΕΚΝΟΙΣ	τέκνοις.

25.

In einem Thurme an der Südseite verbaut, l. circa 1·20 M.

26.

Verscheuerter Stein in der Treppe eines Hauses verbaut. H. 0·78 M., br. 0·21 M.

ΩΚΟΡΙ..
ΕΡΟΣΑΣ.
ΥΠΕΥΘΥ
ΕΣΗΣΟΝ
ΟΙΣΚΑΤΑΔ
ΑΙ ΕΓΩΟΛΣ

27.

Im Hofe der grossen Moschee als Pflasterstein benützt. H. 0·53 M., br. 0·67 M. (Sch. und St.)

28.

In einer Hausecke vermauertes Marmorfragment. (Sch. und St.)

Perge.

29.

Auf einem Friedhof im Südwesten der Stadt zu einem türkischen Grabe verwendet, zwei Stücke einer Basis: *A* h. 0·80 M., 0·53 und 0·54 M. br. und d., *B* h. 0·685 M., 0·55 und 0·56 M. br. und d., oben gebrochen, unten hinter Zeile 4 unbeschrieben. Erwähnt von Hirschfeld, I, S. 722, 2.

A

ΤΑΖΗΛΩΤΑΙΤΩΝΟΜΟΙΩΝΓΙ
ΝΩΝΤΑΙ ⋮ ΑΓΑΘΗΙΤΥΧΗΙΔΕΔΟΧΘΑ
ΕΠΗΝΗΣΘΑΙΤΕΕΠΙΠΑΣΙΤΟΙΣΠΡΟ
ΓΕΓΡΑΜΜΕΝΟΙΣΣΤΑΣΙΑΝΒΟΚΙΟΥ
ΚΑΙΤΕΤΙΜΗΣΘΑΙΧΡΥΣΩΙΣΤΕΦΑ
ΝΩΙΑΡΙΣΤΕΙΩΙΚΑΙΕΙΚΟΝΙΧΑΛΚΗ
ΗΝΚΑΙΑΝΑΣΤΑΘΗΝΑΙΕΝΤΩΙΙΕΡΩ
ΤΗΣΑΡΤΕΜΙΔΟΣΚΑΤΑΤΟΝΕΠΙΦΑ
ΝΕΣΤΑΤΟΝΤΟΠΟΝΚΑΙΕΠΙΓΡΑΦΗΝΑ
ΕΠΙΤΗΣΒΑΣΕΩΣΟΔΗΜΟΣΟΠΕΡ
ΓΑΙΩΝΕΤΙΜΗΣΕ ΣΤΑΣΙΑΝΒΟΚΙΟΥ
ΧΡΥΣΩΙΣΤΕΦΑΝΩΙΚΑΙΕΙΚΟΝΙΧΑΛ
ΚΗΙΓΕΝΟΜΕΝΟΝΚΑΤΑΠΟΛΙΝΣΤΡΑΤΗ
ΓΟΝ (ΔΗΜΟΣΕΤΙΜΗΣΕ
ΤΟΔΕΥΤΕΡΟΝΣΤΑΣΙΑΝΒΟΚΙΟΥ
ΤΑΙΣΥΠΟΓΕΓΡΑΜΜΕΝΑΙΣΤΙΜΑΙΣ
ΓΥΜΝΑΣΙΑΡΧΗΣΑΝΤΑ
ΕΔΟΞΕΠΕΡΓΑΙΩΝΤΗΙΒΟΥΛΗΚΑΙΤΩ
ΔΗΜΩΙΕΠΕΙΣΤΑΣΙΑΣΒΟΚΙΟΥΑΝΗΡΚ
ΛΟΣΚΑΙΑΓΑΘΟΣΖΗΛΩΤΗΣΥΠΑΡΧΩ
ΤΩΝΚΑΛΛΙΣΤΩΝΕΝΤΕΤΑΙΣΛΟΙΠΑΙΣ
ΑΙΣΚΑΛΩΣΑΝΕΣΤΡΑΜΜΕΝΟΣΚΑΙ
ΤΟΙΣΑΛΛΟΙΣΠΑΣΙΝΑΡΙΣΤΑΠΟΛΙΤΕΥ
ΝΟΣΔΙΑΤΕΛΕΙΚΑΤΑΣΤΑΘΕΙΣΔΕΚΑΙΓ
ΣΙΑΡΧΟΣΗΓΗΣΑΤΟΤΟΥΓΥΜΝΑΣΙΟ
ΙΟΝΤΩΣΚΑΙΤΗΣΤΩΝΕΦΗΒΩΝΚΑΙ
ΣΩΦΡΟΣΥΝΗΣΠΡΟΕΣΤΗΩΣΒΕΛΤ
ΑΚΟΛΟΥΘΟΝΕΑΥΤΟΝΕ
ΝΩΣΑΞΙΩΣΕΑΥΤΟΥ

B

ΒΛΕΠΟΝΙΕΣΙΟΝΛωι
ΠΡΕΠΟΥΣΑΣΑΠΟΝΕΜΟΝΤΑΤΙΜΑ
ΟΙΣΑΡΙΣΤΟΙΣΣΠΕΥΔΩΣΙΝΕΦΑΜΙΛ
ΝΕΣΘΑΙΤΟΙΣΤΟΙΟΥΤΟΙΣΤΩΝΑΝΔΡ

A

τα ζηλωταὶ τῶν ὁμοίων γί-
νωνται ⋮ Ἀγαθῇ τύχῃ, δεδόχθα[ι
ἐπῃνῆσθαί τε ἐπὶ πᾶσι τοῖς προ-
γεγραμμένοις Στασίαν Βοκίου
καὶ τετιμῆσθαι χρυσῷ στεφάνῳ ἀριστείῳ καὶ εἰκόνι χαλκῇ,
ἣν καὶ ἀνασταθῆναι ἐν τῷ ἱερῷ
τῆς Ἀρτέμιδος κατὰ τὸν ἐπιφα-
νέστατον τόπον καὶ ἐπιγραφῆνα[ι
ἐπὶ τῆς βάσεως »Ὁ δῆμος ὁ Περγαίων ἐτίμησε Στασίαν Βοκίου
χρυσῷ στεφάνῳ καὶ εἰκόνι χαλκῇ γενόμενον κατὰ πόλιν στρατη-
γόν.« Ὁ δῆμος ἐτίμησε
τὸ δεύτερον Στασίαν Βοκίου
ταῖς ὑπογεγραμμέναις τιμαῖς
γυμνασιαρχήσαντα·
Ἔδοξε Περγαίων τῇ βουλῇ καὶ τ[ῷ
δήμῳ· Ἐπεὶ Στασίας Βοκίου, ἀνὴρ κ[α-
λὸς καὶ ἀγαθὸς, ζηλωτὴς ὑπάρχω[ν
τῶν καλλίστων, ἔν τε ταῖς λοιπαῖς [ἀρχ-
αῖς καλῶς ἀνεστραμμένος καὶ [ἐν(?)
τοῖς ἄλλοις πᾶσιν ἄριστα πολιτευ[όμε-
νος διατελεῖ, κατασταθεὶς δὲ καὶ γ[υμνα-
σίαρχος ἡγήσατο τοῦ γυμνασίο[υ πρε-
π]όντως καὶ τῆς τῶν ἐφήβων καὶ [νέων
σωφροσύνης προέστη, ὡς βέλτ[ιστον
ἀκόλουθον ἑαυτὸν ε
ν[ο]ς ἀξίως ἑαυτοῦ . . .

B

βλέπον[τ]ες [τ]ὸν [δῆμον τὰς
πρεπούσας ἀπονέμοντα τιμὰ[ς
τ]οῖς ἀρίστοις σπεύδωσιν ἐφάμιλ[λοι
γί]νεσθαι τοῖς τοιούτοις τῶν ἀνδρ[ῶν.

Auf der reichlich hohen und schlanken Basis (einer Büste? oben ein vertieftes Quadrat) standen mit Ueberschriften versehen (Zeile 14 f.) die Ehrungen des Stasias, von denen das Ende der ersten und Anfang der zweiten Zuerkennung, sowie ein *A* zu Anfang entsprechender Schlusstheil *(B)* erhalten ist. S. 49 ist die Vermuthung geäussert, dass diese Inschrift von einem Ehrendenkmal im Gymnasium herstammt.

30.[1]

Am Canal der Hauptstrasse, unfern *G* im Plane, Epistyle oben mit Leisten *A* l. 0.55 M., *BCD* zusammen l. 1·90 M., h. 0·36 M. *A* und ein Theil von *B* im CIG 4342*b*[3], S. 1160; LW 1371*a*; *BCD* ohne *A* im BCH X, S. 158, 6.

A *B* *C* *D*
Ὁ δῆμος [ὁ] Περγαίων Τιβέ[ριον] Κλαύδιον Καίσαρα Σεβαστὸν πατέρα πατρίδος

S. 41 ist vermuthet, dass diese Epistyle zu dem Triumphbogen hinter *F* gehört haben.

31.

In der langen Halle etwas südöstlich von der Kreuzung. Epistyl, oben mit Kyma und Leisten, l. 1·39 M., h. 0·40 M.

τ]ΟΥΛΑΜΠΡΟΤΑΤ[ου

32.

Am Bau *L* im Plane, *a* auf dem Sturz der Mittelthüre, *b c* auf demjenigen der Fenster links und rechts davon, *d* herabgefallen neben dem westlichen Seiteneingange. Schon abgedruckt und ergänzt im CIL III, Supplementum Lyciae et Pamphyliae.

a ΣΕΒΑΣΤΩΝΓ[έρμων Γ. Ἰούλιος Κορν]ΟΥΤΟΣΚΑΙΗΓΥΝΗΑΥΤΟΥ
ΚΑΙ/ [αὐτῶν τὰ τέκνα κατεσκεύασαν] ΚΑΙΑΝΕΘΗΚΑΝ

b Γ]ΙΟΥΛΙΟΣΚΟΡΝΟ` [ῦτος ἀνέθηκε κατασκ]ΕΥΑΣΑΣ

c Γ]ΙΟΥΛΙΟΣΚΟΡ` [νοῦτος ἀνέθηκεν] ΚΑΤΑΣΚΕΥΑΣΑΣ

d CLAVDIOCAESARIGERMAN|ico Augusto Neroni
CIVLIVSCORNVTVSCVMVXO|re et liberis dedicavit.

Die Zahl der fehlenden Buchstaben ist bei *a* und *c* nach dem Masse der erhaltenen Buchstaben berechnet, *d* ist als Hälfte des Ganzen angenommen. Vergl. S. 43. Ein Nachkomme dieses Cornutus erscheint in Nr. 35 als Agonothet der den Namen des Sophisten Varus tragenden Agonen.

---

[1] Mit *AB* (ohne Τιβε) als 1 sind vermischt neun andere Fragmente als 2—10 im CIG 4342*b* 3, darnach mit versuchter Scheidung wiederholt LW 1371 *b*—*k*. Beide Bezeichnungen sind der folgenden Aufzählung 30[a-c] beigesetzt. Ausser 30[a] habe ich auch 30[d-f] nicht gesehen.

30[a] = 2 (CIG) *b* (LW) und 10, *k* habe ich nicht gefunden.
30[b] = 4—7, *d*—*g* in den Ruinen des Grabbaues *V* vor dem Südthore, S. 49.
30[c] = 3, 8, 9, *c h i* in der Ruine *X* im Südosten. S. 48.
30[d] CIG 4342*b*4, S. 1160; LW 1375. Fragment.
30[e] CIG 4342*b*5, S. 1160; LW 1376. Fragment.
30[f] Annali dell' Inst. 1852, S. 163; LW 1374. Fragment.

33.

Am Südrande der Akropolis, westlich vom Aufgang. Oben br. 0·65 M. Theilweise im CIG 4342.

ΡΕΑΤΗΣΑΡΤΕΜΙΔΟΣ	[Ἱε]ρέα τῆς Ἀρτέμιδος
ΚΑΙΔΗΜΙΟΥΡΓΟΝΤΟΠΕ/	καὶ δημιουργὸν τὸ πέ[μ-
ΤΤΟΝΚΑΙΑΡΧΙΕΡΕΑΤΩΝΣ	π]τον, ἀρχιερέα τῶν Σ[ε-
ΒΑΣΤΩΝΚΑΙΙΕΡΕΑΣΕΒΑ	βαστῶν καὶ ἱερέα Σεβα[σ-
ΤΗΣΟΜΟΝΟΙΑΣΤΙΒΕΡΙΟΝ	τῆς Ὁμονοίας Τιβέριο[ν
ΚΛΑΥΔΙΟΝΑΠΟΛΛΩΝΙΟΥΥ	Κλαύδιον Ἀπολλωνίου υ[ἱ-
ΟΝΚΥΡΕΙΝΑΑΠΟΛΛΩΝΙΟΝ	ὸν Κυρείνα Ἀπολλώνιον
ΕΛΑΙΒΑΒΙΙΝΦΙΛΟΚΑΙΣΑΡΑ	Ἐλαιβαβ[η]ν φιλοκαίσαρα
ΚΑΙΦΙΛΟΠΑΤΡΙΝΥΙΟΝΤΗΣΠ	καὶ φιλόπατριν, υἱὸν τῆς π[ό-
ΛΕΩΣΕΠΑΡΧΟΝΓΕΝΟΜΕΝΟΝ	λεως, ἔπαρχον γενόμενον
ΕΝΡΩΜΗΤΕ . . Ε ΟΝΑΡ///	ἐν Ῥώμῃ τε[χν]ε[ιτῶ]ν, ἀρ[χι-
ΕΡΑΣΑΜΕΝΟΝΤΡ//////	ερασάμενον τρ[ὶς καὶ ἀγω-
ΝΟΘΕΤ ΣΑΝΤΑΤ . . ΩΝΑΓ//	νοθετ[ή]σαντα τ[ρι]ῶν ἀγ[ώ-
ΩΝΣΕΒΑΣΤΩΝΤΡΙ//Ε////	ν]ων Σεβαστῶν, τρ[ὶς πρ]ε[σβεύ-
ΣΑΝΤΑΔΩ ΕΑ ΕΙΣΡΩΜΗΝΚΑ//	σαντα δω[ρ]εὰ[ν] εἰς Ῥώμην κα[ὶ
ΚΑΤ . . ΘΩΣΑΜΕΝΟΝ//////	κατ[ορ]θ[ω]σάμενον [τῇ] Περ-
ΓΑΙΑΑΙΤΕΜΙΔΙΤΗ//////	γαίᾳ Ἀ[ρ]τέμιδι τὴ[ν στο-
ΑΝΚΑΙΤΩΔΗΜΩΤΑΜΕΓΙΣΤΑ	ὰν καὶ τῷ δήμῳ τὰ μέγιστα
ΑΙΣΥΝΦΕΡΟΝΤΑ ΤΕΤΑΙΣ	κ]αὶ συνφέροντα, [ἔν] τε ταῖς
ΚΑΤΑΣΧΟΥΣΑΙΣΣΕΙΤΟΔΕ//	κατασχούσαις σειτο[δεί-
ΙΣΠΡΟΧΡΗΣΕΙΣΔΟΝΤΑΑΡ	α]ις προχρήσεις δόντα ἀρ-
ΥΡΙΩΝΕΙΣΑΓΟΡΑΣΜΟΝΠΙ//	γ]υρίων εἰς ἀγορασμὸν π[υ-
ΝΠΟΛΛΑΚΙΣΤΕΔΟΝΤΑ	ρῶ]ν, πολλάκις τε δόντα
ΕΙΣΠΑΝΔΗΜΟΥΣΤΟ//	ἐπιδό]σεις πανδήμους το[ῖς
ΚΑΤΟΙΚΟΥΣΙΤΗΝΠΟΛΙΝΚΑΙΤ/	κατ[ο]ικοῦσι τὴν πόλιν καὶ τ[οῖς
. . ΙΔΗ . . . . ΙΝΞΕΝΟΙΣ //	ἐπ]ιδη[μήσασ]ιν ξένοις, [ἐ-
Γ ΣΚΕΥΑΣΑΝΤΑΤΕΤΟΒΟ//	πι]σκευάσαντά τε τὸ βο[υ-
ΛΕΥΤΗΡΙΟΝΕΚΤΩΝΙΔ//////	λευτήριον ἐκ τῶν ἰδ[ίων.

Zu beachten ist der Wechsel in der Anreihung der Participia. Zeile 10 bis 15 ohne Conjunction — nur ἀρχιερασάμενον und ἀγωνοθετήσαντα, als enger zusammengehörig, sind durch καὶ verbunden — Zeile 15—18 mit καί, dann dreimal mit τε. Zur Σεβαστὴ Ὁμόνοια vergl. die Σεβαστὴ Νείκη 4g, Τύχη Σεβαστῶν Athen. Mitth. X, S. 336, Ῥέα Σεβαστὰ CIG 2508. Zu dem ἀρχιερασάμενον τρὶς καὶ ἀγωνοθετήσαντα τριῶν ἀγώνων vergl. 4g, Zeile 3 ἀρχιερέα τῶν τριῶν πενταετηρικῶν ἀγώνων, wo das Verhältniss des Archiereus zu den grossen Agonen (vergl. BCH X, S. 150) minder präcis ausgedrückt ist als in unserer, wie es scheint älteren, Inschrift. Zeile 21 προχρήσεις ἀργυρίων auch in einer Inschrift von Termessos (Bd. II). Praefecti fabrum, wie Zeile 11 in Attaleia 4g und 6; mit dem Zusatz des Ortes, wie hier, in Inschriften von Benevent CIL IX, 1619 praef. fabr. Romae und von Tibur CIL XIV, 3665 (vergl. Borghesi, Oeuvres V, S. 208) praefecto fabrum M. Silani M. f. sexto Carthaginis. Zeile 26 ist auch κατασκευάσαντα möglich.

34.

In einen späten Thurm der Ostmauer eingefügt, circa 0·65 M. h. und br., unten gebrochen.

ΙΒΟΥΛΗΚΑΙΟΔΗΜΟΣ	Ἡ] βουλὴ καὶ ὁ δῆμος
ΤΗΣΙΕΡΑΣΚΑΙΛΑΜΠΡΑΣ	τῆς ἱερᾶς καὶ λαμπρᾶς
ΚΑΙΕΝΔΟΞΟΥΚΑΙΝΕ	καὶ ἐνδόξου καὶ νε-
ΩΚΟΡΟΥΠΕΡΓΑΙΩΝ	ωκόρου Περγαίων
ΠΟΛΕΩΣ	πόλεως
Π›ΙΟΥΛΑΙΜΙΛΙΟΝ	Π. Ἰούλ(ιον) Αἰμίλιον
ΑΚΥΛΑΝ	Ἀκύλαν
ΤΟΝΚΡΑΤΙΣΤΟΝ	τὸν κράτιστον
	[ἡγεμόνα κτλ]

35.

In geflicktem Thurme im Nordosten vermauert, h. circa 1·00 M., br. 0·70 M.

ΣΟΚΛΑ	. . . .
. . . \ΙΕΩΝΕΤΕΙΜ	. . . . ἐτείμ[ησεν
ΑΙΕΡΕΑΤΩΝΣΕ	τὸν] ἱερέα τῶν Σε[βασ-
ΤΩΝΑΠΟΔΕΙΧΘ ///	τῶν, ἀποδειχθ[έντα
ΔΕΚΑΙΑΓΩΝΟΘΕ	δὲ καὶ ἀγωνοθέ[την
ΤΩΝΜΕΓΑΛΩΝ . .	τῶν μεγάλων [Οὐ-
. ΡΕΙΩΝΠΕΝΤΑΕΤΗΡ	α]ρείων πενταετηρ[ικῶν
ΑΓΩΝΩΝΓΑΙΟΝΙΟ .	ἀγώνων Γάιον Ἰο[ύλιον
ΚΟΡΝΟΥΤΟΝΒΡΥΩΝΕ	Κορνοῦτον Βρυων[ιανόν.
Leer.	

36.

Im Felde westlich von der Stadt. Höhe des oberen Profils 0·23 M., der Inschriftfläche 0·80 M.; der Fuss steckt in der Erde. Je weiter nach oben, desto schlechter erhalten, die zwei obersten Zeilen zerstört.

. . . .	[Θεοῦ Νερούα υἱῷ].
. . . .	[αὐτοκράτορι Νερού]-
ΑΙΤΡΑΙΑΝΩΙΚΑΙΣΑΡ	ᾳ Τραιανῷ Καίσαρ[ι
. . ΒΑΣΤΩΓΕΡΜΑΝΙΚΩ	Σε]βαστῷ Γερμανικῷ
. \ΚΙΚΩΙΚΑΙΑΡΤΕΜΙΔΙ	Δα]κικῷ καὶ Ἀρτέμιδι
. ΕΡΓΑΙΑΙΚΑΙΤΩΙΔΗΜΩΙ	Π]εργαίᾳ καὶ τῷ δήμῳ
. ΠΟΛΛΩΝΙΟΣΒ̄ΦΥΣΕΙΔΕ	Ἀ]πολλώνιος (δίς), φύσει δὲ
ΤΡΟΚΟΝΔΟΥΚΑΙΧΡΥΣΩ	Τροκόνδου, καὶ Χρυσώ,
ΗΓΥΝΗΑΥΤΟΥΚΑΙΤΑΤΕ	ἡ γυνὴ αὐτοῦ, καὶ τὰ τέ-
ΚΝΑΑΥΤΟΥΕΚΤΩΝΙΔ .	κνα αὐτοῦ ἐκ τῶν ἰδ[ί-
ΩΝΑΝΕΘΗΚΑΝΚΑΙ	ων ἀνέθηκαν καὶ
ΚΑΘΙΕΡΩΣΑΝ	καθιέρωσαν.

37.

In einem Thurme der Ostmauer, circa 0·65 M. h. und br., unten und oben rechts gebrochen.

ΑΥΤΟΚΡΑΤΟΙ	Αὐτοκράτο[ρα
ΚΑΙΣΑΡΑ	Καίσαρα
ΜΑΝΤΩΝΙΟΝ	Μ. Ἀντώνιον
ΓΟΡΔΙΑΝΟΝ	Γορδιανὸν
ΣΕΜΠΡΩΝΙΑΝΟΝ	Σεμπρωνιανὸν
ΡΩΜΑΝΟΝΑΦΡΙ	Ῥωμανὸν Ἀφρι-
ΚΑΝΟΝΓΑΤΕΡΑ	κανόν, π[ατέρα

38.[1]

Im Kreuzungspunkte der Hallenstrassen. Basis h. 1·10 M., br. 0·56 M., oben glatt.

ΑΥΤΟΚΡΑΤΟΡΑ	Αὐτοκράτορα
ΚΑΙΣΑΡΑ	Καίσαρα
Μ·ΑΝΤΩΝΙΟΝ	Μ. Ἀντώνιον
ΓΟΡΔΙΑΝΟΝ	Γορδιανὸν
ΣΕΜΠΡΩΝΙΑΝΟΝ	Σεμπρωνιανὸν
. ΩΜΑΝΟΝΑΦΡΙ//	Ῥ]ωμανὸν Ἀφρι[κ-
ΑΝΟΝΥΙΟΝ	ανὸν υἱὸν,
//ΥΣΕΒΗΕΥΤΥΧΗ	Ε]ὐσεβῆ Εὐτυχῆ
ΣΕΒΑΣΤΟΝΣΩΤΗ///	Σεβαστὸν, Σωτ[ῆρα
ΣΗΣΟΙΚΟΥΜΕΝ	τῆς οἰκουμέν[ης
ΗΓΕΡΟΥΣΙΑ	ἡ γερουσία.

Die Standbilder aller drei Gordiane 37, 38, 38ª werden während der Regierung des dritten errichtet sein, und zwar, während dieser seit dem Jahre 242 n. Chr. in Asien war, um die Perser zu bekriegen. Die Schrift ist allerdings nicht ganz gleich.

39.

In der Kirche *R* im Plane siehe S. 36. Runde Basis, mit Kopf und Fuss h. 1 M., 0·70 M. im Durchmesser, oben mit Einsatzloch für Befestigung der Plinthe. CIG 4342 *b*, S. 1160; LW 1373; BCH X, S. 159, 7 fast correct.

Ἱέρειαν τῆς προεΣτώσης τῆς
πόλεως ἡμῶν θεᾶς Ἀρτέμιδος ἀσύλου
καὶ ἱέρειαν Ἀθηνᾶ[ς δι]ὰ βίου $\overline{\text{Κλ}}$. Παυ-
λ[ε]ῖν[αν] Ἀρτεμεισία[ν, θυ]γατέρ[α Κλ.] ΑΠΕ[λ-
λεῖν[ου καὶ] Οὐλπ. Ἀρτεμεισίας ἀρχιερέων
ΙΙ Κλ. Ῥουτίλιος Οὐᾶρος ἔπαρχος ἱππέων
εἴλης α' Κελωνῶν καὶ Λ. Κλ. ΠΡΟΠΙΝΚΙ-
ανὸς Ἀ[π]ελλῖνος χειλ(ίαρχος) λεγ. ω (d. i. β') Τραιανῆς
τὴν μάμμην οἱ ἔγγονοι.

---

[1] 38ª CIG 4342 *b*², S. 1160; LW 1372: Αὐτοκράτορα | Καίσαρα | Μ. Ἀντώνιον | Γορδιανὸν Εὐσεβῆ Εὐτυχῆ | Σεβαστὸν | Σωτῆρα τῆς οἰκουμένης | ἡ γερουσία.

40.

Auf dem östlichen Friedhofe profilirtes Stück. Daran in der oberen Kehle, rechts 0·05 M. frei lassend:

ΚΑΙΦΙΛΟΠΟ[λιν

41.

Gebälkstücke in dem nördlichen Anbau von *L* verbaut. Länge von *a* 1·45 M., *b* 1·05 M., *c* 1·64 M., Höhe 0·43 M. *a* und *b* bei Trémaux.

a ΙΤΩΝΣΥΝΚΑΘ *b* ΩΝΤΩΝΑ

c ΟΛΕΙΙ *d* Ν *e* . . . . ΕΞ. . .

Etwa: . . τῶν συνκαθ[ιερωσά]ντων [. . . τῇ π]όλει . .

42.

Im zweiten Thurme der Ostmauer von Norden her. Br. circa 0·60 M., h. 0·40 M.

ΦΥΛΗΕΡΜΟΥ

Phylen werden auch nach Menschen benannt, und Hermes ist nicht selten Personenname, hier aber, da die Inschrift vollständig ist, natürlich der Gott.

43.

Im Stadion, in den Gewölben der Ostseite, von Norden her gezählt (vergl. S. 46):

a in 17 auf der Bosse und dem unteren Rande eines Quaders der Hinterwand;
b ebenda an der rechten Seite;
c in 20 auf dem oberen Rande zweier Quadern;
d in 23 ähnlich;
e in 25 auf dem unteren Rande eines Quaders der drittobersten Lage. Auch ganz rechts erscheinen noch undeutliche Reste;
f in 26 auf dem von einem Rande umsäumten Quader in der drittobersten Lage der Hinterwand. Eine dritte Zeile scheint ausgemeisselt;
g in 28 auf dem unteren Rande zweier Rusticaquadern der Hinterwand.

44.

Oestlich vom Uebergang *K* über den Kanal der Hallenstrasse. Oben profilirtes Gebälkstück, l. 1·00 M., br. 0·44 M., auf dessen Unterseite:

. . VONHEΣΗCΕΠΟΛΕΙΚΛΕΟCΤΙCΔΑ	—∪ ον ἠέξησε πόλει κλέος [ε]ἰς ὅσα ∪—∪
ΡΜΑΡΕΗΝΕΝΕΗΒΕΤΟC	εἰκόνα μα]ρμαρέην ∪∪—∪∪—∪∪—∪
ΛΛΟCΕΚCΜΥΡΝΗCΠΑ	—∪∪ (?) ἄ]λλος ἐκ Σμύρνης πα ∪—∪∪—∪

45.

An einer Basis h. 1·12 M. mit Kopf und Fuss. An der Westmauer, wo ungefähr die Strasse abgeht, in einen Thurm verbaut. Schon abgedruckt im CIL Supplementum Lyciae et Pamphyliae 6739.

CIVLIVS·PLO	C. Iulius Plo-
CAMVS·VI	camus vi-
VOS·SIBI·ET	vos sibi et
SVIS·	suis.
ΓΑΙΟΣΙΟΥΛΙΟΣ	Γάιος Ἰούλιος
ΠΛΟΚΑΜΟΣ	Πλόκαμος
ΖΩΝΕΑΥΤΩΙ	ζῶν ἑαυτῷ
ΚΑΙΤΟΙΣΙΔΙΟΙΣ	καὶ τοῖς ἰδίοις.

46.

An einer nach Norden gehenden Mauer der Westseite, Architrav, l. 1·66 M., h. 0·50 M., die Inschrift auf den beiden oberen Fascien eingegraben. Schon abgedruckt im CIL Supplementum Lyciae et Pamphyliae 6740.

/SET·SERGIATHEOPROPISVXORVIBI
peTIERINT·ETP·SERGIOCANDIDOETQVII

47.

Ausser der Stadt eben vor dem Südende der langen Hallenstrasse bei einem Grabbaue. Platte h. 0·65 M., br. 0·70 M., d. 0·20 M., nur unten und vielleicht rechts unten ohne Bruchkante.

///ΙΗΝΟΣ/	Οὐαλουεστ]ηνὸς . .
ΑΚΥΛΑΣΤΟ	. . . . .Ἀκύλας τὸ . .
ΚΑΙΑΤΤΙΑΠ	. . . . . καὶ Ἀττία Π . .
ΟΥΣΣΙΗΝΩΙ	Οὐαλ]ουεστηνῷ
ΥΑΣΑΝΚΑΙΑΥ	κατεσκε]ύασαν καὶ αὐ[τοὶ καθιέρωσαν?

48.

In demselben Thurm wo Nr. 42 eingemauert, nicht zu erreichen.

ΛΕΩΣΚΟΛΩΝΕΙΑΣΛ///
ΑΝΔΡΕΙΑΕΥΣΕΒΗΚΑΙ
ΦΙΛΟΠΑΤΡΙΣΣΩΝ///
ΕΑΥΤΩΚΑΙ

49.

Im verschütteten Pförtchen *h'* als Thürsturz über Kopf vermauert, l. 2·54 M., h. 0·56 M., mühsam zu lesen.

Γ · Ο . . . ΟΣΠΙΔΑΞΑ▒ΟΥΑΡΙ▒ΙΑ · ΕΥΤΥΧΙΑΕΑΥΤΟΙΣ
ΚΑΙΤΟΙΣΤΕΚΝΟΙΣΚΑΙΤΟΙΣΕΞΑΥΤΩΝΤΑΔΕΚΕ
ΝΟΤΑΦΙΑΤΟΙΣΑΠΕΛΕΥΘΕΡΟΙΣΑΥΤΩΝΚΑΙΤΟΙΣΕΞΑΥΤΩΝ

Γ. Ο[ὐάρ]ος Πί[λ]α [κ]α[ὶ] Οὐαρ[ε]ία Εὐτυχία ἑαυτοῖς
καὶ τοῖς τέκνοις καὶ τοῖς ἐξ αὐτῶν· τὰ δὲ κε-
νοτάφια τοῖς ἀπελευθέροις αὐτῶν καὶ τοῖς ἐξ αὐτῶν.

50.

An der südlichen Gräberstrasse, von einem Sarkophag die letzte ganze rechts der drei und zwei halben Platten, welche eine Langseite bildeten, auf dem gemeinsamen Sockel aufgerichtet. Die ganze Langseite war beschrieben, die erhaltene Platte ist h. 0·90 M., davon 0·07 M. oben, 0·28 M. unten unbeschrieben. Die Thür war, wie gewöhnlich (siehe S. 49) an einer Schmalseite.

ΚΑΙΑΡΤΕΜΕΙΣΙΑ	. . . . καὶ Ἀρτεμεισία
. ΟΥΣΕΡΜΑΙΟΥΤΟ	ἡ γυνή, θυγάτηρ δὲ . . .]ους Ἑρ[μα]ίου τὸ
. ΥΠΗΚΑΙΕΥΜΗΛΩ	μνημεῖον κατεσκεύασαν ἑαυτοῖς καὶ . . . .]υπη καὶ Εὐμήλῳ
▒ΕΤΑΞΑΤΟΚΑΙΣΥΝ	. . . . ετάξατο καὶ συν-
ΙΟΝΤΟΝΠΕΡΙΒΟΛΟΝ	. . . . ιον [τ]ὸν περίβολον
▒ΗΛΝΓΕΙΟΝΚΑΤΕΣ	. . . . ἀ]γγεῖον κατεσ-
ΙΚΡΙΜΑΣΙΝΕΠΙΤΡΟ	κεύασεν . . . .]ι κρίμασιν ἐπιτρό-
ΡΑΣΤΟΥ	. . . . ραστοῦ.

51.

Auf demselben Friedhofe wie 29, ebenso verwandt; mit den Kopfleisten h 0·48 M., br. 0·67 M., d. 0·45 M., rechts gebrochen.

ΑΝΤΙΓΟΝΗΗΑΝΤΙΓΟΝΟΥ	Ἀντιγόνη ἡ Ἀντιγόνου
ΑΡΤΕΜΙΔΩΡΟΝΑΠΟΛΛΩ	Ἀρτεμίδωρον Ἀπολλω[νίου
ΤΟΝΕΑΥΤΗΣΑΝΔΡΑΚΑΙ	τὸν ἑαυτῆς ἄνδρα καὶ
ΑΝΤΙΓΟΝΟΣΑΡΤΕΜΙΔΩΡΟΥ	Ἀντίγονος Ἀρτεμιδώρου
ΟΥΙΟΣΑΥΤΟΥΚΑΤΑΔΙΑΘΗΚ▒Ν	ὁ υἱὸς αὐτοῦ κατὰ διαθήκ[η]ν
ΑΡΤΕΜΙΔΙ	Ἀρτέμιδι.

Das Denkmal, zu welchem dieser Stein gehörte, mag allerdings eher im Heiligthum der Artemis als beim Grabe errichtet gewesen sein.

52.

Im Dorfe Murtana auf dem türkischen Begräbnissplatze, ein Quader dem ein anderer links entsprochen zu haben scheint. Rechts sind o·3o M. nicht beschrieben; wie das unbeschriebene Mittelstück zu erklären, habe ich nicht notirt.

ΚΕΝΟ[illegible]ΦΙΟΝΑΙΙΟ//////
ΟΥΡΕΙΑΔΑΚΑΙΚΟΥΡ
ΚΑΙΚΟΥΡΚΑΛΛΙΚΑΡΠΟ
//.ΚΑΙΤΟΙΣΤΕΚΝΟΙΣΑΥΤΟΥ

In Zeile 1 stand nicht ΤΑ nach ΚΕΝΟ. Zu dem zweimaligen Κουρ, einmal gewiss Abkürzung, vergl. die Namen von 64, oder war es Κόρπος?

53.

Aussen westlich am Nordwestbaue *E* im Plane. L. 1·25 M., h. o·46 M. ohne den unteren etwas vortretenden Rand.

ΠΛΑΝ κιος . . . .
ΠΩΝΕΑΥΤΩΙΚΑΙΤΟΙΣΙΔΙΟΙΣ
ΑΥΡΗΛΙΟΣΑΓΑΠΩΜΕΝΟΣΣΤΡΑΤΙΩΤΗΣ
ΥΩΜΗΣ . . ΑΝΟΙΜΙΔΩΝΤΟΚΕΝΟΤΑΦΙΟΝ
ΚΑΙΤΟΙΣΕΑΥΤΟΥΕΠΙΣΚΕΥΑΣΑΣΣΥΝΕΣΤ

Sillyon.

54.

An der rechten Thürleibung des Gebäudes *c* im Plane S. 64, vergl. S. 79 Fig. 6o *E* und *F*. Dass dies Riegelloch erst nachträglich eingehauen sei mit Zerstörung eines Theiles der Inschrift, scheint keineswegs gewiss. Hirschfeld, I, S. 726; Roehl, Inscriptiones Graecae antiquissimae S. 141; Ramsay im Journal of hellenic studies, II, S. 223; Bezzenberger in Collitz, Sammlung griechischer Dialektinschriften, S. 367, wo man die vollständige Literatur findet. Vor dem nebenstehenden Texte gebe ich die Lesungen, welche nach neuer Vergleichung des Papierabdruckes mit Bezzenberger's Text mir die richtigen scheinen.

Zeile 1 ΣΥΔ · F—ΚΑΙ—ΜΑΝΕ   2 ΑΡ oder ΑFΙΑϹΙΙΟϹ—ΚΑΙ, dann vor Α nur Steinschaden, ΑΙΚΙΑΣ   3 nach der Lücke FΙϹ—ΤΥΚ—ϹΕΛΥ wahrscheinlich —ΠΑ   4 [illegible]FΑΙΑ—ΤΕFΙΙΑΙϹ   5 FΕΤ?ΙΑΠΟ—ΜΗ . . ΚΑ . . . . ?   6 ΟϹΑΚ—ΠΟϹΑΒΑΤΙΑΡΙΙΕΝΑΚΑΘΙΛΑ   7 ΤΙΡΕΝΙ   10 ΤΥϹΚΑΙ   11 (ΕΠΙΗΛ scheint nicht möglich)   13 ΚΑΘΕ nicht Η   14 FΟΙΚΥΠΟΛΙϹ möglich, am Ende ΔΕϹ   15 ΛΙΑΝ   20 am Ende ΔΙ[illegible]ΙΙΙΝΕϹΛ   22 für ΓΕΓΕΝ ist nicht Platz   24 am Ende . ΟΚΑΙ ziemlich sicher, darnach für ΑΠΕΛΛΟ nicht Raum   25 ΟΛΙ ‖ nicht Ν   26 ‖ nur ΑϹΕ ist einigermassen sicher   27 ‖ Ο?Ε+ΕΤ?, fast alles ist unsicher   28 ‖ ΕΙΡΑΜΙ?   29 ‖ ΑΝΑΨ, davor kaum Platz   3o ‖ ?ΦΥϹ   32 Φ ?   34 ΙΕ+ΕϹΙΝ   35 ΟΑ?ΒΑΚΑΙΤ?

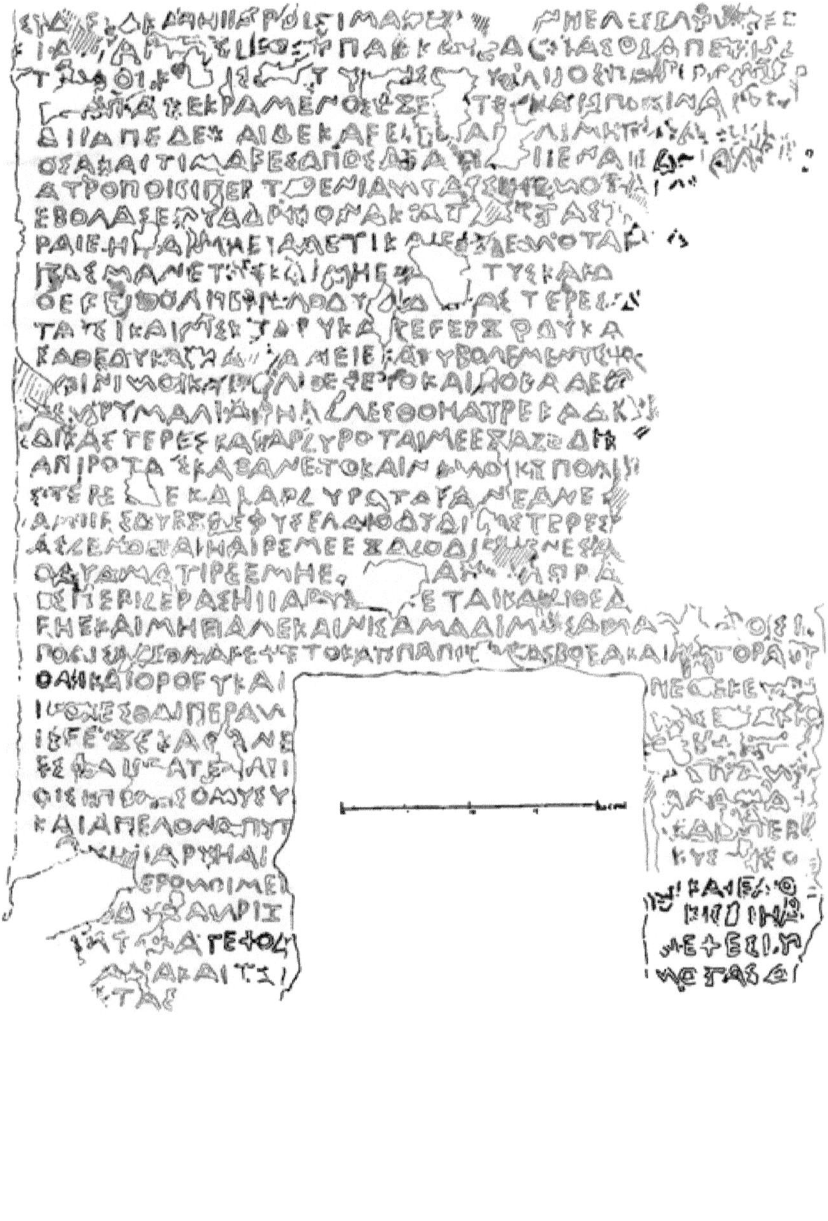

55.

Auf der Mauer am abgestürzten Zugang (S. 69), Basis von Travertin, die Inschriftfläche h. 0·18 M., br. 0·58 M. Vorne, links und ein kleines Stück der anstossenden Hinterseite ist oben und unten profilirt, rechts Stossfläche. Oben Standspuren, die des rechten Fusses vor, die des linken etwas zurück und zur Seite.

Ueber das Zeichen des Anlautes siehe S. 37, Anm. 2, über die Namens- und Flexionsformen unten hinter Nr. 97.

56.[1]

Basis nahe der vorigen, von gleichem Stein, mit gleichem Profil vorne und rechts. Seitenlänge links 0·71 M., vorne 0·63 M. Linke Seite glatt, also wohl Stossfläche, aber wegen grösserer Höhe und älterer Schrift und Formen nicht zur vorigen gehörig. Oben nur die Standspur des rechten Fusses nahe der vorderen linken Ecke erhalten.

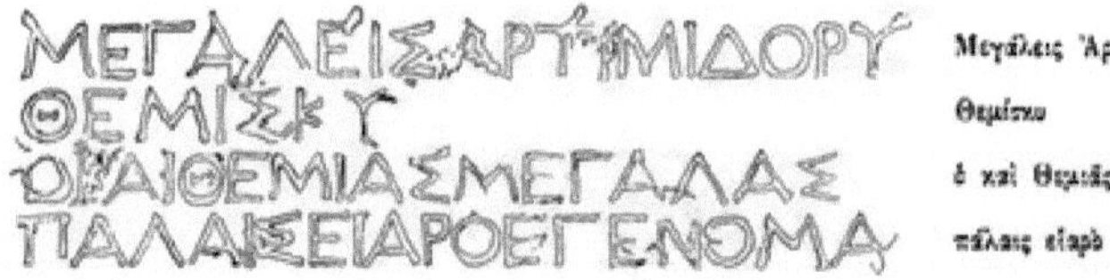

Μεγάλεις Ἀρτιμιδόρυ
Θεμίσκυ
ὁ καὶ Θεμιᾶς Μεγαλᾶς
πάλαις ἱιαρὸ ἐγενόμα.

Ueber Μεγάλεις d. i. Μεγαλῆς, die Flexionsformen und den Abfall der Schlussconsonanten bei den letzten Worten siehe zu Nr. 97. Θεμίσκυς d. i. Θέμισκος scheint gleich Θέμιστος, Θεμιᾶς und Μεγαλᾶς aber, die Beinamen, aus dem eigenen und dem grossväterlichen entstandene Kosenamen. Zu Zeile 4 vergl. S. 66.

57.[2]

Verbaut in der mittelalterlichen Absis, welche einem antiken Quaderbau am Ostende der Stadt eingebaut ist; br. 0·34 M.

ΕΙΜΗΣΕΝ	Ὁ δῆμος ἐτ]είμησεν
ΕΡΕΩΣΑΠΟΛΛΩΝΟΣ	. . . υἱὸν ἱ]ερέως Ἀπόλλωνος
ΓΑΛΛΕΟΥΣΠΑΣΑΙΣ	. . . . Με]γαλλέους, πάσαις
ΡΕΤΗΣΕΝΕΚΑ	τειμαῖς ἀρ]ετῆς ἕνεκα.

Ueber Μεγαλλέους siehe zu Nr. 97.

---

[1] 56[a] Felsinschrift CIG 4342 c; Bezzenberger Nr. 1268.

[2] 57[a] BCH X, S. 500, 1: Ehrendecret des δῆμος ὁ Σιλλυέων, gefunden „à 1 heure au sud-ouest du village, (Kiesmé) sur un escarpement couvert de ruines“.

57[b] Ebenda S. 501, 2: ein zweites, nur mit ὁ δῆμος ohne den Namen, „une lieue“ NW. vom Dorfe.

57[c] Ebenda S. 501, 3: Ehreninschrift für Septimius Severus vom Μουλασσέων ὁ δῆμος, gefunden wo 57[b].

58.

Marmorbasis am Eingange zum Vorhofe der kleinen Moschee (*d* im Plane). Die Inschriftseite war vermauert, ohne Kopf und Fuss h. 0·78 M., br. 0·50 M. Die drei obersten Zeilen am Kopfprofil.

ΥΛΗΚΑΙΟΔΗΜΟΣΕΤΕΙΜΗΣΕ	Ἡ βο]υλὴ καὶ ὁ δῆμος ἐτείμησε
ΜΕΓΑΚΛΕΑΜΕΓΑΚΛΕΟΥΣ	Μεγακλέα Μεγακλέους
ΦΥΣΕΙΑΠΟΛΛΩΝΙΟΥΤΡΙΣ	φύσει Ἀπολλωνίου τρὶς
ΜΕΓΑΚΛΕΟΥΣΔΗΜΙΟΥΡΓΟΝΚΑΙ	Μεγακλέους, δημιουργὸν καὶ
ΓΥΜΝΑΣΙΑΡΧΟΝΕΠΙΔΟΝΤΑΔΙ	γυμνασίαρχον ἐπιδόντα δι-
ΑΤΗΣΜΗΤΡΟΣΜΗΝΟΔΩΡΑΣΕΝ	ὰ τῆς μητρὸς Μηνοδώρας ἐν
ΤΩΕΤΕΙΤΗΣΔΗΜΙΟΥΡΓΙΔΟΣΑΥ	τῷ ἔτει τῆς δημιουργίδος αὐ-
ΤΟΥΔΙΑΝΟΜΗΣΕΚΑΣΤΩΙΒΟΥ	τοῦ διανομῆς ἑκάστῳ βου-
ΛΕΥΤΗ✱Κ·ΓΕΡΑΙΩΙΔΕΚΑΙ	λευτῇ (δηνάρια) κ', γεραιῷ δὲ καὶ ἐ-
ΚΛΗΣΙΑΣΤΗΙΑΝΑ✱ΙΗ·ΠΟΛΕΙΤ	κλησιαστῇ ἀνὰ (δηνάρια) ιη', πολείτ[η
ΔΕΑΝΑ✱ΒΑΓ ΛΕΥΘΕΡΟΙΣΔΕΚΑΙ	δὲ ἀνὰ (δηνάρια) β', ἀ[πε]λευθέροις δὲ καὶ
ΠΑΡΟΙΚΟΙΣΑΝΑ✱ΑΕΤΙΕΠΙΔΟΝΤΑΔΙ	παροίκοις ἀνὰ (δηνάρια) α' · ἔτι ἐπιδόντα δι-
ΑΤΗΣΜΗΤΡΟΣΚΑΙΕΙΣΤΡΟΦΑΣΠΑΙΔΩΝ	ὰ τῆς μητρὸς καὶ εἰς τροφὰς παίδων
ΑΡΓΥΡΙΟΥΜΛΗΤΙΣΚΑΤΕΣΚΕΥΑΣΕ	ἀργυρίου μυ(ριάδας) λ' · ἥτις κατεσκεύασε
ΤΟΝΤΕΝΑΟΝΚΑΙΤΑΕΝΤΩΙΝΑΩΙΙΕ	τόν τε ναὸν καὶ τὰ ἐν τῷ ναῷ ἱε[ρά,
ΤΑΤΕΑΡΓΥΡΕΑΤΡΙΑΑΠΟΜΑΚΑΙ✱	τά τε ἀργύρεα τρία ἀπὸ μυ(ριάδος) [α'] καὶ (δηναρίων) ,α
ΚΑΙΤΟΤΗΣΤΥΧΗΣΙΕΡΟΝΑΚΡΕΛΕ	καὶ τὸ τῆς Τύχης ἱερὸν ἀκρελε-
ΦΑΝΤΙΝΟΝΕΠΙΧΡΥΣΟΝΣΥΝΤΟΙΣ	φάντινον ἐπίχρυσον σὺν τοῖς
ΠΑΡΕΡΓΙΟΙΣΤΟΙΣΠΕΡΙΤΗΝΒΑΣΙΝΚΑ	παρεργίοις τοῖς περὶ τὴν βάσιν κα[ὶ
ΤΗΝΑΡΓΥΡΕΟΝΤΡΑΠΕΖΑΝΚΑΙΤΑ	τὴν ἀργύρεον τράπεζαν καὶ τὰ
ΠΛΙΝΘΕΙΑΚΑΙΤΑΣΣΤΟΑΣΚΑΙΤΟΝ	πλίνθεια καὶ τὰς στοὰς καὶ τὸν
ΑΝΔΡΙΑΝΤΑ	ἀνδριάντα,
ΠΑΝΤΑΕΙΣΜΝΗΜΗΝΚΑΙΤΕΙΜΗΝ	πάντα εἰς μνήμην καὶ τειμὴν
ΤΟΥΥΙΟΥΑΥΤΗΣ	τοῦ υἱοῦ αὐτῆς.

Diese Inschrift wie die folgenden bis 61, verfasst zu verschiedenen Zeiten, nach immer neuen Spenden, ehren dieselbe Frau oder ihre Kinder. Die Spenden werden, wie die sie hervorrufenden Ehrenämter der Menodora oder ihrer Kinder in jeder neuen Inschrift um die neu hinzugekommenen vermehrt aufgezählt. Anlass der ersten ist ihres Sohnes Megakles Demiurgis, der zweiten die eigene Demiurgis und Gymnasiarchie, sowie der Tochter Gymnasiarchie, Anlass der dritten das eigene Oberpriesterthum und andere Priesterthümer, der vierten die αἰώνιος δημιουργίς. Die Einzelspenden vertheilen und steigern sich folgendermassen:

	I. (Nr. 58)		II. (Nr. 59)		III. (Nr. 60)					
1. βουλευτῇ .	✱	κ'	✱	πγ'	✱	πη'	und	seitens	μαθ.	λα'
2. γεραιῷ . .	"	ιϛ'	"	π'	"	πδ'	"	"	"	λ'
3. ἐκκλησιαστῇ . . .	"	ιη'	"	ϙϛ'	"	ϛη'	"	"	"	λ'
4. jeder Frau von 2 und 3	"	γ'	"	γ'	"	—	"	"	"	—
5. πολείτῃ . .	"	β'	"	θ'	"	—	"	"	"	—
6. συνδικταρίῳ .	"	—	"	γ'	"	ι'	"	"	"	—
7. ἀπελευθέρῳ .	"	α'	"	γ'		ι'	"	"	"	—
8. παροίκῳ .	"	α'	"	γ'	"	—	"	"	"	—

Die erste Spende gewährte ausserdem 300.000 εἰς παίδων τροφάς, und die vierte nur die Gesammtsumme von 520.000 Denaren. Offenbar bilden die ersten drei Classen eine Gruppe, wie die letzten drei — drei allerdings nur in Nr. 59 — eine zweite, beide durch die Höhe der Spenden wie auch grammatisch, durch individualisirenden Singular bei jenen, durch summarischen Plural bei diesen, geschieden (ausser in Nr. 61). Die ersten drei Classen sind die Mitglieder von βουλή, γερουσία und δῆμος, d. h. die stimmfähigen Bürger, während die Bürger der vierten Classe, freibürtig aber nicht stimmberechtigt, durch den Singular sich zur ersten Gruppe stellen, wie durch den niedrigen Satz zur zweiten. Sie machen also den Uebergang zur zweiten Gruppe der Nichtbürger. Von ihnen kommen die ἀπελεύθεροι in allen vier Inschriften vor und machen keine Schwierigkeit, während die πάροικοι nur in zweien, die οὐινδικτάριοι nur in dreien vorkommen. Dass sie nicht identisch sind, ist klar, da in Nr. 59 beide begegnen, und da die πάροικοι den ἀπελεύθεροι nachstehen, während die οὐινδικτάριοι ihnen vorgehen. Mit Recht, als Freigelassene durch **vindicta**, οὐίνδικτον bei **Suidas**, in dessen Glosse: Οὐίνδικτος· ὁ κατὰ οὐίνδικτον ἐλευθερούμενος vielmehr Οὐινδικτάριος im Lemma am Platze wäre. Πάροικοι werden oft genannt, meist im Gegensatze zu πολῖται. Apollonios, der Vater des Megakles, Megakles, sein Adoptivvater, und Menodora, die Tochter eines Megakles, gehörten gewiss alle demselben Geschlechte an, dessen Stammvater vielleicht der Me(g)aleis war, von welchem die φυλὴ Μεαλειτιδῶν, die zehnte von Sillyon (siehe Nr. 59), benannt war.

59.

Auf der Burg gegen Osten. Basis, von mir nicht gesehen, nur nach Papierabdruck copirt. Die Inschriftfläche ist h. 0·85 M., br. 0·55 M.

ΜΗΝΟΔΩΡΑΝΜΕΓΑΚΛΕΟΥΣ....	Μηνοδώραν Μεγακλέους [δημι-
..ΥΡΓΟΝΚΑΙΓΥΜΝΑΣΙΑΡΧΟΝ..	ο]υργὸν καὶ γυμνασίαρχον [ἐλαί-
ΟΥΘΕΣΕΙΘΥΓΑΤΕΡΑΔΗΜΙΟΥΓ...	ου θέσει, θυγατέρα δημιου[ργοῦ καὶ
ΔΕΚΑΠΡΩΤΟΥΚΑΙΓΥΜΝΑΣΙ/...	δεκαπρώτου καὶ γυμνασι[άρχου
ΞΛΑΙΟΥΘΕΣΕΙΕΠΙΔΟΥΣΑΝΥ	ἐ]λαίου θέσει, ἐπιδοῦσαν ὑ[πὲρ
.. ΥΙΟΥΜΕΓΑΚΛΕΟΥΣΤΗΓ...	το]ῦ υἱοῦ Μεγακλέους τῇ [πατρί-
ΔΙΕΙΣΠΑΙΔΩΝΤΡΟΦΑΣΑΡΓΥ...	δι εἰς παίδων τροφὰς ἀργυ[ρίου
ΜΥΡΙΑΔΑΣΤΡΙΑΚΟΝΤΑΕΤΙΕ	μυριάδας τριάκοντα· ἔτι ἐ[πιδοῦ-
ΣΑΝΕΝΤΕΤΗΙΔΙΑΓΥΜΝΑΣΙΑ	σαν ἔν τε τῇ ἰδίᾳ γυμνασια[ρχίᾳ
ΚΑΙΕΝΤΗΤΟΥΥΙΟΥΔΗΜΙΟΥΡΓΙΔ	καὶ ἐν τῇ τοῦ υἱοῦ δημιουργίδ[ι καὶ
ΤΗΙΔΙΑΔΗΜΙΟΥΡΓΙΔΙΚΑΙΤΗ	τῇ ἰδίᾳ δημιουργίδι καὶ τῇ [τῆς
ΘΥΓΑΤΡΟΣΓΥΜΝΑΣΙΑΡΧΙΑΙ	θυγατρὸς γυμνασιαρχίᾳ [βου-
ΛΕΥΤΗΜΕΝΕΚΑΣΤΩΙ Ж ΠΓ ΓΕ	λ]ευτῇ μὲν ἑκάστῳ (δηνάρια) πγ', γε[ραιῷ
ΔΕΕΚΑΣΤΩΙ Ж Π ΕΚΛΗΣΙΑΣΤ	δὲ ἑκάστῳ (δηνάρια) π', ἐκλησι[αστῇ
ΔΕΕΚΑΣΤΩ Ж ΟΖ ΓΥΝΑΙΞΙΔΕΤ(	δὲ ἑκάστῳ (δηνάρια) οζ', γυναιξὶ δὲ τ[ού-
ΤΩΝΕΚΑΣΤΗ Ж Γ ΠΟΛΕΙΤΗΔΕ	των ἑκάστῃ (δηνάρια) γ', πολείτῃ δὲ [ἑκά-
ΣΤΩ Ж Θ ΟΥΙΝΔΙΚΤΑΡΙΟΙΣΔΕΚ	σ]τῳ (δηνάρια) θ', οὐινδικταρίοις δὲ κ[αὶ
ΑΠΕΛΕΥΘΕΡΟΙΣΚΑΙΠΑΡΟΙΚΟ	ἀπελευθέροις καὶ παροίκο[ις ἀ-
ΝΑ Ж Γ ΤΟΝΔΕΑΝΔΡΙΑΝΤΑ/	νὰ (δηνάρια) γ'. τὸν δὲ ἀνδριάντα [ἀνέ-
ΣΤΗΣΕΝΦΥΛΗΙΜΕΑΛΕΙΤΙΔΩ	σ]τησεν φυλὴ ί Μεαλειτιδῶν.

Vergl. zu Nr. 58 und über den Namen der Phyle zu Nr. 97.

60.

Marmorbasis in der Unterstadt oberhalb des Stadions. Die Inschriftfläche h. 1·10 M., br. 0·40 M., die vier obersten Zeilen am Kopfe, die vier untersten am Fusse der Basis.

ᴾΥΛΗ   Α   Ι
ΕΤΕΙΜΗΣΕΝ
ΑΡΧΙΕΡΕΙΑΝΤΩΝΣΕΒΑΣ
ΤΩΝΙΕΡΕΙΑΝΔΗΜΗΤΡΟΣ
ΚΑΙΘΕΩΝΠΑΝΤΩΝΚΑΙΙΕΡΟ
ΦΑΝΤΙΝΤΩΝΠΑΤΡΙΩΝΘΕΩΙ
ΚΑΙΚΤΙΣΤΡΙΑΝΚΑΙΔΗΜΙΟΥΡ///
ΑΙΓΥΜΝΑΣΙΑΡΧΟΝΕΛΑΙΟΥΘΕ///
ΗΝΟΔΩΡΑΝΜΕΓΑΚΛΕΟΥΣΤΟ
ΕΝΗΝΔΕΚΑΠΡΩΤΙΑΘΥΓ
ΕΓΓΟΝΗΝΚΑΙΑΠΟΓΟΝΟΝ
ΝΚΑΙΔΗΜΙΟΥΡΓΩΝΚΑ
ΩΝΕΛΑΙΟΥΘΕΣΕΙΚΑΙ
ΚΑΠΡΩΤΩΝΕΠΙΔΟΥΣΑΝΕΝΤΕΤΗ
ΗΜΙΟΥΡΓΙΔΙΚΑΙΤΗΓΥΜΝΑΣΙΑΡΥΙ
ΑΙΤΗΑΡΧΙΕΡΩΣΥΝΗΚΑΙΤΑΙΣΙΕ
ΩΣΥΝΑΙΣΚΑΙΕΝΤΙΤΟΥΥΙΟΥΔ''
ΟΥΡΓΙΔΙΚΑΙΕΝΤΗΤΗΣΘΥΓΑΤΡΟΣ
ΝΑΣΙΑΡΧΙΑΕΚΑΣΤΩΒΟΥΛΕΥΤ
ΑΝΑ✱ΠΗ ΚΑΙΣΕΙΤΟΥΜΑ/
ΓΕΡΑΙΩΔΕΕΚΑΣΤΩ✱ΠΛ· ΚΑ
ΣΕΙΤΟΥΜΛ ΕΚΛΗΣΙΑΣΤΗΔΕ
ΕΚΑΣΤΩ✱ΟΗ ΚΑΙΣΕΙΤΟΥΜ/
ΓΥΝΑΙΞΙΔΕΤΟΥΤΩΝΕΚΑΣΤΗ✱Γ
ΙΝΔΙΚΤΑΡΙΟΙΣΔΕΚΑΙΑΠΕΛΕΥΘΕΡΟ
ΑΣΤΩ✱Δ ΕΤΙΕΠΙΔΟΥΣΑΝΥΠΕΡΤΟΥ
ΥΑΥΤΗΣΜΕΓΑΚΛΕΟΥΣΤΗΠΑΤΡΙΔΙ
ΙΔΩΝΤΡΟΦΑΣΑΡΓΥΡΙΟΥ✱ΜΛ

Ἡ β]ουλὴ [καὶ ὁ δῆμος
ἐτείμησεν
ἀρχιέρειαν τῶν Σεβασ-
τῶν, ἱέρειαν Δήμητρος
καὶ θεῶν πάντων καὶ ἱερό-
φαντιν τῶν πατρίων θεῶ[ν
καὶ κτίστριαν καὶ δημιουρ[γὸν
κ]αὶ γυμνασίαρχον ἐλαίου θέ[σει
Μ]ηνοδώραν Μεγακλέους, τ[ὴν
γενο]μένην δεκαπρωτία θυγ[α-
τέρα καὶ ἐγγόνην καὶ ἀπόγονον
κτιστῶ]ν καὶ δημιουργῶν κ[αὶ
γυμνασιάρχ]ων ἐλ[α]ίου θέσει καὶ
δε]καπρώτων, ἐπιδοῦσαν ἔν τε τῇ
δ]ημιουργίδι καὶ τῇ γυμνασιαρ[χ]ί[α
κ]αὶ τῇ ἀρχιερωσύνῃ καὶ ταῖς ἱε-
ρ]ωσύναις καὶ ἐν τῇ τοῦ υἱοῦ δ[ημι-
ουργίδι καὶ ἐν τῇ τῆς θυγατρὸς
γυμ]νασιαρχίᾳ ἑκάστῳ βουλευτ[ῇ
ἀνὰ (δηνάρια) πη' καὶ σείτου μο(δίους) λ[α',
γεραιῷ δὲ ἑκάστῳ (δηνάρια) π[δ'] κα[ὶ
σείτου μο(δίους) λ', ἐκλησιαστῇ δὲ
ἑ]κάστῳ (δηνάρια) οη' καὶ σείτου μο(δίους) λ',
γυναιξὶ δὲ τούτων ἑκάστῃ (δηνάρια) γ',
σύ]νδικταρίοις δὲ καὶ ἀπελευθέρο[ις
ἑκ]άστῳ (δηνάρια) δ' · ἔτι ἐπιδοῦσαν ὑπὲρ τοῦ
υἱο]ῦ αὐτῆς Μεγακλέους τῇ πατρίδι [εἰς?
πα]ίδων τροφὰς ἀργυρίου (δηναρίων) μυριάδας λ'.

Vergl. zu Nr. 58.

61.

Auf einem türkischen Friedhofe westlich von der Burghöhe unten. Grösste Breite 0·41 M.

Μ/
ΤΟΥΙ
✱ΟΗΚΑΙΣ
ΕΚΑΣΤΗ✱ΓΠΟ
ΔΙΚΤΑΙΙΩΔΕΚΑΙΑΠ
ΣΑΝΥΠΕΡΤΟΥΥΙΟΥΜΕ
ΔΙΕΙΣΠΑΙΔΩΝΡΟΦΑΣΑΡ
///ΑΤΑΛΙΠΟΥΣΗΣΚΑΙΕΙΣΑΙΩΝ
///ΟΥΡΓΙΔΑ✱ΗΒΤΟΝΔΕΑΝΔΡΙ

[ἑκάστῳ βουλευτῇ ἀνὰ (δηνάρια) πη' καὶ σείτου]
μο(δίους) [λα', γεραιῷ δὲ ἑκάστῳ (δηνάρια) πδ' καὶ σείτου [μο(δίους) λ', ἐκλησιαστῇ δὲ ἑκάστῳ
(δηνάρια) οη' καὶ [σείτου μο(δίους) λ', γυναιξὶ δὲ τούτων
ἑκάστῃ (δηνάρια) γ', [πολείτῃ δὲ ἑκάστῳ (δηνάρια) θ', σύν-
δικτα[ρ]ίῳ δὲ καὶ ἀ[πελευθέρῳ ἀνὰ (δηνάρια) δ' · ἔτι ἐπιδοῦσαν ὑπὲρ τοῦ υἱοῦ Με[γακλέους τῇ πατρί-
δι εἰς παίδων τροφὰς ἀρ[γυρίου μυ(ριάδας) λ' · ἔτι
κ]αταλιπούσης καὶ εἰς αἰώ[νιον ἑκατῆς δη-
μι]ουργίδα (δηνάρια)? μβ' · τὸν δὲ ἀνδρι[άντα ἀνέστησε κτλ.

Die Ergänzungen ergeben sich aus den vorhergehenden Inschriften 58 ff. Zu den früheren Spenden kommt als neue das Legat für die ewige Demiurgis (vergl. die ewige Gymnasiarchie des Q. Veranius Philager in Kibyra, Petersen und Luschan, Reisen in Lykien etc., S. 187). Was den Uebergang vom Accusativ ἐπιδοῦσαν zum Genetiv καταλιπούσης veranlasst hat, ist nicht klar; vielleicht das ergänzte ἑαυτῆς. In der so etwas langen Zeile 6 hat wohl ἑκάστῳ gefehlt, welches mit ἀνὰ zusammen nur in 60, Zeile 20 vorkommt, während sonst eines oder das andere steht. Die πάρεσμοι haben hier augenscheinlich keinen Platz.

62.

In einem Steinhaufen in der westlichen Hälfte der Burghöhe, eine durchschnittene und ausserdem durch Einmeisselungen verstümmelte Basis.

Ο Δ Η Μ C Ξ Ε Τ·Ε	Ὁ δῆμο[ς] ἐτε[ίμησεν]
ΑΡΤΕΜΙΔΩΡΟΝ/ . . ΔΩΙΟ.	Ἀρτεμίδωρον [Διο]δώ[ρ]ο[υ]

63.

In dem Vorgemache des Brunnenhauses am Südabhange der Burg. Vergl. S. 75.

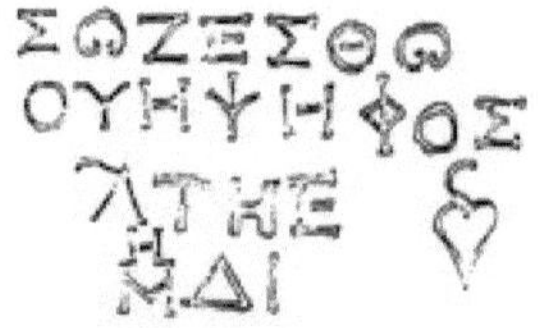

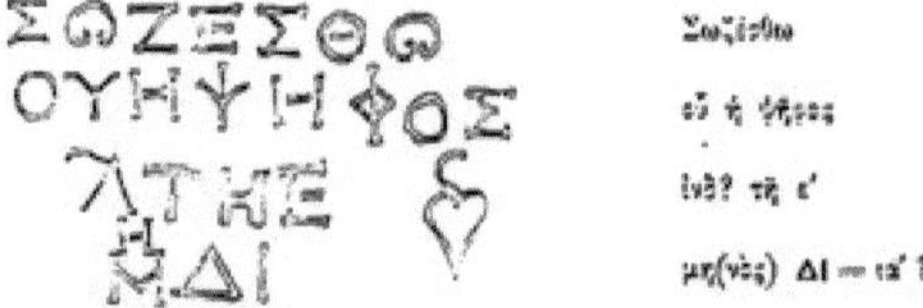

Σωζέσθω

οὗ ἡ ψῆφος

ἰνδ? τῆ ε'

μη(νὸς) ΔΙ — ια' ?

Gewöhnlich wird allerdings in ähnlichen Inschriften Gott oder Christus angerufen, den oder die mit Namen Genannten zu unterstützen, zu retten, ihrer zu gedenken, βοήθει, σῶζε, μνησθείη, z. B. aus Aphrodisias Cariae im BCH IX (1884), S. 14 εἷς θεὸς ὁ μόνος σῶζε Κωνσταντῖνον. War etwa, wer jene Inschrift in Sillyon machte, kein Christ und die Nennung des Herrschers nicht räthlich? Der Herrscher ist gewiss gemeint, ψῆφος als Schiedsspruch wie ψῆφος τυράννων in Sophokles' Antigone V. 66 (vergl. V. 632) verstanden. An dem Sturze einer stattlichen Thür in Termessos (siehe Band II) steht die Inschrift: εἰς αἰῶνα τὸ κράτος τοῦ κυρίου, welche auf den irdischen Gebieter zu beziehen und der unserigen fast gleichbedeutend ist. Vergl. auch das εὐτύχει wie in Nr. 107 und öfters in Band II. Aeusserlich übereinstimmender ist in Malalas' (S. 29, 11 Nieb.) Erzählung, wie diejenigen, welche die verlorene Io suchen, an die Thüren klopfen und rufen φωνὴ Ἰοῦς σωζέσθω.

Aspendos.

64.[1]

Von mir nur der völlig scharfe Papierabdruck gesehen und zum Facsimile benützt. Hirschfeld II, S. 123, 1; darnach Bezzenberger Nr. 1261.

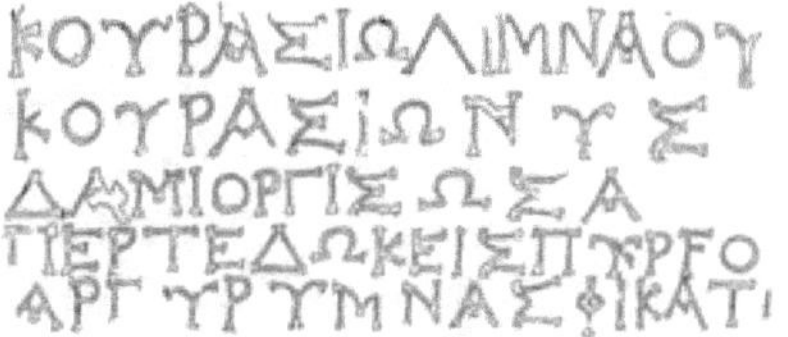

Κουρασίῳ Λιμναίου
Κουρασίωνος
δαμιοργὶς ὤσα
περτέδωκε ἐς πύρϜο
ἀργύρω μνᾶς Ϝίκατι.

---

[1] 64[a] Aehnlich Hirschfeld a. a. O. 2; Bezzenberger Nr. 1260: Spende zum Bau eines Thores.

64[b] LW 1378; CIL III, 231[b] auf dem Sockel der zweiten Säulenstellung der Skene über der Mittelthür: A. Curtius Crispinus Arru[ntianus et A. Curtius Auspicatu]s Titinnianus [fecerunt. (Siehe Fig. 89.)

64[cd] Falkener-Henzen, Annali 1852, S. 164; LW 1379 f.; gleichlautend, je auf einer grossen Tafel über der Parodosthür von Osten her, welche sichtbar ist auf Tafel XXII. 64[c] allein auch Texier, Asie min. III, S. 243; CIG 4342 d^4 add. S. 1162; CIL III, 231 *a*. Dis patriis et domui Augustorum | ex testamento A. Curtii Crispini A. Curtius Crispinus Arrun|tianus et A. Curtius Auspicatus Titinnianus fecerunt | Θεοῖς πατρίοις καὶ τῷ οἴκῳ τῶν Σεβαστῶν | ἐκ διαθήκης Α. Κουρτίου Κρισπείνου Α. Κούρτιος Κρισ|πεῖνος Ἀρρουντιανὸς καὶ Ἀ. Κούρτιος Αὐσπικᾶτος Τιτιννιανὸς | ἐποίησαν.

64[e] Texier, Asie min. II, S. 244; Falkener-Henzen, Annali 1852, S. 167; CIG 4342 *d* und S. 1161; LW 1381, dessen Lesung hier wie in den folgenden zwei wiedergegeben wird, nur dass ich das erste καὶ aus Waddington's Abschrift ergänzt habe . . . . [σὺν παντὶ τῷ ἐπι]κειμένῳ κόσμῳ Ζήνων [Θεοδώρου ἀρχιτ]έκτων τοῦ θεάτρου ἀνέθηκε [κ]αὶ ἐ[πέδωκεν εἰς ἀγῶνα] γυμνικὸν γενέθλιον τοῦ θεάτρου (δηνάρια) τρισχείλια [καὶ εἰ]ς εὔσημον ἐκκλησίαν ἐχαρίσατο κήπους πρὸς τῷ [ἱππ]οδ[ρόμῳ. Vergl. die folgende.

64[f] CIG 4342 d^3 add. S. 1162; LW 1383, welcher Zeile 1 und 2 nach *g* hergestellt und zu Anfang von Zeile 4 θεάτρου erkannt hat. Am Anfang von Zeile 6 lese ich ἐπικειμένῳ κόσμῳ wie in *e* und vermuthe darnach zwei Ehrenbilder des Zenon, deren Inschriften je einen Theil seiner in *e* zusammengestellten Verdienste aufzählten. Was von Falkener über den Platz von *f g* angegeben wird, lässt nicht zweifeln, dass es die Inschriften sind, welche ich auf zwei Kragsteinen rechts und links an den Paraskenien (eine davon auf der Ansicht Tafel XXIV über Thür *E* sichtbar) mehrzeilig gesehen, aber nicht zu lesen vermocht habe. Auf den Kragsteinen konnten lebensgrosse Statuen sehr wohl stehen, und dem anerkannten Baumeister des Theaters geziemte der Platz gewiss. Da der ἐπικείμενος κόσμος wegen 64 *b c d*, nach denen wir, wie es scheint, die Erben des Crispinus als die Erbauer des ganzen Bühnengebäudes anzusehen haben, nicht von dem Schmucke der Skene zu verstehen ist, könnte man vielleicht an das so ähnliche Nympheum denken.

64[g] Texier, Asie min. II, S. 244; Falkener-Henzen, Annali 1852, S. 166; CIG 4342 d^2 add. S. 1162; LW 1382: Ἡ βουλὴ καὶ ὁ δῆμος ἐτείμησε Ζήνων[α] Θεοδώρου ἀρχιτέκτονα τοῦ θεάτρου [καὶ] τῶν τῆς πόλεως ἔργων, ἐπιδεδωκότα [εἰς] ἀγῶνα γυμνικὸν γενέθλιον τοῦ θεά[τρου] δηνάρια τρισχείλια [καὶ εἰ]ς εὔσημον ἐκκλησ[ίαν χαρισά]μενον κήπους π[ρὸς τῷ ἱπποδρόμῳ . . .

64[h] BCH X, S. 160, 8: Inschriftbasis in der Nähe der Wasserleitung eingemauert, Hirschfeld II, S. 123, 2 bekannt, von Radet und Paris a. a. O. herausgegeben, mir im Papierabdruck vorliegend und hier wegen ihrer Bedeutung für die Wasserleitung wiederholt: Τιβ. Κλ. Κορείνα Ἑρμον[έ]α, δεκάπρωτον, γυμνασ[ι]|αρχήσαντα ἀλείμμασι[ν] | ἑλκυστοῖς, υἱὸν Τιβ. Κλ. | Ἰταλικοῦ, δεκαπρώτου, | ἀρχιερέως δημιουργοῦ | γυμνασιάρχου καὶ ἀ|γωνοθέτου τῶν μεγά|λων πενταετηρικῶν | Καισαρήων ἀγώνων, | [ἐ]πιδόντος εἰς τ[ὴν | τ]οῦ ὕδατος εἰσαγ[ω]γ[ὴν] | ἀργυρίου (δηναρίων) μυριάδας [?] | καὶ πρεσβεύσαντο[ς] | πρεσβείας τρεῖς π[ρὸς] τοὺς Αὐτοκράτ[ορας] | προῖκα.

Ueber die Grabstelen, welche die folgenden Inschriften 65 bis 97 enthalten, siehe S. 95. Ich habe sie nach den Sprach- und Schriftformen zu ordnen versucht und zur Veranschaulichung der letzteren einige Proben im Facsimile gegeben. Ueber das Sprachliche vergl. die Bemerkungen hinter 97.

65.[1]

ΜΕΑΣ
ΝΑΝΑΞΟΝΥΣ

66.

ΑΦΟΡΔΙΣΙΙΥΣ
ΟΡΟΦΑΤΙΡΑΜ

67.

ΔΑΜΑΤΡΙΙΥΣ
ΑΡΤΙΜΙΔΟΡ

68.

ΔΙΓΙΔΩΡΟΥΣ
ΠΕΛΩΡΑΥ

69.

Hirschfeld II, S. 124, 6; Bezzenberger Nr. 1264.

ΦΙΛΙΑΣ
Κ]ΥΔΡΑΜΟΥΑΥ

Bezzenberger vergleicht die Stadt Ὑδραμία in Kreta. Es ist aber vielmehr derselbe Name wie in 98, Zeile 5 und BCH II, S. 607 (Kibyra.) Vergl. Petersen und Luschan, Reisen in Lykien etc., S. 116, 2.

70.

ΛΕΩΝΙΔΑΣ
ΑΘΙΜΙΓΥΣ

71.

Α]ΟΑΝΑΔΩΡΥΣ (sic)
ΜΑΝΕΙΤΥΣ

72.

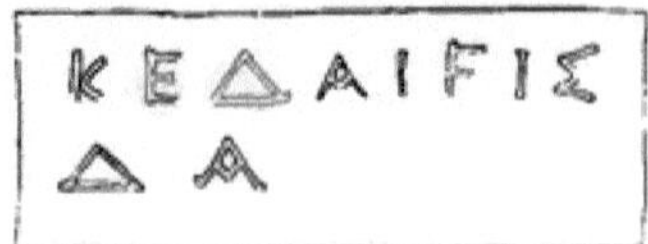

73.

Hirschfeld a.a.O. S. 3; Bezzenberger Nr. 1262.

ΦΟΡΔΙΣΙΣ
ΑΦΟΡΔΙΣΙΥ

74.

Obere Inschrift ausgemeisselt.

ΑΡΤΙΜΙΔΩΡΙΣ
ΔΓΙΓΕΝΙΤΥΣ

75.

ΜΑΡΙΩ
ΜΕΓΑΛΕΙΤΥΣ

76.

ΙΑΣ
ΜΕΝΥΣ

77.

ΚΥΔΡΟΜΟΛΙΣ
ΖΟΓΑΜΥΣ
ΚΟΠΕΡΙΝΑ
ΠΕΛΛΑΥΡΥΙΣ

[1] 65ª Hirschfeld a. a. O. S. 124 . . . φιλα | Μαλίτους, von mir nicht gesehen.

78.

ΚΟΠΕΡΕΙΝΑ
FΑΝΑΞΙΩΝΟΣ

79.

?ΕΣ]ΤFΕFΕΜΙΣ
ΕΙΡ Α////Ο Υ

80.

ΠΑΠΑΣ
ΚΕΔΑΙFΙΟΥ

81.

ΚΛΕΟΠΑΤΡΑ
ΔΙΟΝΟΥΣ

82.

ΡΟΥΜΝΕΙFΥ
ΙFΟΝΘΥΣΙΟΥ

83.

84.

ΟΥΑΓΕΝΕΙΣ
ΘΑΝΑΔΩΡΟΥ
ΜΟΥΡΜΑΚΩ
ΖΩFΕΙΤΟΥΣ

85.

ΠΕΡΙFΕ
ΙΙΙΜΑΡ

86.

ΜΑΝΕΙΣ
ΔΑΜΑΤΡΙΟΥ

87.

ΔΑ]ΜΑΤΡΕΙΣ
?Μ]ΕΛΑΤΟΥΣ
φ]ΟΡΔΙΣΙΟΥ
Μ]ΕΛΑΣΔΑΜ
Α]ΤΡΙΩΥΠΕ
/// ΡΤΟΥΣ

88.

ΑΙΝΙΛΟΣ
ΟFΑΝΟΥ

89.

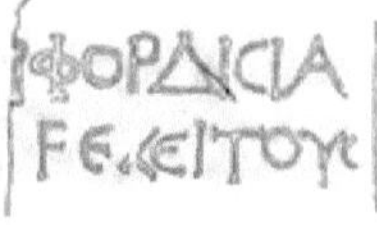

90.

Es steht vielmehr Πελωνίου da wie 91.

91.

ΑΡΙΣΤΟΠΟΛΙΣ
ΠΕΛΩΝΙΟΥ

Jeden der beiden Namen fand ich in minder leserlichen Resten im gleichen Casus auch auf anderen Stelen.

93.

ΜΙΑΛΙΝΑΜΟΡΖΟΥ

94.

ΠΟΡΣΟΠΑ
ΣΕΙΜΟΥ

96.

ΑΘΑΝΑΛ^ΡΑ

92.

ΜΕΑΛΙΝΑ
ΜΕΛΑΝΑΤΥΣ

95.

ΑΡΤΕΜΕΙΣΙΑ
ΝΕΙΚΑΝΟΡΟΣ
ΗΚΑΙΛΑΟΔΙΚ[d. i. η
ΙΣΙΑΣΑΦΡΟΔΙΣ[ίου

97.

Auf der Unterseite einer Stele von zweiter Benutzung.

Ἀλ]ΚΩΜΗΡΑΙ ΛΕΩΝΟΣ
ζ]ΩΝΕΑΥΤΩΚΑΙΤΗΓΥ
ν]ΑΙΚΙΑΥΤΟΥΕΥΦΡΟΣΥ
ΝΗΚΑΙΗΡΑΚΛΕΩΝΙ
ΤΩ ΥΙΩ

In den vorstehenden Steleninschriften (vergl. auch Sillyon 55 f.) erscheinen:

I. Männernamen auf *-o*

Nom. -υς: Ἀφορδίσιυς 66, Ἀ]θανάδωρυς 71, Βουχνεῦς 82, vielleicht auch Ζέϝαμυς 77 = Διέραμυς?

Nom. -ους: Διϝίδωρους 68;

Nom. -ες: Ϝαίκ[χ]ες 88;

Gen. -υ: Ἀφορδισίυ 73, Ἀρτιμιδώρ[υ] 67, Θεμίσκυ Sillyon 56;

Gen. -ου: Κεδαϝίου 80, Δαματρίου 86, Φορδισίου 90, u. s. w.;

Gen. -ωυ: Δαματρίωυ 87.

II. Männernamen auf *-a*

Nom. -ας: Πάπας 80, Μ]έλας 87, Μέας 65, letzterer zusammengehörig mit Μεάλινα 92 f. (vergl. Κεπίρεινα 78, Κεπίρενα 77) erklärt durch die Namenreihe von Sillyon: Μεγαλλέους 58, Με-γ]αλλίους 57 (vergl. Aspendos 100), Μεγάλεις 56 (dazu der Genetiv Μεγάλειτυς 75, s. IV) und die Phyle Μαλλειτιδῶν 59;

Gen. -αι: Ὀρεσατίραι 66; -αυ: Πελώραυ 68.

III. Männernamen auf *-on*

Nom. mit Abfall des *n* (wie in ἐγενόμα Sillyon 56, und von *s* in ἰαρέ ebenda und 56ᵃ) Ϝαναξίω;

Gen. Ϝαναξίωνυς Sillyon 55, Ϝαναξίωνυς Aspendos 65 (vergl. Δίωνυς 81), Ϝαναξίωνες 75. Dagegen ist Κουρατιώ 64 neben dem männlichen Κουρασίωνος offenbar weiblich, wie vielleicht auch Μαριώ 75, Ϝεικώ 90, Μερρμακώ 84.

IV. Männernamen auf -εις sind ohne Zweifel Μεγάλεις (siehe oben) und Μάνεις 83, 86 (= Μάνης?).

Gen. Μεγάλειτυς 75, Μάνειτυς 71, Μάνιτους 83 (vergl. Ὄπλης Ὄπλητος). Als solche Genetive, mit demselben Laut- oder Zeichenwechsel von -υ, -ου, -(ο) sind anzusehen ΔιϜένιτυς 74, Μελάνατυς 92, Μ]ελάτους 87, Μαλίτους 65ᵃ, ΖωϜείτους 84, Ϝεκείτους 89, ...ριτους 87. Darnach ist vielleicht auch in dem mehrfach besprochenen ΕΛΥΥΑΜΕΝΕΤΥΣ oder umgekehrt (Bezzenberger a. a. O. zu Nr. 1259) Μένετυς (vergl. Sillyon 54, Zeile 1 und 10) als Genetiv zu fassen. Von den genannten sind Ἐπιγένεις 83, Ὀφαγένεις 84, Δα]μάτρεις 87 zu trennen und mit Genetiven wie ... μένυς 76, Ἀθιμέϝυς 70 zu verbinden.

Auf -ις scheinen weiblich Ἀρτιμιδωρίς 74, Φερδιτίς 73, oder männlich wie ... ϝέϝιμις 79, Κεδαϝις 72 wegen Κεδαϝίου 80, indem vielleicht -ιυς, statt zu -ιος, vielmehr zu -ις contrahirt ward. Vereinzelt ist der Genetiv Πελλαιρυις 77, vielleicht mit Πελώραν 68 verwandt.

98.

Quader im Gebüsche westlich vom Nympheion, h. 0·78 M., br. oben 0·73 M.

ΔΕΜΝΙ			....	
ΝΕΤΗΑΙΓΑ...ΙΟΔΕΙΣΙΟΥΑΠΕΛΛΟΥΤΟΥ			..... Ἀφρ]οδεισίου Ἀπελλοῦ τοῦ	
ΔΗΜΑΡΧΟΥ ΠΡΥΤΑΝΕΙΤΑΙ			Δημάρχου. Πρυτανεῖται·	
ΛΕΥΚΙΟΣΣΕΜΝΙΟΣΡΟΥΦΟΣΑΓΩΝΟΘΕΤΗΣ			Λεύκιος Σέμνιος Ῥοῦφος ἀγωνοθέτης	
ΑΛΕΞΙΩΝΒ̈ΦΗΡΕΟΥ.ΚΙΔΡΑΜΥΑΣΑΠΕΛΛΟΥ			Ἀλεξίων (δὶς) Φηρέου	Κιδραμύας Ἀπελλοῦ
ΣΤΗΣΙΠΟΛΙΣΒΑΛΟΥ			Στησίπολις Βάλου	
ΤΙΤΟΣΓΑΥΙΟΣΡΟΥΦΟΣ			Τίτος Γάυιος Ῥοῦφος	
‹ΗΣΤΟΣΣΩΣΙΠΑΤΡΟΥ			Κ]ῆστος Σωσιπάτρου	
//ΥΑΙΟΣΑΦΡΟΔΕΙΣΙΟΥ			Κ]υαῖος Ἀφροδεισίου	
ΜΟΣΧΙΩΝΒΑΛΟΥ			Μοσχίων Βάλου	
ΕΠΟΥΑΣΑΦΡΟΔΕΙΣΙΟΥ		?	Ἐπ]ούας (oder [Β]ε[θ]ούας) Ἀφροδεισίου	
ΕΥΜΗΛΟΣΚΥΔΡΕΟΥΣ			Εὔμηλος Κυδρέους	
\ΑΡΚΟΣΙΟΥΝΙΟΣΠΡΙΝΚΕΨ			Μ]άρκος Ἰούνιος Πρίνκεψ	
//ΥΔΡΗΣΑΛΕΞΙΩΝΟΣ			Κ]ύδρης Ἀλεξίωνος	
ΑΩΝΣΟΛΩΝΟΣ	ΦΗΡΕΑΣΑΡΤΕΜΑ		Σό]λων Σόλωνος	Φηρέας Ἀρτεμᾶ
ΡΟΣΑΦΡΟΔΕΙΣΙΟΥ	ΦΗΡΗΑΣΔΗΜΙΟΥΡΓ		Οὖ]ρος Ἀφροδεισίου	Φηρέας δημιουργ[ός
ΟΣΜΕΝΝΕΟΥ	ΒΑΛΟΣΣΤΗΣΙΠΟΛΕ//		... ος Μεννέου	Βάλος Στησιπόλε[ως
ϿΛΟΣΑΡΤΕΜΑ	ΑΠΕΛΛΗΣΔΗΜΙΟΥΡΓ	?	Βά]λος Ἀρτεμᾶ	Ἀπελλῆς δημιουρ[γός
ΝΑΣΟΥΡΟΥ	ΒΑΛΟΣΔΗΜΙΟΥΡΙ		.... ν[α]ς Οὔρου	Βάλος δημιουρ[γός
ΑΡΤΕΜΑ	ΑΦΡΟΔΕΙΣΙΟΣΔΗΜΙ^		..... Ἀρτεμᾶ	Ἀφροδείσιος δημι[ουργός
ΟΣΚΥΑΙΟΥ	ΚΕΝΔΕΑΣΣΠΟΝΔΟΦΟ//		.... ος Κυαίου	Κενδέας σπονδοφό[ρος
//Ψ.//.//	ΚΕ//	?	Πρίνκε]ψ	Κε[νδέας?

Vorne stand wahrscheinlich die Datirung nach einem oder mehreren Oberbeamten, darunter einer, dessen Grossvater Demarchos hiess (vergl. zu 102[a]), dann folgen im Nominativ die Prytaneiten, wenigstens zwanzig, deren erster als Agonothet bezeichnet wird, ferner wenigstens vier Demiurgen. Von den zweien, die zwischen diesen und jenen stehen, mag der eine jenen, der andere diesen zugezählt werden. Den Beschluss bildet ein, vielleicht zwei σπονδοφόροι.

99.

Oben und links profilirter Rahmen, unten und rechts gebrochen, h. 0·19 M., br. 0·18 M.

ΣΩΣΙΠΑτρος ...? ιὸς ἱερέ-

ΩΣΕΡΜΟ/

ΤΗΝΟΙΚεῖαν

ΡΕΝΕΙ

100.

Kleines Bruchstück, h. und br. o·14 M.

ΟΛΝΟ
\ΛΗΣΓ   Μεγαλλῆς γ'
\ΩΓΑΣΙΣ
/ΟΣ<ΠΑΙ<

101.

Oben und unten links gebrochen.

ΔΕ
ΡΓΗCΑΝΤΑ   . . . δημιου]ργήσαντα
ΤΗΝΕΠΩΝΥ   τὴν ἐπώνυμον κτλ.

102.[1]

Im Theater in der obersten Sitzstufe beim 22. Bogen gross eingehauen. Links war nichts mehr.

ΑΘΗ//////////ωΡΟΥΑ///Ν/ /ΟΝΤ///

103.

Bei dem S. 194 beschriebenen Grabe. Thürsturzbruchstücke. Die drei Zeilen auf den drei Fascien.

Τ. ΚΛ. ΟΤΑΚΙΛΙ   <///ΛΕΜ\ Ν   \ΝΤΑΦΟΝΚΑΤΕ
ΣΚΕΥΑΣΕΝΕΚ . . . . . ΩΝΕΑΥΤΩ ΚΑΙΤΗΓΥ ΝΑΙΚΙΑΥΤΟΥ
ΑΙΛΙΛΦΙΛΟ . . . . . ΤΟΙΣΤΕΚ ΝΟΙΣΑΥΤ///////////
l. o·43 M.   o·36 M.   o·35 M.   o·42 M.

Τ. Κλ. Ὀτακίλ[ιος . . . . τὸ]ν τάφον κατεσκεύασεν ἐκ [τῶν ἰδί]ων ἑαυτῷ καὶ τῇ γυναικὶ αὐτοῦ
Αἰλί[α Φι]λο . . . καὶ] τοῖς τέκνοις τοῖς αὐτ[οῦ.

104.

Kleine Platte, br. o·20 M., h. o·15 M., jetzt in v. Luschan's Besitz.

ΑΥΡΓΕΜΕΙΝΟCΣΩΙ	Αὐρ. Γεμεῖνος ζῶν
ΕΑΥΤΩΚΑΤΕCΚΕΥΑ	ἑαυτῷ κατεσκεύα-
ΞΕΝΤΟΚΕΝΟΤΑΦΙ	σ]εν τὸ κενοτάφι-
ΟΝΚΑΙΤΗCΥΝΒΙΩΑΥ	ον καὶ τῇ συνβίῳ αὐ-
ΤΟΥΑΥΡΜΗΤΡΟΔΩ	τοῦ Αὐρ. Μητροδώ-
ΡΑΜΗΔΕΝΑΕΠΕΙC	ρα· μηδένα ἐπεισ[ε-
. . . . .	[νενκεῖν ἕτερον πτῶμα.]

105.

Kleine Stele, uns ins Lager gebracht. Linien auch an den Seiten vorgerissen.

ΑΥΡΗΛΙΟCΚΑC	Αὐρήλιος Κάσ-
ΤΩΡΑΝΕCΤΗCΕ	τωρ ἀνέστησε
ΤΗΝΙCΤΗΛΗ///	τὴν ἰστήλη-
ΝΤΟΥΙΔΙΟΥΥΙ	ν τοῦ ἰδίου υἱ-
ΟΥΚΑΣΤΟ	οῦ Κάστο-
///ΟCΜΝΗ	ρ]ος μνή-
ΞΧΑΡΙΝ	μης χάριν.

[1] 102ᵃ CIG 4342 d^5 und S. 1163. LW 1384 drei andere Theatersitzinschriften. Der Demarchos wegen 90 und 98, 3 nun wohl als Eigenname anzusehen.

Side.

106.

In der Kehlung eines Thür- oder Fenstergesimses, welches über dem mittelalterlichen Thore in der Südwestecke von *M* im Plane eingemauert ist, l. 1·03 M., h. 0·165 M. (die Kehlung ohne obere Leisten 0·10 M.). Der sehr ausgewitterte Kalkstein liess einen auf hoher Leiter gemachten Abdruck nicht gelingen. Auch bei der Abschrift blieb fast Alles zweifelhaft.

ΓΥΔΟΚΙΜΑϹΕϟΧΟΡΟϹ//ϹΑΝΤΙΔΜΑΡΤΑΜΕΝΟΙ	Ε]ὐδοκίμασε ... μαρ αμενοι
ΨΥΧΗϹΚΑΙΑ///ΛΗϹΟΧΕΙϹΤΕΠΕΔΕΙΞΕΤΟΙΕ	ψ[υ]χῆς καὶ ... πλεῖστ' ἐπέδειξε τό[τ]ε.

107.[1]

Marmorbasis, welche vor dem spitzen Winkel der Hallenstrassen *GM* im Plane auf dem Platze, mit der Schriftseite nach unten, lag (siehe S. 143). Kopf und Fuss der Basis je h. 0·33 M., das Mittelstück 0·88 M. Das Facsimile gibt die Grundlinien der Buchstaben wieder, nicht die durch Ungeschick des Steinmetzen völlig rauhen und unsauberen Contouren. Das τ am Ende der ersten Zeile ist ausgeblieben.

ΒΡΥΩΝΙΑΝΟΝΛΟΛΛΙΑΝΟΝ	Βρυωνιανὸν Λολλιανὸν τ[ὸν κρ(άτιστον)
ΔΟΥΚΗΝΑΡΙΟΝΠΡΕΙΜΙΠΕΙΛΑ	δουκηνάριον πρειμιπειλά[ριον,
ΕΠΙΤΡΟΠΩΝΣΥΝΓΕΝΗΥΠΑΤΙ	ἐπιτρόπων συγγενῆ, ὑπατι[κόν,
ΚΤΙΣΤΗΝΚΑΙΦΙΛΟΠΑΤΡΙΝ· Ι	κτίστην καὶ φιλόπατριν. [ἡ φυλὴ
ΜΕΓΑΛΟΠΥΛΕΙΤΩΝ	Μεγαλοπυλειτῶν.
ΝΗΟΥΝΥΜΦΑΩΝΣΕΠΑΡΑΣΧΕΔΟΝΕΣΤΗΣΑ	Νηοῦ Νυμφάων σε παράσχεδον ἐστήσα[ντο
ΗΓΕΜΟΝΕΣΠΥΛΕΩΝ·ΚΤΙΣΤΙΕΤΩΝΙ	ἡγεμόνες πολέων, κτίστα, τῶν [μεγάλων,
ΤΕΡΠΟΜΕΝΟΝΡΕΙΘΡΟΙΣΙΔΙΕΙΠΕΤΕΟΣΠ	τερπόμενον ῥείθροισι διειπετέος π[οταμοῖο
ΘΕΣΠΕΣΙΗΤΗΧΗ·ΥΔΑΤΟΣΑΕΝΑΟΥ	θεσπεσίῃ τ' ἠχῇ ὕδατος ἀενάου·
ΥΨΗΛΗΚΡΑΔΙΗΓΑΡΕΔΕΙΜΑΟΣΟΙΣΙΤΕΛΕΣ	ὑψηλῇ κραδίῃ γὰρ ἐδείμαο σοῖσι τέλεσσ[ι
ΑΥΤΩΝΕΚΠΗΓΩΝ·ΟΛΚΟΝΑΠΙΡΕΣΙΟΝ	αὐτῶν ἐκ πηγῶν ὁλκὸν ἀπ[ε]ιρέσιον.
ΕΥΤΥΧΙ ΚΤΙΣΤΙ ·	Εὐτύχι κτίστι.

Ueber die Inschrift vergl. S. 143, auch Nr. 107[d].

[1] Die bisher bekannten Inschriften aus Side sind alle nach Beaufort's Abschriften veröffentlicht im CIG 4343 bis 4361, jetzt offenbar die meisten verschwunden:

107[a] 4345: Julia (Domna).

108.

In der Mauer, welche zwischen den Häfen *C* und *D* auf der Landzunge hinausläuft, so verbaut, dass nur einige Buchstaben der vierten bis siebenten Zeile am Ende lesbar sind:

. . . . ΟΣ
ϲΕΒΑΣΤΟΥ
λΕΝΔΟΞΟΣ
δεϲΠΟΤΗΝ

107^{b} 4344: Antoninus Pius.

107^{c} 4345: Aur. Kodratiane Kri[sp]a, Priesterin der Athena.

107^{d} 4346 berichtigt S. 1163 und bei LW 1385: Basis der Kyreina Patra, der Frau des Bryonianos Lollianos von 107. Ueber ihren Zunamen Pegasis siehe S. 143. Der Vergleich von 107 zeigt, dass ἀπὸ ἐπιτρόπων nicht mit Waddington „ex procuratoribus", sondern „Nachkomme von Procuratoren" zu verstehen ist.

107^{e} 4347 Fragment: Ein Demiurg und Archipresbeut.

107^{f} 4348 Fragment: Ulpius . . .

107^{g} 4349: Basis, von mir in der südlichen Parodos des Theaters wiedergefunden: Ἑλένην | μητΕρα ΑὐγούστΩΝ. Ob also ausser Constantin auch dessen Söhne gemeint sind?

107^{h} 4350: Valentinian, Theodosios, Arkadios.

107^{i} 4351: Kointos . . . Ruphos.

107^{k-q} 4352–4358: Basen von Siegerstatuen, meist am Meeresufer gefunden, wo heute nur eine einzige, völlig unleserlich gewordene, liegt. Das „in templi corona", welches zweifelnd zu einer, und zwar gerade zu der von Beaufort selbst S. 162 ohne Ortsangabe abgedruckten, bemerkt wird, muss Irrthum sein. Der Agonothet ist Aur. Paioneinos Tuesianos, der Agon wird als θέμις Παμφυλιακή Τουησιάνειος ἐπιβατήριος θεῶν Ἀθηνᾶς καὶ Ἀπόλλωνος bezeichnet. Die Themis ist zweimal gezählt (β' und γ'), die Sieger sind Sideten in 53, 56 f., ein Aspendier 52, ein Pergäer 54; die Kampfart ist παίδων πυγμή 52, πάλη 53, παγκράτιον 55, ἀνδρῶν πυγμή 56.

107^{r} 4360: Siehe S. 138, wo durch Versehen 107^{s} steht.

107^{s} 4361: Steht in der berichtigten Gestalt auf dem Stein.

107^{t} 4359: Widmung eines Athenaios.

Register.

Die Zahlen zeigen im ersten Theil des Verzeichnisses die Seiten, im epigraphischen die Inschriften an, Vorgesetztes * bedeutet Ergänzung, — das Stichwort.

I.

II.

Götter.

Kaiser.

Männer- und Frauennamen.

Orte und Bewohner.

Gemeinwesen.

Sprachliches.

Verzeichniss der Abbildungen.

I. Kupfertafeln ausser dem Texte.

II. Abbildungen im Texte.

ARS IN
LITTERIS

ANSICHT VON ADALIA

Heliogravure und Druck des k. k. Militär-geographischen Institutes

ADALIA EINFAHRT IN DEN HAFEN

Heliogravure und Druck des k. k. Militär-geographischen Institutes

ADALIA GEGEN SÜDEN GESEHEN

IV

Heliogravure v. J. Blechinger.

Druck der Gesellschaft für vervielfältigende Kunst.

Heliogravure v. J. Blechinger. Druck der Gesellschaft für vervielfältigende Kunst

ADALIA DAS THOR DES HADRIAN

VI

ADALIA. AUFRISS, QUERSCHNITT UND GRUNDRISS VOM THORE DES HADRIAN

VII

Heliogravure und Druck des k. k. Militär-geographischen Institutes.

Heliogravure und Druck des k. k. Militär-geographischen Institutes

ADALIA PFEILERGESIMSE UND CASSETTEN VOM THORE DES HADRIAN

ADALIA FESTUNGSTHURM AUFRISS, QUERSCHNITT UND GRUNDRISS

X

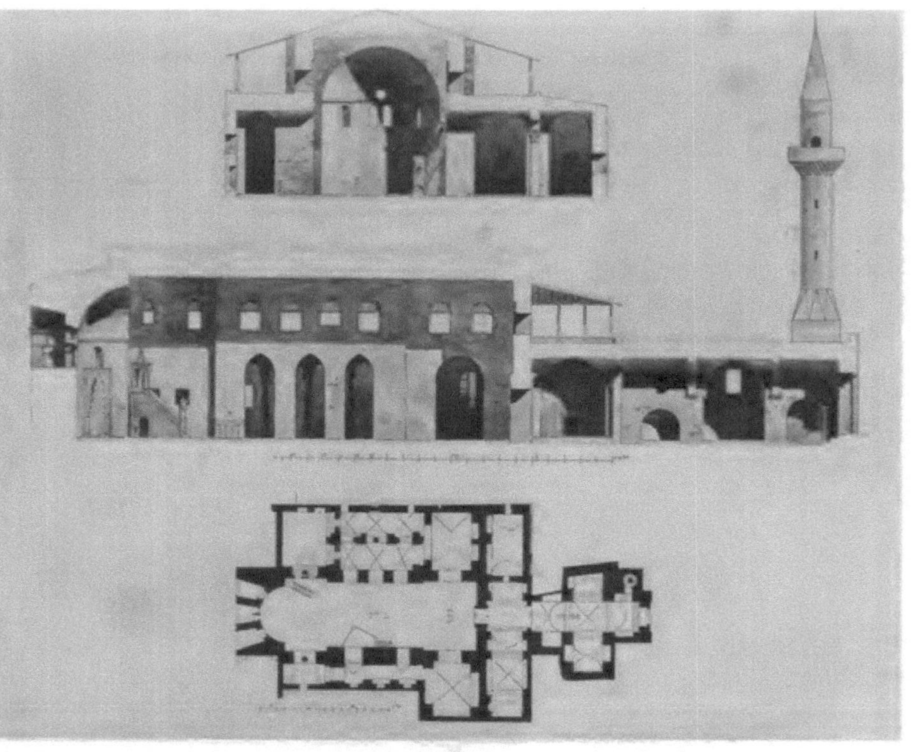

Heliogravure und Druck des k. k. Militär-geographischen Institutes. Aufgenommen v. E. Hartel.

ADALIA MOSCHEE DSCHUMANÜN DSCHÄMISI (CHRISTLICHE BASILIKA)

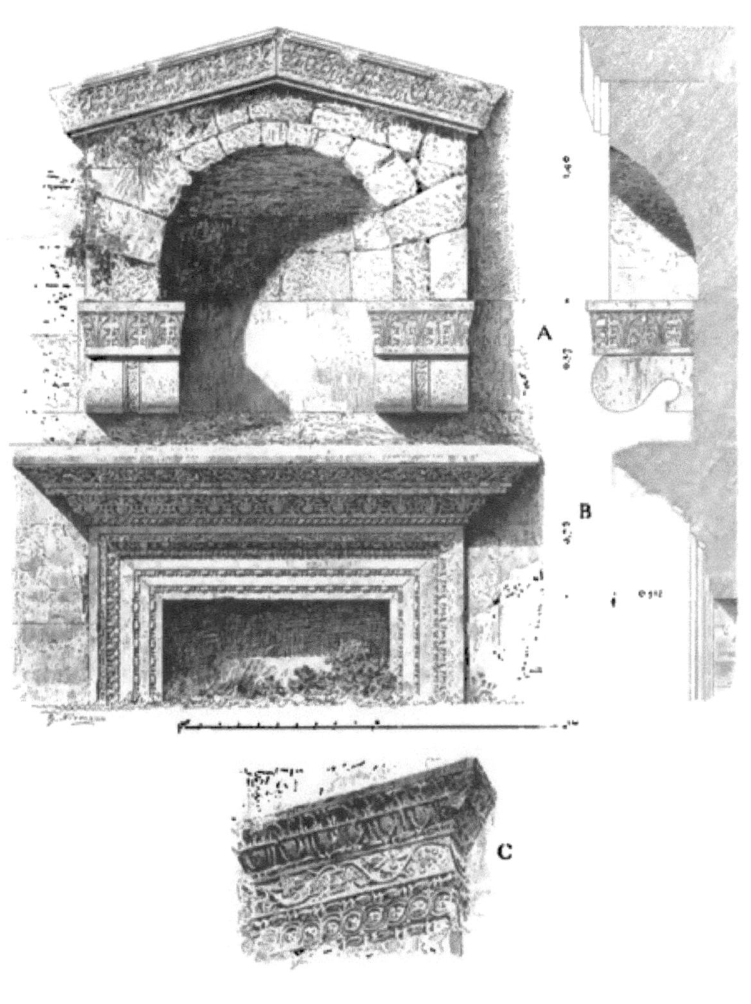

Heliogravure des k. k. Militär-geographischen Institutes.

Druck der Gesellschaft für vervielfältigende Kunst.

ADALIA EINZELHEITEN VON DER MOSCHEE DSCHUMANÜN DSCHAMISI

XII

Heliogravure des k. k. Militär-geographischen Institutes. Druck der Gesellschaft für vervielfältigende Kunst.

ADALIA THOR EINER MEDRESSE

Heliogravure v. J. Blechinger. Druck der Gesellschaft für vervielfältigende Kunst.

PERGE ANSICHT DES THEATERS UND DER AKROPOLIS

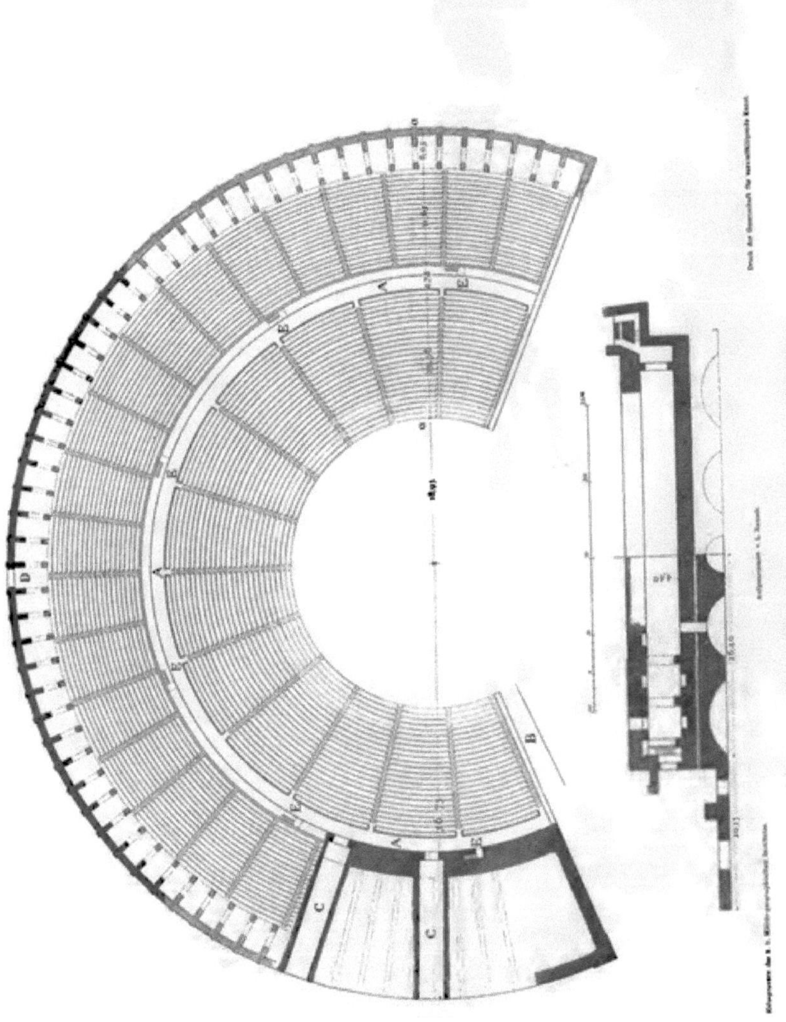
PERGE PLAN DES THEATERS

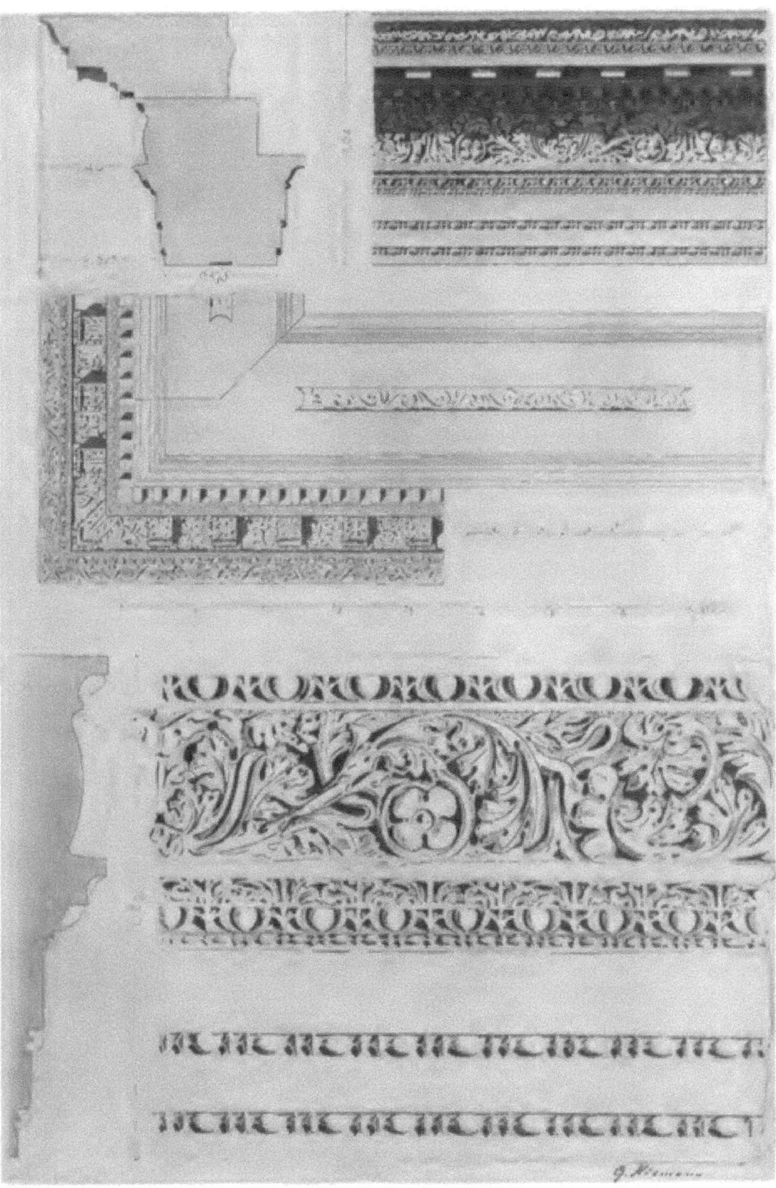

Heliogravure und Druck des k. k. Militär-geographischen Institutes.

Heliogravure v. J. Blechinger.

Druck der Gesellschaft für vervielfältigende Kunst.

ASPENDOS ANSICHT DER AKROPOLIS

XVII

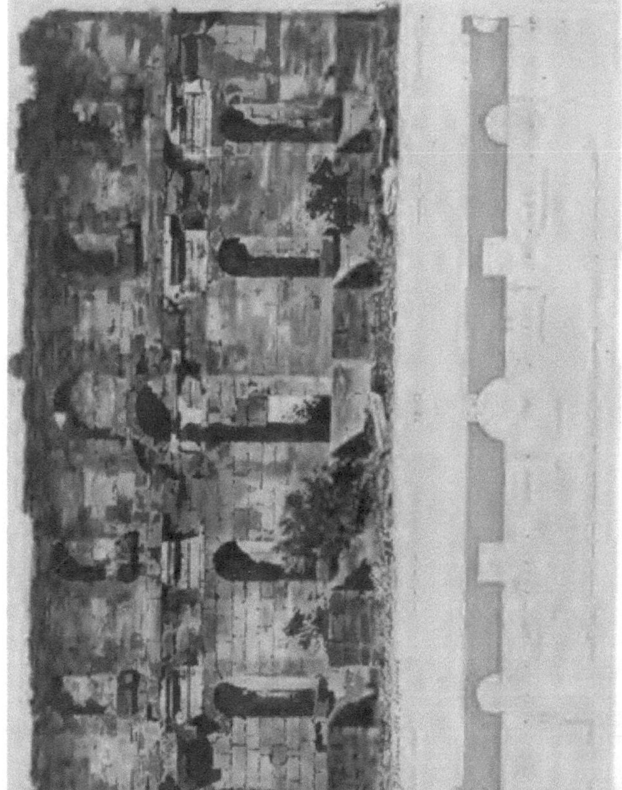

Heliogravure und Druck des k. k. Militär-geographischen Institutes.

ASPENDOS AUFRISS UND GRUNDRISS DES NYMPHEUMS

ASPENDOS AUFRISS UND GRUNDRISS DES NYMPHEUMS (THEILWEISE RESTAURIRT)

Heliogravure v. J. Blechinger. Druck der Gesellschaft für vervielfältigende Kunst.

ASPENDOS DAS THEATER VON DER AKROPOLIS AUS GESEHEN

Heliogravure des k. k. Militär-geographischen Institutes.

Druck der Gesellschaft für vervielfältigende Kunst.

ASPENDOS PLAN DES THEATERS

XXII

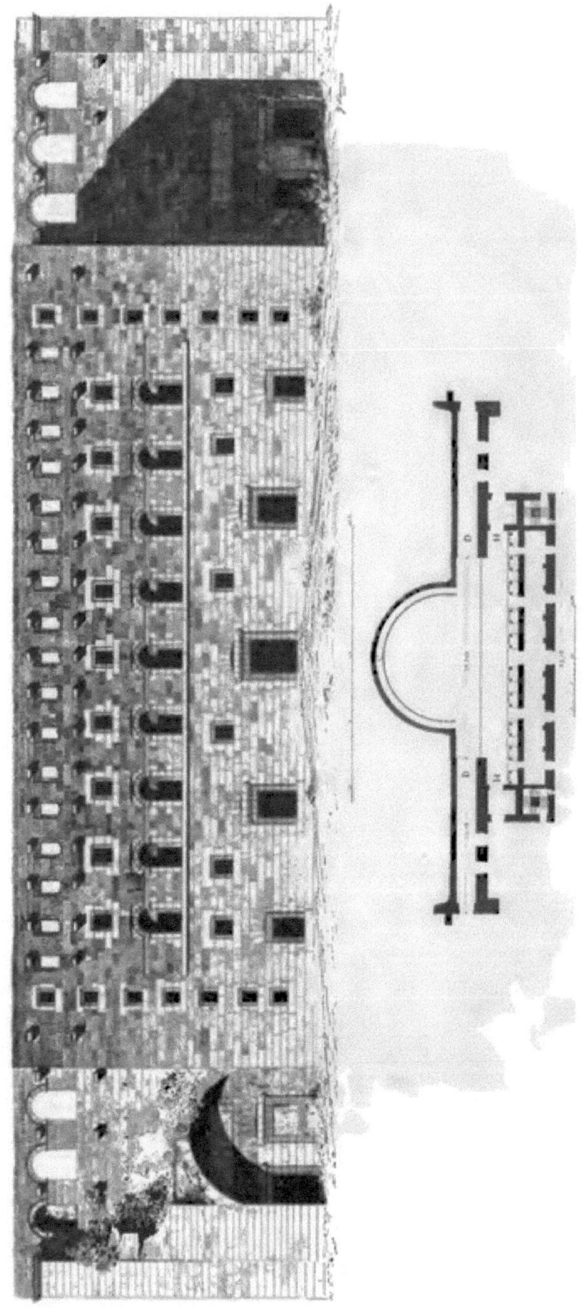

XXIII

Heliogravure und Druck des k. k. Militär-geographischen Institutes.

XXV

XXVI

XXVII

ASPENDOS ANSICHT DER BÜHNENWAND (WIEDERHERGESTELLT)

Heliogravure v. J. Blechinger

Druck der Gesellschaft für vervielfältigende Kunst.

ASPENDOS ANSICHT DER BRÜCKE ÜBER DEN EURYMEDON

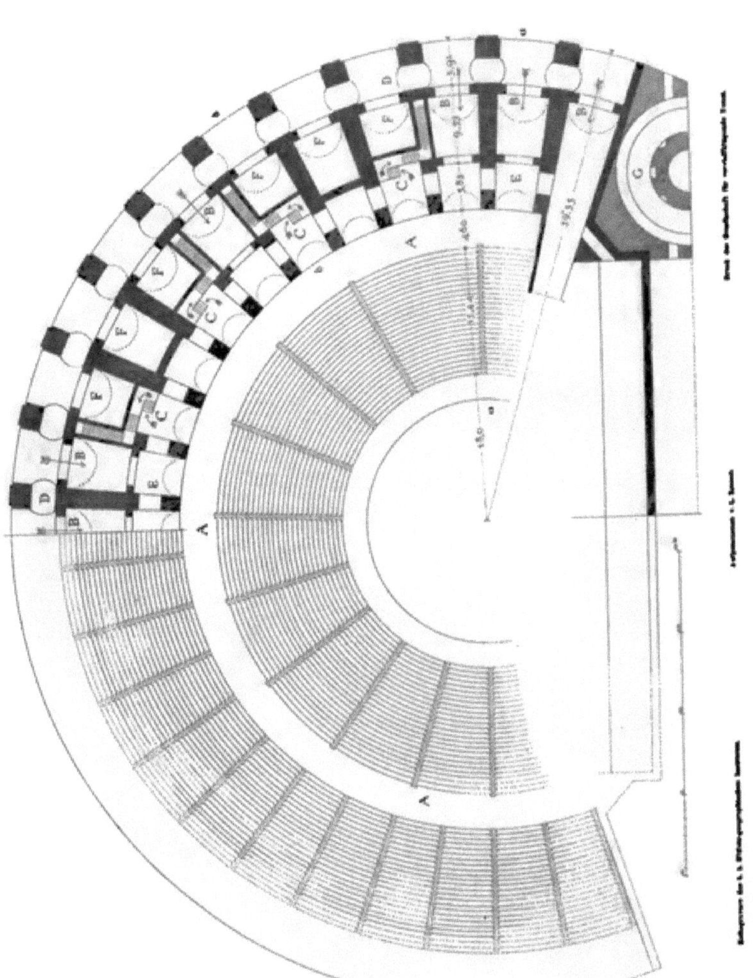

SIDE PLAN DES THEATERS

Heliogravure und Druck des k. k. Militär-geographischen Institutes.

Aufgenommen v. [illegible]

SIDE AUFRISS UND GRUNDRISS DES NYMPHEUMS

XXXI